Das Jahrhundert Englands

Brian Moynahan

DAS JAHRHUNDERT ENGLANDS

Fotoauswahl von Sarah Jackson und Annabel Merullo

Übertragen aus dem Englischen von
Petra Dubilski und Wieland Giebel

C. Bertelsmann

Für Harold Stiles
BRIAN MOYNAHAN

Für Sam, Chiara und Thomas
ANNABEL MERULLO UND SARAH JACKSON

Die Originalausgabe ist 1997
unter dem Titel "The British Century"
bei George Weidenfeld and Nicholson, London, erschienen.

1. Auflage
© 1997 by Endeavour Group UK
© der deutschsprachigen Ausgabe 1997 by C. Bertelsmann Verlag GmbH, München
Entwicklung und Gestaltung: Endeavour Group UK,
85 Larkshall Rise, London SW4 6HR
Umschlaggestaltung: Design Team München
unter Verwendung von Fotos von Ian Berry/MAGNUM
Satz: Max Vornehm GmbH, München
Druck und Bindung: Nuovo Istituto Italiano d'Arti Grafiche SpA,
Bergamo, Italia
Printed in Italy
ISBN 3-570-00122-9

INHALT

DANKSAGUNG

Die Fotografien für dieses Buch wurden nach umfangreichen Recherchen aus Archiven, Museen und privaten Sammlungen in ganz Großbritannien zusammengetragen. Die Idee zu dieser Buchreihe hatte Harold Evans vom Verlag Random House, dem wir für stetige Unterstützung und Anleitung danken. Die Hulton Getty Collection hat erneut den Beweis erbracht, inspirierende Fotografien und Negative zur Verfügung stellen zu können. Wir erhielten Abzüge von außergewöhnlicher Qualität. Wir stehen auch tief in der Schuld all derer, die uns mit ihrem Fachwissen und ihren Ratschlägen zur Seite standen. Unserer besonderer Dank gilt:

Nicky Akehurst; Terry Barranger und Roger Bye, Royal Commonwealth Society Library; John Benton-Harris; Lord Brabourne und den Kuratoren des Broadlands-Archive; Dr. Christopher Woolgar, Bibliothek der University of Southampton; Jane Carmichael und Ian Carter, Imperial War Museum; Danny Chau; Zelda Cheatle und Gareth Abbott, Zelda Cheatle Gallery; Lydia Cresswell-Jones, Sotheby's, London; Hamish Crooks, Magnum; Frances Dimond, The Royal Archives, Windsor Castle; Philip Goodman, Lady Ottoline Morrell Collection; Bobby Hanvey; Debbie Ireland, Royal Photographic Society, Bath; Daisy Jellicoe, Royal Geographical Society; Ken Lennox, The Sun Newspaper; Hildegarde Mahoney, Photographer's Gallery; Leon Meyer und Roger Syring, Hulton Getty; Tony Money, Radley School; Alistair Morrison; Andrew Morton; Michael Nash; Vincent Page; Terence Pepper, National Portrait Gallery; Michael Rand; David Sandison, The Independent on Sunday; Michael Shaw, Sutcliffe Gallery, Whitby; Sebastian Wormell, Al Fayed Archive.

Zu ganz besonderem Dank verpflichtet sind wir den folgenden Fotografen und ihren Familien, die oft Stunden auf dem Dachboden verbrachten und alte Schachteln oder Alben durchwühlten, um seltene Bilder zu suchen:

Bruce Bernard; Jane Brown; John Chillingworth; Sheila Hardy; Nick Hedges; Paul Hill; Charles Hopkinson; Sara Jones; Michael Joseph; Jorge Lewinski; Don McCullin; Grace Robertson; Jinx Rodger; Humphrey Spender; Wolf Suschitzky; Michael Ward; David Wedgbury; Bryan Wharton.

Die Namen der Fotografen sind, soweit bekannt, jeweils bei den Bildlegenden angegeben. Die Quellen beziehungsweise Abbildungsnachweise befinden sich auf der Seite 300.

Erste Seite: Frauen-Ausflug 1954
[Foto: Grace Robertson]

Vorhergehende vier Seiten: Panoramablick auf Scarborough, Yorkshire, 1913 [Foto: A. H. Robinson]

Der Star der Music Halls, Gracie Fields (rechts), deren Erkennungsmelodie das Lied »Sally« war, singt 1937 anläßlich der Grundsteinlegung des Prince of Wales Theatre in London vor Bauarbeitern.

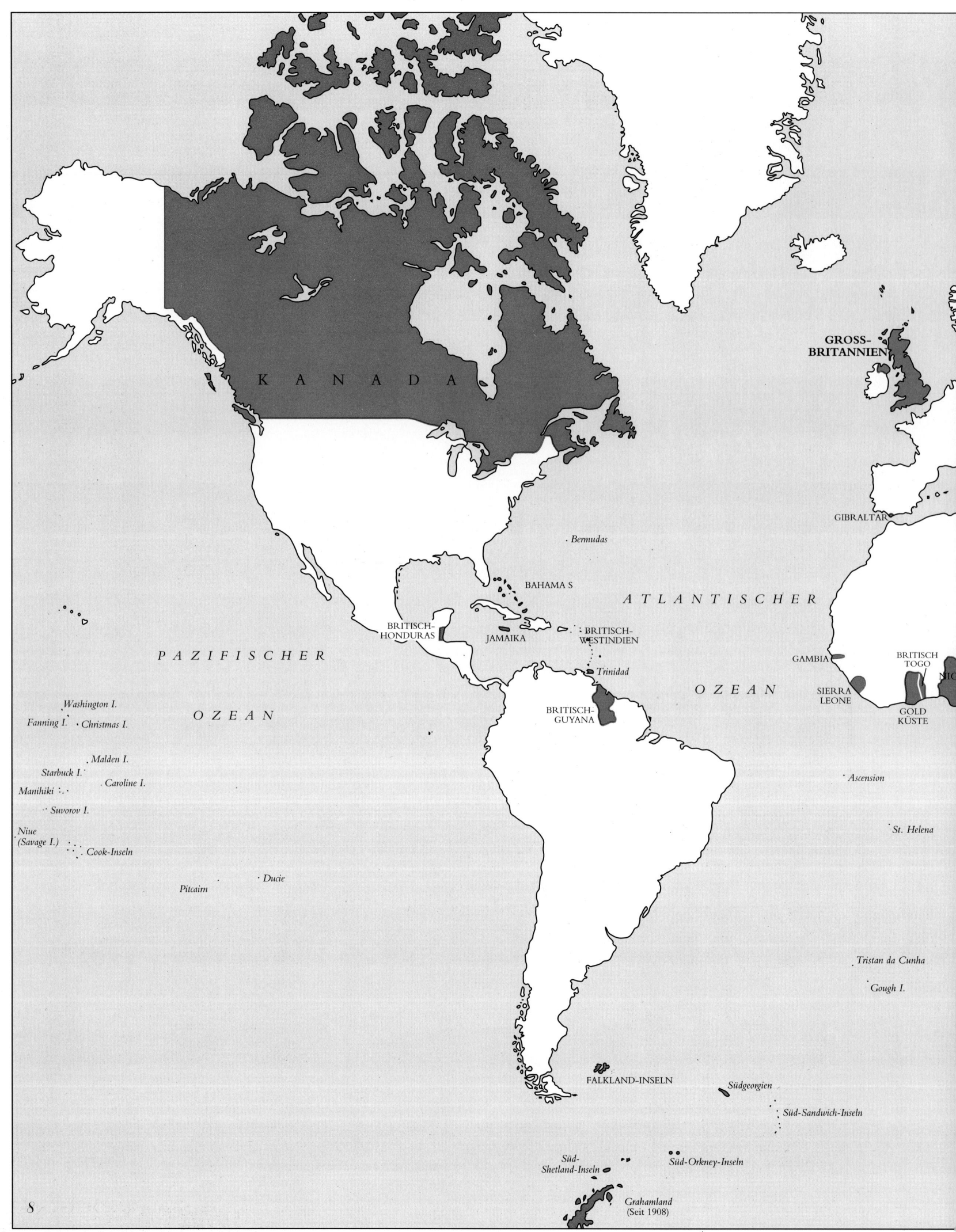

GROSS-
BRITANNIEN

KANADA

GIBRALTAR

Bermudas

BAHAMA S

BRITISCH-
HONDURAS

JAMAIKA

BRITISCH-
WESTINDIEN

A T L A N T I S C H E R

GAMBIA

BRITISCH
TOGO

NIG

SIERRA
LEONE

GOLD
KÜSTE

Trinidad

O Z E A N

P A Z I F I S C H E R

BRITISCH-
GUYANA

Washington I.

O Z E A N

Fanning I.   *Christmas I.*

Ascension

Malden I.

Starbuck I.

Caroline I.

Manihiki

St. Helena

Suvorov I.

*Niue
(Savage I.)*

Cook-Inseln

Ducie

Pitcairn

Tristan da Cunha

Gough I.

FALKLAND-INSELN

Südgeorgien

Süd-Sandwich-Inseln

*Süd-
Shetland-Inseln*

Süd-Orkney-Inseln

*Grahamland
(Seit 1908)*

BRITISCHES WELTREICH

im Jahre 1945 einschließlich Mandatsgebieten und Protektoraten

MALTA

ZYPERN

PALÄSTINA

TRANS-
ORDANIEN

KUWAIT

BELUTSCHISTAN

ÄGYPTEN

BAHRAIN

QATAR

TRUCIAL
OMAN

OMAN

INDIEN

OST-
BENGALEN

HONGKONG

PAZIFISCHER

OZEAN

Kuria Muria Is.

PROTEKTORAT
ADEN

Socotra

SUDAN

Andamanen

LAKKADIVEN

NIKOBAREN

BRITISCH-
CAMERUN

BRITISCH-
SOMALILAND

CEYLON

Malediven

UGANDA

KENIA

Seychellesn

Amiranten

Tschagosinseln

Aldabra Is.

TANGANJIKA

Sansibar

MALAYA

BRUNEI

BRITISCH
NORD BORNEO

Nauru I.

Gilbert Is.

SARAWAK

SINGAPUR

*Bismarck-
Archipel*

Ocean I.

Phönix-Inseln

Neuguinea

Salomoneninseln

Ellice Is.

Tokelauinseln

NORD-
RHODESIEN

NJASSALAND

Kokosinseln

Weihnachtsinseln

PAPUA

Santa Cruz

Rotuma

Westsamoa

INDISCHER

*Neue Hebriden
(Verw. mit Frankr.)*

FIDSCHI-
INSELN

SÜD-
RHODESIEN

Mauritius

OZEAN

SÜDWEST-
AFRIKA

BETSCHUANA-
LAND

Tonga

SÜDAFRIKANISCHE
UNION

SWASILAND

BASUTOLAND

AUSTRALIEN

Norfolkinseln

Kermadecinseln

Lord-Howe-Inseln

NEU-
SEELAND

Chatham I.

Bounty Is.

Auckland Is.

Antipodes Is.

Campbell I.

Macquarie Is.

Emerald I.

9

1
»GOTT STEHE UNS
ALLEN BEI«

In den letzten Monaten des alten Jahrhunderts sank Königin Viktoria wie ein Schiffswrack in sich zusammen. Dieser maritime Vergleich ist gar nicht so weit hergeholt, war es doch im wesentlichen das Meer, dem die Briten ihre Macht verdankten. Mit dem Schiff befriedigten sie auch zumeist ihre unersättliche Neugier. So veröffentlichte Charles Darwin nach einer solchen Reise als Naturforscher auf der *HMS Beagle* auch seine Evolutionstheorie im bahnbrechenden Werk »Über die Entstehung der Arten durch natürliche Zuchtwahl«. Die Briten fanden keinen Grund, daran zu zweifeln, daß sie als natürliche Führungsmacht auserwählt seien.

Die Tatsachen schienen diesen unbescheidenen Anspruch zu bestätigen, wie die übrige Welt widerwillig zugeben mußte. Die Königin und ihr Land hatten die gesamte Epoche derart geprägt, daß sie sogar nach ihr benannt wurde: das Viktorianische Zeitalter. Sie war die erste Monarchin, die sich gegen Pocken impfen und Chloroform zur Linderung der Geburtswehen verabreichen ließ – beides waren britische Entdeckungen. Sie war auch die erste, die 1842 mit der Eisenbahn, ebenfalls eine britische Erfindung, fuhr, und zwar von Slough nach Paddington. Und sie war die erste, die ein interkontinentales Telegramm von Windsor nach Kanada kabelte. Sie herrschte über ein Viertel der Menschheit, das sich auf 25 Prozent der Erdoberfläche verteilte.

Seit dem Tod ihres Mannes Prinz Albert im Jahr 1861 trug sie Trauerkleidung. Seine Anzüge hingen immer noch im Schrank seines Ankleidezimmers, jede Nacht wurde sein Bett aufgeschlagen und jeden Morgen sein Nachttopf gereinigt, als hätte er ihn benutzt. Zwei Jahrzehnte lang verließ sie den Palast nicht mehr, sehr zum Ärgernis ihrer Untertanen. Ihr Reich wuchs in ihrem Jahrhundert pro Jahr durchschnittlich um weit über 250 000 Quadratkilometer, das entsprach jeweils der Größe Großbritanniens selbst. Außer Irland besuchte sie keine einzige ihrer Kolonien. Der hochtrabende Titel »Kaiserin von Indien«, den sie auf Veranlassung ihres liebsten Premierministers, Benjamin Disraeli, annahm, wurde von dem Premier, den sie am wenigsten leiden konnte, nämlich William Gladstone, als »Phantasielametta und Talmi« verspottet. Die Zeitschrift *Spectator* behauptete, daß der Titel, gleichgesetzt mit »Emporkömmling«, »von Moskowitern und Korsen herabgewürdigt« worden sei – eine bissige Anspielung auf Disraeli ebenso wie auf den russischen Zaren, Kaiser Napoleon und die Queen selbst.

Vier Mordanschläge wurden auf die Monarchin verübt. Der letzte geschah im Bahnhof von Windsor, als ein Geisteskranker auf sie schoß, aber sein Ziel dank der Geistesgegenwart eines Eton-Schülers, der seinen Schirm auf den Arm des Attentäters schlug, verfehlte. Letztendlich wurden ihr jedoch tiefe Zuneigung und Respekt entgegengebracht. Die Briten liebten sie ebenso, wie sie sich schließlich selbst liebten, mit einer ungebrochenen, geradezu biblischen Selbstgewißheit: »Ist Gott für uns, wer ist dann gegen uns?« Die effektive Verwendung von Kohle, Stahl und Dampfkraft machte sie zur führenden und ersten Industrienation.

Königin Viktoria bei der Arbeit mit ihren Karteikästen vor einem Gartenzelt in Frogmore House auf Schloß Windsor. Sie wurde zwar 1876 zur Kaiserin von Indien proklamiert, hat das »Juwel der Krone« jedoch nie besucht. Einen Hauch Indien brachte sie 1887 an den Hof, als sie sich mit indischen Dienstboten umgab. Der berühmteste von ihnen war der Munshi – ein Dolmetscher und Sekretär – Abdul Karim, der bald eine ähnliche Rolle in ihrem Leben spielte wie der 1883 verstorbene Schotte John Brown. Die Königin hatte eine Schwäche für autoritäre Männer, und so war es dem Munshi sehr zum Mißfallen ihrer Kinder und der Hofschranzen gestattet, sie zu beeinflussen und zu triezen. Der Premierminister Lord Salisbury sagte dazu treffend: »Emotionale Erregung mag sie wirklich sehr gern, da es sowieso die einzige Erregung ist, die sie haben darf.«

Sie war schon in jungen Jahren Witwe geworden und verkörperte jenen Frauentyp, den der französische Schriftsteller Guy de Maupassant als »fanatisch prinzipientreu« bezeichnete, als jene Sorte von Frauen, »die England in großer Zahl hervorbringt..., solche halsstarrigen, unerträglichen ältlichen Jungfern, welche die Speisesäle der Hotels quer durch Europa bevölkern... Und wo auch immer sie aufkreuzen, schleppen sie ihre eigenartigen Gewohnheiten ein, die Moral fossilierter Jungfräulichkeit, entsetzliche Kleider und diese schwache Ausdünstung von Gummi, welche die Vermutung nahelegt, daß sie des Nachts in einer Schachtel verstaut werden.«
[Foto: Hill and Saunders]

Baumwoll- und Wollkleidung exportierten sie in alle Welt. Zwei Drittel aller Schiffe liefen in britischen Werften vom Stapel. Alljährlich wurden Tausende von Lokomotiven gebaut und Millionen Tonnen Schienen für die Eisenbahnen der ganzen Welt hergestellt.

Die industrielle Revolution entwickelte sich unbehelligt von politischen und sozialen Unruhen. Die Stabilität Englands wurde vielerorts bewundert, ihr nachzueifern war jedoch schwierig, da die Stärke des Systems weitgehend auf der Vermeidung von Systematik beruhte. In der Politik standen Tradition und Rangordnung über dem geschriebenen Buchstaben der Verfassung, auch wenn Veränderungen und Kompromisse möglich waren. Wer lange und hartnäckig genug Druck ausübte – für die Erweiterung des Wahlrechts, für bessere Arbeitsbedingungen oder für Frauenrechte –, hatte zumindest die Aussicht auf Erfolg. Zwar sah man dergleichen nicht gern, vor allem die konservativen Hinterbänkler leisteten Reformbestrebungen erbitterten Widerstand, aber die Tür blieb immer einen Spaltbreit offen. Der Snob wurde zum Inbegriff britischen Wesens und fand rasch Eingang in die Sprache der anderen europäischen Länder. Diese vermeintliche Unart galt jedoch in gewisser Weise als Tugend. Snobismus war eine Art Kastensystem. Ein Snob mochte sich vielleicht über einen Selfmademan, ebenfalls ein Begriff, der von anderen Sprachen übernommen wurde, lustig machen, doch eine unveränderliche soziale Hierarchie, die ihn in seiner Stellung beließ, gab es nicht. Es konnte durchaus sein – und kam auch vor –, daß Reich und Arm die Plätze tauschten.

Dampfkraft und Eisen waren die Basis für den Aufstieg Englands zur Weltmacht. Im letzten Jahrzehnt des 19. Jahrhunderts wurden sie jedoch mehr und mehr von Elektrizität, Verbrennungsmaschinen und Stahl abgelöst. Die Kombination von hydraulischer Vernietung und Stahl ermöglichte den Bau der Eisenbahn-brücke über den Firth of Forth in Schottland. Sie wurde als frei-tragende Brücke errichtet, mit gitter-förmigen Spannungsträgern im obe-ren und Tragröhren im unteren Teil. Es wurde versichert, daß sie absolut solide sei, um Befürchtungen zu zer-streuen, die noch seit dem Einbrechen der Tay Bridge einige Jahre zuvor vorhanden waren. Der Prince of Wales schlug unter den wachsamen Augen von Gustave Eiffel zur Eröffnung im Jahr 1890 den letzten, vergoldeten Nietnagel ein.
[Foto: Evelyn George Carey]

Die expandierende Industrie verhalf zahllosen Menschen zu einem kleinen Vermögen. Sie schickten ihre Kinder auf die neugegründeten Internatsschulen, wo ihnen christliche Manieren und Prinzipien einge-bleut wurden. Darüber hinaus wurden die Menschen ermuntert, »sich selbst zu verbessern«, wie es damals hieß, und zwar in Sonntagsschulen und Alphabetisierungskursen für Erwachsene, in Temperenzlergesell-schaften, der Heilsarmee und einer Vielzahl weiterer Institutionen, die sich der Vervollkommnung der Bürger widmeten. Für all jene, die im eigenen Land keine Hoffnung mehr auf ein besseres Leben hatten, blieb immer noch als letzte Möglichkeit die Emigration. Alljährlich verließen über 200 000 Menschen das Land.

Die Gesellschaft war jedoch alles andere als ideal. Die Briten rühmten sich zwar ihrer Familienwerte und moralischen Integrität, doch in den Städten mußten Tausende von Kindern der Prostitution nachgehen. Sie hielten viel auf ihre Freiheit, verwehrten jedoch den Iren die *Home Rule*, die nationale Eigenständigkeit. Sie waren die ersten, die in ihren Kolo-nien die Sklaverei abschafften. Dennoch transportierten sie noch über 60 Jahre danach ihre eigenen politischen Rebellen und Kriminelle bei-derlei Geschlechts nach Australien, unter Bedingungen, die jenen auf den Sklavenschiffen glichen, welche von der königlichen Marine be-kämpft werden sollten. Kurzum, sie waren Heuchler. Aber in dieser moralischen und auch sonstigen Flexibilität lag ihre wahre Begabung.

»Wir leben in einer rasanten Zeit«, hatte ein junger Offizier namens Winston Churchill 1898 geschrieben, als er sich aufmachte, seinen Teil zur Rückeroberung des Sudan beizutragen, »und wir müssen uns ins Zeug legen.« Um die Jahrhundertwende war Churchill Kriegsbericht-erstatter in Südafrika. Für 250 Pfund im Monat, die höchste Summe, die je einem Journalisten gezahlt worden war, sollte er für die *Morning Post* über den vermeintlich leichten Sieg über die Buren berichten. Der Krieg geriet jedoch zur Katastrophe. Die Königin sagte den traditionellen Ball für die Bediensteten in Balmoral ab. Sie erblaßte und zitterte, sobald ihr Telegramme überreicht wurden. Nachrichten über den Krieg machten sie krank, klagte sie. Aber sie sorgte dafür, daß ihren Soldaten Weih-nachtspäckchen mit Wollsocken und Schokolade geschickt wurden, und

Um zu veranschaulichen, wie die über eine halbe Million Quadrat-meter Stahl in der Brücke wirken, genügen drei Männer und ein paar Backsteine. In solchen praktischen Demonstrationen waren die Viktoria-ner unübertroffen.
[Foto: Sie Benjamin Baker]

bewahrte ihre übliche Haltung: »Wir sind an einer möglichen Niederlage nicht interessiert ... Es gibt sie nicht.« Die Öffentlichkeit ließ sich nicht an der Nase herumführen. Sir Redvers Buller, der Kommandant der Armee, erhielt den Spitznamen »Sir Reverse«, Sir Schlappe, und wurde versetzt. Die übrige Welt, der deutsche Kaiser besonders, war begeistert, daß ein paar Afrikaans-Bauern den britischen Löwen so heftig am Schwanz zogen.

Nach der Schlacht bei Spion Kop im Januar 1900 konnte Churchill keine Ruhmestat der Briten melden. Er schrieb von einer Niederlage und von »den schlimmsten Szenen, die ich jemals erlebt habe«. Ein Überlebender dieser Schlacht berichtete, daß »Männer in Stücke gerissen« seien, »mit abgetrennten Gliedmaßen. Körper ohne Köpfe, nur noch Rümpfe. Grauenvoll.«

Ein paar Tage später starb der Marquess of Queensberry, ein mißmutiger, starrsinniger und bis zum letzten arroganter Mann – ein versteinertes Symbol grausamer und moralinsaurer Rechtschaffenheit. Seine einzige erwähnenswerte Hinterlassenschaft war die Formulierung einheitlicher Boxregeln, die noch heute gültig sind. Fünf Jahre vor seinem Tod hatte er ein Bouquet aus Kohlköpfen an Oscar Wilde geschickt, den Liebhaber seines Sohns Lord Alfred Douglas, zusammen mit einem Brief, in dem er den Ästheten und Schriftsteller der »Somdomie« bezichtigte, ein Wort, das er auch noch falsch schrieb. Wilde klagte auf Verleumdung, wurde jedoch wegen homosexueller Neigungen angeklagt, ins Zuchthaus gesperrt und ruiniert. Seine letzten Lebensjahre verbrachte er im französischen Exil.

Im Frühjahr wirkte sich in Südafrika die zahlenmäßige Überlegenheit der Briten aus. Besonders die irischen Soldaten taten sich im Kampf hervor. Als die Königin, eine kleine, rundliche Gestalt in Witwenkleidung, im April das erste Mal seit 40 Jahren Dublin einen Besuch abstattete, zollte sie deren Mut Anerkennung: Sie gründete ein irisches Garderegiment und erlaubte ihnen, am Sankt-Patricks-Tag ein Kleeblatt zu tragen. Davon unbeeindruckt warfen irische Nationalisten jedes Ladenfenster ein, das mit der britischen Flagge, dem Union Jack, geschmückt war – während die Polizei Versammlungen der *Home-Rule*-Bewegung stürmte.

Im Mai wurde Mafeking erobert, was in der Heimat eine so ausgelassene Freude auslöste, daß ein neues Wort, *mafficking*, sich für dieses Gefühl einbürgerte. Kinder trugen Anstecknadeln mit dem Konterfei eines Soldaten, und ihre Eltern wischten sich beim Schlager »The Boers have got my Daddy« Tränen aus den Augen. Im selben Monat feierte Königin Viktoria ihren 81. Geburtstag. Um die Flut der Glückwünsche zu bewältigen, stellte man in Schloß Balmoral zusätzliches Personal ein. Ihr Sommeraufenthalt in Schottland wurde jedoch durch Verdauungsstörungen und Erschöpfung getrübt. Ihr Sehvermögen verschlechterte sich dermaßen, so daß sie darum bat, die Regierungsberichte in größerer und kräftigerer Schrift abzufassen.

Tausende burische Gefangene wurden auf die entlegene Atlantikinsel Sankt Helena verfrachtet, wo schon Napoleon sein Exil verbracht hatte. Als sie in ihr afrikanisches Buschland zurückkehrten, fanden sie ihre Felder und Höfe verbrannt vor. Ihre Familien wurden in dreckigen und überfüllten Konzentrationslagern festgehalten. Der Tod von 20 000 Menschen geriet zum internationalen Skandal. Die Briten, die es bislang gewohnt waren, für Humanität und Gerechtigkeit bewundert zu werden – »viktorianisch« galt als Synonym für Moral –, sahen sich nunmehr wegen ihrer Grausamkeit und ihrer Gier nach den burischen Goldfeldern heftiger Kritik ausgesetzt.

Ganz England träumte vom Dörfchen auf dem Lande – hier Sansend in Yorkshire –, wo vom erschöpften Arbeiter in den Städten bis zum Kolonialbeamten aus fernen Gefilden alle Welt ihren Ruhestand genießen wollte. In Wirklichkeit jedoch waren die Briten wie kein anderes Volk auf der Welt verstädtert. Die englische Landwirtschaft erlitt infolge billiger Getreide- und Fleischimporte aus Amerika, Australien und Asien schwere Einbußen. Die Äcker in Schottland wurden zugunsten der Schafzucht und von Sportanlagen aufgegeben. Armut und Hunger hatten die Iren aus ihren Hütten vertrieben, und die Dörfer wurden meist nur noch von Menschen bewohnt, die zu alt oder zu unflexibel waren, um auszuwandern oder ihr Glück in den Städten zu suchen. Dennoch hegten die Briten eine tiefe Zuneigung zum Landleben. Sie gehörte zu den unanfechtbaren Heiligtümern – wie die Liebe zum Sport und das Mitgefühl für die Benachteiligten –, die von allen geteilt wurden und die in einem Land, das wie kein anderes von Klassenzugehörigkeiten beeinflußt war, dabei halfen, jenes Einheitsgefühl zu schaffen, das oft großen Eindruck bei Ausländern hervorrief.
[Foto: Frank Meadow Sutcliffe]

Aber noch weitere Anzeichen deuteten auf einen Wandel hin. In Berlin billigte der Reichstag den Aufbau einer Flotte von 38 Kriegsschiffen in den folgenden 20 Jahren. Es war seit Trafalgar ein Jahrhundert zuvor die erste wirkliche Herausforderung der britischen Seemacht. Auch die industrielle Vorherrschaft geriet ins Wanken. In England wurde zwar immer noch mehr produziert als in Deutschland, aber die Amerikaner hatten mittlerweile dank ihrer Innovationsbereitschaft eine klare Führungsposition eingenommen. So erfanden sie das Zellophan, den Raupenschlepper und die Kamera von Eastman Kodak. Vergleichbare Fortschritte gab es in England nicht, dafür gärte es in der Arbeiterschaft: In Südwales streikten die Bergleute, und die Labour-Partei wurde gegründet, die für eine parlamentarische Basis der Gewerkschaftsbewegung sorgen wollte.

Der Burenkrieg schleppte sich dahin. Einer der Enkel der Königin, Prinz Christian, hatte sich freiwillig gemeldet und fiel im Oktober. Die »Großmutter der Nation« hatte zwar viele Enkel – insgesamt 34, die auf den Thronen Deutschlands, Rußlands und Spaniens saßen –, doch der Tod Christians erschütterte sie zutiefst. Sie konnte nur noch Pfeilwurz und Milch zu sich nehmen. Tief betrübt kehrte sie Anfang November von Balmoral nach Windsor zurück. Am 18. Dezember zog sie auf ihr Schlößchen Osborne auf der Isle of Wight.

Ihr »furchtbares Jahr« ging unter heftigen Westwinden zu Ende. »Ein weiteres Jahr begann«, schrieb sie 1901, »und ich fühle mich so schwach und unwohl, daß ich es nur kummervoll begrüßen kann.« Am 14. Januar konnte sie das erste Mal seit 1832 ihr Tagebuch nicht mehr vervollständigen. Zwei Tage später erteilte sie ihre letzte Weisung: Ihr Botschafter

in Berlin sollte mit gebührendem Respekt eine vorgesehene Ehrung seitens ihres Enkels Kaiser Wilhelm ablehnen. Am 18. Januar wurden ihre Kinder nach Osborne befohlen.

Der Prince of Wales war am Nachmittag des 22. Januar an ihrer Seite. Ihr letztes Wort lautete: »Bertie.« Ihr Arzt und Kaiser Wilhelm waren zwei Stunden lang bei ihr. Sie starb um 18.30 Uhr. Die Journalisten rasten den Hügel nach Cowes hinunter und brüllten die Schlagzeile: »Queen tot! Queen tot!«. Sie wäre darüber nicht »amused« gewesen. Zehn Tage lang wurde sie aufgebahrt, bevor man sie auf die kleinste königliche Yacht, die *Alberta*, zum Festland zurückbrachte

»Der Gedanke an ein England ohne Königin Viktoria ist zu schrecklich, um ihn überhaupt zu denken«, sagte Prinzessin May, die zukünftige Königin Mary. »Gott stehe uns allen bei!«

2

»WIR SIND NUN MAL DAS HERAUSRAGENDSTE VOLK DER WELT«

Fünf Jahre nach dem Tod Königin Viktorias brachte die Engländerin Sylvia Leith-Ross das Wesen des Empire auf den Punkt. Als sie im neuen nordnigerianischen Kolonialgebiet in Begleitung nur eines Weißen unterwegs zu ihrem Mann war, erblickte sie schwarze Frauen, die Lasten auf dem Kopf balancierten. »Diese Frauen und Mädchen schritten auf dem grasbewachsenen Pfad im wechselnden Spiel des Lichts«, beschrieb sie ihr Erlebnis. »Sie liefen heiter, arglos und leise singend ganz allein mitten in der Wildnis. Der weiße Mann zügelte sein Pferd und sagte bei ihrem Anblick nur: ›Pax Britannica‹.«

Die Bewunderung für den »Britischen Frieden« erhielt jedoch bald erhebliche Kratzer durch die Erkenntnis, daß die Briten nichts als Ausbeuter waren. Doch trotz aller Kritik »werde ich immer an jene Frauen denken, die dank England sicher und mit einem Lied auf den Lippen durch den Busch gehen konnten«, schrieb Sylvia Leith-Ross. »Alle Menschen haben Schwächen«, sagte einst jemand über Cecil Rhodes, einen Imperialisten reinsten Wassers, »und seine Schwäche ist der Größenwahn.« Diesen Charakterzug teilte Rhodes offenbar mit vielen seiner Landsleute. Die Briten herrschten nicht nur über ein Empire, sondern gleich über zwei: die Auswanderungsländer und die Kolonialstaaten. Im letzteren waren sie, wie sie behaupteten, keineswegs zum Vergnügen, sondern weil sie es für ihre Pflicht hielten, die »Bürde des weißen Mannes« zu tragen.

In das eine Empire, nach Australien, Kanada, Neuseeland und in die »verlorenen Kolonien« der USA, gingen die Menschen als Auswanderer. Die meisten waren enteignete Hochlandschotten, halbverhungerte Iren, kornische Minenarbeiter, aber auch englische Landarbeiter, die keine Arbeit mehr fanden, sowie das Proletariat der Slums – alles Menschen, die man gern von dannen ziehen sah und denen man subventionierte Schiffspassagen und billiges Land als Köder für die Auswanderung anbot. Der *Emigrants' Information Service* in Westminster verteilte pro Jahr eine Million Plakate und Broschüren, um für die Emigration zu werben. Zehn Pfund wurden den Lokalbehörden für jeden Auswanderer gezahlt.

Eine einfache Passage nach Queensland in Australien war relativ preiswert; für Männer kostete sie sechs und für Frauen drei Pfund. Am Zielort warteten über 1000 Hektar Weideland für ein paar Penny pro Hektar sowie eine verbilligte Bahnfahrkarte zur nächsten Eisenbahnstation. »Lebensraum« war in einem Staat, dreimal so groß wie das Mutterland, kein Problem. Eine Lizenz zum Schürfen von Gold, Silber, Saphiren oder Opalen kostete pro Jahr zehn Schilling, und der Verdienst eines Minenarbeiters lag mit sechs Pfund pro Woche dreimal so hoch wie in England.

Wohltätigkeitsorganisationen schickten Hunderttausende Waisenkinder in die Kolonien, und Besserungsanstalten schoben ihre Insassen

Der Geist des Empire – das unerschütterliche Selbstvertrauen und die Chuzpe, die Heimat anderer Menschen als eigene zu betrachten – kommt in diesem Foto aus dem Jahr 1900 zum Ausdruck, das einen Reisenden im indischen Chennakshava-Tempel zeigt. Der riesige Subkontinent mit seinen 300 Millionen Einwohnern wurde von kaum 5000 Leuten des Indian Civil Service verwaltet. Die britischen Bataillone waren der indischen Armee zahlenmäßig unterlegen, die zwar von britischen Offizieren geführt wurde, jedoch durchaus zu einem Aufstand, wie 50 Jahre zuvor geschehen, fähig war. Das Zahlenverhältnis erforderte von jedem einzelnen Briten eine unanfechtbare Überlegenheit. Doch die Schwelle von dieser »natürlichen Autorität« zu offener Arroganz war niedrig. Gerechtigkeit und Offenheit von seiten der britischen Obrigkeit wurden keineswegs als Luxus, sondern als eine Notwendigkeit erachtet.

Die Reise nach Indien von Georg V. im Jahr 1911 (oben) war eine Demonstration der Macht, die an jeder von Briten besetzten Station – Gibraltar, Malta, Suez, Aden – von neuem zur Schau gestellt wurde. Die Royal Navy kontrollierte das Rote Meer und den Indischen Ozean sowie Teile des Mittel-meerraums. Königin Mary nimmt vor ihrer Ankunft in der Hauptstadt Delhi die untertäni-gen Huldigungen von Gästen entgegen (rechts). Anläßlich die-ser Feierlichkeiten (rechts außen) erwiesen die indischen Prinzen und Maharadschas auf der Empore dem Königspaar – beide im unbequemen, hermelin-besetzten Staatsornat – ihre Ehrerbietung. Leichte Seiden-kleidung, wie sie die Fürsten zu ihren Füßen trugen, wären Mary und Georg sicherlich angeneh-mer gewesen. Es war der einzige Aufenthalt eines englischen Monarchen in ihrem größten Dominion. Viktoria und Edward VII. erschienen in Indien nur als Konterfei auf Briefmar-ken und Münzen. Als Prince of Wales hatte Edward das Land jedoch besucht.

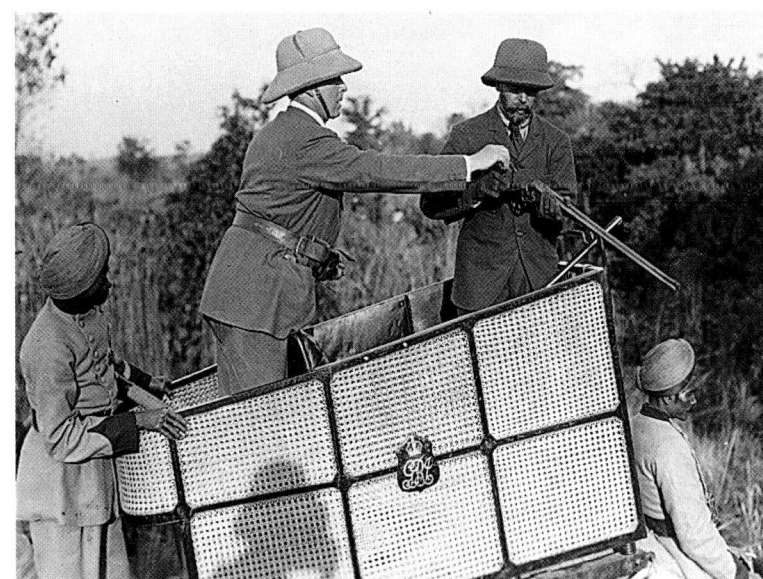

*Für Georg V. wurde auf seiner In-
dienreise 1911 bis 1912 eine Tigerjagd veranstaltet. Hunderte von
Treibern, Trommlern und Horn-
bläsern scheuchten die Raubkatzen
vor die Reitelefanten der erlauchten
Gesellschaft (links). Der Howdah,
der Elefantensitz, von dem aus er auf
seine Beute schoß, trug das Zeichen
GRI, das besagte, daß Georg in
Indien nicht nur König (Rex), sondern auch Kaiser (Imperator) war.
Nach dem Schuß (oben) wurden die*
*Tiger, die damals noch nicht zu den
bedrohten Tierarten gehörten, vor
ihm niedergelegt, damit er sein Werk
begutachten konnte. Derartige Jag-
den waren ein Bestandteil imperialer
Würde, ebenso wie einst für die
Moguln. Doch nicht nur die Herren,
die Sahibs, gingen auf die Jagd. So
schrieb die Memsahib Kate Martelli
ein Buch mit dem schlichten Titel
Tigers I have shot – Die Tiger, die
ich jagte.*

zwar bedauerlich – »In Australien blüht das übelste Plebejertum, nur am Reichtum wird der Stand eines Mannes gemessen« –, doch die meisten waren begeistert. Eine junge Frau hielt es gar für besser, niedrige Bedienstete in einem Haus in Sydney zu sein als Gouvernante in England: »Dienstmädchen werden hier geachtet, es gibt mehr Freiheit und Unabhängigkeit als daheim«, schrieb sie nach einigen Monaten nach Hause. »Seid schlau und kommt her, ergreift Eure Chance und seid Euch obendrein des Erfolges gewiß.«

Das war das eine, weitgehend selbstbestimmte Empire, in das im 19. Jahrhundert 16 Millionen Menschen strömten. Im anderen, kolonialen Empire gab es weitaus weniger Briten. In Uganda lebten lediglich 640, die über 2,8 Millionen Menschen herrschten, und in Somalia sogar nur 23. Sie waren in erster Linie Soldaten, Verwaltungsbeamte, Richter, Missionare, Ingenieure, Pflanzer, Bankiers und Händler. Über die Geschäftsleute rümpfte man allgemein die Nase, denn die anderen gingen nach eigenem Bekunden nicht in die Kolonien, um sich zu bereichern, sondern um die Lage der Eingeborenen zu verbessern.

Anders als die Auswanderer blieben diese Briten keineswegs für immer, es sei denn, sie starben während ihrer Dienstzeit – den mörderischen Bedingungen in Westafrika fielen jährlich 15 Weiße von 1000 zum Opfer. Nach etwa fünf Jahren suchten sich die Männer in England eine Frau, nach zehn Jahren wurden die Kinder nach Hause auf ein Internat geschickt, und nach 20 Jahren – sofern sie noch am Leben waren – zogen sich die Eheleute auf einen ländlichen Altersruhesitz in der Heimat zurück.

Die Kolonialisierung ging immer in der gleichen Vorgehensweise vonstatten, wie am Beispiel Hongkongs, einer Kolonie, die außerhalb Europas am längsten existierte, deutlich wird. Am Anfang standen die Handelsinteressen, dann folgte die Flagge. England war ab etwa 1830 der Hauptimporteur chinesischer Handelsgüter wie Tee, Seide und Porzellan. Die Firma *British India* produzierte riesige Mengen Opium, das von chinesischen Süchtigen in Massen konsumiert wurde. Hongkong verfügte über einen der hervorragendsten Naturhäfen Asiens. China sah sich schließlich durch den skrupellosen Einsatz der britischen Seemacht während des Opiumkriegs dazu gezwungen, die Häfen für den Opiumhandel zu öffnen und letztlich Hongkong preiszugeben.

Die Flagge wurde als Anspruch auf das Territorium erstmals in der heutigen Possession Street, der »Straße der Inbesitznahme«, gehißt. Man benannte die neue Siedlung nach der Königin Viktoria, wie auch andere verdienstvolle Persönlichkeiten des Empire durch Namengebung von Orten geehrt wurden, etwa Sydney, Vancouver oder Auckland. Die ersten Bauwerke symbolisierten die klassische koloniale Dreieinigkeit: Gott, Regierungsmacht und, falls die keine Wirkung zeigten, Militärgewalt. Letztere war jedoch im Falle Hongkongs zuerst da. Das Flagstaff House mit seinen hohen Räumen, Säulen und dem glänzenden Parkett wurde ab 1844 Hauptquartier des Oberkommandierenden der britischen Streitkräfte in Hongkong. Erst drei Jahre später kam die anglikanische Kathedrale Saint John hinzu. In der lichten und anmutigen Kirche baten die Handelsfürsten Chinas, die Taipans, um Vergebung für das Elend der Süchtigen, die ihnen Wohlstand brachten. Schließlich wurde der Gouverneurspalast errichtet, gefolgt von den anderen obligatorischen Errungenschaften britischer Kultur wie einem Kricketfeld, einem Rennplatz, Gerichtsbauten, botanischen Gärten, einem von steinernen Löwen bewachten Bankgebäude und einem Club mit langer Bar und voluminösen Armsesseln. Die Taipans bezogen elegante Villen an

dorthin ab. Den Nachschub an Frauen, für den Weiterbestand eines weißen Dominions unerläßlich, stellten Wohlfahrtseinrichtungen sicher, indem sie jungen, mittellosen Mädchen mit freier Passage und einem festen Arbeitsplatz die Emigration schmackhaft machten.

Die Reise ohne Wiederkehr war für die Frauen und Männer eine einzige Tortur, denn die Schiffsbesatzungen machten keinen Hehl daraus, daß sie sich für etwas Besseres hielten als ihre Passagiere. Sie schreckten nicht einmal davor zurück, die »Mädchen in ihren Betten zu betatschen und zu kneifen«. Wenn ein Auswandererschiff in Australien ankam, strömten die Männer an den Strand, »grölten Obszönitäten und balgten sich um die Frauen«. Zumindest die Verhältnisse an Land wurden mit der Zeit etwas zivilisierter. »Land der Sonne und des Erfolgs«, rühmte eine australische Anzeige, »die rauhen Pionierzeiten sind vorbei...« In den Dominions, den von Weißen regierten und relativ selbständigen Mitgliedsstaaten des Empire, war das Leben im Prinzip leichter und gerechter als in Großbritannien, mit mehr Rechten für Bürger, vor allem die Frauen, und umfassenderen Sozialreformen.

Ein Goldschürfer im australischen Victoria verglich die Lage mit dem unabhängigen Nordamerika, wo »alles aristokratische Gehabe aus der alten Heimat plötzlich nichtig war«. Sich selbst überlassen, ging den Kolonialisten jeglicher Respekt verloren – bis hin zu der nach englischem Verständnis schlimmsten Sünde: die Entscheidungen des Schiedsrichters beim Kricketspiel anzufechten. Der Chronist fand den Sittenverfall

Nur raus aus den Slums. Kanada gehörte zu den gefragtesten Zielen. Wohltätigkeitsorganisationen verschickten 100 000 Waisenkinder dorthin. Kleine Mädchen (links) posieren in Begleitung von Aufseherinnen vor ihrer Abreise als »Dr. Barnardo's Canadian Emigration Party London to Liverpool«. Der irische Arzt Dr. Barnardo hatte Heime für notleidende Kinder gegründet, zunächst im Londoner East End und schließlich im ganzen Land. Die neue Heimat der Kinder war unerschlossenes Territorium. Im Sommer liefen sie zwar barfuß (unten), doch hatten sie bessere Zukunftsaussichten, als die Armen zu Hause es sich jemals träumen ließen.

Als diese Anzeige (linke Seite) 1913 für die Auswanderung nach Australien in London warb, machten sich jährlich 300 000 Menschen von den Britischen Inseln aus auf die Suche nach einer neuen Heimat. Rund 70 000 folgten dem Aufruf und gingen, angelockt durch billige Passagen und preiswertes Land, nach Australien. Die Überfahrt nach Sydney kostete für einen Mann sechs Pfund und für eine Frau im gebärfähigen Alter nur die Hälfte, da das dünn besiedelte Land Nachwuchs benötigte.

Bequemlichkeiten und Vergnügungen aus der Heimat glichen die Unbilden rauher Regionen in der Fremde aus. Ein zwischen zwei Stangen befestigter komfortabler Stuhl (links) diente Lady Curzon, der Frau des Vizekönigs von Indien, als praktisches Transportmittel auf einem Ausflug nach Hyderabad. Die Camps wurden zu mobilen Hotels aus robusten Zelten, die mit uniformierten Dienern und mit Möbeln aus London ausgestattet waren. Hier (rechts) erwartet ein Inder eine Belohnung für einen erlegten Gepard. Die Briten brachten von ihrer abenteuerlichen Tibetreise durch den Himalaya im Jahr 1904 (großes Bild) das indische Spiel

Polo mit. Die britische Flagge konnten sie jedoch nicht über Lhasa hissen. Bei ihrer Ankunft floh der Dalai Lama. Also schlugen sie ein Lager auf und spielten Fußball und Polo, bis die anderen Lamas sich bereit erklärten, sie im Potala-Palast zu empfangen. Dieser konnte jedoch nur über eine Steinrampe betreten werden, die so glatt war, daß die Briten zu Fuß hochgehen mußten. Die Gespräche bei Nüssen und Tee blieben ergebnislos. Als sie die Rampe wieder in Stiefeln und Sporen hinunterschlitterten, hörten sie die Lamas hinter sich kichern. Tibet blieb unabhängig.

Mary Kingsley (links) unternahm zwei ungewöhnliche Reisen durch Westafrika. Über die Kannibalen vom Stamm der Fan, die sie eskortierten, sagte sie: »Wir wissen beide, daß wir zu jenem Teil der menschlichen Rasse gehören, mit dem man besser trinken als kämpfen sollte.« Als sie versehentlich in eine Wildfalle mit scharfen Spitzen fiel, kommentierte sie lediglich, daß »man in sol-chen Augenblicken feststellt, daß ein guter, dicker Rock ein Segen ist«. Sie starb am Fieber, als sie im Burenkrieg als Krankenschwester arbeitete. Die Weißen, die an einem Fluß bei Lagos Rast machten (rechts), gehörten zur winzigen britischen Gemeinde in Nigeria und verkörperten somit die zahlenmäßig geringe Präsenz des Königreichs in Afrika.

den überdachten Elefantensitzen, und gingen mit Großkalibergewehren auf Tigerjagd. Die Politikergattin Kate Martelli berichtete in ihrem Buch »Tigers I Have Shot« von Hunderten von Treibern, die mit Blashörnern, Trommeln und Schreckschußpistolen durch den Dschungel lärmten, bis sich der Tiger schließlich »wie eine große Katze anpirschte, sich duckte, vorwärts kroch und sich umdrehte, um herauszufinden, was die ungewohnten Geräusche bedeuteten. Als er etwa 70 Meter von mir entfernt war, schoß ich und traf ihn an der Schulter . . .«

Die Forscherin Mary Kingsley reiste mit drei Mitgliedern des Stammes der Fan durch die nigerianischen Wälder. Nach ihrer Darstellung war es bei ihnen Sitte, Menschen zu töten und »sie in appetitliche Stücke zu zerlegen, sie aufzuessen und die Reste für später zu räuchern«. Sie wollte, so schrieb sie, »keineswegs in geräuchertem Zustand ankommen, schon gar nicht in appetitlichen Happen«. Ausreichender Nachschub an Nilpferden und Krokodilen sicherte ihr Überleben. Sie stattete die Fan mit weißen Damenblusen aus, die sie mit »nichts als roter Bemalung und Büscheln aus Leopardenschwänzen trugen«. Mary Kingsley selbst war stets mit einem runden Samthut auf dem Kopf sowie in einem dicken Rock über vielen Unterröcken unterwegs, was ihr schließlich das Leben rettete, als sie in eine Wildfalle geriet. Sie empfahl, den Aberglauben der Eingeborenen zu respektieren und »nie und nimmer zu früh zu schießen . . ., da es für einen einzelnen Weißen ohne militärische Rückendeckung ansonsten das Ende bedeutet«. Es sei sehr viel ratsamer, schrieb sie weiter, »die Hindernisse zu umgehen, anstatt sich blutigen Gelüsten auszusetzen – vorausgesetzt, man verliert dabei nicht seine Selbstachtung, welche die Quelle unserer Macht in Westafrika ist«.

Dieses unerschütterliche Selbstbewußtsein war ein Stützpfeiler jener Pax Britannica, die Sylvia Leith-Ross so beeindruckt hatte. Im Norden Nigerias lebten damals lediglich 109 Engländer, darunter drei Frauen. Wie so oft war der Ausgangspunkt der Kolonisierung der Ehrgeiz eines jungen Mannes und eine private Firma. Vor 1892 gab es dort nur eine Handvoll englischer Händler, »Höker der übelsten Sorte und die schlimmsten Rabauken obendrein«, die den Eingeborenen Gin gegen Palmöl andrehten. George Goldie gründete die *Royal Niger Company*, um, wie er vorgab, in dem riesigen Land Ordnung zu schaffen und die rote britische Flagge zu hissen. »Es war mein Kindheitstraum, die Weltkarte rot zu färben«, erklärte er. Er nahm Frederick Lugard in seine Dienste, einen Söldner, der am Njassasee in Ostafrika gegen Sklavenhändler kämpfte, um nach Nordnigeria vorzudringen und es dem britischen Empire einzuverleiben. Lugard, der seinen Leib mit einer Flanellschärpe und einem gewaltigen Frühstück wappnete, da er der Meinung war, daß Tropenkrankheiten durch einen von der Sonne erhitzten leeren

den kühlen und fieberfreien Hängen des Peak, von denen sie auf ihre Schiffe, Anlegestellen und Lagerhäuser hinabblickten.

Die britischen Imperialisten der ersten Stunde prägten einen eigenen Lebensstil. Sie waren wegen der besseren Ernährung hochgewachsen und an ihrer Kleidung zu erkennen wie eine eigene Kaste. So »erfanden« sie das Knöpfkragenhemd, das Polohemd, die Safarijacke, den Hosenrock, Schnürstiefel und die Reithose. Neunzig Jahre später machten ihre modischen Eigenheiten als Safarilook Furore bei Modedesignern. Sie tranken vorzugsweise Gin Tonic, weil sie meinten, das Chinin im Tonicwasser wirke präventiv gegen Malaria. Selbst im Dschungel legten sie zum Dinner Abendgarderobe an. Constance Larymore ermahnte ihre Zeitgenossinnen, sich auch an den heißesten Abenden in Korsagen zu zwängen, ansonsten gleiche es einem »Sittenverfall wie das Tragen von Lockenwicklern«. Sie spielten Polo, gingen fischen, jagten alles, was ihnen vor die Flinte kam, hetzten statt Füchse Hyänen oder veranstalteten Schnitzeljagden. Um der Hitze Indiens zu entkommen, bauten sie ihre Anwesen im englischen Kolonialstil einschließlich Tennisplätzen auf Hügeln. Das Kartenspiel Bridge wurde von Zivilbeamten in Kalkutta erfunden und Snooker, eine Abart des Billard, von einem Offizier im Club von »Ooty«, dem südindischen Ort Ootacamund.

Die Frauen standen den Männern in nichts nach. Isabella Bird, das erste weibliche Mitglied der *Royal Geographical Society*, berichtete, nachdem sie in einer Felsenschlucht vom Pferd gestürzt war: »Mein linker Arm sieht aus wie Sülze, aber kalte Kompressen werden das bald in Ordnung bringen. Und die Wunde auf meinem Rücken blutet wie verrückt. Doch sehr viel bedaulicher sind meine zerrissenen Reitkleider.« In Indien thronten die Damen im dschungelgrünen Outfit auf Haudas,

Magen verursacht würden, stellte die *West African Frontier Force* auf und zog landeinwärts. Zu seinen Offizieren gehörte auch der Ehemann von Sylvia Leith-Ross.

Lugards Streitmacht bestand aus herzlich wenig Männern, seine Stärke aus wenig mehr als seiner vorgegebenen Überlegenheit und, falls die Afrikaner sich davon nicht beeindrucken ließen, aus einem Maxim-Gewehr. Ein Hauptmann schrieb, daß er lediglich bezeugen könne, wie »zwei ziemlich wüste, heruntergekommene und schmuddelige Engländer sich vor 600 aufgeblasenen Mohammedanern aufbauten und sie davonjagten«. Zwischen 1902 und 1904 nahm Lugard die nigerianischen Stammesgebiete Sokoto und Kano ein. Er behauptete, unter den Eingeborenen hätte es keinen Frieden gegeben: Kinder würden harmlos in einem Dorf spielen, und schon im nächsten Moment »konnte man ihre halbverbrannten Körper und die Leichen der Männer entdecken ... und Frauen wurden von den Angreifern verschleppt«. Er war der Überzeugung, das Eintreffen der Briten für Afrika sei »der größte Segen seit der Sintflut«.

Böse Zungen behaupteten, daß die Sonne im britischen Empire nur deshalb nie unterginge, weil Gott keinem Engländer bei Dunkelheit über den Weg traue, und ein englischer Sozialist merkte sarkastisch an, daß es in England Slums gebe, in denen sie gar nicht erst aufgehe. Doch die Briten focht das angesichts ihres Weltreichs nicht an. Mit Vorliebe wiesen sie darauf hin, daß das Römische Reich auf seinem Höhepunkt 125 Millionen Menschen auf über 6,5 Millionen Quadratkilometer, ihr eigenes Empire jedoch zu Beginn des Jahrhunderts ein Viertel der Weltbevölkerung und 28,5 Millionen Quadratkilometer umfaßte – und ein Ende der Ausdehnung sei nicht abzusehen. In den letzten zehn Jahren unter Königin Viktoria waren Gebiete von der fünfzigfachen Größe des Mutterlands dem Empire einverleibt worden. Überall auf den Weltmeeren waren Briten unterwegs. Britische Schiffe mit insgesamt 200 000 Seeleuten und ebenso vielen Passagieren kreuzten ständig auf den Ozeanen, ob nun in eleganter Abendkleidung auf dem Roten Meer oder auf dem Zwischendeck eines Seelenverkäufers nach Kanada.

Das Meer war Dreh- und Angelpunkt der britischen Weltmacht. Selbst Landratten betrachteten es als zweite Heimat, auch wenn sie, wie Admiral Nelson, seekrank wurden. Bereits den Kindern wurde diese maritime Passion von früh auf eingebleut. Sie wurden in Matrosenanzüge gesteckt, und man las ihnen Seefahrergeschichten wie »Die Schatzinsel« von Robert Louis Stevenson vor. Das Meer wurde mit Gesundheit und Glück gleichgesetzt. Man nahm darin sogar zum puren Vergnügen Bäder, eine Sitte, die andernorts nur zögerlich nachgeahmt wurde. Selbst Piers wurden aufs Meer hinaus gebaut, mitsamt Vergnügungshallen und Tanzschuppen, deren Lichter von Land wie die eines Ozeandampfers blinkten.

Der Aufbau eines solch gewaltigen Empire wäre ohne die Beherrschung der Meere kaum möglich gewesen. Der Übermacht der kontinentalen Streitkräfte hätte die britische Insel mit ihrem kleinen Freiwilligenheer ansonsten nichts entgegenzusetzen gehabt. Admiral John Jervis, der in der zweiten Hälfte des 18. Jahrhunderts in Quebec, Brest und in der Karibik gegen die Franzosen gekämpft hatte und durch den Sieg über deren spanische Verbündete vor Kap Saint Vincent eine französische Invasion vereitelte, betonte die Bedeutung der Kriegsmarine wie folgt: »Ich behaupte nicht, die Franzosen könnten gar nicht kommen, aber über das Meer werden sie keinesfalls kommen können.«

In seinem Meisterwerk »Auf der Suche nach Indien«, in dessen Mittelpunkt eine angebliche Vergewaltigung in den Marabar-Höhlen steht, thematisiert E. M. Forster den spirituellen und sozialen Widerspruch zwischen Briten und Indern. Die beiden englischen Memsahibs (oben) kommen aus dieser Höhle in der Nähe von Bangalore unversehrt wieder heraus.

Rudyard Kipling, auf dem Foto rechts mit weiteren Journalisten, die über den Burenkrieg berichteten, war der große Dichter und Geschichtenerzähler des Empire und zudem einer der ersten Nobelpreisträger. In sein Dschungelbuch mit den klassischen Tiergeschichten, das ebenso wie sein Buch Kim verfilmt wurde, flossen seine langjährigen, in Indien gemachten

Erfahrungen ein. Die Armee in der Fremde feierte er in romantischen Gedichten:
»An der alten Moulmain-Pagode
    sitzt ein Mädchen Burmas
und schaut verträumt aufs Meer,
    und ich weiß, daß sie an mich denkt.
Der Wind spielt in den Palmen,
    und die Tempelglocken raunen:
›Oh, komm zurück, Soldat aus England, komm zurück nach Mandalay!‹«

Unzählige Bücher nährten die Begeisterung für das Empire. Robert Louis Stevensons Abenteuerroman »Die Schatzinsel« infizierte viele Menschen mit dem Verlangen, ihr Glück in den Tropen zu machen. Er selbst infizierte sich mit Tuberkulose. Er wollte seiner Krankheit entfliehen und landete schließlich in Samoa (oben), einer Südseeinsel, die zu den wenigen Kolonien Deutschlands gehörte. Rider Haggard schrieb schließlich sein Buch »König Salomons Schätze«, mit dem er insbesondere Stevensons Buch an Spannung übertreffen wollte.
[Foto oben: J. Davis]
[Foto links:: Reinhold Thiele]

Der Machtbereich von »Jacky« Fisher, zu Beginn des 20. Jahrhunderts Erster Seelord und somit verantwortlich für die gesamte britische Flotte, war weltumfassend. »Kapstadt, Singapur, Alexandria, Gibraltar und Dover sind die fünf strategischen Schlüssel zur Welt«, behauptete er. Das Empire hatte sie sämtlich in der Hand. Außerhalb Englands war man davon überzeugt, daß die geistige Gesundheit der Briten unter der Insellage gelitten habe. Die Kontinentaleuropäer, von den Briten abschätzig als »Latinos«, »Spaghettis«, »Franzmänner« oder »Hunnen« tituliert, wußten sehr wohl, daß für die Engländer »die Dritte Welt in Calais beginnt«. Und so wurden alle, die sich gegen die arroganten Insulaner erhoben, wie beispielsweise die Buren in Südafrika, mit Beifall bedacht. Die Engländer selbst sprachen von der *splendid isolation*. Über die Hälfte aller Schiffe auf den Weltmeeren fuhr unter englischer Flagge, alle benutzten die Seekarten der britischen Admiralität und berechneten ihre Längenposition nach Greenwich. Viele waren bei Lloyd's of London versichert und nach dem Weltstandard »A 1 at Lloyd's« gebaut. Sie heizten mit Kohle aus Wales, die sie in britisch kontrollierten Häfen luden. 70 Prozent der Tonnage durch den Suezkanal waren britisch. Darüber hinaus wurden das Rote Meer und der Persische Golf mehr oder weniger als britische Hoheitsgewässer betrachtet.

Im Jahr 1898 konstatierte man auf einer Telegrafiekonferenz, daß »fast die ganze Welt von britischen Drähten umspannt« sei. Nachrichten aus London wurden über »rein britische« Drähte nach Hongkong gefunkt, gelangten via Gibraltar ins ägyptische Alexandria, das de facto eine britische Kolonie war, durch das Rote Meer nach Aden und Bombay, auf dem Landweg nach Madras und weiter bis nach Singapur. Nach Sydney verlief die Verbindung über »rein britische« Relaisstützpunkte auf den Inseln Norfolk, Fidschi und Fanning. In Australien reichte die Überlandleitung weit über 3000 Kilometer. Die Männer, welche die abgelegenen Relaisstationen bedienten, mußten zum Lebensunterhalt ihr eigenes Vieh züchten. Die Zentralstation Alice Springs – nach der Frau des Chefingenieurs benannt – lag etwa 1600 Kilometer von der nächsten Stadt entfernt.

Auf dem kolonialen Schachbrett wurden jedoch nicht nur weiße Figuren bewegt. Die Briten brachten zwei Millionen Tamilen aus Südindien nach Ceylon und Malaya, da die dortigen Einheimischen nicht dazu zu bewegen waren, auf den Tee- und Kautschukplantagen zu arbeiten. Aus dem gleichen Grund wurden indische Vertragsarbeiter auch in die Karibik und nach British-Guayana verfrachtet. Auf den Fidschi-Inseln stellten sie sogar die Mehrheit der Bevölkerung. In Kenia, Uganda und Südafrika wurden Inder für den Eisenbahnbau eingesetzt. Die Sikhs dienten in der Polizei von Hongkong. Menschenhändler verschleppten Südseeinsulaner zur Fronarbeit auf die Zuckerplantagen von Queensland, auch wenn die Royal Navy diese Spätform der Sklaverei zu unterbinden suchte. Der Zustrom chinesischer Kulis nach British Columbia und nach Australien führte jedoch zu Rassenunruhen, da die Weißen um ihre Arbeitsplätze bangten – Folge war die Politik des »Weißen Australien«.

Die Tierwelt blieb von den Verschiebungen ebenfalls nicht verschont: Hasen, Forellen, Lachse und Rotwild wurden in alle Welt verschifft, um das Jagd- und Angelvergnügen der Kolonialherren zu gewährleisten. In Neuseeland nahm die Viehzucht mit aus England importierten Schafen, Rindern und Schweinen ihren Anfang. Weniger glücklich verlief allerdings 1859 der Versuch, 24 englische Wildkaninchen nach Australien einzuführen. Sie vermehrten sich dort mangels natürlicher Feinde derart rasant, daß sie selbst durch Gift, Schrotflinten und Einzäunungen

Ein »Sklavenschiff« und seine menschliche Fracht auf dem Pazifik. Der Kapitän (rechts) auf diesem »Arbeiterschiff« war einer jener Abenteurer, die Insulaner von den Salomonen-Inseln, den Neuen Hebriden und den Fidschis anheuerten oder kidnappten, um sie an die Baumwoll- und Zuckerplantagen im australischen Queensland zu verkaufen. Weite Gebiete Melanesiens wurden vor dem Verbot dieser Art des Menschenhandels im Jahr 1904, kurz nachdem das Foto aufgenommen wurde, so gut wie entvölkert. Daniel Defoe, der Autor von Robinson Crusoe, *beschrieb die Briten als »unterbemittelten, amphibischen Mob«. Dieser skrupellose Seemann steht in ungebrochener Reihe der englischen Freibeuter und Eroberer.*

nicht aufzuhalten waren. Auch Gewächse wurden in fremden Regionen angepflanzt. So kamen Teestauden nach Kenia, Ananas und Zuckerrohr nach Australien, Kokospalmen auf die Bahamas und Gummibäume nach Malaya.

Das Empire schien ebenso wie das australische Kaninchen wenig »natürliche Feinde« zu haben. Keine europäische Nation war ihm zur See gewachsen, und die Einheimischen in den Kolonien stellten für die Weißen mit ihren Maschinengewehren, Kanonenbooten, Lokomotiven und ihrem Sendungsbewußtsein keine Bedrohung dar. Winston Churchill fühlte sich 1898 beim Anblick der sudanesischen Derwische an ein mittelalterliches Ritterheer mit Bannern, Schwertern und Speeren erinnert. Artillerie und Maschinengewehre der Nil-Expeditionsarmee metzelten binnen weniger Stunden 11 000 Sudanesen nieder. Am anderen Morgen nahmen die Briten Khartum ein.

Gleichwohl waren die Briten nicht unverwundbar, wie sie durch die aufständischen Zulus, die gut organisierten Buren und die Afghanen, die ihrem Expansionsdrang Grenzen setzten, schmerzhaft zu spüren bekamen. Zur Absicherung Indiens drangen die Briten nach Burma im Osten sowie nach Sind und Belutschistan im Westen vor. Um der vermeintlichen Expansion der Russen im Nordwesten Einhalt zu gebieten, unternahmen sie 1842 blutige und erfolglose Vorstöße nach Afghanistan, wobei sie

ihre gesamte Garnison einbüßten. Nachdem sie 1880 beinahe eine weitere Garnison verloren hätten, zogen sie sich aus dieser Region zurück.

Rückschläge waren dennoch selten. Selbst Länder, die nicht zum Empire gehörten, in denen jedoch englische Auswanderer oder deren Nachkommen lebten, fühlten sich dem unaufhaltsamen Aufstieg verbunden. Die *Anglo-Argentine Association* pries im *Colonizer*, einem weitverbreiteten Londoner Groschenheft, enthusiastisch ihr »Paradies für Emigranten«. Im 19. Jahrhundert wanderten mehr Menschen in die Vereinigten Staaten aus als in andere Länder, darunter viele Iren, die eigentlich möglichst weit weg aus dem englischen Einflußgebiet fliehen wollten. Um 1900 begaben sich bereits mehr als zwei Drittel aller Emigranten auf die Reise nach Australien und Kanada. Trotzdem fühlten sich auch die Amerikaner England noch immer innigst verbunden. »Wir sind ein Teil, und zwar ein großartiger Teil des großen Britannien, das offenbar dazu bestimmt ist, den Planeten zu beherrschen«, ließ die *New York Times* verlauten.

Ein Volk, dessen Frömmigkeit verlangt, sonntags weder Karten zu spielen noch Zigarren zu rauchen und statt Krimis Gesangbücher zu lesen, war davon überzeugt, daß sein eigener Kolonialismus von Gott gesegnet sei. Jenseits von Klassenzugehörigkeit und politischer Meinung herrschte in der überwiegenden Mehrheit der Engländer der Glaube an den moralisch sanktionierten Sendungsauftrag des Empire vor. Die Sozialreformerin Beatrice Webb schimpfte zwar auf den »allgegenwärtigen Imperialismus, der alle Klassen mit hysterischer Loyalität berauscht«, doch ihr Ehemann Sydney hatte ebensowenig wie der radikale Philosoph Bertrand Russell in sehr jungen Jahren Probleme damit, Kolonialismus und Sozialismus zu verbinden. Beide vollzogen später eine absolute Kehrtwende in ihrer Einstellung. Webbs *London School of Economics* entwickelte sich gar zu einem Hort des Antiimperialismus.

Als sich der junge Earl of Meath, Zögling der Eliteschule in Eton, einmal Schnee von den Knien wischte, schnauzte ihn ein Lehrer an, daß es kein britisches Kanada gäbe, wenn seine Vorfahren sich um das bißchen Schnee gekümmert hätten; und hätten sie sich um die Hitze Sorgen gemacht, gäbe es auch kein britisches Indien: »Also laß mich niemals erleben, daß du vor Hitze oder Kälte zurückschreckst!« Der Earl gründete später eine Art Burschenschaft, die *Lads Drill Association*, die dafür sorgen sollte, daß auch Knaben, die nicht in den Genuß einer Eton-Erziehung kamen, genauso hart im Nehmen würden. Eine Viertelmillion Jungen wurde daraufhin zu christlicher Mannhaftigkeit gedrillt. Meath führte 1902 den *Empire Day* am 24. Mai ein, der in allen Schulen der britisch dominierten Welt gefeiert wurde. Die Schüler waren an diesem

Tag als die herausragenden Gestalten des britischen Empire verkleidet und skandierten: »*Be brave, be bold, do right*« (Sei tapfer, sei kühn und tu das Rechte). Ein australischer Journalist bezeichnete den Feiertag sarkastisch als *Vampire Day*.

Im Zentrum kolonialer Tugenden stand das Pflichtgefühl, das in Dichtung und Literatur, in den Artikeln des Massenblatts *Daily Mail* und in den Geschichten kolonialer »Verwegenheit« in der Zeitschrift der Jugendorganisation propagiert wurde. Rudyard Kipling, der den Begriff von der »Bürde des weißen Mannes« geprägt und zunächst als Journalist der *Civil and Military Gazette* im indischen Lahore gearbeitet hatte, brachte den Engländern zu Hause in vielen erfolgreichen Gedichten und Geschichten die Segnungen des Empire am anderen Ende der Welt nahe. Arthur Conan Doyle verlieh dem unerschütterlichen Dr. Watson aus seinen Sherlock-Holmes-Geschichten einen Hauch kolonialer Romantik, indem er ihn zu einem Veteranen aus dem Afghanistan-Feldzug machte, »von einer Kugel aus einer afghanischen Muskete verwundet«. Auch andere englische Autoren, wie R. M. Ballantyne, der für die *Hudson's Bay Company* in den kanadischen Wäldern gearbeitet hatte, oder G. M. Henry, der abenteuerliche Geschichten aus Indien schrieb, erweckten den Hunger nach ruhmreichen Taten in »wilden« Ländern.

Robert Baden-Powell, im Burenkrieg durch seine Verteidigung von Mafeking zu frischem Heldentum gelangt, rief 1908 die *Boy Scouts* ins Leben, eine Pfadfindertruppe, die in den Knaben den Geist jener wachhalten sollte, die im Burenkrieg für das Empire gestorben waren. »Laßt sie vom Himmel aus nicht sehen, daß ihr nur mit Händen in den Hosentaschen herumlungert«, ermahnte er die Jungen. Nach dem Vorbild seiner Soldaten verpaßte ihnen Baden-Powell eine Uniform aus khakifarbenen Hemden und Shorts samt breitrandigen Tropenhüten und Halstüchern. Ihren Führer begrüßten sie täglich mit dem Ruf »*We'll DOB, DOB, DOB – do our best*« – wir tun unser Bestes.

Die Engländer waren so sehr an Reichtum, Stabilität und Erfolg gewöhnt, daß es ihnen ganz selbstverständlich erschien, ein Viertel der irdischen Landmasse zu besitzen und zudem die Ozeane zu beherrschen. Ihre Selbstgewißheit trieb manchmal seltsame Blüten. »Wir sind nun mal das herausragendste Volk der Welt«, behauptete Cecil Rhodes, »eines, das die Ideale von Anstand, Gerechtigkeit, Freiheit und Frieden am höchsten hält. Je mehr wir von dieser Welt besitzen, desto besser steht es um die Menschheit.«

Das waren keineswegs leere Redensarten. George Curzon, englischer Vizekönig von Indien, konnte sich in seinem Palast in Kalkutta wie zu Hause fühlen – er war seinem Familiensitz Kedleston Hall in Derbyshire nachgebaut. Mit Menschen sprach er »wie eine Gottheit zu Küchenschaben«. Der Oxford-Absolvent, der zu den schillerndsten Gestalten seiner Generation gezählt wurde, hatte den Orient bereist, Bücher über Persien und das asiatische Rußland geschrieben und herrschte nun mit 39 Jahren über 300 Millionen Menschen. Sein Status überstieg sogar den des Königs von Siam, gemessen an den Salutschüssen: Curzon erhielt 31 und der siamesische Herrscher nur 21. Der indische Vizekönig litt zeitlebens unter einer Rückgratverkrümmung, die er jedoch unter dem Vorwand von »Pflicht und Dienst an der Menschheit« ignorierte.

Die Ehre, daß ein Land nach ihnen benannt wurde, widerfuhr nur wenigen Männern. Zu ihnen gehörte Cecil Rhodes. Der Sohn eines Pfarrers aus der Grafschaft Hertfordshire wurde erstmals im Alter von 17 Jahren aus gesundheitlichen Gründen nach Südafrika geschickt. Innerhalb von zehn Jahren erlangte er einen Universitätsabschluß in Oxford und wurde Mitglied des Parlaments am Kap. Nach weiteren zehn Jahren war er Premierminister und Multimillionär. Sein Vermögen hatte er mit den Diamantminen in Kimberley gemacht. Seine Diamantengesellschaft de Beers kontrollierte schließlich 90 Prozent des Weltdiamantenhandels.

Rhodes plante als nächstes eine britisch kontrollierte Eisenbahnlinie von Kapstadt nach Kairo. Dazu mußte er zunächst das Matabeleland mit seinem Zentrum Bulawayo erobern, über das Lobengula, der König der Matabele, regierte. Dank britischer Artillerie kontrollierte Rhodes schließlich nahezu zwei Millionen Quadratkilometer vom Limpopo bis zum Sambesi. Baden-Powell konnte seine bei den *Boy Scouts* erworbenen Fähigkeiten unter Beweis stellen, als er 1896 eine Rebellion der Matabele niederschlug. Rhodes' *British South Africa Company* herrschte über ein Territorium, das den Namen Rhodesien erhielt. Die Handelsgesellschaft stellte ihre eigene Polizei auf, kontrollierte die Verkehrswege und verfügte über einen eigenen Verwaltungsapparat. Als in der neuen Hauptstadt Salisbury 1899 der erste Zug eintraf, hieß es: »Rhodes, Eisenbahnen und imperiale Expansion«.

Erst sehr viel später wurden diese Gestalten als das bezeichnet, was sie in Wirklichkeit waren – Baden-Powell als verkappter Faschist, Curzon als unerträglicher Möchtegern-König, Rhodes als Megalomane. Für viele Zeitgenossen aber waren sie herausragende Vertreter eines Großbritannien, das humane und pragmatische Zwecke verfolgte. Das Motto von Rhodes' Wirtschaftsimperium lautete »Gerechtigkeit, Freiheit, Handel«. Die Engländer setzten das mit dem Anspruch des Empire gleich.

Die Unersättlichkeit war das größte Laster der Briten. Kein noch so kleines Inselchen war vor ihrem Besitzanspruch sicher. Rhodes wollte gar die ganze Welt unter britischer Herrschaft sehen, »selbst den Mond«, wie er hinzufügte. Sie rissen schließlich so viel Land an sich, daß sich die Beamten daheim gar nicht mehr die Mühe machten, jedes Gebiet zu erfassen. Ihre Katalogisierung lautete global: »... sowie zahllose kleinere Besitzungen und fast alle Felsen und Inseln des Ozeans«.

Die Eroberung der Welt ging keineswegs systematisch vonstatten. Oftmals erfolgte die Kolonialisierung eher durch Zufall. Honduras und die

Bermudas zum Beispiel wurden von gestrandeten Seeleuten in Besitz genommen. Manche Länder baten die Engländer lediglich um Schutz oder Hilfe und fanden sich als Kolonie wieder. Der König von Basutoland beispielsweise, der in einem Schreiben an Königin Viktoria sein Gesuch in die blumigen Worte kleidete, daß »mein Land Ihre Decke und mein Volk die Läuse darin« seien, wurde allzu wörtlich genommen. Manche Völker leisteten hingegen erbitterten Widerstand gegen die Vorherrschaft der Engländer – von den Amerikanern und den Afghanen abgesehen, jedoch mit wenig Erfolg.

Ihre koloniale Karriere begannen die Engländer als Piraten und Sklavenhändler. Australien diente anfangs als Strafkolonie für Kriminelle, und Indien wurde im Opiumhandel zur strategischen Drehscheibe. Zur Kolonialpolitik gehörten jedoch auch die Missionare, die keine Mühe scheuten, um das Christentum zu verbreiten. Mary Slessor beispielsweise, eine ehemalige Fabrikarbeiterin, lief barfuß durch den nigerianischen Busch und behandelte Kranke mit Bittersalz, Chinin und Laudanum. Obwohl sie unter Geschwüren und einem derart heftigen Rheumatismus litt, daß ihr buchstäblich das Haar ausfiel, weigerte sie sich, nach England zurückzukehren. »Ich fühle mich nun dem Himmel näher als England«, sagte sie. »Solange ich in der Lage bin, mich um ein mutterloses Kind zu kümmern, werde ich auf meinem Posten bleiben und wegen dem bißchen Fieber oder einem kahlen Kopf nicht das Handtuch werfen.«

Als sich im 19. Jahrhundert die britische Kolonialpolitik plötzlich dem Kampf gegen Sklaverei und Piraterie verschrieb, wurde diese Kehrtwende von außenstehenden Betrachtern für Heuchelei gehalten. Das Vorgehen der Royal Navy gegen die Piraterie war schließlich ein gutes Argument für die Expansion bis hinein in das Südchinesische Meer. Seeräuber boten den Vorwand, bis nach Neuseeland vorzudringen. Sierra Leone in Westafrika war von den Briten zwar als Heimat für befreite

Sklaven gegründet worden, hatte jedoch de facto den Status einer Kolonie: Lagos diente als Stützpunkt sogenannter Antisklaverei-Patrouillen. Die Küste Ostafrikas wurde vorgeblich in Besitz genommen, um den Sklavenhandel der Araber zu unterbinden: Eine anglikanische Kathedrale wurde demonstrativ auf dem ehemaligen Sklavenmarkt von Sansibar errichtet. Der kleine Nebeneffekt dieser neuen Moral war die Akquisition weiterer Territorien – an der Hinterlistigkeit Albions schien sich nichts geändert zu haben.

Die Gestalt des Empire war ebenso flexibel wie seine Moral. Alberta und Saskatchewan, die nordamerikanischen Provinzen, aus dem riesigen Territorium der *Hudson's Bay Company* entstanden, traten 1905 Kanada bei; Neufundland entschloß sich erst 1949 dazu. Die voneinander unabhängigen Staaten Australiens schlossen sich 1901 zusammen und wurden Mitglied des Commonwealth. Andere Kolonien behielten nach außen hin ihre traditionelle Regierungsform bei. Radschas, Emire, Khediven und Könige durften in ihren Ämtern bleiben, vorausgesetzt, sie taten, was ihre britischen Berater ihnen auftrugen. Das Empire bestand somit aus einem Mischmasch verschiedenster Besitzungen und Staatsformen. Der oberste englische Befehlshaber konnte ein Vizekönig, Generalkapitän oder Administrator sein. An der Spitze von Malta, Gibraltar und Bermuda stand jeweils ein vom Kriegsministerium berufener Militärgouverneur, und Ascension unterstand der Befehlsgewalt eines Marinehauptmanns, da die Insel aus administrativen Gründen als Schiff behandelt wurde. Das abgelegene Inselchen Tristan da Cunha wurde gar von einem Kaplan der Gesellschaft zur Verbreitung der Bibel verwaltet.

In Ägypten – zwar ein Teil des Empire, aber keine Kolonie – nannte sich der Vertreter Englands Konsul. Offiziell wurde das Land vom Khediven Abbas II. regiert, mit eigener Flagge, Regierung, Armee und Gesetzgebung, und war dem türkischen Sultan zur Loyalität verpflichtet. Diese Großzügigkeit war jedoch reine Augenwischerei. In der Praxis lag die tatsächliche Macht in den Händen des britischen Kommandanten der ägyptischen Armee, des ebenfalls britischen Finanzberaters des Khediven – und von Evelyn Baring, dem zum Earl of Cromer ernannten britischen Konsul, allgemein nur als »der Lord« bekannt. Ein Besucher erinnerte sich, wie der Khedive erblaßte, als er hörte, daß Baring im Anmarsch war: »Wer weiß, was er jetzt wieder von mir will.«

Die Briten brachten ihre Ordnung mit, aber nicht immer auch ihr Recht. In manchen Ländern wurde britisches Recht angewendet, wie in den konsularischen Gerichtshöfen in Persien und der Türkei, die außerhalb der örtlichen Legislative agierten. Wo es zur Zeit der Eroberung bereits eine lokale Gesetzgebung gab, wurde sie kodifiziert und beibehalten. So brachten die Briten in Indien islamisches und hinduistisches Recht in eine vereinheitlichte Form. Die Frankokanadier Quebecs behielten ihr vorrevolutionäres französisches Recht bei, während ehemals im französischen Besitz befindliche Inseln, wie Mauritius und die Seychellen, den Code Napoléon festschrieben. Auf Malta galt das sizilianische Recht, auf Zypern das ottomanische sowie auf Ceylon und am Kap das Römische Recht holländischer Ausprägung.

Der Unterschied zwischen staatlichen und privaten Kolonien war im Empire oftmals nur schwer auszumachen. Singapur wurde zum Beispiel in reiner Privatinitiative und gegen den Willen Londons von Stamford Raffles gegründet. Die Kokosinseln im Indischen Ozean galten zwar nominell als Teil des Empire, waren aber 150 Jahre lang bis 1978 im Besitz der Familie des schottischen Seefahrers John Clunies-Ross. Ein

Die Moral und ihr Preis. Britische Missionare gingen nach China, um Glauben und Seelentrost unter die Menschen zu bringen – unter denen allerdings zahlreiche Drogenabhängige waren, Opfer des von Briten beherrschten Opiumhandels. Mary Baxter (links), eine Angehörige der Inneren Mission in China, läßt sich in chinesischer Kleidung durch Yunnan rollen. Das Bild oben aus dem Jahr 1910 vermittelt einen Ein- *druck von den scharfen Kontrollen der Opiumproduktion in Indien: Das Rauschgift wird sorgfältig gewogen und registriert. Mit dem skrupellosen Einsatz ihrer Seestreitkräfte hatten die Briten während der Opiumkriege im Jahr 1842 Hongkong besetzt, um den chinesischen Markt für die britischen Händler zu öffnen. Dieser Wirtschaftszweig machte schließlich ein Siebtel des Bruttoeinkommens von Britisch-Indien aus.*

Indien hatte weitgehend der Verwaltung durch die Ostindien-Kompanie unterstanden, bis der Aufstand von 1857 dazu führte, daß London die Direktherrschaft übernahm. Weite Teile Kanadas waren im Besitz der *Hudson's Bay Company*, und Rhodesien gehörte der *British South Africa Company*.

Zu Beginn des 20. Jahrhunderts nahm die Emigration nach »Britisch-Nordamerika«, wie Kanada in den Schiffsstatistiken immer noch genannt wurde, sowie nach Australien und Neuseeland gewaltig zu. Bis 1912 verließ alljährlich weit über eine Viertelmillion britischer Bürger ihre Heimat für immer. Mit dem Dampfer dauerte eine Reise nach Australien nur noch 38 Tage gegenüber fünf Monaten mit Segelschiffen. Die billigste Passage auf einem englischen Schiff kostete 16 Pfund, auf deutschen Schiffen ab Bremerhaven nur sechs Pfund, weniger, als ein Maurer in zwei Wochen verdiente. Ein ganzer Kontinent erwartete die Auswanderer. Melbourne galt bereits als achte Großstadt des Empire, und Sydney wurde wegen der damals größten Orgel der Welt sowie seiner Strände und Gärten gerühmt.

In Queensland, wo sich 600 000 Menschen auf fast zwei Millionen Quadratkilometer verteilten, einer Fläche mehr als fünfmal so groß wie Deutschland, konnten Siedler bis zu etwa 20 Quadratkilometer für einen Pappenstiel von der Krone pachten. Auf alles Land in Australien und Kanada hatte die Krone Besitzanspruch erhoben mit der Begründung, daß die Eingeborenen es ohnehin nicht bearbeiteten. Den Maori Neu-

weiteres und mit über 260 000 Quadratkilometern größeres Beispiel ist Sarawak auf Borneo. Der alte Indien-Haudegen James Brooke, im indischen Benares geboren und in England erzogen, kaufte sich dank einer Erbschaft in Höhe von 10 000 Pfund den Schoner *Royalist*, mit dem er 1838 von London nach Sarawak segelte. Dort erwies er sich als ebenso geschickt bei der Niederschlagung des rebellischen Stammes der Dyak wie bei der Bekämpfung der Piraten, so daß ihn der Sultan von Borneo 1841 zum Radscha von Sarawak ernannte. Brooke baute sich in Kuching ein Schloß aus schottischem Granit, sorgte für freien Handel und für Recht und Ordnung im britischen Sinne. Ein Jahrhundert lang blieben die Brookes die »Weißen Radschas von Sarawak«.

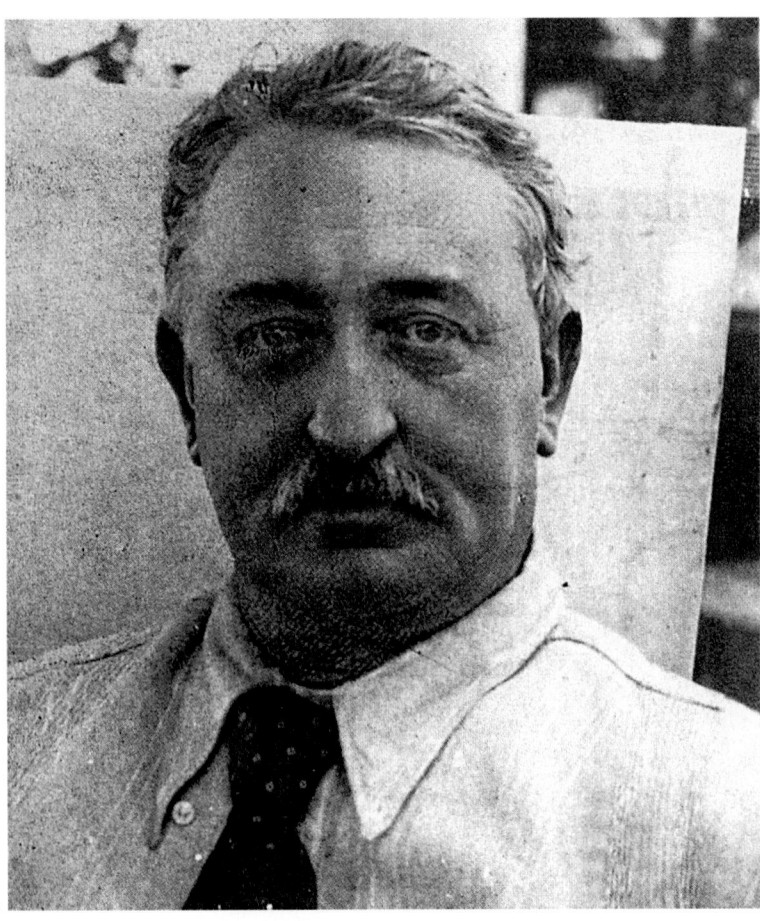

Der letzte Bolzen beim Bau der Uganda-Eisenbahn wurde zur großen Erleichterung der Erbauer im Dezember 1901 eingeschlagen. In den Camps hatten Löwen gewütet, 28 indische Arbeiter, »jede Menge Afrikaner« und den Inspektor getötet. Verletzte Gliedmaßen, die vom Wundbrand befallen waren, wurden in einem Bremswagen mit der Säge amputiert. Die 937 Kilometer lange Strecke verlief durch nahezu unberührtes Gebiet von Mombasa am Indischen Ozean bis zum Viktoriasee. Nairobi an Kilometer 526 war wenig mehr als eine Ansammlung von Wellblechhütten und Zelten. Da die Schienen statt auf Schotter direkt auf dem nackten Boden verlegt worden waren, wirbelte der Zug reichlich roten Staub auf – es gab deswegen stets ein Gerangel um einen Platz in den vorderen Wagen. Es ratterte während der Fahrt so heftig, daß Passagiere gebeten wurden, ihr künstliches Gebiß abzulegen. Der Lokomotivführer Sam Pike, ein Säufer vor dem Herrn, hielt den Zug einfach an, wenn er einen Schluck brauchte, und bat die Fahrgäste um Whisky,

Nach Cecil Rhodes (links) wurde ein ganzes Land benannt. Viele Städte und Inseln in der Ferne erhielten ihre Namen von Briten, wie Vancouver, Sydney, Cook, Adelaide oder Wellington. Doch daß der Pfarrerssohn aus Hertfordshire durch ein so riesiges Land im Herzen Afrikas geehrt wurde, paßte zu ihm. »Alle Menschen haben Schwächen«, sagte man über ihn, »doch seine ist der Größenwahn.« Er wollte den ganzen Planeten den Briten unterwerfen – »und den Mond auch«. Als junger Mann wurde er aus gesundheitlichen Gründen nach Afrika geschickt. Dort machte er durch die Diamantenminen von Kimberley ein Vermögen und kontrollierte schließlich mit seiner Firma de Beers 90 Prozent des Diamantenwelthandels. Nach jeder Schicht wurden in Kimberley die schwarzen Minenarbeiter (rechts) ausgezogen und alle ihre Körperöffnungen nach versteckten Diamanten durchsucht. Rhodes' British South Africa Company eignete sich durch Expansion nach Norden zwischen dem Limpopo und dem Sambesi ein Territorium von rund zwei Millionen Quadratkilometern an: das spätere Rhodesien und heutige Simbabwe. Rhodes war nicht nur ein brutaler Imperialist, sondern er unterstützte auch die Home-Rule-Bewegung in Irland. US-Präsident Clinton gehört zu jenen, die als Rhodes-Stipendiaten in Oxford von seiner Großzügigkeit profitierten.
[Foto links: Alfred Mullins]
[Foto rechts: Horace Nicholls]

seelands wurde Land gegen Rasiermesser, Maultrommeln, Spiegel und andere Kinkerlitzchen abgeschwatzt. Auf etwa acht Quadratkilometer Weideland konnten 6000 Schafe gehalten werden, die einen jährlichen Profit von 600 Pfund abwarfen. Die Investitionen, wie Zäune, Stallungen und Wollpresse, beliefen sich zwar auf etwa 3000 Pfund, für den größten Posten jedoch, etwa 2250 Pfund für ein Wasserbohrloch, gab es Geld von der Regierung. Den 50 000 Maori Neuseelands stand bald eine Übermacht von etwa einer Million Weißen, zumeist Schotten, gegenüber. Deren durchschnittlicher Lebensstandard, basierend auf dem Export von Lammfleisch, Wolle und Butter, soll der höchste der damaligen Welt gewesen sein.

Südafrika, mit seinen 1.2 Millionen weißen, vier Millionen afrikanischen sowie 619 000 indischen und asiatischen Einwohnern, war nur an gut ausgebildeten Einwanderern interessiert. Südrhodesien, das heutige Simbabwe, wurde noch immer »The British South Africa Company's Territory« genannt, Vorsitzender der Gesellschaft war Albert Grey, Enkel eines englischen Premierministers, Earl und Patriot, der den Kotflügel seines Motorrads mit einer Adelskrone bemalt hatte und sich in Gästebüchern stets mit dem Spruch »Das Empire ist mein Land und England meine Heimat« verewigte. Zu den 23 000 Weißen, die keineswegs »gebildet« waren und die neben einer Million Schwarzen in dieser Kolonie lebten, gehörten der Eisenbahnbauer George Pauling, der einmal zusammen mit zwei Freunden acht Flaschen Champagner und 1000 Austern zum Frühstück vertilgte, sowie der Elefantenjäger Frederick Selous, der im Busch nie mehr als Hemd, Hut und Gürtel trug. In Nordrhodesien, dem heutigen Sambia, lebten nur knapp 1500 Weiße, und in Njassaland, heute Malawi, waren es 1911 lediglich 700, die den Schwarzen vier Schilling pro Monat für die Arbeit auf den Baumwoll-, Tabak- und Kaffeeplantagen zahlten.

bevor er weiterfuhr. Diese trugen Gewehre mit sich und zogen die Not-
bremse, um nebenbei auf der Strecke einen Löwen oder eine Antilope zu
erlegen. Pike ließ die Lokpfeife ertönen, wenn er Wild erspähte. Der
Dampfkessel war zerbeult von angreifenden Nashörnern.

Fünf Jahre zuvor waren die ersten Siedler eingetroffen. Das frischver-
mählte schottische Paar James und Mary McQueen hatte sich nach
Mombasa eingeschifft, weil es gelesen hatte, daß Kenia ein Land sei, wo
»Milch und Honig fließen«. Mombasa bestand aus einem europäischen
Club mit Bar und Billardtisch sowie dem Ausrüstungsladen Boustead
and Ridley, der für Träger sorgte und Kupferdraht, Glasperlen und
andere Waren als Zahlungsmittel im Landesinneren verkaufte. Die
Gesellschaft *Imperial British East African* war gegründet worden, um
das Land zwischen Küste und Viktoriasee auszubeuten. Ein Dampf-
schiff, nach seinem Stifter William Mackinnon benannt, kreuzte bereits
auf dem See. Es war in Schottland gebaut und über 800 Kilometer mit

Menschenkraft auf dem Kopf dorthin getragen worden. Bodenschätze
fand man jedoch keine, und so wurde das Land für Pioniere freigegeben.
Die McQueens zogen auf ihrer Hochzeitsreise mit 20 Eseln und einem
Zelt auf Pfaden landeinwärts, die von Sklaven- und Elfenbeinkarawa-
nen genutzt wurden. »Pionier Mary« Walsh, eine gebürtige Irin, kam aus
Westaustralien, wo sie mit ihrem Mann nach Gold gesucht hatte. Nachdem dieser seine Schürfrechte dort für 15 Pfund verkauft hatte, stellte
sich heraus, daß das Land riesige Mengen an Soda barg. In Afrika bestritt sie ihren Lebensunterhalt durch den Verkauf von Taschentüchern,
Spiegeln und Kämmen.

Elfenbein brachte auf Auktionen in Mombasa oder bei arabischen
Händlern in Sansibar 1000 Pfund pro Tonne. Die Jagd nach dem
»weißen Gold« war jedoch nicht ungefährlich. Dem legendären Großwildjäger Bill Pickering wurde von einem wütenden Elefantenbullen der
Kopf abgerissen – das Haupt wurde völlig intakt und mit einem Lächeln

um die Lippen in einem Dornenbusch gefunden. Hugh Cholmondeley, der dritte Baron Delamere, ging in Berbera im Golf von Aden an Land. Mit 200 Kamelen, bepackt mit Glasperlen, Ballen amerikanischer Baumwolle, Gewehren und Zelten, einem Fotografen und einem Tierpräparator, der seine Trophäen ausstopfen sollte, sowie dem Arzt A. E. Atkinson, auf dessen Begleitung Delameres Mutter gedrängt hatte, brach der junge Baron ins Landesinnere auf. Nachdem er in Somalia von einem Löwen angefallen worden und nur mit dem Leben davongekommen war, weil ein Gewehrträger seinen Fuß aus dem Maul des Tieres gerissen hatte, konnte er sich nur noch hinkend fortbewegen. Da sie weiter nach Süden marschieren wollten, schickte Delamere seinen Arzt Atkinson nach Sansibar, um die Vorräte aufzufüllen. Er gab ihm einen Wechsel über 1000 Pfund mit, einen Betrag, der ausreichte, um 30 Quadratkilometer Land in dieser Region zu kaufen. Die Kaufleute wagten nicht, diesen ungewöhnlichen Wechsel abzulehnen, schließlich stammte er aus der Hand eines englischen Adligen. Ihre Reisekasse füllten die beiden durch Elefantenjagd am Rudolphsee auf. Es heißt, daß Delamere 10 000 Pfund mit Elfenbein verdient hatte. Im Hochland von Kenia fanden sie schließlich Flüsse, Seen und sattes Grasland vor, ideal für Viehwirtschaft, wie sie meinten. Sie schlugen ein Zeltlager auf, importierten Vieh und eine schottische Schafherde mitsamt dem Verwalter Sammy McCall, der stets mit Bowlerhut und im Tweedanzug mit Weste auftrat.

Atkinson verlegte sich auf den Handel mit Schießpulver, Munition und Zündkapseln, welche er den Afrikanern verkaufte, die im Besitz englischer Vorderlader waren. Im Jahr 1902, als Verhandlungen mit einem Häuptling über einen Stapel Elfenbein zu scheitern drohten, wurde er von dessen Männern bedroht. Er setzte sich auf ein Pulverfäßchen, bat den Häuptling mit seinem Gefolge zu sich, steckte die Zündschnur an und spazierte angeblich zum Urinieren in den Busch. Es gab ein fürchterliches Blutbad. Der Arzt wurde wegen Mordes vor Gericht gestellt, plädierte aber erfolgreich auf Notwehr. Es war wahrlich ein riskantes und schwieriges Geschäft. Die Afrikaner rannten oft davon, wenn sie einen Weißen im Busch erblickten. Sie glaubten, seine weiße Hautfarbe rühre daher, daß er den Mutterleib zu früh verlassen habe und deswegen kein vollständiger Mensch sei.

Der wahre Reichtum lag im Land selbst. In Ostafrika bot sich den Kolonialherren jegliche Möglichkeit zur Landwirtschaft, von Kokospalmen bis zu tropischen und subtropischen Früchten an der Küste und von Tee und Kaffee bis zu Vieh- und Schafzucht im Hochland. De facto wurden diese Ländereien vom Geldadel des *India Office* betrieben, folglich war das Zahlungsmittel die indische Rupie. Bevor ein Europäer diesem exklusiven Kreis beitreten konnte, mußte er mindestens 50 Pfund vorweisen und 400 Pfund, falls er sich um Landbesitz bemühte. Wenigstens 3000 Pfund waren notwendig, um überhaupt ein adäquates Anwesen zu betreiben. Es war das Revier der Großkopfeten. »*British East Africa* sollte sich verstärkt um jene Gesellschaftsschichten bemühen, die von den Absolventen der Eliteschulen gebildet werden«, hieß es in einer Anleitung für Siedler, »denn eine Ausbildung, die in einem kolonialen Dasein in Kanada oder Australien fehl am Platze ist, dürfte ihnen hier zum Nutzen gereichen, da sie erstens einen hohen Prozentsatz an Siedlern ihrer eigenen Klasse antreffen, und zweitens, weil ihre Sozialisation sie dazu befähigt, die Eingeborenen unter Kontrolle zu halten, deren Arbeitskraft für jegliche Unternehmung unerläßlich ist.« Fern von den moralischen Zwängen der Heimat herrschten dort gleichwohl lockere Sitten. Richard Meinertzhagen, ein Unteroffizier bei den Royal Fusiliers,

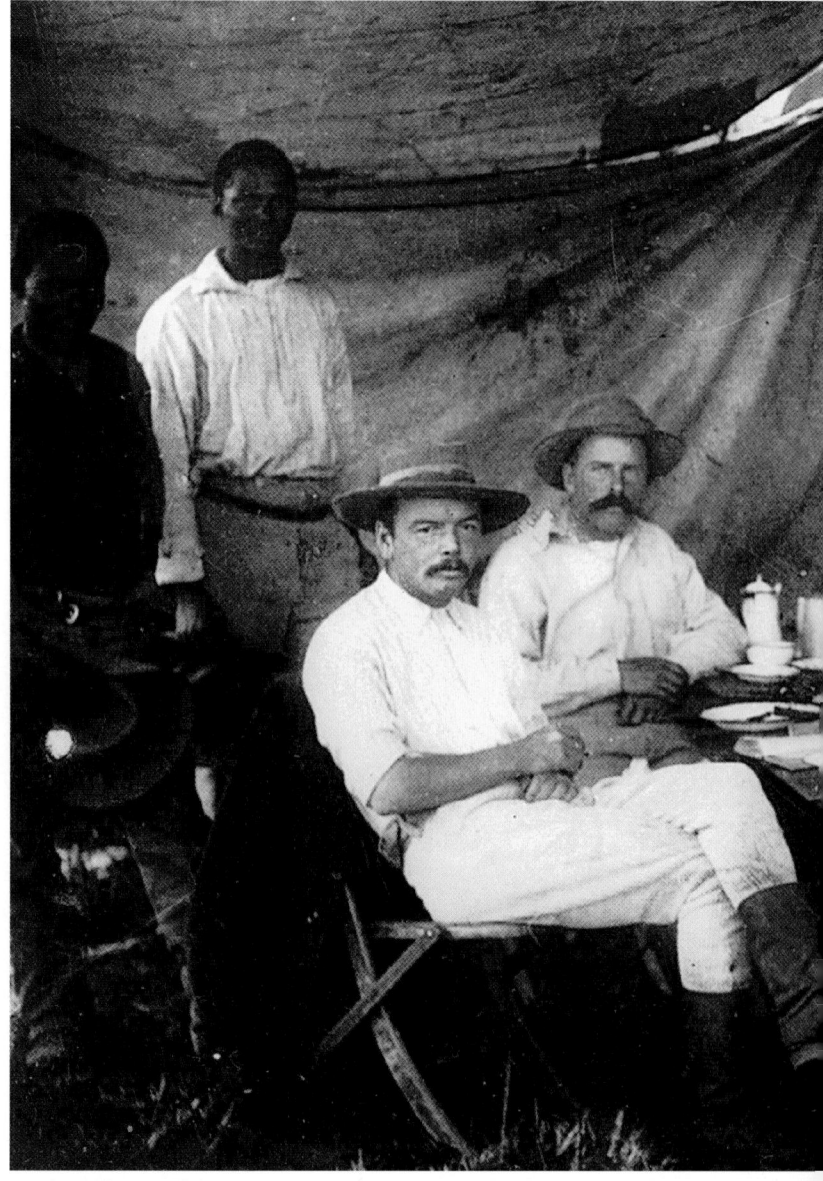

schrieb 1902, daß »jeder Mann sich eine eingeborene Geliebte hielt, meist eine Massai«. In der weißen Oberschicht Ostafrikas widmete man sich vorzugsweise der Großwildjagd und dem Seitensprung. »Sind Sie verheiratet, oder kommen Sie aus Kenia?« lautete die klassische Frage unter den Kolonialisten.

Infolge der rigorosen Auswahlkriterien blieb der Kreis der Weißen begrenzt. Sie konnten sich jedoch nicht damit abfinden, »am einzigen Ort im tropischen Afrika zu leben, wo Europäer in einer angemessenen Umgebung unter sich sein können, aber die minderwertige asiatische Rasse, die man erst von Sklaverei und Barbarei befreien mußte«, in der Überzahl war. Um dem entgegenzuwirken, versuchte die britische Elite, Juden ins Land zu locken. Der Kolonialminister Joseph Chamberlain stellte 13 000 Quadratkilometer in Uganda als jüdisches *Homeland*, eine Art Getto, zur Verfügung. Theodor Herzl brachte diesen Vorschlag auf dem Sechsten Zionistischen Kongreß in Basel zur Sprache. Das Angebot war nicht gerade allzu großzügig, schließlich verfügte Israel bei seiner Gründung über 21 000 Quadratkilometer allerdings weitaus weniger fruchtbaren Landes. Die alteingesessenen Siedler jedoch waren erbost. »Setzen uns der Einwanderung artfremder Juden entgegen«, telegrafierte Baron Delamere an die *Times*. »Schwemme dieser Art von Leuten führt zu Unruhen unter halbdomestizierten Eingeborenen, die neidisch

so tat er anläßlich seiner Safari in Nairobi im Jahr 1909 seinen Gastgebern kund: »Ihr verbringt ein großes Werk, auf das ihr stolz sein könnt. Freiheit brachtet ihr, wo zuvor Sklaverei, Gesundheit, wo Krankheit, Nahrung, wo Hungersnot und Frieden, wo einst Krieg herrschte. Seid stolz auf euch, denn eines Tages wird die Welt stolz auf euch sein.«

Die Insel Sansibar vor der Küste Tansanias – »ein gottloser Sündenpfuhl mit mohammedanisch-arabischen Moralvorstellungen und mithin der Prototyp einer Hauptstadt des Schwarzen Kontinents« – war seit 1890 ein britisches Protektorat. Natürlich glaubten die Briten, daß unter ihrer Herrschaft alles besser geworden sei. In der Hauptstadt Sansibar lebten 35 000 Menschen – »Araber, Türken, Perser und Somalis sowie Afrikaner von mindestens 100 verschiedenen Stämmen«. Die Insel, deren Bewohner Handel mit Gewürznelken, Kopra, Elfenbein und Kautschuk betrieben, war ein Paradebeispiel für die Kolonialstreitigkeiten jener Zeit. Die Ostküste Afrikas wurde in erster Linie zwischen England und Deutschland aufgeteilt. Unter anderem erhielt England von den Deutschen Sansibar im Austausch für Helgoland, und es mußte die französischen Rechte auf Madagaskar anerkennen. Das Sultanat der Imame im arabischen Muskat, der traditionellen Herrscher über Sansibar, blieb nominell bestehen. Die Küste von Benandir in Somalia wurde 1904 den Italienern zugesprochen. Unter all den britischen Kolonien galt Somalia als das »häßliche Entlein«. Es war zweifellos eine britische Kolonie, auch wenn nur 23 Weiße dort lebten – schließlich wehte dort die britische Flagge. Die Engländer räumten unbekümmert ein, daß ihre Autorität nicht im entferntesten von ihrer Populationsdichte abhinge. Die Anzahl der einheimischen Bevölkerung wurde zunächst nur geschätzt, aber dann – koloniale Ordnung muß sein – exakt mit 344 323 Schwarzafrikanern angegeben.

Westafrika wurde nur »gesunden und besonnenen Menschen«, die sich zuvor einer medizinischen Untersuchung unterzogen, empfohlen. Ganze 2000 Briten lebten in einem Gebiet, das so groß wie Frankreich und Deutschland zusammen war. Die Insel Sankt Helena, knapp 2000 Kilometer vor der Küste Westafrikas, gehörte seit 1659 der *British East India Company* und wurde 1834 offizielle britische Kolonie. Napoleon verbrachte dort bis zu seinem Tod im Jahr 1821 sein letztes Exil. Sankt Helena diente später als Lager für burische Kriegsgefangene. Die Insel zählte 3477 reguläre Einwohner, nach der Eröffnung des Suezkanals jedoch erheblich weniger, weil ihre geschwundene Bedeutung als Etappe auf dem Seeweg nach Indien viele Menschen zur Aufgabe zwang. Im Indischen Ozean gab es noch etliche französische Besitzungen aus der Zeit der Napoleonischen Eroberungskriege, wie Mauritius, das 1810 zusammen mit einigen kleinen Inseln dem Empire einverleibt wurde und wo die USA noch immer eine Marinebasis unterhalten. Nicht zu vergessen die Seychellen, eine Inselgruppe, die laut Statistik 22 691 französischsprachige und 50 britische Einwohner hatte. Die Inseln wurden 1794 von einer englischen Schiffsbesatzung erobert und 1814 auch formell vom Empire annektiert.

In der Karibik hatten Kolonisten ohne Kapital kaum eine Chance. Die britischen Besitzungen hatten sich nach der vom Empire verordneten Sklavenbefreiung im Jahr 1833 – über 50 Jahre früher als Spanien – nicht erholt. Die Produktionskosten für die Zuckergewinnung stiegen auf über das Doppelte. Die Kaffee- und Zuckerplantagen auf Jamaika mußten für ein Trinkgeld verkauft werden. In Kuba konnte der voll-

Diese Männer bildeten die Speerspitze von Rhodes' British South Africa Company im Mashonaland. Das Foto wurde während ihres schwerbewaffneten Trecks nach Norden aufgenommen. Zwei von ihnen, Archibald Colquhoun und sein Sekretär, fungierten als Verwalter des neuen Territoriums. Begleitet wurden sie von Frederick Selous, dem berühmtesten Großwildjäger seiner Zeit, sowie von

Dr. Leander Starr Jameson, der 1895 den fehlgeschlagenen »Jameson-Überfall« auf die Buren anführte, durch den er Johannesburg und die Rand-Goldminen in Transvaal erobern wollte. Selous fiel während des Ersten Weltkriegs im Kampf gegen die Deutschen in Ostafrika. Der Selous-Nationalpark im heutigen Tansania wurde nach ihm benannt.
[Foto: W. E. Fry]

auf deren Rechte werden könnten ... Hiesige Engländer appellieren an öffentliche Meinung ... gegen eigenmächtiges Vorgehen und folgenschwere Unterwanderung der strahlenden Zukunft dieses Landes.«

Das Telegramm kostete den Baron 20 Pfund, aber er glaubte, daß seine Botschaft diesen Preis wert wäre. Die Zionisten lehnten den Vorschlag Chamberlains ab, und die Siedler kehrten zu einem »Pionierleben« zurück, das versüßt wurde von Drinks, die Hausdiener für zwei Pfund, und von Currys, die südindische Köche für 40 Pfund Lohn pro Jahr servierten. Dem amerikanischen Präsidenten und leidenschaftlichen Großwildjäger Theodore Roosevelt gefiel dieser Lebensstil, und

ständige Ruin der Briten nur durch das von Lohnsklaven angebaute Zuckerrohr vermieden werden.

Nassau auf den Bahamas mit seinem »geradezu perfekten Klima« galt als eine der blühendsten und reizvollsten Städte des Empire. Der Schriftsteller Mark Twain behauptete, daß es so sauber sei, daß er nicht gewußt habe, wo er seine Zigarrenstummel hinwerfen sollte. Für die Kanadier und Nordamerikaner waren die Bahamas ebenso wie die Insel Barbados – »Klein-England« – ein Winterquartier. Die Insel lebte vor der Ära des Tourismus von der Basis der Royal Navy und von der Versorgung New Yorks mit Frühgemüse. Auf den Malvinas, den Falkland-Inseln im Südatlantik, züchteten die Briten ungeachtet der argentinischen Besitzansprüche ihre Schafe oder betrieben Walfang.

Das Hauptinteresse der Briten auf dem amerikanischen Kontinent richtete sich auf Kanada, eine so unendliche und menschenleere Wildnis, daß Freya Stark, welche die arabischen Wüsten durchquert hatte, mit »Ehrfurcht und großer Bewunderung« für all jene erfüllt wurde, die sich dorthin begaben. Anwesen von zweieinhalb Quadratkilometern wurden jedem erwachsenen Mann britischer Herkunft zugestanden. Kanada wurde somit zum Hauptziel britischer Auswanderer, aber auch vieler Amerikaner. Im Gebiet um Calgary in Westkanada schätzte man den Gewinn beim Weizenanbau pro Hektar auf rund 30 kanadische Dollar. Die Provinz Ontario lockte Siedler durch Anzeigen in London mit billigem Land.

Gold und somit die Goldsucher waren ein wichtiger Treibstoff bei der Expansion des Empire. Zu den zumeist rauhen und bärtigen Gesellen, die dem »Goldrausch« am nordkanadischen Klondike River verfielen, gehörten Männer wie der Schriftsteller Jack London, aber auch Adlige, die ihr Vermögen mehren wollten. Lord Avonmore schloß sich zusammen mit seinen Partnern, Dienern und einem großen Vorrat an Champagner einem solchen Glücksrittertreck an. Tausende hatten sich in Alaska auf den beschwerlichen Weg über den White Pass zum Yukon River gemacht. Vermeintliche Ganoven und all jene, die nicht genügend Vorräte mit sich brachten, wurden von den *Mounties*, kanadischen berittenen Polizisten, auf dem Gipfel des Passes wieder zurückgeschickt. Die Bevölkerung des von Siedlern gegründeten Ortes Dawson am Klondike schwoll auf 30 000 Menschen an. In der Goldgräberstadt ging es rauh zu. Nur am Samstagabend, zwei Minuten vor Mitternacht, wurden die Bordelle und Saloons geschlossen, um den Sonntag nach englischer Sitte nüchtern und fromm zu begehen. Lord Avonmore kam zu spät. Der Goldrausch von 1898 ebbte allmählich ab, und die Menschen verließen die Stadt. Sein Champagner war eingefroren. Er mußte ihn in Edmonton versteigern.

Wer dem Ruf der Wildnis folgte, um als Fallensteller seinen Lebensunterhalt zu bestreiten, mußte hart im Nehmen sein. Die Fallen waren über weite Strecken ausgelegt, ein Trapper war mindestens zehn Monate im Jahr auf sich gestellt, und die Winter waren mörderisch. Den Aus-

Pferdefuhrwerke warten an der Landungsbrücke des Bitter Creek, während des Goldrauschs am Yukon in Kanada im Jahr 1910, auf Goldsucher und Abenteurer. Sie kamen von Vancouver die Küste herauf und zogen weiter nach Stewart. Die Gier nach Gold spielte eine große Rolle bei der Erschließung der unermeßlichen Weiten Kanadas, sie war ein Motiv für den Burenkrieg in Südafrika und die Besiedlung Australiens, weswegen die Australier auch ihren Spitznamen diggers, (Gold-)Gräber, erhielten.
[Foto: David McLellan]

wanderern wurde immerhin versichert, daß kanadische Wölfe nicht in großen Rudeln jagten und Bären selten Menschen angriffen, auch wenn Jack London es in seinen Geschichten abenteuerlicher darstellte. Ein erstklassiges schwarzes Fuchsfell brachte 200, ein Luchs bis zu acht Pfund. Abnehmer gab es genug.

In Malaya waren die Briten bis 1873 auf den Süden der Halbinsel beschränkt. Die Entdeckung von Zinn ließ sie auch den Norden einnehmen. Offiziell wurde jedoch verlautbart, daß es durch den Zustrom chinesischer Arbeiter zu Spannungen gekommen sei, die »unser Eingreifen erforderlich machten«. Im Jahr 1911 wurden in Malaya 3284 Engländer gezählt, bei einer Gesamtbevölkerung von 2,6 Millionen Menschen, darunter zahlreiche Inder und Chinesen, die von den Engländern ins Land gebracht worden waren. Die Kolonie erfuhr einen so regen wirtschaftlichen Aufschwung, daß in England keine Schiffspassagen der dritten Klasse mehr verkauft wurden. Neben Zinn brachte auch Kautschuk ein Vermögen ein. Die ersten Setzlinge der *Hevea brasiliensis* wurden 1873 aus dem Amazonasgebiet nach London geschmuggelt und 1877 nach Ceylon und Singapur gebracht. Der kommerzielle Anbau erfolgte schließlich ab 1895. Die neue Auto- und Fahrradreifenindustrie in Europa ließ die Nachfrage gewaltig in die Höhe schnellen. 1910 erzielte Kautschuk schließlich einen Spitzenpreis von zwölf Schilling pro englischem Pfund. Als immer mehr Plantagen den Markt mit Kautschuk überschwemmten, fiel der Preis zwar auf zwei Schilling, doch lukrativ blieb das Geschäft auch weiterhin.

Die Aufzählung der Kolonien ist damit noch lange nicht erschöpft. Zu nennen wären außerdem Indien, wo freie Siedler ungern gesehen wurden, oder die wegen ihrer Teeplantagen äußerst wertvolle Insel Ceylon, Sierra Leone und die Goldküste sowie weitere Territorien, wo Einzelpersonen kein Land kaufen konnten. In der Liste fehlen auch etliche Inseln, wie Tristan da Cunha im Südatlantik, Pitcairn, das von den Meuterern der *Bounty* vereinnahmt wurde, und Zypern, das schon von den Phöniziern, Griechen, Ägyptern, Persern, Römern, Byzantinern, Venezianern und Türken besetzt worden war und schließlich, als Folge des russisch-türkischen Kriegs, 1878 den Engländern in die Hände fiel.

Nach den Gründen, wie das alles zustande kam, wurde nur selten geforscht – Selbsthinterfragung war nicht gerade ein kolonialer Zeitvertreib. In den von Europäern besiedelten Dominions hatte man eine einfache Antwort parat: Die Briten waren in der Überzahl. Anderswo befanden sie sich in der absoluten Minderheit, wie in Uganda, wo ein Brite auf 4400, oder in Malaya, wo einer auf 800 Einheimische kam. Sie herrschten, obgleich sie erst kurz zuvor ins Land gekommen waren und eine andere Hautfarbe, Religion und Erziehung hatten, mit uneingeschränkter Autorität im Namen einer fernen Monarchie, deren Repräsentant zwar als Konterfei auf Banknoten und Briefmarken abgebildet war, aber selbst nie leibhaftig erschien.

Die Fremdartigkeit der Briten war – in gewisser Beziehung – enorm hilfreich. Buren und Amerikaner, europäischer Abstammung wie sie selbst, ließen sich von ihnen kaum beeindrucken. Doch Asiaten und Afrikaner konnten sie mit ihren Insignien der Macht und mit ihren Erfindungen einschüchtern: Gouverneure im Staatsornat und Richter mit Perücke, Kriegsschiffe, Telegrafenleitungen und Plantagen, auf denen importierte Bäume wuchsen, die Gummi für die Reifen merkwürdiger pferdeloser Kutschen lieferten. Einen armen Weißen bekamen die Einheimischen selten zu sehen. Ihr Erstaunen war daher groß, als sie,

Das Empire umfaßte Landschaften jeglicher Art. Die Briten, leidenschaftliche Sonntagsmaler, haben sie alle auf Leinwand gebannt. Zu den Fertigkeiten einer jungen Dame gehörten Zeichnen und Aquarellmalerei. Die Offiziere hingegen wurden in der Anfertigung von Skizzen ausgebildet, welche die geographische Beschaffenheit eines Landes oder feindliche Stellungen darstellten. Auf diesem Foto wurde die Staffelei am Red Bluff aufgestellt, einem idyllischen Fleckchen am Norman River im australischen Queensland. Die Neugier, die einem Inselvolk eigen ist, war eine große Triebfeder für die Entstehung des Empire. Ein Forscher hatte stets ein Schmetterlingsnetz, Behälter für Musterexemplare, Skizzenbücher für die Wiedergabe neuer Pflanzen und Tiere sowie Theodoliten und Sextanten für Tabellen und Karten bei sich. Eine neue Stadt erhielt nach der Kirche und dem Gouverneurspalast auch einen botanischen Garten und einen Zoo. Das Interesse an der Natur, das bis auf Darwin, Cook und noch darüber hinaus zurückreicht, brachte auch kommerziellen Nutzen. In Afrika wurde Tee eingeführt und auf den Bahamas die Kokospalme. Kautschuksetzlinge wurden vom Amazonas nach Kew Gardens in London und schließlich nach Singapur geschmuggelt. Um 1910 entstand in Malaya eine neue Form des Kolonialisten – der Kautschukpflanzer.

zum Dienst in der Kolonialarmee verpflichtet, während des Ersten Weltkriegs in England auf Weiße trafen, die in den Docks arbeiteten und in Slums lebten.

Auch die relativ geringe Anzahl der Kolonialbeamten wurde als hilfreich betrachtet. Mit Ausnahme von Indien lag die Verantwortung für die Kolonien in den Händen von 23 »First-Class-Angestellten«, wie sich die Führungscrew im *Colonial Office* selbst nannte. Die Beamten standen sechs territorialen Abteilungen vor: Westindien, Nordamerika und Australien, zu denen aus unerforschlichen Gründen auch Gibraltar und Zypern zählten, sowie Asien, Südafrika und Westafrika. Die Männer bildeten einen undurchsichtigen, verfilzten Klüngel. Sie nannten sich, was in England in diesen Kreisen ungewöhnlich war, beim Vornamen, sprachen sich untereinander ab und hielten Vorschriften meist für überflüssig. Sie überließen die konkrete Kolonialverwaltung möglichst sich selbst. Da die jeweiligen Gouverneure oft selbst aus dieser Riege stamm-

ten, wurde ihnen vollstens vertraut. Dieses System mochte vielleicht in einem tiefen Dämmerzustand verharren, aber es funktionierte hervorragend und galt als unbestechlich.

Von den Männern vor Ort wurde erwartet, daß sie ihr ganzes Arbeitsleben in derselben Kolonie verbrachten. Nur die Gouverneure wurden alle fünf Jahre ausgewechselt, um sicherzustellen, daß sie sich nicht zu sehr mit den lokalen Größen einließen. Eine bestimmte Ausbildung für derartige Posten gab es nicht. Eine Internatserziehung wurde als ausreichend betrachtet: weit von zu Hause in einem elenden Schlafsaal leben, in den ersten Jahren älteren Schülern zu Diensten sein, mit kalten Bädern, Schlägen, Spielen, Rennen, Armeedrill, Felddienstübungen traktiert werden, um schließlich als Vertrauensschüler für alles verantwortlich zu sein, was um ihn herum vorging. Der klassische Internatsabsolvent galt als brauchbarer »Universaldilettant«: lebhaft beim Spiel, von vernünftiger und unerschütterlicher Wesensart, loyal, nicht zu intel-

ligent und nicht zu dumm. Ein Kolonialbeamter lebte häufig Hunderte von Kilometern von der nächsten Eisenbahnstation entfernt und mußte sich mit mehreren hunderttausend Menschen befassen, deren Sitten und Gebräuche ihm weitgehend fremd waren. Er sollte eine natürliche Autorität darstellen, ohne autoritär zu sein – gleichwohl war er dazu verpflichtet, notfalls unbotsame Untertanen, die ihm eigentlich zahlenmäßig überlegen waren, zu hängen oder auszupeitschen. Ein sensibles Naturell kam hierfür kaum in Frage. Es wurde des weiteren von ihm erwartet, gegen ein geringes Gehalt zugleich »Polizist, Richter, Diplomat, Arzt und Tierarzt, Orakel und Faktotum« zu sein. Man war sich gewiß, daß nur England Menschen dieses Schlags hervorbringen könne.

Für Indien war das selbständige *India Office* zuständig, das durch die Einkünfte aus der Kolonie finanziert wurde. Der Subkontinent mit seinen im Jahr 1901 300 Millionen Einwohnern in einer halben Million Dörfern wurde seit dem indischen Aufstand von 5000 britischen Beam-

Die Kehrseite des britischen Herr-schaftssystems: Letzten Endes, so der Imperialist Frederick Selous, war »Züchtigung« die wirkungsvollste Methode, um klarzumachen, daß es »sinnlos ist, gegen den weißen Mann zu rebellieren«. Aufmüpfige Unter-tanen mußten Hunderte von Straf-expeditionen über sich ergehen las-sen. Die Fotos zeigen burmesische Dissidenten in einer Tretmühle (links) und gefangene burmesische Rebellen, die an ein Holzgestell gefesselt wurden (rechts). Burma widersetzte sich lange Zeit einer Eroberung durch die Briten. Diese versuchten es seit 1824, doch erst 1885 hatten sie Erfolg. Das Land galt als indische Provinz und erhielt erst 1937 den Status einer Kron-kolonie mit einem gewissen Maß an Autonomie. Die Fotos verdeutlichen ein großes moralisches Dilemma. Zum Empire gehörte britische Über-legenheit, aber es wollte auch die Freiheit repräsentieren. Auf lange Sicht konnte es keinem Anspruch gerecht werden.

ten verwaltet. Fast alle waren Absolventen der Internatsschulen und der größeren Universitäten wie Oxford und Cambridge. Sie wurden auf ihre Aufgabe gründlich vorbereitet. In den zwei Jahren nach ihrem 21. Geburtstag studierten sie für das »India-Civil«-Examen. 21 Fächer standen ihnen zur Auswahl, von Deutsch, Arabisch und Französisch bis zu Politikwissenschaften, Logik und Philosophie. Nach bestandener Prüfung folgte ein Probejahr mit einem zweiten Examen an einer engli-schen oder schottischen Universität. Dort waren die Seminare in den wichtigsten indischen Sprachen, dem indischen Straf- und Vertragsrecht sowie dem hinduistischen und moslemischen Recht Pflichtfächer. Zu den Wahlfächern gehörten Chinesisch, Sanskrit, Arabisch, Persisch und britisch-indische Geschichte. Die erfolgreichen Absolventen wurden noch zusätzlich auf ihre Reitkünste geprüft. Zwar konnten sie dabei durchfallen und trotzdem nach Indien geschickt werden, hatten dort aber keine Aufstiegschancen, denn ein Prokonsul, mit dessen Reitkün-sten es nicht zum besten stand, war undenkbar. Die Verwaltungsricht-linien schrieben vor, daß ein Regierungsbeamter 24 Stunden am Tag zur Verfügung zu stehen hatte. Er sollte stets unbestechlich und so solide und zuverlässig wie seine Akten sein.

Die dunkle Seite des Empire zeigte jedoch auch dessen tödliche Aus-wüchse: Die Aborigines von Tasmanien wurden ausgerottet, von weißen Siedlern gnadenlos und ohne Bedauern niedergemetzelt. Die Maori in Neuseeland gingen zum großen Teil an Alkohol und Feuerwaffen zu-grunde, ebenso wie die Indianer in British Columbia, die um zwei Drit-tel dezimiert wurden. Masern und Windpocken rafften die Eskimos dahin, und die Syphilis richtete unter den Südseeinsulanern schlimme Verheerungen an. Auch vor Tieren machte der Vernichtungswille nicht

halt: 1911 gab es in Kanada keinen einzigen Büffel mehr, außer einer kleinen Herde, die in einem Reservat in Alberta gehegt wurde.

Die Briten waren skrupellos. Sie zwangen anderen Kulturen ihre Ge-setze und Sitten auf und verprügelten oder hängten die Menschen, wenn diese sie brachen oder mißachteten. Kipling faßte das Ideal kolonialisti-scher Macht – sei nett und freundlich wenn möglich, aber brutal wenn nötig – in einem Gedicht zusammen, welches das Klischee vom Her-renreiter widerspiegelt: »Laß die Peitsche locker und die Sporen unge-nutzt. Doch dann und wann wird es an der Zeit sein, daß das Füllen die Peitsche, das Zerren an der Kandare und die Dornen der Sporen spürt.«

Während des indischen Aufstands von 1857 zwangen britische Solda-ten gefangene Rebellen dazu, das Blut in einem Zimmer aufzulecken, in dem weiße Frauen und Kinder niedergemetzelt worden waren. An-schließend banden sie sie vor Kanonenrohre und zerfetzten sie mit den Kugeln. Ein Artillerieoffizier durchkämmte ein Feld, in dem sich Auf-ständische versteckt hielten. »Pfauen, Rebhühner und *Pandies* [Rebel-len] alle beieinander«, schrieb er, »die letzteren geben das beste Wild ab.« Der Blutrausch erreichte auch England. »Wenn die Galgen unter ihrer Last zusammenbrechen und das Blut von den Bajonetten strömt, und wenn der Boden vor jeder Kanone übersät ist mit Fleischfetzen und Knochensplittern«, ereiferte sich ein Redner in Cambridge, »erst dann kann man von Gnade sprechen.« Die Erschießungskommandos, welche die Pathan-Mullahs hinrichteten, wurden mit .303er und .457er Muni-tion ausgerüstet, um festzustellen, welche Geschosse ballistisch die größte Durchschlagskraft hatten.

Nur durch »Bestrafung«, schrieb der Großwildjäger Frederick Selous aus Rhodesien, würde der Stamm der Ndebele lernen, daß »Widerstand gegen die Weißen zwecklos« sei. Der britische Soldat John Rose beschrieb eine solche Strafaktion gegen ein Dorf der Ndebele: »Im ganzen Ort gab es nur tote oder sterbende Nigger. Wir brannten sämtliche Hütten nieder, wobei eine Menge Nigger, die ihre Hütten nicht mehr verlassen konnten, gleich mitverbrannt wurden. Wir hörten ihre Schreie, aber es geschah ihnen recht. Wir nahmen fünf Frauen gefangen, ließen sie aber wieder gehen. Eine davon hielt ein Baby in ihren Armen. Irgendwer schoß dem Baby durch die Beine und der Frau durch die Seite. War aber nicht so schlimm, der Doktor hat die Wunden verarztet.«

Nach der Schlacht von Omdurman wurden verwundete Derwische sterbend liegengelassen oder auf Befehl des Majors John Maxwell niedergemacht mit der Bemerkung, daß »nur ein toter Fanatiker Sympathie verdient«. Einige britische Parlamentsabgeordnete waren so erbost, daß sie dagegen stimmten, dem erfolgreichen General Kitchener einen Zuschuß von 30 000 Pfund zu gewähren. Den Titel Earl of Khartoum erhielt er dennoch. Maxwell, der während des irischen Osteraufstands von 1916 in Dublin britischer Kommandant war, wurde ebenso wie Selous zum Ritter geschlagen. Drei Jahrzehnte brauchten die Briten, um

die südsudanesischen Stämme zu unterwerfen. Anläßlich zahlreicher Strafexpeditionen wurden in den Nuba-Bergen Exekutionen durchgeführt sowie ganze Dörfer und Felder zerstört. »Je weniger davon in der Öffentlichkeit bekannt wird, desto besser«, meldete Lord Cromer aus Kairo.

Das Empire war rassistisch. Der Forscher Sir Henry Johnston gab in aristokratischer Manier von sich, daß das Afrika südlich des Sambesi »von weißen und weißenähnlichen Rassen« besiedelt, während das tropische Afrika »von Weißen regiert, von Indern entwickelt und von Schwarzen bearbeitet« werden solle. Ein weißer Lokomotivführer auf den Hauptstrecken in Indien erhielt 370 Rupien im Monat, ein indischer, der lediglich auf den Nebenstrecken Dienst tat, 20 Rupien. Noch 1915 war nur einer von 20 führenden Zivilbeamten ein Inder. In Hongkong durfte kein Chinese am noblen Peak wohnen. Man sprach mit den Einheimischen in Pidgin, einem infantilen Englisch, als wären sie unfähig, wie Erwachsene zu reden. Die Siedler achteten auf ihre Privilegien und waren schnell mit Beschwerden bei der Hand. In Australien war die Perlenzucht ein weißes Privileg, und in Kenia beklagten sich die Kaufleute

Die Karriere von Sir Henry Hesketh
Bell – Gouverneur einer kleinen Insel
in der Karibik und einiger Teile Afri-
kas, Autor, Jäger, Gründer einer
Hurrikan-Versicherung, Experte für
Schlafkrankheit und Magie – war zu
seiner Zeit keine Ausnahme. 1908
amtierte er als Gouverneur von
Uganda (oben), das 16 Jahre zuvor
zu einem britischen Protektorat
geworden war. In dunkler Uniform
und weißen Handschuhen hält er die
Eröffnungsrede zur Landwirtschafts-
und Industriemesse in Kampala.
Neben ihm stehen die offiziellen
»Herrscher« Ugandas, darunter die
Könige von Bunyoro, Ankole und
Toro. Wann immer es der Stabilisie-
rung diente, waren die Briten darauf
bedacht, lokale Häuptlinge in ihrer
Position zu belassen. Frieden und
Sicherheit wurden jedoch von der Pax
Britannica gewährleistet, und Bell
war nicht nur dem Namen nach Herrscher von Uganda. Das Foto rechts
zeigt ihn bei der Eröffnung der Eisenbahn zwischen Port Bell am Viktoriasee, das nach ihm benannt wurde,
und Kampala.

Sir Henry war ein vielseitig interes-
sierter Mann. Auf dem Foto oben
posiert er inmitten einer »Auswahl«
seiner Jagdtrophäen. Als junger
Kolonialverwalter in den karibischen
Kolonien führte er, neben seiner
Hurrikan-Versicherung, auch Be-
wässerungssysteme und eine Ver-
suchsplantage ein. Seine Karriere

führte ihn weiter nach Barbados, Grenada, in die Goldküste (das heutige Ghana), die Bahamas und nach Dominica. Nach seiner Zeit in Uganda wurde er zum Gouverneur von Nordnigeria ernannt. Seine Laufbahn erlitt jedoch einen Knick, als er entgegen Londoner Vorschriften Missionare nach Kano ließ. Er

wurde zum Gouverneur der karibischen Leeward-Inseln degradiert und 1924 auf seinen letzten Posten als Gouverneur von Mauritius versetzt. Er schrieb seine Memoiren, Geschichten, ein Werk über Magie und ein preisgekröntes Buch über den niederländischen und französischen Kolonialismus.

über die »mangelnde Fairneß«, durch die sie gezwungen waren, »mit Asiaten, deren Lebensstil und Geschäftsgebaren auf einem niedrigeren Niveau« seien, in Wettbewerb zu treten.

Die Hautfarbe war jedoch nicht ausschließlicher Grund für Diskriminierungen. Alles in allem hielten sich die Engländer letztlich für grundsätzlich überlegen. Anläßlich des »Faschoda-Zwischenfalls« im Jahr 1898, als die Briten am Oberen Nil mit ihren französischen Erzrivalen aneinandergerieten, wetterte die *Times*, man dürfe sich »nicht von acht oder neun französischen Gecken berauben lassen«. Es gab eine gewisse koloniale Hackordnung, und die Briten behandelten die Völker ihres Empire auf subtil-unterschiedliche Art, da sie einige, wie indische Soldaten, dazu benutzten, andere zu beherrschen. In Kenia beispielsweise erachteten sie die Küstenstämme als »hervorragende Landwirte, gute Diener, im allgemeinen für sauber und insgesamt als höherstehend

als die Stämme im Landesinneren«. Die Wakamba waren wegen ihrer »erstaunlichen Befähigung, Maschinen zu warten«, sehr gefragt, und die Massai wurden als »kämpferische Rasse« bewundert, obwohl ihre Stammessitten sie aus britischer Sicht von Lohnarbeit und Handel ausschlossen. Im Gegensatz dazu fehle es den Kikuyu »an Tapferkeit und Ehrgefühl, ... aber dafür verfügen sie über mehr Verstand«. Die Inder, von den Engländern zum Bau der Uganda-Eisenbahn ins Land gebracht, erfuhren die größte Geringschätzung. Die Briten fühlten sich den »kriegerischen Rassen«, den Zulus, Pathans, Afridis, Sikhs und Gurkhas, verwandt. Auch Standesdünkel spielte eine Rolle. Britische Verwaltungsbeamte zollten beispielsweise den indischen und malaiischen Prinzen und Radschas oder den nigerianischen Emiren größeren Respekt als den weißen Kaufleuten, die in ihren Augen nicht den richtigen Umgang pflegten.

Erst kam der Handel, dann die Inbesitznahme. Auf dem Foto links handeln drei Mitglieder der British East Africa Company – *Frederick Jackson, James Martin und Dr. Archibald Mackinnon – einen Vertrag mit dem Stamm der Kikuyu aus. Ihr Land wurde später zur Kolonie Kenia. Solche Pioniere respektierten die einheimischen Gebräuche, zum Beispiel die Blutsbrüderschaft, auf der dieser Kikuyu-Häuptling bestand, und hatten wenig Sinn für die Zimperlichkeiten zu Hause. »Was soll's«, sagte Jackson. »Man verspeist ein Stück gekochtes Fleisch oder Leber einer Ziege, die extra zu diesem Anlaß geschlachtet wurde, mit einem Spritzer Blut von jedem von uns drauf ...«* [Foto: Ernest Gedge]

Den Briten waren die nationalen Eigenheiten der unterschiedlichen Völker zwar durchaus bewußt. Ihr Vorgehen, sie aus verwaltungstechnischer Bequemlichkeit in Territorien zusammenzufassen und stammeshistorisch völlig unsinnige Länder zu bilden, forderte jedoch einen furchtbaren Tribut in den Bürgerkriegen nach dem Zusammenbruch der Pax Britannica.

Das Dilemma, das diesen Zusammenbruch auslöste, war nicht mehr zu übersehen. Das Empire bedeutete britische Oberherrschaft. Gleichzeitig nahm es für sich in Anspruch, die Freiheit zu verkörpern. Beides ließ sich auf lange Sicht nicht bewerkstelligen. Allan Octavian Hume war ein Mann, der den kolonialen Glanz des Empire repräsentierte und gleichzeitig den Weg zu dessen Niedergang bereitete: Sein Vater Joseph machte in der *East India Company* ein Vermögen und widmete sich anschließend dem freien Handel mit Indien, dem Kampf gegen die militärische Prügelstrafe und die Matrosenpresserei. Der Sohn versah seinen Dienst in Bengalen, wo er sich um Landwirtschaft und Gesundheitsfürsorge kümmerte, und gründete in Simla ein Museum für seine Sammlung orientalischer Vögel. Er rief schließlich den Indischen Nationalkongreß ins Leben, dessen Vorsitzender er von 1885 bis 1908 war. Der Kongreß wurde zwar unter indische Selbstverwaltung gestellt, erreichte aber erst nach der von Mahatma Gandhi erkämpften Unabhängigkeit seine tatsächliche Selbstbestimmung.

Der junge Offizier Richard Meinertzhagen sah in Kenia das Ende des Empire voraus: »Ich kann mir nicht vorstellen, daß eine Million gebildeter Afrikaner, wie es sie in 100 Jahren wohl geben wird, sich folgsam einer weißen Vorherrschaft unterwerfen werden. Es wird Blut fließen ... Fruher oder später muß es zu einem Aufeinanderprallen zwischen Weißen und Schwarzen kommen.«

Anfang und Ende. Das Foto rechts zeigt die erste Grenzmarkierung der New Territories am Punkt Starlet Inlet in Hongkong am 17. März 1899. Die New Territories wurden auf dem chinesischen Festland gepachtet, um die Insel Hongkong zu verteidigen. Die Insel selbst befand sich seit 1842 in britischem Besitz. Das Auslaufen des Pachtvertrags für die New Territories am 1. Juli 1997 schloß auch die Rückgabe der Kronkolonie an China ein. Die Hongkong-Chinesen erwirtschafteten unter der kolonialen Herrschaft das höchste Pro-Kopf-Einkommen der Welt.

»Großer Gott, ist das ein grauenvoller Ort...«, schrieb Kapitän Scott (unten links in seinem Lager) auf seiner mißglückten Expedition über die Antarktis. Er und seine Männer wollten, als sie sich in die Terra Nova aufmachten (oben links), als erste den Südpol erreichen. Die fünf Männer hatten nur wenige Schlittenhunde (rechts), und da ihre Pferde für diese Aufgabe nicht geeignet waren, mußten sie ihre Vorräte selbst tragen. Am 16. Januar 1912 trafen sie schließlich am Südpol ein – und sie fanden bereits eine Flagge vor. Der Norweger Roald Amundsen war ihnen um einen Monat zuvorgekommen. Der von Frostbeulen geplagte Laurence Oates (Mitte links) opferte sein Leben, um seinen Gefährten zu helfen. »Er sagte ›Ich gehe nur mal für ein Weilchen nach draußen‹«, notierte Scott. »Er ging hinaus in den Blizzard, und wir sahen ihn nie wieder.« Eingeschlossen im Schneesturm schrieb Scott am 29. März an seinen Freund J. M. Barrie, den Autor von »Peter Pan«: »Wir zeigen, daß Engländer immer mutigen Herzens sterben können und bis zum Ende kämpfen.« Sein letzter Eintrag im Tagebuch lautete: »Es ist ein Jammer, aber ich fürchte, ich kann nicht mehr weiterschreiben. Um Gottes willen, kümmert Euch um unsere Leute.« Acht Monate später wurden ihre Leichen gefunden, nicht weit von einem Proviantlager entfernt, das ihr Leben hätte retten können. [Foto: Herbert Ponting]

Ein Offizier der Grenadier Guards geleitet im Jahr 1911 unter den Blicken von weniger hochgestellten Untertanen eine Adlige zur Krönung von Georg V. in die Westminster Abbey. Er gehörte zu den 50 Gentlemen, die vom Earl Marshal als »Gold Staff Officers« zur Begleitung der Gäste ausgewählt wurden. Das Dasein eines Gardeoffiziers gestaltete sich recht angenehm – jährlich sechs Monate Urlaub für einen Oberst und fünf für einen Major. Dafür wurden sie aber zu einem Lebensstil angehalten, den sie sich von ihrem Sold bei weitem nicht leisten konnten. Ein privates Einkommen war daher unerläßlich. Darüber hinaus gab es noch ein paar weitere Unannehmlichkeiten, wie in den Krieg ziehen, keine Virginia-Zigaretten rauchen, um das Ansehen der Brigade of Guards nicht zu belasten, Linksdre hungen beim Walzertanzen zu vermeiden, in der Öffentlichkeit keine Pakete und östlich von Ascot keine braunen Schuhe zu tragen.

3
LEBEN IM GLANZ –
LEBEN IM ELEND

»Was soll nur aus dem armen Land werden, wenn ich einmal tot bin?«, fragte Königin Viktoria in einem Anflug von Depression angesichts ihres lebenslustigen ältesten Sohnes. »Wenn Bertie mir auf den Thron folgt, wird er sein Leben in einem Reigen von Vergnügungen verbringen.« Edward VII., in der Familie Bertie und ansonsten Tum-Tum genannt, war ein Witzbold. So forderte er einmal das Kind einer seiner Geliebten auf, seine Tressen an den Hosen mit gebuttertem Toast zu schmieren und ihn »Kingy« zu nennen. Er hatte eine Schwäche für hübsche Frauen mit eng geschnürter Taille, einer »Eieruhrfigur«, wie sie seinerzeit in Mode war. Ansonsten hielt er sich gern in eingefleischten Männerzirkeln auf und vergnügte sich am Spieltisch und beim Pferderennen. Seine unbeschwerte Natur paßte in die selbstzufriedene Welt der »oberen Zehntausend« aus alteingesessenen Großgrundbesitzern, den Plutokraten, die mit ihren südafrikanischen Minen ein Vermögen gemacht hatten, und sonstigen Finanzjongleuren, denen er dabei half, ihr Geld beim Kartenspiel und bei der Moorhuhnjagd zu verpulvern. Zu Beginn der edwardianischen Dekade war Großbritannien die reichste Nation der Welt. Das Nationaleinkommen stieg in dieser Zeit um fast 50 Prozent. 90 Prozent des Privatvermögens des Landes befanden sich im Besitz von vier Prozent der Bevölkerung, dem einen Prozent der Superreichen gehörten davon zwei Drittel. Das Privatvermögen konzentrierte sich auf den Besitz von Land, Werften, Minen, Firmen, ganzen Slumvierteln und eleganten Vierteln in London. Das breite Spektrum an Privilegien wurde von der edwardianischen Gesellschaft bis zum Anschlag ausgekostet.

Die großen Landgüter hatten zwar unter der landwirtschaftlichen Baisse seit den siebziger Jahren des 19. Jahrhunderts erheblich zu leiden. Dennoch blieb die traditionelle Wertschätzung des Landadels bestehen. Wer in den Städten und Fabriken viel Geld gemacht hatte, wollte sich nach wie vor als Großgrundbesitzer Prestige verschaffen. Sir William Armstrong beispielsweise, der sich vom kleinen Angestellten in Newcastle dank seiner Erfindung des hydraulischen Krans zum Industriemagnaten emporgearbeitet hatte, war erst dann zufrieden, als er 6500 Hektar Land sein eigen nannte und sich neben seinem pompösen Haus Cragside auch noch das stattliche Bamburgh Castle einverleibt hatte.

Auch kostspielige Jagdgründe waren äußerst beliebt, ob Heideland und Wälder oder ganze Flußufer zum Angeln. Jagdgehilfen und Wildhüter, Pirschjäger, Gewehrlader und Treiber als Angehörige der armen Landbevölkerung, über lange Zeit eine wichtige Einkommensquelle, leisteten ihnen dabei oft Hilfestellung. Geld wurde auch in den Bau von Häusern investiert, die weitaus weniger schwülstig waren als die mit Türmchen verzierten viktorianischen Gebäude. Ihr Baustil orientierte sich an den eher sachlicheren Formen der *Arts-and-Crafts*-Bewegung oder am Neobarock. Beides gab den neuen Häusern einen Anstrich von Alter und deutete eher Bildung und vornehme Herkunft statt Reichtum an.

Lady Violet Brandon, die Tochter eines Marquis, sah sich, wie sie behauptete, schon allein aus Zeitgründen außerstande, die Zimmer ihres

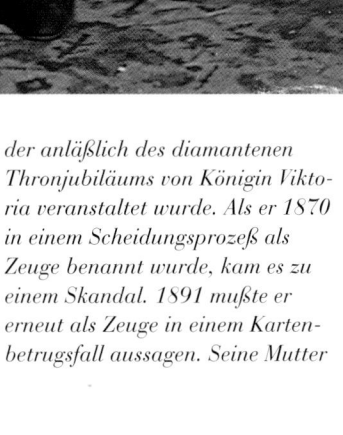

Der Prince of Wales, der zukünftige Edward VII., hatte eine Schwäche für Pferderennen, Glücksspiele, Segeln, Kaffeehäuser und für seine diversen Geliebten. Auf dem Foto aus dem Jahr 1897 ist er als Großmeister der Malteserritter auf einem Kostümball in Devonshire House zu sehen, der anläßlich des diamantenen Thronjubiläums von Königin Viktoria veranstaltet wurde. Als er 1870 in einem Scheidungsprozeß als Zeuge benannt wurde, kam es zu einem Skandal. 1891 mußte er erneut als Zeuge in einem Kartenbetrugsfall aussagen. Seine Mutter war keineswegs »amused«. Seine Geliebte Lilly Langtry (oben rechts) wurde auch ›Lilly aus Jersey‹ genannt, da sie aus Jersey stammte. Sie war Schauspielerin und eine der gefeiertsten Schönheiten ihrer Zeit, obwohl kein Foto ihrem Aussehen gerecht wurde. Als ihr einstiger Liebhaber den Thron bestieg, war sie bereits verheiratet und wurde eine berühmte Rennstallbesitzerin. Edward VII. wurde zu einem beliebten und tatkräftigen König, der mit seinem Namen eine lebensfrohe Epoche prägte.
[Fotos: Lafayette]

Zu sozialem Ansehen und – wenngleich weniger wichtig – zu Nahrungsmitteln gelangte man durch Töten. Der dicke Sportsmann, auf dem Foto unten mit Mrs. Henry Davenport, hatte es in Stonor Park bei Henley-on-Thames auf Fasane abgesehen. Am Ende seines Gewehrlaufs ist einer der toten Vögel zu sehen. Zwei Lader stehen mit weiteren Büchsen hinter ihm, um sie ihm rasch weiterzureichen, so daß es zu keiner Unterbrechung kommt, wenn die Fasanen aufgescheucht werden. Die Treiber der Jagdgesellschaft des Senffabrikanten Colman bei Norwich (links) tragen helle Mäntel, damit sie sich vor dem dunklen Wald abheben und nicht aus Versehen erschossen werden, wenn sie das Wild vor die Flinten scheuchen. Auf dem Foto ist die Jagd bereits vorüber, und sie tragen die Ausbeute zum Sammelpunkt.

*Die elegante Reiterin ist Teilnehmerin an der
Cottesmore Hunt, der Fuchsjagd – »die Unsäglichen auf der Jagd nach dem Uneßbaren«, so
Oscar Wilde. Der schürzenähnliche, zweigeteilte
Rock, der über der Hose getragen wurde, sollte
den Sitz im Damensattel erleichtern. Der Damen-
sitz war für Frauen damals obligatorisch. Erst
nach dem Ersten Weltkrieg ritten einige Frauen
vernünftigerweise im Herrensitz. Der Schleier
über ihrem Gesicht sollte ihren Hut am Wegflie-
gen hindern, wirkte aber auch attraktiv auf die
männlichen Mitglieder der Jagdgesellschaft.*

Vaterhauses in Norfolk zu zählen. Es verfügte über zwei große Entrees, ein großes und ein kleines Speisezimmer, eine Bibliothek, mehrere Empfangszimmer und Salons, unzählige Gästezimmer, Schlafräume für die Familie und die Dienerschaft, je ein Spiel- und ein Schulzimmer für die Kinder, je eine Lampen-, Geschirr- und Wäschestube sowie weitläufige Stallungen. Die Entfernungen waren so groß, daß die Dienerschaft die Speisen aus der Küche mit einem Rollwagen in das Eßzimmer transportieren mußte. Dies war jedoch keineswegs das einzige Anwesen der Brandons; sie besaßen zudem ein Gut in Irland, ein Haus in London und eine Villa am Mittelmeer. In Norfolk hielten sie sich nur zur Jagdsaison im Herbst auf.

Mit den Häusern entstanden auch die Hauspartys. Das *Weekend* der edwardianischen Epoche, so schien es dem Diplomaten und Schriftsteller Sir Harold Nicolson, »war die angenehmste Art des sozialen Miteinanders, das die Welt je erlebt hatte«. Um halb neun Uhr morgens wurde der Gast von seinem Kammerdiener geweckt, der in seiner linken Hand ein Messinggefäß mit Rasierwasser und in der rechten ein Tablett mit Tee, Toast und Keksen trug. Der Gast »blinzelte mit verquollenen Augen aus seiner rosaseidenen Daunendecke hervor«, knabberte die Kekse und schlürfte seinen Tee, bevor er in seinem afghanischen Morgenmantel ins Bad schlurfte.

Nur die liederlichsten Zeitgenossen, so Nicolson, nahmen das Sonntagsfrühstück in ihrem Schlafzimmer ein. Die anderen begaben sich ins Speisezimmer. Dort gab es Schüsseln mit Speck, Eiern, Kalbszungen, Fleischsülzen, kaltem Rebhuhn oder Fasan, warmem oder kaltem Schneehuhn – ein edwardianisches Mahl ohne diesen Vogel aus dem nördlichen Hochland galt als unvollständig – sowie Früchten, Porridge und kannenweise Limonade. Die Teekannen waren mit kleinen Bändchen gekennzeichnet, ein gelbes für chinesischen Tee und ein rotes, das »ohne Hintergedanken auf unser indisches Reich hinweist«. Zeitungen waren beim Frühstück nicht gestattet. Von den Gästen wurde erwartet, Konversation zu betreiben, in dem »erfreulichen Gefühl von Verschwörung und Sünde«, daß sie die familiären Gebete, mit denen ihre viktorianischen Eltern jeden Tag begrüßt hatten, umgehen konnten.

Sie gingen zwar auch zur Messe, wo die Predigt lang und ermüdend sein konnte, doch anschließend gab es Mittagessen, einen Nachmittagsausflug im offenen Wagen, danach Tee und Bridgeypartien, dann wurde das Dinner serviert – »Schneehuhn und Champagner« –, wieder Bridge, und schließlich als Mitternachtsimbiß ein Hühnerfrikassee. Montagsmorgens fuhren sie, nachdem der Kammerdiener Abführpülverchen und Jagdgewehre eingepackt hatte, mit dem Zug zurück nach London und überflogen die Gesellschaftsspalten der *Times* und der *Morning Post* in der Hoffnung, über sich oder die anderen Gäste etwas zu finden.

Der Müßiggang war für die Reichen eine arge Plackerei. Nach Ostern begann die Saison in London mit Dinnerpartys und Tanzbällen, auf denen Heiratsarrangements getroffen wurden. Anschließend ging es zum Derby, dem Rennen der dreijährigen Pferde in Epsom, und nach Ascot. Nach der Segelregatta *Cowes Week* vor der Isle of Wight mußten sie im August durch das ganze Land reisen, um im hohen Norden Moorhühner oder Wild zu jagen. Der Moorhuhnjagd folgte die Fasanen- und schließlich die Fuchsjagd. Den Winter verbrachte man dann in Frankreich.

Die Eleganz der Epoche wird sogar an einem Kind ersichtlich (oben), wie hier an dem Sohn des Herzogs und der Herzogin von Hamilton, der in der Tracht der Hochlandschotten selbstbewußt auf seinem Pony sitzt. Die Marquise Constance of Ripon (rechts) hatte auch in ihrem vierten Lebensjahrzehnt keine Probleme, dem zeitgenössischen Ideal von Anmut und Charme zu entsprechen. Sie war eine große Förderin der Oper und berühmt für ihre Partys, zu denen sie eine gewagte Mischung aus Sängern, Aristokratie und Königshaus einlud. Litt die Aristokratie unter Geldmangel, so wurden die Kassen durch den Import einer amerikanischen Millionenerbin wieder aufgefüllt, wie der Herzogin von Marlborough (rechts außen), die mit ihren Kindern in ihrem Krönungskleid posiert. Ihre starre Haltung lag vermutlich entweder an der engen Halskette oder an dem Bewußtsein, daß ihr die britische Art fremd war. Ihr Mädchenname lautete Consuelo Vanderbilt, ihre Familie hatte ein Vermögen mit amerikanischen Dampfschiffen und Eisenbahnen angehäuft.

[Fotos: Lafayette]

Eine Lady, die zum Weekend in ein vornehmes Haus eingeladen war, benötigte mehrere Schrankkoffer. Man erwartete von ihr, sich mindestens ein halbes Dutzend Mal am Tag umzuziehen. Ein Gentleman brauchte Tweedanzüge sowie Jagd- und Golfkleidung, für geschäftliche Angelegenheiten einen Gehrock sowie ein Dinnerjackett und einen Frack für Abendgesellschaften. Zu jeder Gelegenheit hatte er die richtige Kombination zu tragen, andernfalls kam er wegen mangelnden Stils ins Gerede – ein erfahrener Kammerdiener war für den Parvenu unerläßlich. Braune Schuhe beispielsweise konnten bestenfalls noch in Ascot getragen werden, aber nicht mehr im Dunstkreis Londons. Im August und September hielt sich die Society selbstverständlich nicht in der Stadt auf. Wer sich dennoch in dieser mißlichen Lage wiederfand, gab vor, sich auf der Durchreise aufs Land zu befinden. Im Prinzip, so der Autor J. B. Priestley, gestaltete sich das Leben recht frei und unbeschwert, aber »in der Praxis war es disziplinierter und erschöpfender als das eines Rekruten der königlichen Leibwache«.

Verdauungs- und Abführpillen waren unerläßlich – die Edwardianer waren Vielfraße. Der Gast einer Dinnerparty für 24 Leute zählte 362 Schüsseln und Teller sowie sechs Dutzend Weingläser. Sir Charles Petrie bewahrte die Speisekarte eines Dinners in seinem Vaterhaus auf. Es begann mit Kaviar und Anchovis, um den Durst anzuregen, ging über zur Schildkrötensuppe und dann zu Lachs und Seezungenfilet; es gab ein Zwischengericht aus Huhn und Spargel, anschließend wurden Lamm und Rinderfilet serviert, zwischendurch eine kurze Erfrischung mit kümmelgewürztem Wassereis, setzte sich fort mit Wildente und Russischem Salat und kulminierte in einer Orgie aus Puddings – Pasteten namens *pouding Imperial* oder *pouding glacé à la Chantilly* –, um schließlich mit dem Dessert zu enden.

Maßhalten war für die Armen eine Notwendigkeit, aber nicht beson-ders beliebt bei den Reichen. Sport galt daher als bestes Mittel, um diese ungeheure Nahrungsaufnahme zu kompensieren. Wie groß das Interesse an Politik auch sein mochte, schrieb 1904 der Autor G. K. Chesterton, »unsere Zuneigung zu Kricket ist weitaus größer, und C. B. Fry ist ein besserer Repräsentant Englands als Mr. Chamberlain.« Letzterer war lediglich ein Minister und führender Kolonialist. Charles Fry hingegen war Mitglied englischer Kricket-, Fußball- und Athletikmannschaften, ein Mann, der 600 erfolgreiche Kricketspiele hinter sich gebracht hatte und der später den Thron von Albanien zurückwies, der ihm, so wurde kolportiert, deswegen angeboten wurde, weil das uneinige Volk dieses Balkanstaats glaubte, daß nur ein englischer Sportler ein Gefühl für das Fairplay habe, das ihnen selbst abging. Fry galt alles in allem als ein solcher Tausendsassa, daß ein Freund auf seine Klagen, niemals am Derby in Epsom teilgenommen zu haben, erwiderte: »Als was, Charles? Als Trainer, Jockey oder Pferd?«

Daß die Briten den Sport erfunden hätten, ist eine maßlose Übertreibung. Gleichwohl haben sie weitaus mehr Spiele kreiert als andere Völker – und sie widmeten ihnen viel Zeit. Ein nationaler Kricketwettkampf dauerte fünf Tage. Jedes Spiel wurde mehrmals für Erfrischungen unterbrochen – für Außenstehende, denen die Spielregeln und die Fachausdrücke ein ewiges Rätsel blieben, ein geheimnisvolles, luxuriöses Mysterium.

Die ersten Fußballregeln wurden in Cambridge im Jahr 1848 festgelegt, einem Jahr, in dem sich die kontinentaleuropäischen Länder mit ihren bürgerlichen Revolutionen herumschlugen. Der im England des 18. Jahrhunderts sehr beliebte Boxsport mit blanken Fäusten wurde gesellschaftsfähig durch Boxhandschuhe, das Ethos der *Public Schools* und die Regeln, die vom Marquis of Queensberry aufgestellt wurden, der sich als Peiniger des homosexuellen Schriftstellers Oscar Wilde einen

Auch Frauen hatten ihren Platz beim
Sport, beispielsweise beim Rennen
auf der Cresta-Bahn 1908 in Sankt
Moritz (links). Die Frau, die den Eis-
kanal hinabrast, ist in einen schweren Rock gewickelt, der sie vor dem
Eis schützen soll. Ein paar Honour-
ables (oben links) nehmen am Bal-
lonrennen in Hurlingham bei Ful-
ham teil. Frank Meadow Sutcliffe
fotografierte das Tennismatch (oben)
in Whitby an der Küste Yorkshires.
Die Windmühle im Hintergrund
gehört zur Union Milk Society, einer
Kooperative für preiswertes Mehl, die
1900 gegründet wurde. Tennis, das
in seiner heutigen Form um 1875
entwickelt wurde, setzte sich bald als
beliebte Sportart für Frauen und
Männer durch. Auf dem Foto ist ein
Herrendoppel zu sehen.
[Foto oben: Frank Meadow Sutcliffe]

Namen machte. Rasentennis wurde 1873 von einem Major Clopton Wingfield während einer Weihnachtsgesellschaft in Wales erfunden. In den meisten Landhäusern gab es ein Billardzimmer, in dem auch exotische Jagdtrophäen zur Schau gestellt wurden. Die ältere Form des Racket, das gegen Londoner Häuserwände gespielt wurde, kam in modernisierter Form als Squash zu neuen Ehren.

Die Regatten um den von England gestifteten America's Cup endeten stets mit amerikanischen Mannschaften als Siegern, sehr zum Leidwesen von Patrioten wie Sir Thomas Lipton. Der ehemalige Laufbursche aus Glasgow, der mit 30 Jahren Besitzer einer Lebensmittelkette und Millionär war, investierte ein Vermögen in das Bemühen, den New York Yacht Club herauszufordern. Viel Geld und Patriotismus allein reichten jedoch nicht aus. Zwischen 1899 und 1930 versuchte er fünfmal vergeblich sein Glück.

Die beliebteste Sportart war jedoch das Töten, und je eher ein Kind damit anfing, desto besser. Was dabei zur Strecke gebracht wurde, spielte keine Rolle: Hauptsache es war viel. »Wir haben viele Kaninchen niedergemetzelt«, schrieb der junge Winston Churchill seiner Mutter von einem Herrensitz bei Newmarket. »Gut über 20 insgesamt. Morgen murksen wir die Ratten ab.« Es diente alles der Persönlichkeitsbildung: »Die Leitungen sind gefroren«, fügte er hinzu. »In der Küche gefriert das Öl ... Wir leben von Zwiebeln und Kaninchen.«

»Leben wie ein Duke (Herzog)« wurde zum geflügelten Wort. Der Duke of Westminster beispielsweise besaß um die Jahrhundertwende ererbten Landbesitz im geschätzten Wert von 142 Millionen Pfund, der sich über vier Kontinente verteilte und zu dem die Filetstücke von Mayfair und Belgravia, der teuersten Wohnvierteln Londons, gehörten. Dem Earl of Derby ging es auch nicht wesentlich schlechter. Der Graf verfügte über ein Jahreseinkommen von 300 000 Pfund, das er aus seinen Kohlebergwerken, Mietshäusern und aus über 28 000 Hektar Ländereien bezog. Er wurde der »König von Lancashire« genannt, war der 17. Träger eines Titels, der über 400 Jahre zuvor erstmals verliehen worden war, Enkel eines Premierministers und mit einem politischen Einfluß, der von London bis in die Slums von Liverpool reichte.

Den Wert des englischen Pfunds der edwardianischen Zeit auf heutige Maßstäbe zu übertragen ist gar nicht so einfach. Das Vermögen eines edwardianischen Millionärs findet keinen Vergleich. Sein Lebensstil übertraf bei weitem den eines heutigen Milliardärs, zumal es auf der ganzen Welt nur wenige seiner Art gab. So war das Einkommen von Lord Derby 25 000mal höher als das eines Aushilfsdienstmädchens mit seinen zwölf Pfund pro Jahr.

Prachtentfaltung blieb nicht nur auf den Hochadel beschränkt. Auch Industrielle, Werftbesitzer, Fahrzeugbauer, die Eigentümer von Chemie- oder Stahlwerken und Textilfabriken machten ein Vermögen.

Über zwei Millionen Hausangestellte schufteten in den edwardianischen Häusern. Die Bezahlung war miserabel – ein Hausmädchen wie hier (linke Seite, außen), das noch vor Tagesanbruch das silberne Frühstücksservice vorbereiten mußte, wurde mit zwölf Pfund pro Jahr entlohnt. Gärtner (linke Seite, innen) erhielten nur wenig mehr. Zusätzlich

bot man ihnen freie Kost und Logis, und eine Stellung in einem angesehenen Haus galt als Glücksgriff. Die Traills in Nordirland (oben) hielten es für selbstverständlich, daß auch ihr Stubenmädchen, der Hausmeister, der Butler, der Zimmermann und der Kutscher auf dem Familienporträt abgelichtet wurden.

Haushälterin, welche die Dame von den Mühen der Hausarbeit entlastete, schlugen mit 80 Pfund jährlich zu Buche. Ein leitender Bankangestellter verfügte über 600 Pfund, etwa 15 Prozent des Einkommens des Earls of Derby. Aber damit konnte er sich immer noch ein Dienstmädchen, einen Koch, einen Burschen zum Schuheputzen und Holzhacken, eine Gouvernante, einen Teilzeitgärtner und das aktuelle Model T für 135 Pfund leisten, das Henry Ford in seiner neuen Fabrik in Manchester produzierte.

Die *Cottontots*, die Textilmagnaten Manchesters in ihren großartigen Villen in Cheshire, hielten sich für eine besondere Klasse. Das Geld, das die Besitzer der großen Brauereien scheffelten, wurde gebührend in Titel und Sitze im Oberhaus umgesetzt. Solche Männer konnten sich auch den eleganten und kostspieligen *Silver Ghost* leisten, eine Luxuskarosse, die ab 1906 von der neuen Firma Rolls-Royce für diese Kundschaft gebaut wurde. Der Cambridge-Absolvent Charles Royce war der Sohn eines Peers, der als erster nonstop über den Ärmelkanal flog. William Morris aus Oxford gründete eine Autofirma, welche die Nachfrage in der prosperierenden Mittelschicht befriedigte.

Edwardianer, die mehr als 400 Pfund im Jahr zur Verfügung hatten, konnten sich ein angenehmes Leben leisten. Ein passables Haus in London kostete etwa 100 Pfund Jahresmiete. Zwei Hausdiener und eine

Geschäftsleute in den Provinzstädten begannen den Tag mit einem herzhaften Frühstück aus Porridge, Speck, Eiern, Nieren und Steak, das häufig mit Bier heruntergespült wurde, gingen anschließend kurz ins Büro, trafen sich mit Freunden im Club oder im besten Hotel der Stadt zu einem Frühschoppen, aßen zu Hause üppig zu Mittag, hielten anschließend ein Nickerchen, arbeiteten wieder ein bißchen bis zum Tee mit Kuchen und Rosinenbrötchen und gönnten sich um 19 Uhr einen Sherry vor dem Abendessen. Ein Wanst war für einen Mann keine Schande. Er galt als Zeichen der Solidität und als Statussymbol.

Die besser bezahlten Angestellten – Abteilungsleiter, Bürovorsteher, Meister – zogen vom Stadtzentrum in die neuen, grünen Vorstädte. Die Siedlungen mit ihren »Groschenzeitungen und Bussen, Grammophonen, Bambusmöbeln, netten Sonntagnachmittagen, Golf, Tennis, Mittelschulbildung, Photopostkarten, ›wunderbaren Haarwuchsmitteln‹, Preisausschreiben und all dem anderen Klimbim des 20. Jahrhunderts« verliehen, wie ein Kritiker meinte, den städtischen Randgebieten jener Zeit den Anstrich von Wohlstand und Selbstzufriedenheit. Die Armen der Stadt und ihr Umfeld – »endlose Straßen mit gewöhnlichen Häusern«, schrieb H. G. Wells, Autor von »Krieg der Welten«, »schlichtem Gewerbe, armseligen Familien, zweitklassigen Läden – schlichtweg unaussprechlichen Leuten, die nach vornehmer Lesart einfach nicht ›existieren‹« – verschwanden aus dem Blickfeld: Der neue Mittelstand eilte mit dem Zug oder der U-Bahn durch diese schäbigen Gegenden und »starrt von seinem hübschen Haus auf dem Hügel auf das weitläufige und rußgeschwärzte Gewirr der Mietskasernen hinab«. Den Bessergestellten dämmerte, daß in diesem »unheimlichen Sumpf« die bedrohlichen Kräfte der sozialistischen Revolution gärten.

Wie die Flugmaschinen, die sich nun in die Lüfte erhoben – Charles Royce kam bei einem Flugzeugabsturz kurz nach seinem Triumphflug über den Ärmelkanal ums Leben –, konnte sich auch der scheinbar vollkommene Lebensstil der Mittel- und Oberschicht nicht auf immer der Schwerkraft widersetzen. Als erstes traf es die Landbesitzer. Selbst die größten landwirtschaftlichen Betriebe vermochten nicht mit den nordamerikanischen Weizenpreisen zu konkurrieren. Die transatlantischen Frachtkosten sanken dank der Dampfschiffe, die zudem eine größere Tonnage boten. Der Preis einheimischen Weizens fiel um die Hälfte. Die Tiefkühlung billiger Fleischimporte aus Dänemark, Argentinien und Australien wirkte sich in gleicher Weise auf die Viehpreise aus.

Adlige, die in Bedrängnis gerieten, griffen die Tradition der Eheschließung mit einer reichen Erbin auf. Ein neues Betätigungsfeld war dabei der amerikanische Markt. Consuelo Vanderbilt brachte eine Mitgift in Höhe von etwa zwei Millionen Pfund mit, um die Geldtruhen des Duke of Marlborough wieder aufzufüllen. Lord Randolph Churchill, ein weiteres Mitglied dieser Familie, heiratete Jennie Jerome, die Tochter eines New Yorker Geschäftsmannes, eine Verbindung, die den Briten deren Sohn Winston bescherte. Der Duke of Manchester ehelichte die Tochter eines Eisenbahnmagnaten aus Cincinnati. Weniger bedeutenden Männern standen solche Rettungsanker nicht zur Verfügung. Den Marktstädten im Süden des Landes drohte der Ruin. Zwar wurden dort noch immer die alljährlichen *hiring fairs* veranstaltet, bei denen sich Menschen auf der Suche nach einer neuen Arbeit auf dem Marktplatz einfanden – Schäfer mit Hirtenstäben, Melkerinnen mit Eimern, Fuhrleute mit Peitschen – und darauf warteten, von Bauern eingestellt zu werden. Doch es wurden immer weniger gebraucht. Das Heer der Landarbeiter von einstmals zwei Millionen schwand dahin, da die Menschen in die Fabriken oder in die Kolonien abwanderten.

»Ein Dorf, das sich einst mit allem selbst versorgte, kann nun nicht einmal mehr seinen eigenen Brunnen graben oder seine eigene Scheune

Rennvergnügen: Eine Gruppe von Industriellen (rechts) genießt einen Imbiß vor den Wagen, in denen sie bequem bis zur Rennbahn gefahren worden sind. Die weniger Begüterten (links), die sich hier in Epsom waschen, sind zu Fuß von London zum Derby gekommen.
[Foto: Horace Nicholls]

bauen«, beklagte sich ein Geistlicher aus Somerset. »England blutet aus seinen Arterien, und es ist das roteste Blut, das davonfließt.« Es floß jedoch nicht nur englisches Blut. In Wales wanderten die Armen, die nicht mehr länger ihre »Kartoffelschuld« für die Gutsbesitzer auf den Feldern abarbeiten wollten, zu den Schaffarmen Patagoniens aus. Aus Schottland mit seinen »unsäglichen und immer feuchten Landarbeiterhütten auf den Bauernhöfen« flohen die ehrgeizigeren jungen Leute nach Kanada.

In der Stahlproduktion war England, das darin einst ebenso wie bei Kohle, Gold, Holzwirtschaft, Tee, Textilien und Schiffen eine Spitzenposition innehatte, längst von den USA und Deutschland der Rang abgelaufen worden. Daß deutscher Stahl für Kriegsschiffe verwendet werden sollte, welche die britische Oberhoheit zur See bedrohten, wurde als unerträglich betrachtet. Der Erste Seelord, Admiral Jacky Fisher, reagierte darauf mit dem Bau neuartiger Schlachtschiffe. Der Prototyp, die *Dreadnought* mit 18 000 Tonnen und zehn Kanonen, wurde in weniger als einem Jahr fertiggestellt. Als das Schiff 1906 seine Probefahrt absolvierte, erwiderte die deutsche Marine die Herausforderung mit dem Bau ihrer eigenen »Dreadnought«. Man war sich in England bewußt, daß die Deutschen die Fähigkeiten und das Geld hatten, um Britanniens Herrschaft über die Meere in Frage stellen zu können. Der Spionageroman »Das Rätsel der Sandbank« von Erskine Childers, in dem eine deutsche Invasion via Nordsee beschrieben wurde, verstärkte die natio-

nale Hysterie einer Bedrohung durch die »Hunnen«. Zweimal schlug Fisher einen Präventivschlag vor, der die deutsche Flotte vernichten sollte. Er wurde nicht durchgeführt. »Meine Güte, Fisher, Sie müssen verrückt sein«, fuhr der aufgeschreckte Edward VII. den Admiral an. Die Öffentlichkeit gab sich jedoch nicht mit drei weiteren geplanten »Dreadnoughts« zufrieden. »Wir wollen acht«, ertönte die Forderung, »und zwar sofort.« Die Verwirklichung des Schiffbauprogramms erwies sich jedoch als derart teuer, daß die Regierung mit der Finanzierung Probleme bekam.

Die erstarkende Wirtschaftsmacht der Deutschen gab ebenfalls zur Sorge Anlaß. »Sie sind arbeitswütig«, warnte die *Daily Mail* vor »unseren deutschen Vettern«. Sie schlängen ihr Frühstück aus Kaffee und Brötchen hinunter und hetzten in ihre Fabriken, während ihre britischen Verwandten noch mit Speck und Eiern beschäftigt seien. »Sie übertreffen sogar die Amerikaner... Diese deutsche Arbeitswut und wissenschaftliche Gründlichkeit machen sie zu einer Bedrohung für gelassenere Rivalen.«

Die Arbeitssituation in England war durchweg katastrophal. Bis zu 40 Millionen Arbeitstage gingen alljährlich durch Streiks verloren. Kritiker konstatierten, daß das »feudalistische Verhältnis von Herr und Knecht« daran schuld sei. Sie wiesen darauf hin, daß die amerikanischen Vorgesetzten erfolgreich mit ihren Untergebenen zusammenarbeiteten und nicht über sie hinweg. Ihnen wurde kaum Gehör geschenkt. In

England verließen die Kinder mit zwölf Jahren die Schule und wurden in die Fabriken geschickt. Die Sicherheitsstandards waren vorsintflutlich: Flüssiges Metall und Chemikalien spritzten auf bloße Haut, Stahlsplitter flogen in ungeschützte Augen, und die Luft wurde von Staub und Rauch verpestet. In den Textilfabriken von Lancashire war es so laut, daß die Weber lernen mußten, von den Lippen zu lesen. Nur wenige Fabrikanlagen verfügten über Kantinen oder Innentoiletten. Die Menschen brachten ihr eigenes Essen mit und erhitzten es auf Dampfkesseln oder über dem glühenden Metall, und eine Kalkschicht galt als Hygienemaßnahme. Es gab zwar fortschrittlichere Industrielle, die für ihre Arbeiter Modellsiedlungen bauten, wie der Seifenfabrikant Lord Leverhulme mit seinem Port Sunlight oder der Quäker und Schokoladen-

tycoon George Cadbury mit dem Dorf Bourneville bei Birmingham. Die Mehrzahl der Fabrikbesitzer jedoch genoß den gottgleichen Status als Herren über das Leben ihrer Arbeiter, mit den Vorarbeitern als Halbgöttern, die heuerten und feuerten, Vergünstigungen erteilten oder für schlampige Arbeit Strafen erließen: *The working class can kiss my arse / I've got the foreman's job at last.* – »Die Arbeiterklasse kann mich am Arsch lecken, schließlich habe ich es bis zum Vorarbeiter gebracht.«

Die Gewerkschaften waren wie ein rotes Tuch und wurden mit allen Mitteln bekämpft. Der Beginn der edwardianischen Ära wurde im berühmten »TaffVale-Fall« mit einem Triumph gefeiert: Eine lokale Eisenbahngesellschaft in Wales erhielt von der Eisenbahnergewerkschaft für

In den Spinnereien (links) wurden
Mädchen wegen ihrer geschickten
Finger geschätzt. In den feuchten
Hallen der Baumwollfabriken von
Lancashire wurde ein Großteil der
Weltproduktion der Baumwolle ver-
sponnen und gewebt. Die Bezahlung
betrug lediglich ein paar Schilling
die Woche.

streikbedingte Verluste eine Entschädigung in Höhe von 23 000 Pfund.
Man hatte bis dahin geglaubt, daß Arbeitnehmer-Organisationen als
freie Körperschaften juristisch unantastbar seien. Die gerichtliche Entscheidung im Oberhaus hätte nun jede Gewerkschaft, die einen Streik
ausrief, in den finanziellen Ruin treiben können. Für die Gewerkschaften bedeutete dies eine Pattsituation: Ob sie bei einem Streik den kürze-
ren zogen oder ihre Forderungen durchsetzten – sie verloren immer.
Dennoch war es ein Pyrrhussieg für die Arbeitgeber, da der Zorn der
Arbeiterklasse den Gewerkschaften und der neuen Labour-Partei zu
weiterem Auftrieb verhalf. Die Entscheidung konnte nur durch das Parlament revidiert werden. Die Gewerkschaften beschlossen, Unterhaus-
kandidaten, die auf ihrer Seite waren, finanziell zu unterstützen. Auch
das wurde als illegal belangt, doch die Arbeiterverbände übten entspre-
chenden Druck aus, um das Verbot aufzuheben.

Die Bergarbeiter betrachteten sich selbst als Speerspitze im Klassen-
kampf. Sie gewannen zwar Arbeitskämpfe – sie waren die ersten Arbeiter, die 1908 nach etlichen Streiks für sich den Achtstundentag und
einen Mindestlohn durchsetzten –, doch hatten sie in den Gruben einen
hohen Preis zu zahlen. Jeden Tag wurden mehrere hundert verletzt.
Beim Grubenunglück von Senghenydd in Südwales im Jahr 1913 kamen
493 Männer ums Leben. In Yorkshire waren die Flöze meist zwei Meter
dick und verliefen dicht unter der Erdoberfläche. In Südwales und Durham jedoch lagen die Flöze tief in der Erde und waren oftmals nur einen

Britannien bezeichnete sich gern als
»Werkstatt der Welt«, doch wurde
sein Status als führender Exporteur
von Gütern zunehmend durch
Deutschland und die Vereinigten
Staaten bedroht. Der größte Teil der
Ausstattung dieser Schmiede (rechts)
dürfte wohl seit über einem halben
Jahrhundert nicht erneuert worden
sein. Die Briten waren ohnehin recht
langsam darin, in alten Gewerbe-
zweigen neue Methoden und Maschinen zu übernehmen.
[Foto: Alvin Langdon Coburn]

halben Meter hoch, so daß die Männer unter Tage seitwärts im Schlamm liegen und die Kohle mit Spitzhacke und Schaufel heraushauen mußten, die ein Junge von vielleicht zwölf Jahren anschließend zum Förderkorb schleppte. Im Dämmerlicht einer Kerze, sofern es ein gasfreier Stollen war, stützte der Bergmann beim Vordringen ins Erdreich den Schacht mit Balken ab, immer auf Anzeichen eines Einsturzes oder eine Staubexplosion bedacht. Als die leichter zu erreichenden Flöze ausgebeutet waren, sank die Produktivität. Zum Ausgleich wurde die Arbeit intensiviert. Die Kohleindustrie beschäftigte im Jahr 1913, als die absolute Rekordmenge von 278 Millionen Tonnen gefördert wurde, 1,2 Millionen Menschen.

Der Bergbau garantierte jedoch trotz allem ein Auskommen. Ein Hauer verdiente durchschnittlich zwei Pfund pro Woche. Ein Landarbeiter dagegen, der sich mit seinem Pflug täglich an die 20 Kilometer durch schwere Erde quälte, erhielt nur die Hälfte, was kaum zum Leben reichte, auch wenn er unter Umständen für sein Häuschen keine Miete zahlen mußte. Die zwei Millionen Dienstboten in den edwardianischen Haushalten bekamen im Jahr 12 oder 15 Pfund. Sie lebten zwar im Haus ihrer Herrschaften, im Keller oder unter dem Dach, und wurden ernährt und gekleidet, doch mußten sie sechs Tage die Woche »zu jeder Tages- und Nachtzeit« zur Verfügung stehen. Die modernen Großindustriebetriebe, vor allem im Norden der Insel, erlebten einen ungeheuren Aufschwung, auch wenn sie abhängig vom Welthandel waren. Der Wohl-

Arbeiter verlegen im Jahr 1910 das erste Elektrizitätskabel durch das Flußbett des Esk in Whitby. Die Männer scheinen sich vor der aufrechten Gestalt des Vorarbeiters zu verbeugen. Es gab jedoch bereits Anzeichen dafür, daß »der immerwährende Feudalismus zwischen Meister und Arbeiter« angekratzt war. In Amerika hingegen galt »der Arbeiter als Kollege seines Vorgesetzten«. Durch Streiks ging in

England jährlich eine gewaltige Anzahl von Arbeitstagen verloren.
[Foto: Frank Meadow Sutcliffe]

Die Werftarbeiter, hier beim Montieren der Steuerbordschraubenwinde der unglückseligen Titanic, wurden relativ gut bezahlt. Ihr Job war jedoch gefährlich. Die Nieter arbeiteten, wenn das Schiff in die Höhe wuchs, in über 30 Meter Höhe im eisigen Wind und auf wackligen Baugerüsten.

stand äußerte sich in der gediegenen Weitläufigkeit der Rathäuser, in den neuen öffentlichen Schwimmbädern und der Größe der Fußballstadien. Die festangestellten Arbeiter in diesen blühenden Industrieregionen kamen in den Genuß der Betriebsausflüge mit dem Bus ans Meer und jährlicher Erholungsfahrten zu den Vergnügungspalästen in Blackpool. Gelegenheitsarbeitern blieben diese »Sozialleistungen« jedoch versagt.

Seit einem Jahrhundert war Lancashire weltweit führend in der Baumwollindustrie. Der Export bis in den Nahen Osten und nach Indien war so umfangreich, daß es hieß, es werde »vor dem Frühstück für den heimischen Markt und den Rest des Tages für die ganze Welt« produziert. Ein gutbezahlter Spinner ging mit Hut, Krawatte und Regenschirm zur Arbeit. Am Wochenende fuhr er Fahrrad, ging zum Tanzen, hielt sich Tauben oder besuchte Windhundrennen. Die zahlreichen, zumeist im Familienbesitz befindlichen Werften, die sich am Tyne oder Clyde konzentrierten, bauten 60 Prozent aller Schiffe weltweit. Nietschläger im Schiffbau wurden im Akkord bezahlt. In guten Wochen konnten sie drei Pfund verdienen, soviel wie ein Lokomotivführer in der boomenden Eisenbahnindustrie. Eine 54-Stunden-Woche war die Norm, während der sie in einer Höhe von 20 Metern oder darüber auf ein paar Brettern standen und sich bei Sturmböen mit Seilen am Baugerüst festbanden. Obwohl die Arbeit nur mit Muskelkraft getätigt wurde, arbeiteten die großen Werften mit gleichbleibender Leistungskraft. Die *Mauretania*, mit Luxuskabinen auf neun Decks, großzügigen Gemeinschaftsräumen und elektrisch betriebenen Aufzügen das größte Schiff, das in Tyneside gebaut wurde, lief 1906 nach nur 18 Monaten Bauzeit vom Stapel. Die Werftarbeiter galten innerhalb der Arbeiter-

klasse als Aristokraten, die bereits sensibel mit dem britischsten aller Produktionsprobleme agierten: nämlich der Aufgabenzuteilung zwischen den Mitgliedern der 20 Gewerkschaften, die für die Werften zuständig waren. Ein Klempner beispielsweise durfte ein bis zu fünf Zentimeter dickes Rohr verlegen. Wagte er sich an ein größeres, protestierten die Heizungsinstallateure.

London war zur größten Metropole der Welt angewachsen. In 40 Jahren hatte sich die Zahl der Bevölkerung auf 7.2 Millionen verdoppelt. Unterkünfte waren jedoch nicht ausreichend vorhanden. Die Ärmsten der Armen hausten in den edwardianischen Slums. Kinder schliefen auf Lumpen in Bananenkisten. In manchen Logierhäusern wurde ein Bett gleich an drei Mieter vergeben, die darin in Achtstundenschichten nächtigten. Jack London beschrieb einen solchen Ort, »wo die Wände und Decken buchstäblich mit Blutspuren und Flecken bedeckt waren, die von einem gewaltsamen Tod erzählten – nämlich dem eines Insekts. Alles war voller Ungeziefer.«

*»Schwimmen oder untergehen« hatte
für ein seefahrendes Volk eine besondere Bedeutung, wie diese Kinder
aus gutbetuchtem Hause beim
Schwimmunterricht in der Themse
bei Wallingford am eigenen Leibe
erfahren.*

Die Freizeitindustrie schritt voran. Die Städter hatten mittlerweile die Möglichkeit zu ländlichen Exkursionen, sei es 1913 im Kremserbus oder 1911 bei einem Fahrradausflug an einem Sonntagmorgen. Die Massenproduktion und die Tatsache, daß Großbritannien noch immer das reichste Land der Welt war, hatten zur Folge, daß sich ein Großteil der Bevölkerung ein Fahrrad leisten konnte.

Entsprechend der *Plimsoll line*, der Höchstlademarke, die bei Überschreitung zum Sinken des Schiffs führen konnte, sprach der Schokoladenhersteller und Philanthrop Seebohm Rowntree von der *Poverty line*, der Armutsgrenze, hinter der das physische Leben bedroht war. Familien mit einem Einkommen von etwa einem Pfund pro Woche lagen unterhalb dieser Grenze. Rowntrees Erkenntnisse beruhten auf seinen Besuchen bei Fischbratern, Büglern, Eisenbahnwaggonwäschern und anderen Armen Londons, die in der Woche etwa 20 Schilling für ihr kümmerliches Dasein zur Verfügung hatten. Ein oder auch zwei Schilling von diesem Hungerlohn wurde für eine Sterbeversicherung ausgegeben. Diese Minimalbeträge summierten sich für die Versicherungsgesellschaften auf elf Millionen Pfund im Jahr. Ein ökonomischer Unsinn, denn jeder Schilling hätte eine vorzeitige Beerdigung verhindern können, wenn er ausgegeben worden wäre, um ein halbverhungertes Kind zu ernähren. Die Reichen machten sich darüber lustig, hatten aber keine Ahnung, was sich dahinter verbarg. Die Kindersterblichkeit im wohlhabenden Hampstead betrug knapp zwei, in den Slums von Hoxton jedoch 14 Prozent.

Ein Kind in einem Armengrab beisetzen zu müssen bedeutete für eine trauernde Familie eine tiefe Demütigung, die um jeden Preis vermieden werden mußte – und der Preis war hoch. Pro Woche kostete die Versicherung ein bis zwei Pence für jedes Kind, dazu zwei für die Mutter und drei für den Vater. Konnten die Beiträge aus welchem Grund auch immer nicht mehr erstattet werden, verweigerte die Versicherung ungeachtet früherer Zahlungen die Deckung. Wenn ein Säugling, der bei der Geburt starb, vorher einen Atemzug tat, kam das einer Katastrophe gleich. Er galt dann nämlich als lebende Seele und mußte auf einem Friedhof beerdigt werden, obwohl keine Zeit war, für ihn eine Versicherung abzuschließen. Verzweifelte Mütter behaupteten deshalb oft, daß ihr Kind tot geboren worden sei. Das Vorurteil der Villenbesitzer, daß die Armen Geld für eine prachtvolle und kostspielige Beerdigung verschwendeten, war kompletter Unsinn. Die Bestatter in den Slums nahmen mindestens 30 Schilling für eine Beerdigung, scheuten aber nicht davor zurück, den Sarg heimlich in ein Gemeinschaftsgrab zu versenken, um die Friedhofsgebühren zu sparen. Ein Kind, das zum Beispiel im »Todesmonat« August 1911 mit sechs Monaten an der Cholera starb, war für zwei Pence pro Woche versichert. Die Auszahlung der Versicherung betrug zwei Pfund. Das deckte gerade die Kosten für ein Gemeinschaftsgrab mit drei anderen Kindern, doch mußte die Familie noch sechs Pence für Blumen und einen Schilling für den Priester auftreiben.

Die ehrbaren Armen standen stets am Abgrund zur Schande. Es genügte schon eine mehrwöchige Krankheit oder die Entlassung. Als

Kinder von Hafenarbeitern im Londoner East End (linke Seite) warten auf die Lebensmittelausgabe von Wohltätigkeitsorganisationen, während ihre Väter für einen Mindestlohn von sechs Pence die Stunde streiken. Die Hafenarbeiter marschierten mit Fischköpfen über den Trafalgar Square, um zu zeigen, daß sie nicht viel mehr zu essen hatten. Obwohl ihr Streik erfolgreich war, lebten die Gelegenheitsarbeiter, wie es die Docker waren, von der Hand in den Mund. Die Kinder mußten auf ihre eigene Phantasie beim Spiel zurückgreifen, wie hier beim »Karussellfahren« um einen Laternenpfahl (rechts). Öffentliche Spielplätze mit Rutschen und Schaukeln gab es erst sehr viel später.
[Foto rechts: Paul Martin]

letzte Erniedrigung blieb nur noch das Arbeitshaus der Kirchengemeinde übrig. Die Pfandleiher halfen den Familien zunächst, die schlimmste Not zu mildern. Aber in den Slums hatten viele Bewohner einfach nichts zu versetzen. Es gab Familien, die nicht einmal einen Stuhl besaßen und im Stehen essen mußten. Sie konnten nur noch auf das »Wohlwollen« eines Geldverleihers hoffen, der jedoch einen Penny pro Woche für jeden geliehenen Schilling verlangte – ein jährlicher Zinssatz von 433 Prozent.

So empörend wie auch illegal diese Geschäftspraktiken waren, so gab es doch mangels Alternativen genug Kundschaft, vor allem unter verwitweten oder verlassenen Frauen, wie beispielsweise eine Londonerin in Kennington. Nach Abzug der Miete – sie schlief mit ihren drei Kindern in einem Bett – hatte sie noch drei Schilling zur Verfügung. Ein halber Laib Brot mit etwas Fett mußte pro Tag für Frühstück und Abendessen reichen. Das sonntägliche Mittagessen bestand aus Würstchen und Gemüse, deren Reste am folgenden Tag kalt gegessen wurden. Dienstags gab es Pfannkuchen mit Zucker, mittwochs ein Viertelpfund Speck, und donnerstags verzehrten sie Fisch und Kartoffeln für jeweils einen halben Penny. Am Freitag knauserten sie mit Brot und Margarine, um sich am nächsten Tag eine »Schlemmermahlzeit«, bestehend aus drei Salzheringen, zu gönnen.

Jungen konnten den Slums entfliehen, indem sie zur See gingen. Mädchen blieb nur die Möglichkeit, sich zu verkaufen. Die jungen und hübschen fanden reichlich Kundschaft. Die edwardianischen Gentlemen heirateten erst spät, etwa mit Mitte Dreißig. Vorehelicher Sex war tabu. 80 Prozent aller Bräute dieser Gesellschaftsschicht waren Jungfrauen, in der Mittelschicht sogar noch mehr. Ein Mädchen, das im Londoner Westend auf die Straße ging, konnte pro Mann ein Pfund einnehmen, mehr, als manche Dienstboten in zwei Monaten verdienten. Selbst am unteren Ende der Skala vermittelten die zweieinhalb Schilling, die ein Seemann hinlegte, ein Gefühl relativen Wohlstands und von Unabhängigkeit. »Ich war ein Dienstmädel da unten in Birmingham«, erzählte eine Prostituierte dem Priester G. Merrick, der sich in London um die gefallenen Mädchen kümmerte, »ich hatte es satt, mich für einen miesen Lohn von fünf Pfund und das bißchen Futter abzurackern, lieber verhungere ich, echt.«

Es war, wie Jack the Ripper bewies, ein gefährliches Geschäft. Die Mädchen litten nahezu alle unter Syphilis oder Gonorrhöe, für die es nur die schmerzhafte Behandlung mit Quecksilber oder Säuren gab. Zwölfjährige Mädchen wurden entführt und für 18 bis 32 Pfund in ausländische Bordelle verkauft. »Die Zustände sind schrecklich, aber nicht zu ändern«, meinte 1910 der Erzbischof von Canterbury. Englische und französische Mädchenhändler fanden reichlich Nachschub in den Schankstuben, wo die Serviererinnen nach Abzug ihrer Miete für ein paar Schilling in der Woche bis zu zwölf Stunden täglich arbeiten mußten, ohne sich ausruhen oder Trinkgeld annehmen zu dürfen. In den Bordellen von Buenos Aires erzielten englische Mädchen hohe Preise. Andere wurden nach Asien verschleppt, ins indische Pondicherry oder in die berüchtigte Malay Street von Singapur.

Die über eine Million Kinder der Allerärmsten hätten es physisch besser gehabt, wenn sie verwaist gewesen, verlassen oder ins Armenhaus abgeschoben worden wären. Waisen- und Arbeitshäuser gaben im Schnitt ein Minimum von sechs Schilling pro Woche aus, um ein einziges Kind zu ernähren, zu kleiden und zu beherbergen. Die meisten Mütter in den Slums mußten mit weniger als der Hälfte dieses Betrags auskommen. Laut Seebohm Rowntree lebte ein Viertel der Familien in York unter dem Versorgungsminimum der Arbeitshäuser. Dennoch bemühten sich diese »beklagenswerten, geschwächten und überforderten Frauen«, ihre Kinder sauber und anständig zu halten. Sie wuschen ihnen die Haare mit Soda, weil es billiger als Seife war, und badeten sie zusammen im selben Wasser, da Brennstoff zuviel kostete. Sie traten Hilfsvereinen bei sowie von lokalen Händlern betriebenen Klubs für Baumwollstoffe, Strümpfe, Steingut und Weihnachtsessen, für die sie jeweils ein paar Pence pro Woche zahlten, um ihren Kindern etwas zum Anziehen und einmal im Jahr eine gute Mahlzeit auf einem Teller bieten zu können. Eine Junge erklärte auf die Frage, was ihm Weihnachten und die Geburt Christi bedeute: »Du kriegst ein größeres Stück Fleisch auf den Teller, als du jemals gesehen hast.« Ostern definierte er wie folgt: »Wenn Christus stirbt, kriegst du ein Rosinenbrötchen.«

In der Mittelschicht konnte man Schwangerschaften mit Kondomen und Vaginalduschen verhindern. Für die Arbeiterfrauen, die ständig mit Schwangerschaften rechnen mußten, gab es solchen Luxus nicht. Sie versuchten vielleicht mittels Schweinefett, Margarine und Kakaobutter eine Art Geburtenkontrolle zu betreiben, doch Abstinenz war die einzige Möglichkeit, die Anzahl der zu stopfenden Mäuler zu begrenzen, und zudem auch die einzige, die von der Kirche gutgeheißen wurde. Die Größe der Arbeiterfamilien zeigte jedoch, daß Abstinenz selten praktiziert wurde. Abtreibungen mit Hilfe eines Engelmachers war zwar möglich, jedoch teuer und illegal. Oft versuchten Frauen, mit einer Mischung aus Aloe und Eisen oder mit Mutterkorn von Roggen eine Fehlgeburt einzuleiten, oder sie tranken eine Flasche Gin, nahmen ein heißes Bad, rannten Treppen rauf und runter oder stürzten besser noch hinab. Es waren naturgemäß gefährliche Methoden, die nicht selten schwere gesundheitliche Schäden zur Folge hatten.

Die Fabians, gemäßigte Sozialreformer, zeigten sich bei ihren Inspektionsreisen schockiert, als sie feststellen mußten, daß »diese Frauen, die den Eindruck erwecken, als wären sie bereits jenseits der mittleren Jahre, noch jung sind«. Sechsundzwanzigjährige Mütter sahen aus wie vierzig. Die Kinder waren höflich und wohlerzogen. »Gott sei Dank für mein Essen«, sagten sie nach einem Mahl aus Talgpudding und Sirup, das sie im Stehen vertilgten. Sie waren keineswegs dumm oder häßlich, aber »kleinwüchsig und gesundheitlich angeschlagen«.

Aufgrund ihrer Mangelernährung litten sie an Rachitis und wegen der feuchten Behausungen an Lungenschwäche. Da sie alle im selben Bett schliefen, griffen Masern, Keuchhusten und Grippe rasch auf die gesamte Familie über. Sie hatten weder Bücher noch Spielzeug oder Platz. Mit zwölf Jahren mußten sie mit ihren ernsten, schmalen Gesichtern und

Slumkinder betrachten 1910 die Auslage eines Schaufensters, deren Artikel, obgleich von der billigen Sorte, dennoch für sie unerschwinglich sind. Ihre nackten Füße sind ein Hinweis darauf, daß sie zu Hause bei ihren Familien lebten. Für ein Kind erwies es sich oft als gesünder, verwaist oder verlassen zu sein, da Wohltätigkeitsorganisationen ihre Schützlinge ordentlich kleideten und ernährten. Für jedes Kind wurden pro Woche mindestens sechs Schilling ausgegeben. Viele der »traurigen, geschwächten und überlasteten Frauen« verfügten noch nicht einmal über die Hälfte dieses Betrags. Ein Viertel der Familien in York lebte unter dem Niveau eines Arbeitshauses.

entzündeten Augen arbeiten gehen. Den schwelenden Haß, den sich die Reichen in ihren Alpträumen vorstellten, gab es nicht. Die Armen waren viel zu erschöpft, um zu rebellieren.

Revolution lag gleichwohl in der Luft. Sie entwickelte sich jedoch nicht aus dem Bauch, sondern aus einem aufgerüttelten Bewußtsein. Die Musterungen während des Burenkriegs warfen ein erschreckendes Licht auf den Gesundheitszustand der Armen. 40 Prozent wurden von der Armee als untauglich abgewiesen. Die Bauernburschen hielten sich noch ganz wacker, doch von den 12 000 Freiwilligen, die sich in Manchester meldeten, wurden nur zehn Prozent angenommen. Artikel über die »Degeneration der Rasse« schreckten die Politiker auf. Als Katalysatoren fungierten der Rechtsanwalt Herbert Asquith, der linksliberale walisische Jurist David Lloyd George und der Enkel eines Herzogs, Winston Churchill – alle drei sollten später das Amt des Premierministers übernehmen. Die Liberalen, zu denen Churchill von den Konservativen übergetreten war, errangen bei der Wahl von 1906 die klare Mehrheit. Mit ihnen zogen auch die ersten Labour-Abgeordneten ins Parlament. Eine Zeit der Sozialreformen begann – die Armen erhielten zumindest ein Feigenblatt für ihre Blöße.

Per Gesetz wurden ein Gesundheitsdienst für Schulen eingesetzt sowie die Einrichtung von Grünanlagen angeordnet, in denen die Menschen sich Bewegung verschaffen konnten. Das Parteiprogramm der Liberalen beinhaltete weiterhin, daß Gewerkschaften für streikbedingte Ausfälle nicht mehr aufkommen mußten, sowie freies Schulessen für bedürftige Kinder und die Zahlung von Altersrenten. »Arbeitsintensive« Industrie-

branchen hatten Mindestlöhne zu zahlen. Churchill setzte des weiteren Arbeitsvermittlungen durch, um Arbeitslosen wieder zu einer Anstellung zu verhelfen. Die Maßnahmen waren lediglich ein Tropfen auf den heißen Stein: Die Arbeitsrente von fünf Schilling pro Woche gab es ab dem 70. Lebensjahr, einem Alter, das ohnehin jenseits der durchschnittlichen Lebenserwartung lag. Durch die gestiegenen Militärausgaben und die Sozialreformen war der Finanzminister Lloyd George gezwungen, im Haushaltsjahr 1909 16 Millionen Pfund zusätzlicher Steuern einzutreiben. Die bisherige Einkommensteuer von einem Schilling und zwei Pence pro Pfund – etwa sechs Prozent bei einem Mindesteinkommen von 160 Pfund im Jahr, so daß der Großteil der Bürger überhaupt keine Steuern zahlte – reichte nicht aus. Lloyd George wollte die Erbschaftssteuer erhöhen, eine Vermögenssteuer auf Einkommen von mehr als 3000 Pfund pro Jahr festsetzen und die Grundsteuer drastisch anheben.

Das Oberhaus stellte sich quer. »Sollen etwa 500 Männer, die zufällig unter den Arbeitslosen ausgewählt wurden,« spottete Lloyd George, »sich über Millionen Menschen hinwegsetzen, die in der Industrie beschäftigt sind, die den Reichtum des Landes ausmacht?« Er griff auch die Landbesitzer an: »Wer hat sie zu den Eigentümern des Bodens und uns zu Unbefugten auf dem Land unserer Geburt gemacht?« Die Lords im Oberhaus lehnten die Steuerreform ab, die Abgeordneten im Unterhaus erklärten das für verfassungswidrig. Es gab eine Neuwahl, welche die Liberalen erneut gewannen, wenn auch mit einer knapperen Mehrheit.

Auf dem Höhepunkt der Krise, am Abend des 6. Mai 1910, starb der König. Die Reichen trauerten besonders heftig um ihn. Auch auf dem

Die Reformen der Liberalen von 1906 trugen dazu bei, daß sich die Lebensbedingungen verbesserten. In jenem Jahr trat Winston Churchill von den Konservativen zu den Liberalen über, und die ersten Abgeordneten der Labour-Partei wurden ins Parlament gewählt. Keir Hardie (rechts), hier bei einer Rede, war einer der Gründer der Partei. Um den Gesundheitszustand der Kinder in den Vorschulen, wie dieser im Londoner Stadtteil Chelsea (links), zu untersuchen, wurde ein Schulgesundheitsdienst eingerichtet. Neu angelegte Parks sollten den Slumbewohnern die Möglichkeit zum Einatmen frischer Luft geben. Die Einkommensteuer wurde zum Ärger der Reichen auf sechs Prozent erhöht, um die Reformen zu finanzieren.

Kontinent, wo er liebevoll »l'oncle de l'Europe« genannt wurde, sollte man ihn vermissen. Immerhin hatte er der *Entente Cordiale* mit Frankreich zugestimmt, war er doch selbst während seiner Zeit als Prince of Wales in diverse intime *ententes* mit Pariserinnen verstrickt. Auch hatte er familiäre Bande mit dem russischen Zaren Nikolaus II., dem Neffen seiner Frau, und Kaiser Wilhelm, seinem eigenen Neffen, gepflegt, dessen »gefährliche Mätzchen« er allerdings mißbilligte.

Asquith hatte einen Gesetzentwurf eingebracht, der den Lords im Oberhaus jegliche politisch relevante Macht entzog. Demnach sollte jeder Gesetzesantrag, der in drei aufeinanderfolgenden Sitzungen im Unterhaus durchging, automatisch Rechtskraft erlangen, auch wenn ihre Lordschaften ihn ablehnten. Die Lords rüsteten sich zum Kampf. Unter Edward hätten sie vielleicht gewonnen, doch dessen Sohn Georg V. war weniger zugänglich. Er gab Asquith das Versprechen, genug Peers aus den Reihen der Liberalen zu ernennen, um die Reaktionäre im Oberhaus auszuhebeln – unter der Voraussetzung einer weiteren Neuwahl. Diese Wahl erbrachte das gleiche Ergebnis wie die erste. Der Gesetzesantrag wurde erneut eingebracht. Die »Drückeberger«, die Peers, die um ihr politisches Überleben fürchteten, gaben nach: Das Parlamentsgesetz wurde rechtskräftig. Die Angelegenheit war, wenngleich eine unblutige, so doch eine Revolution.

Die Umwälzungen waren damit noch nicht zu Ende. So wurde sowohl in der Politik als auch im Sport der Amateurstatus zu Grabe getragen. Viele Abgeordnete, zu denen jetzt auch Arbeitersöhne gehörten, verfügten im Gegensatz zu ihren bürgerlichen Kollegen über kein privates Einkommen. Ab dem Jahr 1911 erhielten sie als Berufspolitiker 400 Pfund

im Jahr, nicht gerade ein Vermögen, etwa soviel, wie ein Arzt oder Jurist auf dem Land verdiente, aber doch ein ansehnliches Sümmchen. Im selben Jahr wurden Gesetze erlassen, die den Arbeitern einen gewissen Versicherungsschutz gewährten, der von Arbeitgebern, Arbeitern und Staat finanziert wurde. Das eine Gesetz ermöglichte den Lohnabhängigen kostenlose Behandlung und Medikamente sowie einen wöchentlichen Zuschuß für Arbeitsunfähigkeit. Das andere stellte für die 2.5 Millionen Arbeiter im Maschinen- und Schiffbau sowie im Baugewerbe, in denen zyklische Entlassungen üblich waren, eine Arbeitslosenunterstützung sicher.

Die Oberschicht ging ihrer edwardianischen Unangreifbarkeit verlustig. Über die Steuern mußte sie nun mehr Geld an die weniger Privilegierten abtreten. Sie konnte diese auch nicht mehr länger politisch zum Schweigen bringen oder gesellschaftlich ächten. »Woraus besteht heute das Leben eines reichen Mannes?« spöttelte Lady Dorothy Nevill. »Aus einer Art Feuerwerk! Paris, Monte Carlo, Großwildjagd in Afrika, Angeln in Norwegen, Abstecher nach Ägypten, Reisen nach Japan.« Im April 1912 stach die *Titanic* zu ihrer Jungfernfahrt nach New York in See. Der riesige Luxusliner mit seinem Ballsaal, einer Jazzband, mit Cocktailbars und großzügigen Kabinen war auf die Bedürfnisse der Geldaristokratie zugeschnitten. Der Kapitän war sich der Unbezwingbarkeit des Schiffes so sicher – es verfügte über 16 wasserdichte Flutkammern und galt als unsinkbar –, daß er mit 22 Knoten durch die eisigen Gewässer südlich von Neufundland fuhr. Vier Stunden nach dem Zusammenstoß mit einem Eisberg waren das majestätische »Feuer-

Als die Gewerkschaften den Kampf
mit den Arbeitgebern aufnahmen,
kam es zu erbitterten Auseinandersetzungen. In Leeds (oben) fegten
die Ladeninhaber selbst die Straßen, nachdem die Stadtreinigung
die Arbeit niedergelegt hatte. Links
ist ein Aushilfskohlenträger im Londoner Stadtteil Saint Pancras während des Kohlenträgerstreiks im Juli
1914 zu sehen. Eines der schlimmsten Streikjahre war 1912, während
dem diese Kinder im Londoner East
End (linke Seite, oben) einen Bäcker-
karren umlagern. Im selben Jahr
kam es während des Streiks in
Tonypandy in Südwales zu einem
regelrechten Aufstand. Heizer, die
nicht streikten, schliefen im Kraft-
werk (linke Seite, unten), um die
Pumpen in Gang zu halten, damit
die Minen nicht überflutet wurden.
Draußen lieferten sich während-
dessen Polizei und Streikende harte
Kämpfe.

werk« und das Leben von 1513 Menschen, darunter etliche Multimillionäre und Besatzungsmitglieder, ausgelöscht. Einigen erschien der Untergang des größten Schiffes, das jemals die Weltmeere befahren hatte, wie eine göttliche Vergeltung an den Reichen und Mächtigen.

Die so bequeme und geschlossene Männergesellschaft war ebenfalls bedroht. Immer mehr Frauen genossen eine qualifizierte Bildung. Mädcheninternate und Frauenkollegs an den Universitäten wurden eröffnet, von denen die jungen Frauen mit der gleichen Zuversicht abgingen wie ihre Brüder. Frauen wurden Ärztinnen und Architektinnen, sie leiteten Wohlfahrtseinrichtungen und lokale Wahlkreisvereine. Das Wahlrecht blieb ihnen jedoch einstweilen versagt. Emmeline Pankhurst, die Frau eines linksliberalen Rechtsanwalts, hatte 1903 mit ihren Töchtern Chri-

stabel und Sylvia die *Women's Social and Political Union* gegründet, um dieses Wahlrecht durchzusetzen. So versuchten sie eine Zusammenkunft in der Albert Hall in London zu sprengen, an der auch der Premierminister und viele Kabinettsmitglieder teilnahmen. »Unter Tumulten und Geschrei wurden die Frauen aus dem Saal geworfen«, erinnerte sich ein Beobachter. »Es war der Anfang einer Auseinandersetzung, wie sie England noch nie erlebt hatte und vermutlich auch kein anderes Land.« Die Suffragetten wußten ihre Forderungen öffentlichkeitswirksam vorzubringen. Sie ketteten sich an das Gitter vor dem Buckingham-Palast, zerschlitzten in der National Gallery das berühmte Gemälde der »Rokeby-Venus« von Velázquez und setzten Briefkästen in Brand. »Was wir getan haben«, fertigte Sylvia Pankhurst einen Zwischenrufer im

Hyde Park ab, »ist ein Kinderspiel gegen das, was die Männer in der Vergangenheit verbrochen haben.«

Wurden sie festgenommen, so organisierten sie Hungerstreiks. Die Gefängnisverwaltung ließ sie zwangsernähren, was jedoch Selbstmordversuche und Aufruhr zur Folge hatte. Die Regierung wollte keine Toten verantworten und erließ das »Katz-und-Maus-Gesetz«, wonach die hungerstreikenden Suffragetten freikamen, wenn ihr Leben in Gefahr war, aber danach wieder hinter Gitter wanderten. Gern wurde von Männern, die vom Zugriff der Frauen auf ihre vermeintlich ureigenste Domäne verunsichert waren, das Beispiel des Schwedenkönigs Karl XI. zitiert. Der soll seiner Frau gesagt haben, als sie sich politisch äußerte: »Madame, ich habe Sie geheiratet, damit Sie mir Kinder gebären, und nicht, um mir von Ihnen Ratschläge erteilen zu lassen.« Ein Hinterbänkler behauptete, daß die Suffragetten sexuell und intellektuell gleichermaßen frustriert seien, da es durch die Abwanderung der jungen Männer in die Kolonien in Großbritannien einen großen Frauenüberschuß gebe und ihnen somit nichts bleibe, als sich anderweitig zu betätigen. Die entschlossenen Frauen ließen sich jedoch von solchen Neandertalern nicht unterkriegen. Und sie bekamen sogar eine Märtyrerin. Emily Davison, eine brillante Oxford-Absolventin, war oft verhaftet worden, konnte hervorragend Steine werfen und verfügte über großen, wenn auch manchmal allzu impulsiven Mut. Einmal griff sie einen harmlosen Baptistenprediger an, den sie fälschlicherweise für Lloyd George hielt. Auf dem Derby von 1913 rannte sie mit ihrem WSPU-Transparent auf die Bahn und versuchte die Zügel des königlichen Pferdes zu ergreifen. Sie stürzte und wurde von den Hufen des Tieres so heftig getroffen, daß sie nur wenige Tage später ihren schweren Verletzungen erlag.

Frauen aus der Mittelschicht und Männer der Arbeiterklasse – den Reaktionären blieb kein Schreckgespenst erspart. Im Jahr 1914 zählten die Gewerkschaften vier Millionen Mitglieder. Eine »Dreifach-Allianz« aus Eisenbahnern, den anderen Transportarbeitern und Bergleuten erwies sich als machtvoll genug, einen nationalen Streik in Betracht zu ziehen, der die Nation zum Stillstand bringen konnte. Im Frühsommer ließen streikende Bauarbeiter in London einen sozialen Alptraum wahr werden: Sie begrüßten die königliche Prinzessin, als sie zu einer Grundsteinlegung erschien, mit dem Absingen der »Internationale« und ließen die sozialistische Revolution dreimal hochleben. Die Streikbrecher und die Prinzessin buhten sie je dreimal aus. Doch jenseits des Ärmelkanals zog ein Verhängnis herauf, das diese Entwicklungen zunächst in den Hintergrund drängen sollte. Es war so finster und bedrohlich, daß die Briten instinktiv davor erschauderten: der Krieg auf dem Kontinent.

Ein Gefühl für öffentlich wirksame Aktionen war den Suffragetten bei ihrem Kampf für das Frauenstimmrecht behilflich. So versuchten sie, sich an das Gitter des Buckingham-Palasts zu ketten (links), damit die Welt von ihrer Festnahme erfuhr.

Emmeline Pankhurst, die 1906 die militante Kampagne der Suffragetten ins Leben rief, wird nach einer ihrer Protestaktionen 1914 vom Buckingham-Palast fortgetragen.

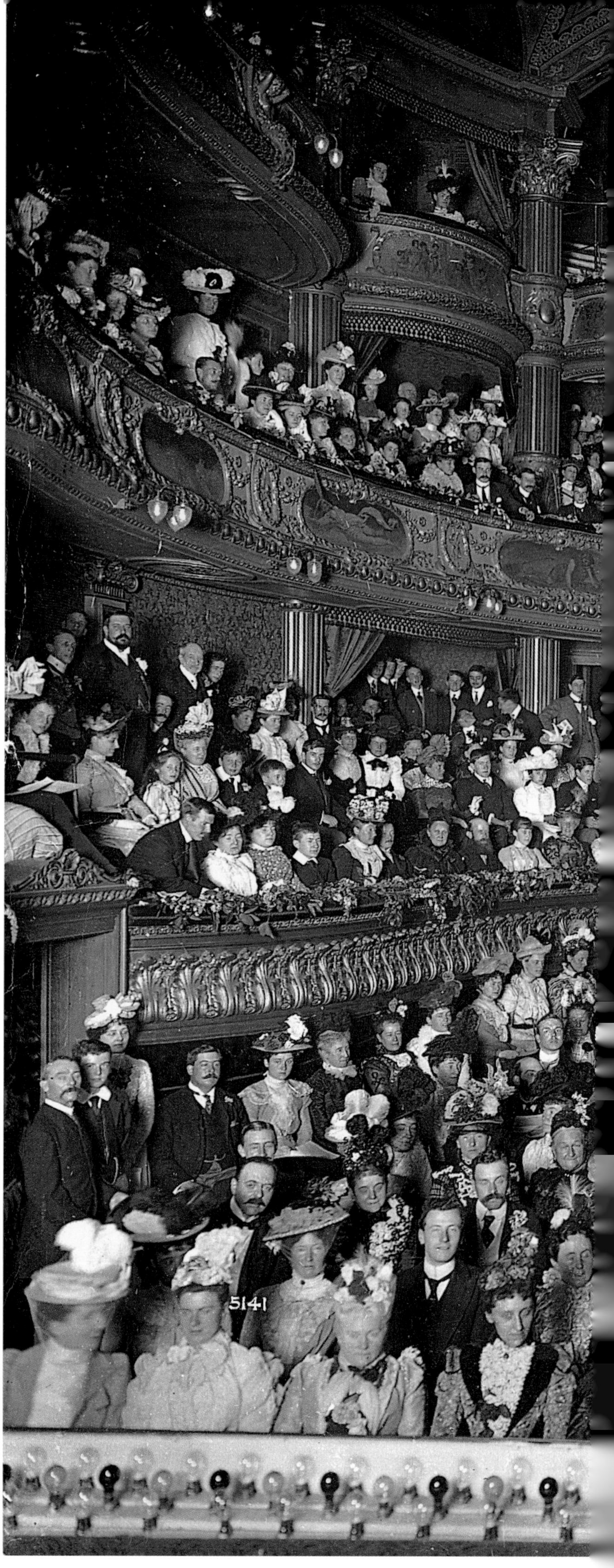

Musiksäle und Theater waren voll.
Mit einem neckischen Knicks (oben)
präsentiert sich Lottie Collins, deren
Lied »Ta Ra Ra Boom de Ay« das
edwardianische Flair jener Zeit
widerspiegelte. Harry Lander
erlangte mit seinen schottischen
Songs immense Popularität sowohl
in Glasgow und London als auch im
Ausland. Er ging nach 1907 fast
jährlich in den USA, Kanada und
anderen Dominions auf Tournee.
Marie Lloyd, das älteste von elf

Kindern eines Kellners und mit
einem Gespür für derb-witzige Lie-
der ausgestattet, trat bis kurz vor
ihrem Tod 1922 in ausverkauften
Häusern in Amerika, Südafrika und
Australien auf. Doch auch das
eigentliche Theater vermochte seinen
Ruf aufzupolieren. In Form einer
Matinee des Londoner Haymarket
Theatre (rechts) wird Jungen der
Charterhouse School nebst Eltern
und Verwandten eine Sonderauf-
führung geboten.

4
STERBEN AUF DEN FELDERN FLANDERNS

»Der Krieg, der alle Kriege beendet«, nannten die Briten den Ersten Weltkrieg, der für das bislang sichere und stabile Land eine so unvorstellbare Katastrophe darstellte, daß nur diese absurde und letztlich voreilige Charakterisierung sie zu erklären vermochte. Gott sei wohl mit den Engländern in den Krieg marschiert, hieß es, dann aber einfach verschwunden. »Mein einziger Anflug von Mut«, meinte ein Infanterist, »war wohl, daß ich niemals Gott um Hilfe angefleht habe.«

Den Briten blieb nichts erspart. »Dieses Land stinkt vor Fäulnis«, schrieb der Gardeoffizier Oliver Lyttleton aus Flandern. »So weit das Auge reicht, ist alles eine einzige Schlammwüste. Jeder Meter ist ein Grab, einige sind mit Gewehren gekennzeichnet, andere mit Kreuzen, manche mit Totenschädeln oder mit emporragenden Händen. Aber alles ist tot: die Bäume, die Felder, das Korn, die Kirche... alles ist tot und von Gott vollständig verlassen.«

Es begann an einem Sommertag, am letzten Sonntag im Juni 1914: zwei Schüsse auf eine Autokolonne, ein halbwüchsiger Attentäter, eine tote Prinzessin, ein sterbender Erzherzog. Der Mord schien so gar nichts mit dem Leben der Millionen jungen Männer in England zu tun zu haben. Der Tatort, Sarajewo in Bosnien, war ihnen gänzlich unbekannt, und das Opfer Franz Ferdinand war der Thronerbe von Österreich-Ungarn, einem Reich, das im Gegensatz zu ihrem sowieso seinem Ende entgegensah. Der Attentäter, der Serbe Gavrilo Princip, wollte die Österreicher aus Bosnien vertreiben und dessen Anschluß an Serbien erzwingen.

Österreich stellte den Serben ein Ultimatum. Die Russen begaben sich unter dem Druck des Panslawismus auf die Seite Serbiens. Berlin warnte Sankt Petersburg, den Bogen nicht zu überspannen. Für die Briten war das zunächst nichts Neues. Seit Waterloo ein Jahrhundert zuvor hatten sie erlebt, wie sich der europäische Kontinent mit Kriegen und Revolutionen zugrunde richtete. Nur einmal, während des Krimkriegs 1854, hatten sie sich eingemischt und ihre Insel verlassen. Auf dem Erdball war Mitteleuropa die einzige Region, in der sie keine größeren territorialen Ambitionen hegten.

Ernsthafte Sorgen machte ihnen in diesem Sommer lediglich Irland. Waffen wurden auf die Insel geschmuggelt, sowohl von den loyalistischen *Ulster Volunteers* im Norden als auch von den nationalistischen *Irish Volunteers*. Lloyd George war der Meinung, daß das Risiko eines Bürgerkriegs zwischen den beiden Parteien »die schlimmste Bedrohung für dieses Land seit den Tagen der Stuarts« sei. Doch dann beobachtete er mit Entsetzen, wie Europa in einen Krieg taumelte: Am 28. Juli erklärte Österreich den Serben den Krieg, woraufhin sich Rußland zur Mobilmachung veranlaßt sah. Daraufhin erklärte Deutschland am 1. August den Russen den Krieg, was in Frankreich zur Mobilmachung führte.

Die Briten verspürten keinen Wunsch, sich hineinziehen zu lassen. Da sie sowohl mit Frankreich als auch mit Rußland verbündet waren, sahen

Die Zahl der Toten war das Erschreckendste. Millionen starben so wie dieser deutsche Soldat, der im November 1916 vor seinem Unterstand in Beaumont-Hamel umkam. Die flandrischen Dörfer trugen so hübsche Namen wie Passchendaele, wo 400 000 Briten fielen – ein Name, der jedoch die Assoziation von Golgatha hervorrief.

Als einzige der Kriegsparteien hatten die Briten keinerlei territorialen Interessen in Europa. Sie hatten sogar vor nicht allzulanger Zeit den Deutschen Helgoland überlassen – im Tausch gegen Sansibar. Der Kampf auf dem Kontinent, an dem Großbritannien sich zunächst recht lustlos beteiligte, geriet alsbald zu einem Zermürbungskrieg, den nur die Partei mit der größten Anzahl an Soldaten und der höchsten Motivation gewinnen konnte. Weder taktisches Geschick noch strategische Überlegenheit waren von Bedeutung. Sturmangriff, Munitionsstärke und überlegene Technologie hatten einst zur See und im Empire für die gewohnten Siege der Briten gesorgt. Die einzige Seeschlacht des Krieges im Skagerrak blieb jedoch ergebnislos. Die Deutschen erwiesen sich zumindest an materieller Kampfkraft und Technologie den Briten als ebenbürtig. Und Sturmangriff war in den Schützengräben gefährlich, wo der beste Rat lautete: »Zieh deinen verdammten Kopf ein.«

sie sich auch formal nicht dazu veranlaßt. Sie hätten in ihrer *splendid isolation* verbleiben können – was Deutschland auch von ihnen erwartete. Zwei Drittel der Kabinettsmitglieder sprachen sich am 1. August gegen eine Unterstützung Frankreichs im Falle eines Krieges aus. Nur Winston Churchill, damals Erster Lord der Admiralität, forderte eine Mobilmachung der Marine. Sein Antrag wurde abgewiesen. Am *Bank Holiday*, dem verlängerten Wochenende im August, fuhren die Menschen ans Meer, wo sie am Strand Kricket spielten und Puppentheater besuchten. In Cowes, wo vor noch gar nicht langer Zeit die königlichen Vettern – George von England, Nikolaus von Rußland und Wilhelm von Deutschland – Arm in Arm spazierengegangen waren, schnitten bei einer leichten Brise Yachten durch das Meer.

Auf dem Kontinent standen acht Millionen Männer unter Waffen. Wie konnten die gerade 200 000 Mann starke Freiwilligenarmee Englands und ein paar altgediente Reservisten mit diesen wehrpflichtigen Massen konkurrieren? Warum sollten sie auch, waren sie doch dank der Großen Flotte Fishers in jedem Fall vor einer Invasion sicher! England sah es jedoch als seine Pflicht an zu verhindern, daß Europa unter die Vorherrschaft einer einzigen Nation fiel, einst der französischen unter Napoleon und nun der deutschen. »Wenn Deutschland den Kontinent beherrscht«, erklärte der Außenminister Sir Edward Grey mit blasiertem Understatement, »wäre es uns als auch anderen äußerst unangenehm...« Politische Grundsätze allein reichten jedoch nicht aus. Grey brauchte eine moralische Begründung für den Kriegseintritt. Belgien, das »tapfere, kleine Belgien«, lieferte den Vorwand. Nicht, daß die Briten dieses Land besonders mochten. Sie mißbilligten dessen brutales Kolonialregime im Kongo und hielten die Belgier für ziemlich erbärmlich. Trotzdem fühlte sich England seit 1839, als das Londoner Protokoll der Großmächte Belgiens Neutralität garantierte, für die Verteidigung des kleinen Landes verantwortlich.

Deutschlands Kriegsstrategie, der Schlieffen-Plan, war auf eine Durchquerung Belgiens ausgerichtet, um der französischen Ostfront in den Rücken zu fallen und schließlich Paris einzunehmen. Graf Schlieffen ging davon aus, daß der Krieg nach sechs Wochen entschieden wäre. Sein Plan sah vor, die Franzosen wie im Deutsch-Französischen Krieg 1870/71 rasch auszuschalten, um sich an der Ostfront den Russen widmen zu können. Die Belgier jedoch machten dem Vorhaben einen Strich durch die Rechnung, und Deutschland bereitete den Einmarsch vor.

Am 3. August mahnte Grey vor einem trotz Bank Holiday vollbesetzten Unterhaus, daß man auf die drohende Invasion Deutschlands in Frankreich und Belgien zu reagieren habe. England dürfe nicht vor »diesen Verpflichtungen der Ehre und der Interessen davonlaufen...« Noch gab es Vorbehalte – der Labour-Abgeordnete Ramsey Macdonald beharrte auf der Neutralität Englands –, aber die Würfel waren gefallen. Am anderen Morgen fiel die deutsche Kavallerie in Belgien ein. Um Mitternacht stellte Grey schließlich ein Ultimatum, das eine »adäquate Reaktion« einforderte. Am frühen Nachmittag schlugen an der Küste von Suffolk einige Golferinnen einen Ball in eine Gruppe von hochrangigen Offizieren, welche die Küste nach Anzeichen einer Invasion beobachteten. »Meine werten jungen Damen«, tat ein General den verblüfften Spielerinnen kund, »die Deutschen werden vermutlich heute nachmittag landen. Haben Sie eine Ahnung, was eine Vergewaltigung bedeutet? Ich rate Ihnen, schnellstens nach Hause zu gehen...« Kricketspielende Offiziere wurden von Zuschauern mit weißen Taschentüchern auf die Mobilmachung aufmerksam gemacht. Am Abend bewarfen die Berliner die britische Botschaft mit Steinen. »Vaterlandsverrat« schrien sie. Es galt in dieser Zeit tatsächlich als eine Art »Vaterlandsverrat«, daß die Engländer den Kampf gegen ihre deutschen Vettern aufnahmen.

Die Entscheidung für den Kriegseintritt betraf das gesamte Empire mit seinen 425 Millionen Menschen. Selbst tausende Iren vergaßen in diesem

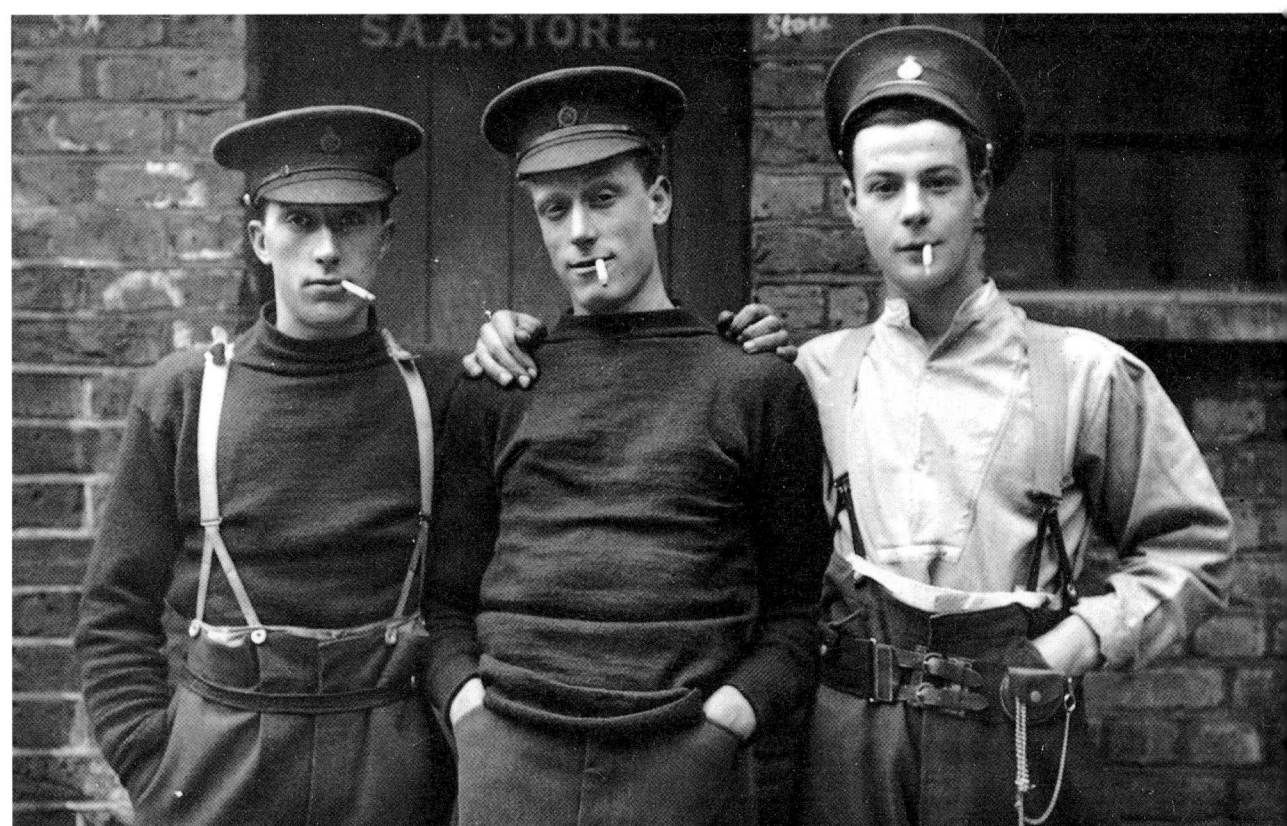

Der Sommer 1914 war heiß und wunderbar. Die kleinen Mädchen (links), die der Fotograf liebevoll »Seeigel« taufte, rennen einen Strand an der Kanalküste entlang, ohne auch nur einen Gedanken an den Kontinent zu verschwenden und welche Bedeutung er für die Jungen hatte, die sie vielleicht einst heiraten würden. Ihre Eltern und Großeltern waren seit den Napoleonischen Kriegen den Auseinandersetzungen auf dem Kontinent soweit wie möglich aus dem Weg gegangen. Als der Krieg ausbrach, marschierten junge Rekruten, wie diese auf dem Foto rechts, mit optimistischem Selbstvertrauen los. Warum auch sollte das deutsche Kaiserreich, ein Emporkömmling, der erst seit 43 Jahren international eine Rolle spielte, einem Vergleich mit ihnen, die seit Jahrhunderten eine Weltmacht vertraten, standhalten können?
[Foto links: James B. Wellington]
[Foto rechts: Mrs. Albert Broom]

Moment ihr eigentliches Anliegen, ließen sich von der Kriegsbegeisterung anstecken und meldeten sich bei der britischen Armee. In den Dominions und in Indien wurden Truppentransporter klargemacht. 30 000 Kanadier schifften sich im Herbst ein. »Es ist zweifellos unsere Pflicht«, betonte der australische Premierminister Andrew Fisher, »uns zu bewaffnen und uns zu erinnern, daß wir Briten sind.«

Die meisten glaubten jedoch, daß der Krieg vorbei sei, bevor die Rekruten schießen gelernt hätten. Kaiser Wilhelm versprach seinen Soldaten: »Ihr werdet zurückgekehrt sein, noch bevor die Linden ihre Blätter verlieren.« Deutschland entsandte anderthalb Millionen Soldaten nach Belgien und Frankreich, die größte Streitmacht der Geschichte. Die britischen Expeditionstruppen, die am 9. August von Portsmouth und Southampton ablegten, verfügten nur über 80 000 Mann. Kaiser Wilhelm soll sie, so die Kriegspropaganda, als *Contemptibles*, »Pinscher«, bezeichnet haben. Die britischen Soldaten nannten sich daraufhin selbst die »Old Contemptibles«, die den deutschen Vormarsch nach Mons aufhalten wollten.

Am 23. August griffen die Briten unter heftigem Abfeuern ihrer Kara-

biner so erfolgreich an, daß die Deutschen glaubten, sie hätten es mit Maschinengewehren zu tun. Ein ganzes Regiment wurde dabei aufgerieben, aber letztlich waren die Briten der deutschen Übermacht nicht gewachsen. Ihr Kommandant Sir John French befahl am folgenden Tag den Rückzug.

Der hoffnungslose Kampf dauerte noch zwei Wochen an, und die Männer waren »so erschöpft, daß die Offiziere sie wachrütteln mußten«. Von den Niederlagen erfuhr die Öffentlichkeit nur wenig. Die Wahrheit wurde dank des *Defence of the Realm Act*, der Nachrichtensperre, zum ersten Opfer des Krieges. Auch die Franzosen wichen zurück, als die Deutschen nördlich und westlich von Verdun vordrangen. Die zwei britischen Einheiten trennten sich. Smith-Dorrien, Kommandant des zweiten Korps, traf bei Le Cateau auf die vorrückenden Deutschen. Seine Männer erlitten schwere Verluste. Der Kommandant des ersten Korps, Douglas Haig, hätte ebenso wie John French die britische Expeditionsarmee lieber außerhalb der Schußlinie gesehen. Lord Kitchener, der von Premierminister Asquith wegen seiner Popularität als Held im Sudanfeldzug zum Kriegsminister ernannt worden war, begab sich am 1. September nach Paris, um Frankreich den Rücken zu stärken.

Die Deutschen mußten nun für ihren Erfolg büßen. Während ihres Vormarsches boten sie den Franzosen und Engländern die ungeschützte Flanke. Sie versuchten, Paris einzunehmen, wurden aber östlich der Metropole in die Zange genommen. Als Marschall Joffre die französischen Truppen an der Marne zusammenzog und zum Gegenangriff überging, wurde der deutsche Generalstabschef von Moltke nervös. Beide Seiten lieferten sich während des ganzen Herbstes eine Entscheidungsschlacht um Ypern. Die Deutschen fügten den englischen und französischen Truppen zwar schwere Verluste zu, konnten aber keinen entscheidenden Durchbruch erzielen. Die gesamte Westfront erstreckte sich nun von der Schweiz bis zu den Dünen der belgischen Küste. Tiefe Schützengräben wurden gezogen, und der grauenvolle, zermürbende Stellungskrieg an der Westfront begann.

Kitchener war der einzige, der voraussah, daß der Krieg mindestens drei Jahre dauern werde: »Eine Nation wie Deutschland wird sich erst dann geschlagen geben, wenn sie am Boden zerstört ist. Und das wird lange dauern. Kein Mensch weiß, wie lange.« Er erkannte, daß die deutschen Linien »nicht durch einen Angriff gebrochen und auch nicht vollständig eingeschlossen werden können«. Sie müßten durch die Wucht von Männern und Metall niedergeworfen werden. »Wir müssen darauf gefaßt sein, ein Millionenheer ins Feld zu schicken.«

Politisch war es ein Kampf bis aufs Messer. Echte oder vermeintliche Greueltaten – den Deutschen sagte die Propaganda nach, daß sie aus menschlichen Leichen Fette und Öle herstellten – sorgten dafür, daß auf diplomatischem Weg keine Lösung mehr möglich war. Die Deutschen nahmen tatsächliche oder mutmaßliche Heckenschützen zum Anlaß für grausame Vergeltungsmaßnahmen. Im August trieben sie die Bevölkerung der belgischen Stadt Tamines auf den Kirchplatz und eröffneten das Feuer. Die Verwundeten wurden mit Bajonetten niedergemetzelt. 384 Menschen starben. In Dinant mußten sich Männer und Frauen nacheinander in einer Linie niederknien. 612 wurden erschossen. Die Universitätsstadt Louvain mit ihrem prachtvollen Rathaus brannte sechs Tage lang. »Wir werden sie lehren, Deutschland zu respektieren«, sagte ein deutscher Offizier zum US-amerikanischen Botschaftsrat. »Generationen von Menschen werden hierherkommen und sehen, was wir getan haben.« Die Welt sah es tatsächlich und war mit Abscheu

Königin Viktoria war die dynastische »Großmutter Europas«. Der Krieg ließ ihre Nachkommenschaft jedoch zu Todfeinden werden. Einer ihrer Enkel, der deutsche Kaiser Wilhelm II. (mit Stehkragen) erfreut sich 1902 der Gastfreundschaft seines Vetters Georg V. von England. Zwischen ihnen steht Königin Mary. Der spätere Edward VII. und sein jüngerer Bruder Georg VI. sind in

Matrosenanzüge gekleidet. Feldmarschall Hubert Horatio Kitchener (links in Galauniform) schlug 1898 bei Omdurman die sudanesischen Derwische und kämpfte erfolgreich gegen die Buren. Er stellte die Truppen für den Ersten Weltkrieg zusammen, fiel aber selbst 1916 vor den Orkney-Inseln.
[Foto links: Bassano]
[Foto rechts: Lafayette]

die deutschen Trompeten- und Tubaspieler auf der Isle of Man interniert. Die Werke Richard Wagners wurden von den Aufführungsplänen gestrichen. Läden deutscher Inhaber wurden geplündert, und schließlich drohte jedem Laden mit einem ausländischen Namen dieses Schicksal.

Die Soldaten an der Front bekamen davon nichts mit. Bis zum Schluß waren die Männer auf Heimaturlaub erschrocken über die Blutrünstigkeit der Zivilisten. »Es gab keinen besonderen Haß auf Deutschland«, berichtete ein Kavallerieoffizier. »Wir hätten wohl gegen jeden gekämpft.« Das gemeinsame Elend in den Schützengräben brachte auch gegenseitigen Respekt mit sich. Weihnachten wurde es an der Front so still, daß sogar die Vögel zurückkehrten. In der Nähe von Armentières riefen die Deutschen den gegenüberliegenden *Gordon Highlanders* zu: »Ihr nicht schießen, wir nicht schießen.« Männer beider Seiten begaben sich aufs Niemandsland. Die Leichen, die dort schon seit geraumer Zeit lagen, wurden von einem schottischen Kaplan und einem deutschen Theologiestudenten gemeinsam bestattet. Ein Deutscher tauschte seine Pickelhaube gegen eine Büchse britischen Pökelfleischs. Am zweiten

erfüllt. Im September schlossen England, Frankreich und Rußland in London einen Pakt, der einen separaten Frieden ausschloß.

Der englische König erkannte den deutschen Prinzen den Hosenbandorden ab. Die Dynastie mußte ihren Namen von Sachsen-Coburg-Gotha in Windsor ändern und Admiral Prinz Louis Battenberg seinen Namen in Mountbatten. Die Angst vor Spionen griff um sich. Gehörten Blaskapellen vor dem Krieg zum alltäglichen Anblick, so wurden jetzt

Weihnachtsfeiertag fragte er, ob er sie wiederhaben könne, weil ihm eine Inspektion bevorstünde. Er gab sie anschließend wie versprochen wieder zurück.

Bei Ploegsteert wurde ein improvisiertes Fußballspiel organisiert. Ein schmächtiger junger Schütze aus der Queen's Westminster-Schützenbrigade stellte begeistert fest, daß die Deutschen nicht so kräftig wie die englischen Kameraden aussahen. »Ich bin jetzt viel zuversichtlicher im Fall einer Bajonettattacke ...«, meinte er.

Auf den Rekrutierungsplakaten mit Kitcheners zwingendem Gesicht und hervorstoßendem Zeigefinger stand lediglich: »Dein Land braucht DICH«. Über eine Million Engländer folgten bis Ende 1914 diesem Aufruf zum Wehrdienst. In einer einzigen Augustwoche wurde in Liverpool eine ganze Brigade aus vier Infanteriebataillonen rekrutiert – fast 4000 junge Männer. Der Earl of Derby ließ auf seinem Anwesen Knowsley Park Baracken für sie bauen, da es sonst keine Unterkünfte gab. Offiziell bildeten sie das 17., 18., 19. und 20. Bataillon im King's (Liverpool) Regiment. Sie selbst nannten sich jedoch schlicht *Liverpool Pals*, Liverpool-Kameraden.

Die ganze britische Leidenschaft für Clubs und Gemeinschaften äußerte sich in den liebevollen Bezeichnungen für die Bataillone, die je nach Region, Interessen oder Herkunft zusammengeschlossen wurden: *Newcastle Scots, Church Lads, Artists, North East Railway, 1st Football*. Etliche Männer aus den Gruben, Stahlwerken und Werften des Nordens waren schmächtig und hager, aber so erpicht darauf zu dienen, daß besondere Bantambataillone für untergewichtige Männer gebildet wurden.

Noch nie zuvor gab es so viele Freiwillige, obwohl die Vorstellung einer Armee von Bürgern den Briten fremd war. Das Soldatentum betrachteten sie als brutal und zügellos – »der Abschaum der Erde«, so

Es gab so viele Freiwillige, die sich zum Kriegsdienst meldeten – allein in den ersten drei Monaten eine Million –, daß sie in Zivilkleidung und mit Waffenattrappen ausgebildet wurden. Viel Zeit wurde auf den Drill mit dem Bajonett verwendet: »Rein ... raus ... und auf den nächsten.« An Bajonettwunden starb jedoch nicht einmal ein Prozent der Kriegsopfer.
(Foto: Horace Nicholls)

Die niedrigen Offiziers-Dienstgrade der Infanterie, die den Maschinengewehren nur Revolver und Offiziersstöckchen entgegenzusetzen hatten, mußten die meisten Verluste hinnehmen. Die privaten Internatsschulen, aus denen sich diese Offiziere zumeist rekrutierten, hatten in etwa genauso viele Opfer unter ihren Absolventen zu verzeichnen wie sie alljährlich Schüler aufnahmen. Das Foto links aus dem Jahr 1913 zeigt den Leiter des Radley College, Rektor Selwyn, inmitten seiner Vertrauensschüler. Ihr Schicksal sah am Ende des Krieges folgendermaßen aus: Hintere Reihe von links: Nuge, verwundet; Richardson, tödlich verletzt; Gibbons, mit dem Militärverdienstkreuz ausgezeichnet, gefallen; Cotton, verwundet; Bennet, überlebt. Mittlere Reihe: Keller, überlebt; Reid, mit dem Viktoriakreuz ausgezeichnet, der höchsten Ehrung für Tapferkeit, dreimal verwundet; der Rektor; Whitfield, verwundet; Westmore, gefallen. Links sitzend: Groves, zweimal verwundet.

Wellington – und die Armee als eine Art Freiluftwohlfahrt für Almosenempfänger und Randgruppen, die sich nur manchmal durch einen Sieg irgendwo auf der Welt selbst aus diesem Schicksal befreien oder sich aus den Mannschaftsgraden hochdienen konnten.

Die Berufsoffiziere, deren Reihen bereits durch den Frankreichfeldzug gelichtet waren, sahen sich außerstande, diese Flut auszubilden und zu kommandieren. Das gewaltige Defizit an Offizieren wurde durch Männer mit privilegierter Internatsbildung aufgefüllt. R. C. Sherriff, der später das berühmteste Schauspiel über den Krieg verfaßte, »Journey's End«, bewarb sich als Achtzehnjähriger im August 1914 um eine Offiziersstelle. Der Adjutant stellte ihm eine einzige Frage: »Welche Schule?« Sherriff hatte gerade den Abschluß der Kingston-Mittelschule in der Tasche. Der Adjutant blätterte in einer Liste und blickte bekümmert drein. »Tut mir leid«, sagte er, »aber wir haben die Instruktion, daß alle Anwärter auf ein Offizierspatent aus den anerkannten Internatsschulen ausgewählt werden müssen. Ihre gehört nicht dazu.« Es spielte keine Rolle, daß diese Schule bereits 1567 gegründet worden war und mit die besten Rudermannschaften des Landes hervorbrachte.

Die hohen Verluste ließen die Armee jedoch weniger kleinlich werden – auch Mittelschüler waren nun gut genug, und R. C. Sherriff wurde Hauptmann bei den *East Surreys*. Selbst aus den Mannschaftsgraden gab es bald Beförderungen.

Obwohl die jüngeren Offiziere aus den Internatsschulen relativ häufiger an der Front starben, hielt sich in der Offiziersklasse der Dünkel dieser Schulabsolventen. Das Selbstverständnis und die Führungsqualitäten, die sie in der Schule erworben hatten, wurde als ausreichende Qualifikation für ihre Aufgabe betrachtet. Waren sie als Aufsichtsschüler für ihre jüngeren Mitschüler verantwortlich, so drillten sie nun ihre Männer, nahmen sie zum Kirchgang mit, organisierten Sportveranstaltungen und kümmerten sich um ihre Gesundheit und ihr Wohlbefinden. Diese herablassende Fürsorge war genau das, man von ihnen erwartete. Doch die gegenseitige Achtung zwischen ihnen und ihren Untergebenen – »Sie waren ein großartiger Haufen, und man kann sich verdammt glücklich schätzen, solche Männer zu kommandieren«, sagte ein Offizier. »Niemals gab es einen besseren Burschen und Soldaten, das schwöre ich«, schrieb ein einfacher Soldat an die Mutter seines toten Leutnants – führte nach dem Krieg zu einer Annäherung der sozialen Schichten Englands.

Vom Krieg hatten sie und ihre Männer jedoch keine Ahnung. Ihre Ausbildung im Winter 1914/15 absolvierten sie zumeist in Zivilkleidung und mit Holzgewehren. Sie wurden vor allem im Kampf mit Bajonetten ausgebildet. Um dem Feind aber überhaupt im Nahkampf begegnen zu können, waren zuvor ganz andere und weitaus komplexere Fähigkeiten erforderlich: das Vordringen einer Einheit unter Feuerschutz, Aufklärung durch Spähtrupps, eine Flanke bilden, die Verbindung mit der Artillerie aufrechterhalten, um Schutz anfordern zu können. Davon erfuhren sie jedoch kaum etwas. So führte das Liverpool-Regiment vor seinem Einsatz nur ein einziges Manöver durch.

Lord »Charlie« Mercer Naime fiel im Oktober 1914 in Frankreich. »Madame, Ihre Majestät war wegen des Fotos von Charlies Grab so freundlich zu uns, daß ich geneigt bin, Ihnen ein Bild seines kleinen, zweijährigen Sohns zu übersenden«, schrieb sein Vater Lord Lansdowne, ein ehemaliger Außenminister und Vizekönig von Indien, Anfang 1915 an Königin Mary (links). »George, ein Patenkind seiner Majestät, ist ein so lieber kleiner Junge, und er sollte uns erhalten bleiben.« Da Lansdowne kein Hurrapatriot war, sah man davon ab, das martialische Bild zu Propagandazwecken zu verwenden. Sein Haus Bowood Park, wo es aufgenommen wurde, wandelte er in ein Krankenhaus um. Entgegen dem Zeitgeist plädierte er während des Krieges für bedingungslosen Frieden. Der Junge wurde später zum achten Marquis von Lansdowne.

Flandern lag jenseits aller Vorstellung der Daheimgebliebenen. Gleichwohl war es nah genug, daß ein Mann, der ab Victoria Station in London zur Front abfährt (rechts), genausogut einen Ausflug nach Brighton hätte machen können.

Die Arglosigkeit dieser »Kitchener-Bataillone«, die an ihre Sache glaubten, war erschreckend. Auf Kanalfähren mit so beruhigenden Namen wie *Empress Queen* setzten sie begeistert nach Frankreich über. Dort wurden sie dann abgeschlachtet. Ihre Kameraden verscharrten sie in Löchern, fassungslos mit ihren Helmen in der Hand um das Grab versammelt.

Der Grabenkrieg war, wie Kitchener feststellte, eine hervorragende Methode der Verteidigung. Aus dem Schützengraben waren die Männer nicht so einfach herauszudrängen. Ein Graben war bis zu zwei Meter tief und zusätzlich mit Sandsäcken abgesichert. Er wurde versetzt, im Zickzack ausgehoben, um zu verhindern, daß der Feind längs in ihn hineinschießen konnte. Zur Frontseite und auf der Rückseite wurde je eine Brustwehr aus Sandsäcken aufgeschichtet. Eine Schützenrampe verlief an der Vorderwand des Grabens, von der aus die Männer schießen konnten. Rund 200 Meter hinter der Frontlinie zog sich ein zweiter Graben und dahinter ein dritter. Alle drei waren mit Versorgungsgräben verbunden. Dadurch war der Feind gezwungen, sich im Falle eines Durchbruchsversuchs durch drei Reihen von Schützengräben zu kämpfen.

In regelmäßigen Abständen waren vor der Frontlinie Beobachtungsposten in kleineren Gräben angelegt, in denen ein einzelner Mann auf Anzeichen feindlicher Aktivitäten zu achten hatte. Als Latrinen dienten Eimer oder Gruben abseits der Schützengräben. In den Gräben selbst stank es nach Chlorkalzium. Schaufeln und Pumpen wurden mit dem Schlamm und Wasser, das sich darin sammelte, kaum noch fertig.

Infolge der Feuchtigkeit entstanden an den Füßen eitrige Entzündungen, die lediglich durch regelmäßiges Waschen und Trocknen der Füße sowie Einreibungen mit Lebertran vermieden werden konnten. Nur wenige Männer erhielten wasserdichte und schenkelhohe Stiefel.

Erdlöcher, von Holzbalken und Sandsäcken abgestützt, dienten als Schlafplatz und Schutz vor Artilleriegeschossen. Alle Lebensäußerungen blieben vor dem Feind verborgen. Die Ablösung eines Bataillons alle 16 Tage wurde in der Nacht durchgeführt. Ein Beobachter, der mit einem Periskop durch die Brustwehr spähte, konnte von den Truppen direkt vor ihm nichts erkennen, nur die Erdhügel, als wäre der Feind ein Riesenmaulwurf. Der Bereich zwischen den Frontlinien, zwischen 200 und 800 Meter breit, war Niemandsland. Die in ihren engen Gräben eingepferchten Soldaten nannten es »offenes Gelände«. Auf diesem Niemandsland wurden Stacheldrahtverhaue gezogen, über einen Meter hoch und sechs Meter breit, keineswegs die harmlose Sorte, die für Einzäunungen von Weiden benutzt wurde, sondern jene aus dickem Draht mit langen, scharfen Stacheln.

Zwar waren einige Einheiten an der Front höchst selten in größere Feuergefechte verwickelt, manche erlebten sie sogar niemals, doch die Schützengräben boten zu jeder Zeit Gefahren. Ein beliebter Sport war das Schießen aus dem Hinterhalt. »Wie ein erstklassiger Heckenschütze habe ich mir Verstecke außerhalb des Grabens gesucht«, schrieb ein britischer Unteroffizier enthusiastisch an seine Mutter, nachdem er sich »ein kleines Prachtexemplar von Gewehr« mit Fernrohr geliehen hatte. Heckenschützen schlichen sich auf einige Meter an die feindlichen Stellungen heran und warteten darauf, daß ein Kopf so weit hervorlugte,

Schlamm, dieser grauenvolle Schlamm war so zähflüssig, daß weder Pumpen noch Schaufeln mit ihm fertig wurden. Die Soldaten mußten die Schützengräben oft wie verzweifelte Seeleute mit Kübeln ausschöpfen. Man konnte darin ertrinken oder wie in Treibsand verschüttet werden. Dennoch boten sie leidlichen Schutz vor feindlichem Artilleriefeuer (oben). Die Soldaten wurden zu »Maulwürfen«, wie der Artilleriebeobachter (rechts), der inmitten von Erdwällen, über die er lediglich mit einem Periskop lugte, seiner Geschützstellung mittels einer Lampe Signale übermittelt.

Ein Arbeitstrupp in Gummistiefeln und wasserdichten Umhängen macht sich daran, einen Graben auszuheben. Trotz der hohen Stiefel verursachte die Feuchtigkeit eiternde Wunden an den Füßen. Die Bergung von Verwundeten erwies sich mitunter als äußerst kompliziert. Auf dem Foto unten bemühen sich Sanitäter während der Schlacht von Thiepval im Jahr 1916, ein Opfer in Sicherheit zu bringen.
[Foto oben: John Warwick Brooke]
[Foto unten: Ernest Brooke]

Diese nutzlosen Attacken waren das Werk von Sir John French, einem kleinen rotgesichtigen Mann, der eine selbstverständliche Verachtung für sozial Unterprivilegierte, seine eigenen Männer, die irischen Freiwilligen, die sudanesischen »Krausköpfe« und die Buren empfand, gegen die er seine »praktische Begabung für Haudrauf-Taktiken« erworben hatte. Für die Techniken einer Massenkriegsführung zeigte er wenig Interesse. Er hatte nie eine Neigung für abstraktes Wissen entwickelt, noch trachtete er danach, die Stabsakademie zu besuchen, um sich solche Kenntnisse anzueignen. Georg V. hielt ihn »nicht für besonders klug und von unangenehmem Wesen«. French war ein Husar von aufbrausendem Temperament, abwechselnd in Hochstimmung und depressiv. Alles oder nichts, lautete sein Motto, eine gefährliche Einstellung in einem Krieg, in dem Besonnenheit die größte Tugend eines Generals war. General Smith-Dorrien, im Gegensatz zu French ein Mann von mehr Besonnenheit, dessen Division es glücklicher getroffen hatte, protestierte gegen die unnütze Verschwendung von Leben. Er wurde abgesetzt und zum Gouverneur von Gibraltar ernannt. Daß die Briten »von Eseln geführte Löwen« seien, hatte zwar ein deutscher General gesagt, aber es traf den Nagel auf den Kopf.

French gab für sein Versagen dem Mangel an Granaten die Schuld. Die Regierung wiederum machte dafür die Arbeiter in den Munitionsfabriken verantwortlich, die überbezahlt und meist betrunken seien. »Wir kämpfen gegen Deutschland, Österreich und die Trunksucht«, meinte Lloyd George, »und meines Erachtens ist der schlimmste Feind die Trunksucht.« Mitte

Mai 1915 war trotz Zensur nicht mehr zu verheimlichen, daß sich der Krieg in einer Sackgasse befand. Asquith sah sich gezwungen, eine Koalition mit den Konservativen einzugehen. Die Pubs mußten nun nachmittags schließen, eine »Notmaßnahme«, die 60 Jahre beibehalten werden sollte. In Carlisle, einer Stadt mit zahlreichen Waffenfabriken, wurden die Pubs gleich verstaatlicht.

Die Politiker mischten sich kaum in das Kriegsgeschehen ein. Im großen und ganzen konnten die Generäle tun und lassen, was sie wollten. Feldmarschall Haig, der »Welsh Wizard«, war eine Ausnahme. Weder mochte noch traute er den hohen Tieren des Stabs. Er hielt die Wirkung der Maschinengewehre für weit überschätzt und glaubte, daß zwei pro Bataillon ausreichten. Kitchener war zwar anderer Meinung, meinte aber auch, daß mehr als vier dieser Waffen Luxus seien. Lloyd George, der neue Minister für Kriegsmaterial, stellte eine verzwickte Rechnung an: Er nahm das Quadrat von Kitcheners Maximalforderung, multiplizierte es mit zwei und verdoppelte die Summe dann noch einmal. Das ergab 64 Maschinengewehre pro Bataillon.

Die Suffragetten begrüßten den neuen Minister mit einer Demonstration vor Whitehall – »Recht auf Arbeit« lautete ihre Forderung. Lloyd

George gestand es ihnen zu und versprach seine Unterstützung. Mit den Gewerkschaften wurden Abkommen vereinbart, die kriegsbedingt verwaisten Arbeitsplätze der Männer auf unbestimmte Zeit mit Frauen zu besetzen. Sie bedienten nun Drehbänke, vernieteten Schiffe, montierten Flugzeugpropeller und warteten Fahrzeugmotoren. Frauen arbeiteten in Gerbereien und Zuckerraffinerien und stellten bald 80 Prozent der Beschäftigten in den kautschukverarbeitenden Fabriken. Über 100 000 traten der *Women's Land Army*, der Landarbeiterinnenbrigade, bei, welche die Ernte einzubringen hatte. Frauen ritten außerdem die Pferde und Maultiere für die Armee zu.

Auch zum Kriegsdienst meldeten sich Frauen. Im weiblichen Hilfskorps, dem *Women's Army Auxiliary Corps*, das aus der *Women's Legion* entstanden war, arbeiteten sie in der Schreibstube oder als Telefonistinnen, Köchinnen, Kellnerinnen und Fahrerinnen. Gegen Ende des Krieges versahen bereits 40 000 Frauen in den größeren Etappen in Frankreich ihren Dienst. Es war ihnen nicht gestattet, in Bars oder auch nur ins Kino zu gehen, in der Öffentlichkeit zu rauchen oder Alkohol zu trinken. Kein Mann durfte ohne schriftliche Erlaubnis ihre Unterkünfte betreten.

Den Spaß ließen sich die Frauen deswegen jedoch nicht nehmen. »Eine tolle Stadt«, schrieb eine Frau aus Calais. »Sechs von uns gabelten einen Australier auf. Bea und ich unternahmen einen Ausflug mit unseren zwei beiden...« Mit ihren Khakiuniformen machten sie auf

einen Offizier einen so »pittoresken und entzückend englischen« Eindruck, daß er der Meinung war, daß ihre »wohltuende Gesellschaft« die Moral der Fronturlauber in der Etappe in hervorragender Weise beeinflusse. Die Frauen arbeiteten bei der Luftwaffe am Flugwerk und an den Maschinen, und sie verstanden etwas vom Flugdienst. Eine Pilotenausbildung durften sie jedoch nicht absolvieren. Die Marine war offensichtlich am wenigsten begeistert von den weiblichen *Wrens*, dem *Women's Royal Naval Service*. »Von all den schrecklichen Umständen, die uns dieser Krieg beschert hat, gehören diese schrecklichen Frauen zu den schlimmsten«, merkte einer der »Teerjacken« im arroganten Tonfall der Internatsabsolventen an.

Die Frauen arbeiteten natürlich auch als freiwillige Krankenschwestern in den *Volunteer Aid Detachments* (VADs) oder – ausgestattet mit Tropenhelm, Stoffkoppel und Waffenrock – als *FANYs*, der *First Aid Nursing Yeomanry* der Kavallerie. Zwar töteten die Bomben und Torpedos der feindlichen Zeppeline auch Krankenschwestern. Doch abenteuerlichere Naturen unter den Frauen waren enttäuscht, nicht an der Front dienen zu dürfen. Die Pastorentochter Flora Sandes, die es bis zum Oberfeldwebel in der serbischen Armee brachte, ist die einzige Engländerin, die je als Soldat registriert wurde und an Kampfhandlungen teilnahm. Im Alter von 38 Jahren ging sie als Korpsmitglied des Roten Kreuzes nach Serbien. Als sie während eines Rückzugs von ihrer Einheit getrennt wurde, trat sie einem serbischen Regiment bei. Als Heldin wurde ebenfalls die schottische Suffragette Dr. Elsie Maud Inglis gefeiert, die gegen den Widerstand der Engländer – »Geh nach Hause und verhalte dich ruhig« – einen Sanitätstrupp für Alliierte gründete. Sie weigerte sich, die Serben inmitten des bolschewikischen Chaos an der russischen Front zu verlassen. »Wenn ihr uns zurückberuft«, kabelte sie nach Hause, »dann müßt ihr sie hier auch rausholen.« Als sie sich schließlich bereit erklärte, zurückzukehren, kabelte sie nach Edinburgh: »Alles in Ordnung und allen geht's gut, außer mir.« Sie lag im Sterben und bestand dennoch darauf, die Gangway in Newcastle selbst hinabzulaufen. 100 000 Menschen nahmen an ihrer Beerdigung in Edinburgh teil.

Die Frauen, die letztlich der Front am nächsten standen, waren diejenigen, welche in den Fabriken die Kartuschen mit Sprengstoff füllten. Sie wurden *munitionettes* oder »Kanarienvögel« genannt, wegen des Amatol-Sprengstoffs, der ihre Hände und Gesichter gelb färbte. In der Waffenfabrik von Woolwich arbeiteten zu Beginn des Krieges zehn Frauen, zum Schluß waren es 24 000. Sie verdienten bis zu zwei Pfund und zehn Schilling die Woche. Dieses beachtliche Einkommen galt ebenso wie das Gehalt von Ärztinnen, das sie dem Kriegsministerium, das unter Druck stand, abtrotzten, als böses Omen für kommende Zeiten. Frauen eroberten nicht nur männliche Domänen – bei der Polizei, als Busfahrerinnen oder als U-Bahn-Schaffnerinnen –, sondern verdienten dadurch auch so viel Geld, daß sie unabhängig wurden. So konnten sie beispielsweise eigenständig in Restaurants und Pubs gehen. Auch ihr Äußeres änderte sich. Fischbeinkorsagen und aufwendige Lockenfrisuren wurden als unpraktisch empfunden. Kürzere Röcke und Bubiköpfe kamen in Mode. Ihre neue Selbständigkeit würden sie auch nach dem Krieg nicht aufgeben. Der aktuelle Slogan der Suffragetten lautete nunmehr: »Wählt nicht nur Helden, sondern auch Heldinnen!«

In den Munitionsfabriken verdienten Frauen zwar weniger als Männer, für die Soldaten in den Schützengräben war das jedoch kein Trost. Ein Infanteriesoldat erhielt einen Schilling pro Tag, gerade genug, um

*Die Briten erlaubten keine Kranken-
schwestern im Kriegseinsatz. Die
achtzehnjährige Mairi Chisholm
(rechts) fuhr ein Motorrad von
Schottland nach London, war aber
ihren Dienst als Melderin bald leid.
Mit der ausgebildeten Krankenschwester Elsie Knocker machte sie
sich zur Front auf und richtete einen
Erste-Hilfe-Posten in dem zerstörten
belgischen Dorf Pervyse ein. Beide
Frauen fielen Gasangriffen zum
Opfer, überlebten aber und erhielten
als die »Madonnen von Pervyse« eine
belgische Kriegsauszeichnung.
Schwester Jane Trotter (linke Seite)
diente in der serbischen Armee als
Krankenschwester in einem Lazarett,
das sie selbst mit Kleinfeuerwaffen
verteidigte. Ihr wurde dafür der
serbische Goldene Adler verliehen.*

sich eine Halbliterflasche Bier und einen Riegel Schokolade zu kaufen. Die Minenleger der *Royal Engineers* erhielten noch weniger, etwa den Gegenwert einer Flasche Bier und einer Büchse Ölsardinen. Den Australiern – für die *Tommies* »verdammte Überflieger« – wurden zum allgemeinen Unmut fünf Schilling Sold pro Tag zugestanden, soviel wie eine Stenographin im Frauenhilfskorps verdiente.

Die größte Verachtung erfuhren jedoch die Zivilisten. So stellte eine Regimentszeitschrift folgende satirische Prüfungsfrage: »Ein Arbeiter in einer Waffenfabrik arbeitet fünf Stunden am Tag, fünf Tage in der Woche und bekommt fünf Pfund pro Woche. Vergleiche den Verdienst jener, welche Granaten bauen, mit dem Sold derer, die sie abfeuern.«

Das Kriegsministerium wies darauf hin, daß ein Soldat zusätzlich Verpflegung und Unterkunft erhielte. Solche Aufrechnungen trugen jedoch zur Verbitterung bei. Die Unterkünfte an der Front bestanden aus feuchten und dunklen Erdlöchern, manchmal mit knietiefem Wasser, von dämmrigen Funzeln beleuchtet und mit Feldbetten aus Maschendraht oder Leinwand. Die Soldaten wurden von Läusen und Ratten geplagt. Manche Einheiten hielten sich kleine Hunde oder Frettchen, um die Ratten abzuhalten, die von den Leichen angelockt wurden. An warmen Tagen zogen die Männer ihre Kleidung aus, um die Läuse zu entfernen.

Die Verpflegung war eintönig. Es gab ein klebriges Gemisch aus Was-
ser und Zwieback mit der Konsistenz von Porridge mit einem Klacks Marmelade, das im Feldgeschirr erhitzt werden mußte. Darüber hinaus ernährte man sich von Speck, Pökelfleisch sowie Fleisch- und Gemüseeintopf. Morgens wurde unter dem wachsamen Auge eines Offiziers Rum an die Mannschaften ausgeschenkt. Tee mit Zucker und Kondensmilch war in reichlichen Mengen erhältlich.

Die sinnlosen Opfer an der Westfront führten zu Meinungsverschiedenheiten unter den britischen Strategen. Die »Westfrontler« beharrten darauf, der Krieg könne nur dann gewonnen werden, wenn die Deutschen aus Frankreich verdrängt würden. Ihnen war zwar klar, daß der Preis hoch sein würde, aber eine Alternative kam für sie nicht in Frage: Man müßte nur genug Deutsche töten. Die »Ostfrontler« hielten dieses Abschlachten für unsinnig. Sie wollten die traditionelle Seemacht Englands für einen leichteren Sieg in anderen Gefilden nutzen und glaubten, daß ein Vorstoß der britischen Marine durch die Dardanellen den Zugang in den östlichen Mittelmeerraum verschaffen könnte. Mit ihren Kriegsschiffen könnten sie so das ohnehin korrupte Osmanische Reich in die Knie zwingen, das sich bedauerlicherweise auf die Seite Deutschlands gestellt hatte. Die Türkei würde auf diese Weise vom Kriegsgeschehen eliminiert, und Bulgarien und Italien würden ihr folgen. Daraufhin sähen sich Deutschland und Österreich von feindlichen Truppen umzin-

*»Wir fordern das Recht auf Arbeit«,
forderten zu Beginn des Krieges die
Suffragetten. Sie leisteten in der
Kriegsproduktion einen bedeutenden
Beitrag. In Coventry fungiert eine
junge Frau (oben links) als »Rohrrei-
niger« für eine Kanone. Die Frauen,
die in den Munitionsfabriken beschäf-*

tigt waren (oben), wurden als
»Kanarienvögel« bezeichnet, da die
Chemikalien ihre Gesichter und
Hände gelb färbten. Frauen arbeiteten an der Drehbank, als Schiffs-
nieterinnen, warfen Flugzeugpropeller an, überholten Lkw-Motoren und
schufteten in der Landwirtschaft.

Zudem dienten sie in den weiblichen
Hilfstruppen der Armee in Frank-
reich, wo sie unter anderem die Grä-
ber gefallener Briten auf einem
Friedhof in Abbeville pflegten (links).
[Foto linke Seite oben und oben:
Horace Nicholls]
[Foto linke Seite unten: David McLellan]

gelt. Die heftig umkämpfte Seepassage nach Rußland wäre wieder ungehindert befahrbar und zudem die Absicherung Ägyptens und des Suezkanals gewährleistet.

Die vorsichtige Admiralität selbst war sich dessen aber nicht sicher. Sie genoß zwar noch ein weltweites Ansehen, und allein die Existenz ihrer Kriegsschiffe verlieh ihr noch einigen Einfluß, aber ihre Schlagkraft gehörte einem anderen Jahrhundert an. Der Erste Seelord Jackie Fisher hatte 1900 die Dardanellen besichtigt und dabei feststellen können, wie leicht diese zu verteidigen waren. Diese fast 65 Kilometer lange Meerenge bildet die Grenze zwischen Europa und Asien. Bei Gallipoli öffnet sie sich zum Marmara-Meer bis nach Konstantinopel, dem Bosporus und dem Schwarzen Meer. Die Dardanellen sind vier bis sechs Kilometer breit, allerdings mit Schmalstellen von 1500 Metern. Sie waren von Festungsanlagen gesäumt und zudem durch Kanonen und Minenfelder gesichert. Am 18. März 1915 versuchte ein aus zehn Kriegsschiffen bestehender britisch-französischer Flottenverband, die Meerenge zu durchbrechen. Das französische Kriegsschiff *Bouvet* lief auf eine Mine und sank innerhalb von drei Minuten. Die britischen Schiffe *Inflexible* und *Irrestible* wurden kurz darauf torpediert, und die *Ocean* trudelte mit zerstörtem Steuerruder hilflos im Gewässer. Drei Stunden nach dem ersten Angriff zog sich der Rest des Geschwaders zurück. Der Verlust betrug drei Schiffe und 700 Mann.

Fisher trat von seinem Posten zurück. »Verflucht seien die Dardanellen«, resignierte er, »sie werden unser Grab sein.« Churchill plädierte für eine Fortsetzung des Seekriegs, wurde jedoch überstimmt. Auch wenn er wegen dieses Debakels heftig angegriffen wurde, war seine Strategie jedoch nicht unsinnig. Selbst die Türken hielten einen Sieg der britischen Marine für ziemlich wahrscheinlich, wenn die Angriffe »entschlossener und mehrmals durchgeführt« worden wären. Statt dessen wollte England durch Anlandung von Truppen an der Westküste der Meerenge, der Halbinsel Gallipoli, vorgehen, um von dort aus den Weg nach Konstantinopel freizukämpfen.

Die Landschaft war von karger Schönheit. Von der zentralen Hügelkette der Halbinsel konnte man Richtung Westen das Ägäische Meer und im Osten das blaue Band der Meerenge mit den blaugrauen Bergen Anatoliens im Hintergrund erblicken. Im Frühling und Frühsommer war das Gebiet unter dem lichtblauen Himmel und mit den flammenden Sonnenuntergängen vom Duft wilder Hyazinthen und des blühenden Buschwerks erfüllt. Die Männer erinnerten sich später an den »Geruch von Thymian und Kordit«. Im Sommer wirkte das Land wie ausgebrannt, erstickt in Dunst und Hitze, Schluchten und Wasserläufe von Staub erfüllt. Im Herbst und Winter peitschte Regen über die Hügel, und die Temperaturen fielen unter den Gefrierpunkt.

Eine aus 30 000 Soldaten bestehende Kolonialarmee, darunter viele Australier und Neuseeländer, wurde zusammengestellt. Kommandant war General Ian Hamilton, ein Haudegen, der während blutiger Gefechte in Afrika und Indien Verwundungen an den linksseitigen Gliedmaßen davongetragen hatte. Er glaubte, die untere Hälfte der Halbinsel in drei Tagen einnehmen und anschließend die Minenfelder räumen zu können, um der Flotte den Durchbruch durch die Meerenge zu ermöglichen. Er ging von einem leichten Kampf aus. Die Soldaten bekamen vor ihrem Einsatz zu hören, daß die Türken »lethargisch seien und kaum Initiative zeigten«. Doch die geplante Invasion wurde zu großspurig angekündigt: Die bis dahin größte amphibische Streitmacht der Geschichte war zusammengezogen worden, und selbst jeder Hafenarbeiter

in Ägypten wußte davon. Deutsche Offiziere ebenfalls. Sie benachrichtigten sofort ihre Verbündeten.

Die Angreifer gingen mit Enthusiasmus ans Werk. »Guter Gott!« hatte Rupert Brooke geschrieben, als er von der Aktion hörte. »Ich glaube, ich war in meinem ganzen Leben nie so begeistert...« Am 17. April ging er mit seiner Marinedivision auf dem Weg nach Gallipoli in Skyros an Land. Er durchstreifte die Insel mit ihren Olivenhainen, wo einst Theseus getötet wurde und Achilles von seiner Mutter versteckt worden war. Doch schon einen Tag später starb Brooke an einem Insektenbiß und wurde »in fremder Erde« begraben.

Im Morgengrauen des 25. April landete das *Australian and New Zealand Army Corps*, kurz *Anzac*. Als *Anzac Day* wurde dieses Datum, von dem der australische Leutnant Phillip Schuler glaubte, daß sein Land »durch das Heldentum seiner edlen Söhne nationale Eigenständigkeit erlangen« könne, zum Tag des kollektiven Leids. Die Männer wurden von Maschinengewehrfeuer empfangen, als sie an Land sprangen. Manche wurden so weit zurückgeworfen, daß sie sich fast zwei Kilometer von der Landungszone entfernt wiederfanden, oft in kleinen Buchten unter steilen Klippen. Diese *Anzac Cove* war eine Falle, vorne begrenzt von scharfen Klippen und hinten von der gefährlichen Küste. Mehrere Tage lang trieben Boote mit Toten vor dem Strand.

Südlich der *Anzacs* wurden am Strand V irische Truppen an Land gesetzt. 2000 Mann waren an Bord des alten Kohlenschiffs *River Clyde* zusammengepfercht und mußten von Deck ins Wasser springen. Das Munster-Bataillon mit Kleeblattsträußchen an den Mützen wurde »buchstäblich wie Ratten in der Falle« durch Karabiner- und Maschinengewehrfeuer abgeschlachtet. Das Dublin-Bataillon kämpfte sich an Land. Sein Kaplan hielt sich mit der einen Hand seinen verwundeten rechten Arm fest, während er Sterbenden die Absolution erteilte. Als er zu einem Verwundeten, der in der leichten Brandung trieb, eilen wollte, fiel auch er. Die Überlebenden verkrochen sich hinter Sanddünen, um sich vor dem türkischen Abwehrfeuer in Sicherheit zu bringen. Sie starben »wie ein Fischschwarm«, so ein türkischer Offizier. Am Strand W wurden innerhalb weniger Minuten 190 Männer der Lancashire-Füsiliere getötet und 279 verwundet. Hamilton selbst fühlte sich vom Tod umzingelt. »Der Tod grinst mir ins Gesicht«, schrieb er, »er hat sich in meinem Hirn festgesetzt. Er hat sich mit den Alten und Kranken vollgefressen – jetzt bleiben ihm nur noch die Besten der Herde...«

Die Flotte, die von See aus die türkischen Stellungen unter Feuer nahm, verschaffte den Männern an Land ein wenig Entlastung – bis die *Triumph* von einem deutschen U-Boot torpediert wurde und der Schiffsverband sich zurückzog. »Alle Schiffe waren verschwunden, als hätte Gott mit einem Besen das Meer gefegt«, schrieb ein deutscher Offizier. Gallipoli war bald ebenso von Schützengräben durchzogen wie Frankreich. Stellenweise lagen sich die Gegner in nur ein paar Meter Entfernung gegenüber. Einige Gräben teilten sie sich sogar, lediglich abgetrennt durch ein paar Sandsäcke. Man konnte dermaßen leicht Handgranaten hinüberwerfen, daß Drahtzäune hochgezogen wurden,

Auf der Halbinsel Gallipoli sucht ein Soldat Schutz vor Heckenschützen. Das australische und neuseeländische Armeekorps, die Anzacs, erlitt bei seiner Landung an der Dardanellenküste furchtbare Verluste. Der Feldzug der »Ostfrontler«, der den *Krieg im Westen durch die Niederwerfung der Türkei und das Aufreiben der österreichischen Armee verkürzen sollte, erwies sich als Fehlschlag.* [Foto: Ernest Brooke]

um sie aufzufangen. Die Ruhr grassierte in jenem mörderischen Sommer. Die Männer, die zu den Latrinen rannten, wurden von Scharfschützen erschossen. Eine kleine britische Einheit stieß zum höchsten Punkt der Hügelkette vor und konnte die eintönige Landschaft bis zu der blauen, acht Kilometer entfernten Meerenge überblicken. Es war das erste und einzige Mal, daß sie das Gebiet insgesamt sahen – sie wurden rasch zurückgeschlagen. Allerdings gelang es den Türken genausowenig, die Invasoren ins Meer zurückzudrängen. Die *Anzacs* mähten in einer einzigen Attacke 3000 von ihnen nieder.

Im August landeten in der Suvla-Bucht im Norden Verstärkungstruppen. Es waren unerfahrene »Kitchener-Männer« unter General Stopford, dessen letztes Kommando die Befehligung der königlichen Leibgarde im Tower von London war. Ein Erfolg hing von einem raschen Vormarsch ins Landesinnere ab sowie der Einnahme eines Hügels acht Kilometer hinter dem Strand. Die Landung ging ohne Verluste vonstatten, da die Türken überrascht worden waren. General Stopford gratulierte seinen Männern und legte sich zu einem Nachmittagsschläfchen nieder. Er schlief immer noch, als Hamilton ihm mitteilen ließ, daß die Türken Truppen zusammenzogen, um der neuen Bedrohung zu begegnen. Stopfords Streitmacht hatte 8000 Opfer zu beklagen. Den Hügel erreichte er nie. Die Schiffsschrauben der Versorgungsboote auf dem Meer schnitten durch Kadaver von Pferden und Maultieren. Fäulnis lag in der Luft. Stopford ging zurück zum Tower von London.

Hamilton, viel zu sehr Gentleman, um seine Männer zu schikanieren

und eigentlich jemand, der Entscheidungen gern anderen überließ und auf sie hörte, weigerte sich strikt, gegen die Türken, die keine Gasmasken besaßen, Giftgas einzusetzen. Am 15. Oktober erhielt er eine Nachricht von Kitchener, die besagte, er solle die nächste Meldung persönlich dechiffrieren. Darin wurde er über seine Versetzung informiert. Sein Nachfolger empfahl die Beendigung des Unternehmens. Die nächtliche Evakuierung war ein voller Erfolg: Zerstörer richteten Scheinwerfer auf die türkischen Beobachtungsposten, um sie zu blenden. Kerzen wurden angezündet, die nach dem Herunterbrennen Sprengladungen hochjagten – so als wären noch aktive Einheiten in den Gräben und Unterständen. Die Matrosen hatten die Ruder ihrer Boote umwickelt, um die Geräusche zu dämpfen. Nicht ein Mann ging verloren. »Es war ein Meisterstück«, meinte ein deutscher Offizier voll Bewunderung. Der Feldzug selbst war jedoch alles andere als eine Ruhmestat: Unter den Australiern gab es 18 500 Verletzte und 7594 Tote und bei den Neuseeländern 5140 Verletzte und 2431 Tote. Insgesamt fielen bei Gallipoli 36 000 Soldaten und Matrosen des britischen Empire.

Kurz vor seinem Tod in Frankreich schrieb ein Unteroffizier, Generäle seien »nichts als Blech und rote Aufschläge, die überall herumreiten und kritisieren«. Ihr guter Ruf war ruiniert. Asquith brauchte neue Köpfe, um die lange Liste der Opfer zu rechtfertigen. General French holte sich seinen Kavalleriekameraden, den geschmeidigen und ehrgeizigen Douglas Haig, an seine Seite. Die beiden waren zusammen im Buren-

krieg aktiv gewesen und French hatte seinem Untergebenen einen goldenen Lafettenschwanz als Zeichen »unserer langen und erprobten Freundschaft« geschenkt. Haig hingegen hatte seinem Tagebuch anvertraut, daß sein Freund »für ein Kommando dieser Größenordnung nicht geeignet« sei. Er ließ keine Gelegenheit aus, das auch gegenüber dem König und Asquith zu erwähnen. »In der Schule würde man so jemanden als Kriecher bezeichnen«, brummte Georg V. Doch die Wirkung blieb nicht aus: French wurde in den Ruhestand versetzt. Um ihm die bittere Pille zu versüßen, erhob man ihn in den Rang eines Viscount. Haig übernahm das Kommando an der Westfront. Kitchener war noch immer zu populär, als daß er als Kriegsminister zum Rücktritt gezwungen werden konnte. Dafür stellte ihm Asquith Sir William Robertson als Leiter des Generalstabs und als alleinigen strategischen Berater der Regierung zur Seite.

Die beiden nun hauptsächlich für die Kriegführung verantwortlichen Männer konnten verschiedener nicht sein. Haig war gutaussehend, zuvorkommend und von selbstverständlicher Überlegenheit. Als er 1897 in den Sudan zog, nahm er seinen eigenen Gepäckzug mit, zu dem auch ein Kamel gehörte, das ausschließlich edlen Bordeauxwein zu schleppen hatte. Im Burenkrieg machte er sein Glück: Mit 43 Jahren war er Generalmajor und nutzte seine Position als Adjutant Edwards VII., um mit hochrangigen Politikern ebenso wie mit seiner Frau, der Tochter einer Hofdame der Königin, in Kontakt zu kommen. Robertson dagegen, ein Emporkömmling, war in einem Dorf in Lincolnshire aufgewachsen und

mit 17 Jahren in die Armee eingetreten. Er bildete sich selbst weiter. So bezahlte er einen Kameraden dafür, daß er ihm vorlas, während er selbst seine Ausrüstung reinigte. Nach zehn Jahren wurde er nach Indien versetzt, wo es für die Beherrschung der Landessprachen einen finanziellen Bonus gab. Um sein Gehalt aufzubessern, erlernte er etliche lokale Dialekte. Nach einer Verwundung an der Nordwestgrenze wurde er zunächst Kommandant der Stabsakademie – »ein hochgedienter Offizier in dieser Position war tatsächlich eine Novität« – und kehrte dann in das Oberkommando zurück.

Die wenigen Gemeinsamkeiten jedoch machten das Duo unschlagbar: Beide waren überzeugte Westfrontler und hatten die Gallipoli-Offensive verurteilt. Beide waren gewissenhaft bis ins Detail: »Das Beste hoffen und auf das Schlimmste gefaßt sein«, lautete Robertsons Maxime. Ihre Strategie war simpel: Angriff und Zermürbung. Sie verließen sich auf sich selbst und gaben sich nicht mit Politikern ab. Haig hielt sie für Männer »mit unehrlicher Handlungsweise und falschen Werten«. Kitchener hatte beim Untergang des Kreuzers *Hampshire* sein Leben verloren, als dieser im Juni 1916 vor den Orkney-Inseln auf eine Mine gelaufen war. Mit seinem Tod fiel der einzige militärische Gegenpart der beiden weg. Der neue Kriegsminister Lloyd George fühlte sich unter den militärischen Schwergewichtlern wie ein ziviler Dilettant.

Die Politiker hatten genug eigene Probleme. Der Krieg kostete fünf Millionen Pfund pro Tag, die Inflation galoppierte, und die Einkommensteuer betrug bereits 25 Prozent. Es war die hohe Zeit der Spekulanten. Tatsächlich lebte das Land weit über seine Verhältnisse, und die Regierung kam mit dem Gelddrucken kaum noch hinterher.

In Irland blieb es scheinbar ruhig, da die *Home-Rule*-Bewegung durch den Krieg bis auf weiteres ad acta gelegt worden war. In Gallipoli hatten sogar irische Nationalisten im Dublin-Regiment gekämpft. Der irischstämmige Erskine Childers, der 1914 über Howth bei Dublin deutsche Waffen für die Nationalisten an Land geschmuggelt hatte, versah als hochdekorierter Korvettenkapitän in der Royal Navy seinen Dienst. Ein Teil der *Irish Volunteers* jedoch war zum Aufstand entschlossen. Sir Roger Casement, ein ehemaliger britischer Konsularbeamter und irischer Nationalist, reiste nach Deutschland, um gefangene Landsleute für eine irische Brigade freizubekommen. Obwohl ihm das nicht gelang, plante er den Aufstand für Ostern 1916. Casement rechnete mit 10 000 *Volunteers*, Freiwilligen, und mit deutschen Waffen. Die deutsche Waffenhilfe fiel jedoch kümmerlich aus. Wenige Tage vor dem Osteraufstand wurde er von einem deutschen U-Boot an der irischen Westküste an Land gesetzt und sofort von den Briten festgenommen.

Trotz der Verhaftung eines ihrer Anführer besetzten die *Volunteers* am Ostermontag das Hauptpostamt von Dublin und riefen die Republik aus. Die Einnahme des britischen Hauptquartiers in Dublin Castle, das mit nur 20 Mann besetzt war, gelang ihnen jedoch nicht. Britische Truppen nahmen das Postamt unter Beschuß. Die Überlebenden flohen und wurden einige Straßen weiter verhaftet. Die einheimische Bevölkerung brachte ihnen keineswegs ungeteilte Sympathien entgegen. Zum einen hatten einige Dubliner Angehörige in der britischen Armee, und zum anderen hielten sie den Zeitpunkt für die Durchführung des Aufstands bestenfalls für falsch und schlimmstenfalls für Verrat.

Die Behandlung der Gefangenen sorgte jedoch für einen Gesinnungswandel. Die sieben, welche die Proklamation unterzeichnet hatten, wurden erschossen. Einer von ihnen, der schwerverwundete James Connolly, mußte auf einem Stuhl sitzend zur Exekution getragen werden. Neben den Anführern fielen auch zahllose andere *Volunteers* den Kugeln der Exekutionskommandos zum Opfer, mehr als am Aufstand teilgenommen hatten – mit Ausnahme von Éamon de Valera, der US-amerikanischer Staatsangehöriger war.

Für die Briten stand jedoch der größere Krieg im Vordergrund. Deutschland hatte eine U-Boot-Blockade Englands beschlossen – ein diplomatisch gefährliches Unternehmen, weil davon auch neutrale Staaten betroffen waren. Als die *Lusitania* im Mai 1915 von einem deutschen U-Boot torpediert wurde, befanden sich unter den über 1000 Todesopfern auch 128 Amerikaner. Ende Mai 1916 trafen im Skagerrak die britische und die deutsche Flotte aufeinander: 250 Kriegsschiffe, darunter 42 Schlachtschiffe mit 25 Admirälen an Bord – eine gigantische Konfrontation, die jedoch ohne Ergebnis blieb. Die Briten allerdings betrachteten sich als Sieger, da die Marine zwar den Krieg nicht gewinnen, aber an einem einzigen Nachmittag hätte verlieren können. Die britische Flotte hielt die Stellung, während die deutsche sich in die Häfen zurückzog und nie wieder gesehen wurde. Aber aus der Luft bombardierten Zeppeline die Städte. Sie richteten zwar wenig Schaden an, doch in der Nacht wurde das Land verdunkelt und die Arbeit eingestellt, sobald ein Luftschiff am Himmel aufkreuzte.

Abgesehen von Frankreich verlangten auch weitere und exotischere Feldzüge nach Soldaten. Britische Nachrichtenoffiziere versuchten Hussein, den Sharif von Mekka, zu einem arabischen Aufstand gegen die Türken zu überreden. Zu dieser Gruppe gehörte auch ein junger Hauptmann, der mit arabischen Kämpfern durch die Wüste nach Nordwesten zog – er wurde als Lawrence von Arabien zur Legende. In Mesopotamien, dem heutigen Irak, landete eine britische Truppe in Basra, um die persischen Ölfelder zu schützen. Die Türken flohen, und General Charles Townshend, ein stürmischer und impulsiver Mensch »mit einem Hang zur Theatralik«, machte sich mit einer Flotte aus Raddampfern

Sir Douglas Haig, Oberkommandierender der Streitkräfte, und Premierminister David Lloyd George beraten sich mit dem französischen Generalkommandeur Joffre und Munitionsminister Albert Thomas (linke Seite). Haig war geschliffen und phantasielos. Er hielt die Wirkung des Maschinengewehrs für »überschätzt« und beharrte auf der schlichten und letztlich trügerischen Überzeugung, daß der nächste große Vorstoß die Deutschen vernichten werde. Joffre glaubte an die Kraft der Zermürbung. Im Gegensatz zu Haig trat er nach seiner fehlgeschlagenen Verteidigungsstrategie vor Verdun zurück. Lloyd George war entsetzt über die zunehmende Zahl der Opfer. Der Torpedoangriff auf die Lusitania *im Jahr 1915 – eine Überlebende (rechts) wird bei Cork in Irland an Land begleitet – trug mit dazu bei, daß die Amerikaner in den Krieg eintraten.*

Die Friedensbewegung war zwar klein, aber hochkarätig. Der Mathematiker und Philosoph Bertrand Russell (links außen) genießt 1915 die Sonne mit zwei weiteren Gesinnungsgenossen, dem Ökonom John Maynard Keynes und dem bissigen Autor Lytton Strachey, der das viktorianische Zeitalter bloßstellte. Trotz seines Standpunkts behielt Keynes bis zum Kriegsende seinen Posten im Schatzamt. Die Soldaten waren alsbald von den Stabsoffizieren bitter enttäuscht, die komfortabel im Auto kutschiert wurden (rechts), während sie selbst 1916 zur nächsten Offensive an der Somme marschierten.
[Foto links: Lady Ottoline Morrell]

und altertümlichen Flußkähnen an die Verfolgung. *Townshend's Regatta* hatte zunächst leichtes Spiel. Dörfer hißten die weiße Flagge, wenn die Flottille vorbeifuhr, und Boote mit türkischen Soldaten, die von ihren Dampfern ausgesetzt worden waren, um den Offizieren einen schnelleren Rückzug zu ermöglichen, wurden gekapert. Als Townshend noch etwa 30 Kilometer von Bagdad entfernt war, stieß er auf erheblich entschlosseneren türkischen Widerstand. Er mußte bis zur Stadt Kut zurückweichen, in der er vier Monate belagert wurde, wobei Heckenschützen und die Ruhr seinen Leuten schwer zu schaffen machten. Nach einem fehlgeschlagenen Ausfallversuch auf einem Kanonenboot gab Townshend schließlich auf. Die Hälfte seiner Männer starb in türkischer Gefangenschaft.

Die Briten wollten noch immer Bagdad einnehmen und gleichzeitig die Türken in Palästina bekämpfen. In Mazedonien standen sie den Bulgaren gegenüber. In China vertrieben sie mit japanischer Hilfe die Deutschen aus Shantung und allmählich auch aus West- und Ostafrika sowie aus Togo und Kamerun. Bis Ende des Krieges sollten diese »Nebenschauplätze« das Leben von anderthalb Millionen britischer Soldaten fordern. Die Regierung befürchtete, daß ihr bald die Männer ausgingen.

1916 wurde die Wehrpflicht eingeführt. Für ein Land, das sich seit jeher auf seine Seemacht und ein paar Berufssoldaten verlassen hatte, war dies ein historischer Schritt. Auf diese Weise sollten die 650 000 »Drückeberger«, die sich angeblich zu Hause versteckten, aufgestöbert werden. Es herrschte allerorten Kriegshysterie: In den Tanzhallen wurde der Twostep nach militärischen Rhythmen getanzt, und jungen Männern in Zivilkleidung, manche davon Soldaten auf Urlaub, wurden weiße Federn als Zeichen für Feigheit überreicht. Die meisten »Drückeberger« entpuppten sich jedoch als Arbeiter in kriegswichtigen Betrieben oder als Kriegsdienstverweigerer, die Krankenwagen fuhren, in den Steinbrüchen arbeiten mußten oder den dürren Boden in Dartmoor kultivierten. Die Australier lehnten die Wehrpflicht mittels zweier Referenden ab. In Kanada führte die Wehrpflicht im französischsprachigen Quebec zu Unruhen.

Auf Kitcheners Plakataktion für Freiwillige hatten sich drei Millionen Menschen gemeldet. Im Sommer 1916 war die Zahl der britischen Divi-

sionen in Frankreich von vier auf 57 gestiegen. Die Franzosen hatten in der grauenvollen Schlacht von Verdun 325 000 Opfer zu beklagen und zudem einiges von ihrem Kampfgeist verloren. Zu ausgelaugt für eine erneute Offensive, drängten sie ihre Alliierten zum Handeln. Haig und Robertson legten Pläne für einen Großangriff in Frankreich vor. Genug Männer hatten sie ja. Eine Katastrophe bahnte sich an.

Der Plan sah eine etwa 30 Kilometer lange Frontlinie an der Somme vor. Am 1. Juli sollten 13 Divisionen gleichzeitig angreifen. Das gewaltigste Artilleriesperrfeuer des Krieges sollte die deutschen Schützengräben und Absperrungen in der Woche vor dem Feldkampf auslöschen. Soweit die Theorie. Wenn es schiefging, so hieß es unter den *Pals*, den Kameraden, würde der Verlust eines Bataillons lediglich der Zerstörung eines Kohlenrevierdorfs, einer Werft oder einer kleinen städtischen Siedlung zu Hause entsprechen.

Die Soldaten schwammen in den Flüssen und Teichen, angelten, spielten Fußball oder Kricket und veranstalteten Boxkämpfe. Die sanfte Landschaft an der Somme war vom Krieg weitgehend unberührt, die Kornfelder glänzten golden und die Eichen- und Birkenwälder in sattem Grün. Ein Unteroffizier war in einem alten Bauernhaus mit einem Garten voller Rosen und Lupinen einquartiert. Es gab reichlich Sahne, Eier und gutes Bier. Es war wie in England. »Was will man mehr...«, schrieb er seiner Schwester. Krankmeldungen gab es nicht mehr: »Niemand will das hier versäumen«, berichtete er weiter. Es war seine eigene Grabschrift.

50 000 Artilleristen feuerten pausenlos Tag und Nacht, was ihre Waffen hergaben. Die unerfahrenen, aber vom Rauch und Geschützdonner beeindruckten Kameraden glaubten, daß niemand diesem Inferno entkommen würde. Doch die Deutschen überlebten – in ihren Bunkern, die bis zu 15 Meter tief in den Kalkstein gehauen waren, die Acetylenlampen vom schwankenden Luftdruck ausgelöscht, schlaflos in einer Atmosphäre voll beißender Sprengstoff- und Gasschwaden.

Am ersten Juli 1916 um 6.30 Uhr morgens wurde eine Stunde lang aus jedem britischen Geschütz unterbrochen gefeuert. Der Erdboden

erhob sich in die Luft und fiel langsam in die Krater zurück. Die vorderen Schützengräben der Deutschen waren zerstört – aber auch verlassen. Sie beobachteten derweil von ihren Unterständen aus durch Periskope die britischen Linien und sahen, wie sich eine Armee von Stahlhelmen zusammenzog. Die Männer hatten einen letzten Schluck hochprozentigen Rums erhalten. Als um 7.30 Uhr die Artillerieoffensive eingestellt wurde, waren die Deutschen bereit.

Die Briten griffen nicht im Sturm an, sondern liefen mit schwerem Gepäck, so gut es nur ging, durch die Kraterlandschaft. Ein Offizier beschrieb sich selbst als »kleinen Weihnachtsbaum«, beladen mit Wasserflasche, Proviianttasche, Karten, Drahtschere, Schanzwerkzeug, Klappmesser, Fernglas, Kompaß, Feldgeschirr, einem schweren Mantel, Periskop und Teleskop. Seine Waffenausrüstung bestand lediglich aus einem Revolver und vier Handgranaten. Die einfachen Soldaten trugen ihr Gewehr, Handgranaten, Patronengurte, eine Zweitageration, einen wasserdichten Überwurf, vier leere Sandsäcke samt Schaufel, Gasmasken, Schutzbrillen, Wasserflaschen und Feldgeschirr.

Mit dieser Ausstattung mußten sie zwischen 500 und 1500 Meter offenes Gelände durchqueren. Manche fielen bereits, als sie aus ihren Gräben kletterten. »Links und rechts von mir konnte ich lange Reihen von Männern sehen«, erinnerte sich ein Feldwebel des irischen Tyneside-

Bataillons. »Dann hörte ich das Geratter der Maschinengewehre. Als ich zehn Meter weiter war, schien es, als wären nur ein paar Männer um mich herum übriggeblieben. Nach weiteren zehn Metern war ich allein. Dann wurde ich getroffen...«

Die Einheiten stürmten vorwärts und verschwanden in Lärm, Rauch und in den Kratern aus dem Gesichtskreis ihrer Kommandanten – als wären sie von einer Mondlandschaft verschluckt worden. »Zwei Stunden nach Beginn trafen auch keine noch so dürftigen Meldungen von der Front mehr ein«, berichtete Oberst Dickens, ein Enkel des Schriftstellers Charles Dickens. Die Drahtleitungen waren von Granatsplittern zerrissen. Brieftauben und Flaggenzeichen boten keine Alternative. Haig hatte in seinem Hauptquartier im Château de Beauquesne etwa 15 Kilometer hinter der Front kaum eine Ahnung von den Vorgängen.

Die Deutschen, die den 16. Northumberland-Füsilieren gegenüberstanden, waren erfreut über das leichte Ziel, das sich ihnen darbot. »Sie winkten unseren Männern näher zu kommen«, hieß es im Regimentstagebuch. »Das feindliche Abwehrfeuer war so heftig, daß die Vorhut zum Stehen gebracht wurde und die Nachfolgenden, oder was von ihnen übrig war, sich zu Boden werfen mußten.« Als die nächste Welle Soldaten die Gräben verließ, wurde sie niedergemäht. Ihr Kommandant, Oberstleutnant W. H. Ritson, mußte festgehalten werden, damit er ihnen

nicht folgte. »Meine Männer! Meine Männer! O Gott, meine Männer!« schrie er verzweifelt auf, als er sie fallen sah.

Jede Kompanie des 23. Bataillons der *Tyneside Scottish Pals* marschierte hinter einem Pfeifer her, der »so lange spielte, bis er tot oder verwundet war«. Den Männern wurde befohlen, sich um keinen Fall um die Verwundeten zu kümmern. Es gab so viele, daß das Bataillon ansonsten zum Stillstand gekommen wäre. 750 Mann erreichten das offene Schlachtfeld. Als es Nacht wurde, entdeckten die Füsiliere »an mehreren Orten gerade ausgerichtete Reihen von zehn oder zwölf Toten oder Schwerstverwundeten, als ob jeder Zug sich für eine Parade bereitgemacht hätte«. Am nächsten Morgen wurde ein Zählappell durchgeführt. 100 Männer meldeten sich, 20 weitere erschienen im Laufe des Tages; 19 von 21 Offizieren waren tot, vermißt oder verwundet. Da sie oftmals mit nicht mehr als ihrem Offiziersstöckchen bewaffnet waren,

lag ihre Verlustzahl proportional siebenmal höher als die anderer Ränge. Das Bataillon hatte 80 Prozent Mannschaftsdienstgrade eingebüßt, die meisten in den ersten paar Minuten. Das Neufundland-Regiment registrierte mit 95 Prozent die meisten Verluste. Sämtliche Offiziere waren entweder gefallen oder verwundet, nur 35 Männer überlebten unverletzt.

60 000 britische Soldaten wurden am 1. Juli verwundet, 20 000 fielen. Es waren die schlimmsten Verluste, die je eine Armee an einem einzigen Tag hatte hinnehmen müssen – an einem halben Tag genaugenommen. Die 3000 Deutschen des 180. Regiments verloren 280 Männer bei der Verteidigung ihrer Stellungen. Von den 12 000 Briten, die sie angegriffen hatten, waren mehr als 5000 gefallen. Nichtsdestotrotz befahl Sir Henry Rawlinson, Kommandant der 4. Armee an der Somme, die Fortsetzung der Offensive für weitere 136 Tage mit einer neuen Taktik. Am

Die Pferde und Männer der Frei-willigen-Kavallerie des Herzogs von Lancaster (links) durchqueren im März 1917 die verwüstete Land-schaft an der Somme. Von ihnen wurden etliche wenig später als Infanteriesoldaten in die Schützen-gräben geschickt.
[Foto: Ernest Brooke]

14. Juli begann der Angriff noch vor Morgengrauen und ohne Artillerie-vorbereitung. Die ersten und zweiten Linien der Deutschen wurden überrannt, noch bevor die dritte Reihe ihre Maschinengewehre auf die durchbrechende britische Kavallerie anlegen konnte. Mehr als acht Kilo-meter weit konnten die Briten jedoch nirgends vordringen.

Während des letzten Gefechts im November wurde der Boden durch Regen und Granateinschläge derart aufgeweicht, daß ein Northum-berland-Füsilier vor der Brustwehr seines Grabens bis zum Hals im Schlamm versackte. Er wurde mit Brot und Fleisch, auf einem Bajonett aufgespießt, gefüttert und trank aus einem Becher, der an einem Stock befestigt war. Der Morast war zu dünnflüssig, um ihn ausgraben zu kön-nen. Am zweiten Tag wurde er von einem Granatsplitter an der Schulter getroffen. Schließlich konnte man ihn herausziehen, allerdings ohne Schuhe. Gamaschen und Hosen. Die Offensive wurde am 13. November 1916 beendet. Die Briten hatten 419 000 Opfer zu beklagen.

Am meisten fürchteten die Soldaten, verwundet zu werden. »Vor dem Tod habe ich keine Angst, da ich, wie Kleopatra, ›unsterbliche Sehn-süchte‹ verspüre«, schrieb der Unteroffizier Ernest Polack ein paar Stun-den vor seinem Tod am 30. Juni an der Somme. »Schmerz zu erdulden erschreckt mich irgendwie, deshalb nehme ich immer Morphium mit in die Schlacht.«

Durch Granaten und Bomben wurden für gewöhnlich mehr als dop-pelt so viel Männer verwundet wie durch Gewehrkugeln. An der Somme überwogen jedoch wegen der Maschinengewehre die Schußverletzungen. Das hochgerühmte Bajonett, in dessen Gebrauch die Soldaten so gut ausgebildet worden waren, spielte kaum eine Rolle. Granaten und Maschinengewehrkugeln, die Knochen zerschmettern konnten, verur sachten gräßliche Fleischwunden, die sich durch den eingedrungenen

Das Rote Kreuz tat nichts zum Schutz der Pferde, die vor die Deich-seln der Sanitätswagen (rechts) oder vor die Lafetten der Kanonen geschirrt waren. Sie hatten keine Möglichkeit, in Deckung zu gehen – hilflose Opfer des Granatfeuers.

8776

bakterienverseuchten Dreck bald mit Wundbrand entzündeten, der einen septischen Schock nach sich zog. Der Krieg in den Schützengräben bot diesen Bakterien ein Festmahl. Einem Feldarzt blieb nur die Möglichkeit der Amputation oder der Entfernung des befallenen Muskelgewebes. Die dadurch noch größeren offenen Wunden waren daraufhin für weitere Infektionen anfällig. Viele Überlebende der Schlacht an der Somme verdankten ihr Leben der notwendigerweise brutalen Behandlung.

Bauchverletzungen zerrissen meist die Eingeweide, wodurch sich Magen- oder Darmsäure in die Bauchhöhle ergoß. War die Brusthöhle durchschossen, wirkte die Wunde wie ein Ventil, durch das Luft in die Lungen eindrang, aber nicht wieder hinaustrat. Der Arzt mußte einen Schlauch durch den Brustkorb in die Lunge einführen, so daß die Luft entweichen konnte. Damit sie nicht wieder zurückströmte, steckte er das andere Ende des Schlauchs in Wasser. Kopfverletzungen waren ohne Röntgendiagnostik kaum zu erkennen. Sie endeten meist tödlich.

Jedes Bataillon verfügte über 32 Sanitäter, die gleichzeitig 16 Verwundete abtransportieren konnten. Mit den Opfern an der Somme waren sie jedoch überfordert. Viele Schwerstverwundete krochen in einen Bombenkrater, wickelten sich in ihre Umhänge und starben allein. Die zuerst Aufgesammelten wurden zunächst zu einem Regimentsposten gebracht, wo ein Sanitätsoffizier Erste Hilfe leistete, und dann weiter zum Truppenverbandsplatz. Wer transportfähig war, wurde in die Etappenlazarette geschickt, wo die Stabsärzte nur jene operierten, die eine Überlebenschance hatten. Alle anderen wurden in einem besonderen Zelt untergebracht, wo Krankenschwestern sie bis zu ihrem Tod pflegten, trösteten und mit Morphium versorgten.

Ein Unteroffizier des Suffolk-Bataillons wurde von einem Granatsplitter im Kopf getroffen, als er im Niemandsland hinter zwei verendeten Kühen, »grün und stinkend«, Deckung gesucht hatte. Obwohl er auf einem Auge blind war, marschierte er zurück zu seinen Leuten. Sanitäter trugen ihn über fast fünf Kilometer und im Hagel von Granaten in ein Feldlazarett. Zuerst wurde er in einer Kirche voller Verwundeter abgelegt, dann auf einer Matratze in einer Schule. Dort traten die ersten Lähmungserscheinungen auf. Nachts um zwei Uhr wurde er in einem Sanitätszug in 14 Stunden Fahrt nach Boulogne transportiert. Seit seiner Verwundung hatte er weder etwas zu essen noch zu trinken bekom-

Ein Friedhof wird an der Westfront angelegt. Jeder Leichnam ist mit einem provisorischen Holzkreuz bedeckt, das nach dem Krieg durch einen Grabstein ersetzt werden soll. Im Hintergrund sind aufgestellte Tragbahren zu sehen, bereit für den nächsten Schub. Es handelt sich um die Leichen der Männer des australischen Korps, die im Oktober 1918 in der Schlacht von Guillemont, benannt nach einem zerstörten Gutshof, getötet wurden. Einen Monat später, nach dem Waffenstillstand, hatte der Sensenmann sein Werk schließlich beendet, weil die Deutschen endgültig darauf verzichteten, ihm weitere Männer zum Fraß vorzuwerfen. Die Alliierten bewiesen vielleicht ein besseres Durchhaltevermögen, doch fiel dies nur knapp zu ihren Gunsten aus. Im Sommer 1918, als das Foto unten entstand, nahm die britische Armee auch solche Wehrdienstpflichtigen auf, die zuvor als zu jung oder zu schwach befunden wurden.

men, und er litt unter großen Schmerzen. In Boulogne erhielt er Morphium und ein sauberes Bett. Am nächsten Tag wurde ihm sein Auge entfernt.

Die Soldaten waren nach den langen Kampfhandlungen zu Tode erschöpft. »Die Männer brachen allmählich zusammen«, berichtete der Offizier William Strang über die Schlacht an der Somme. »Nur noch wenige sind fähig weiterzukämpfen. Einer hielt gerade so durch. Als er mir erzählte, daß er sich zwei Tage, bevor es vorbei war, schon fast geschlagen gegeben hatte, brach er in Tränen aus. Wir dachten an das 1. Regiment der Neufundländer. Deren Schicksal ließ mich allnächtlich erschaudern. Ich bin nicht sehr tapfer und denke zuviel nach. Das Granatfeuer macht mich wahnsinnig, und ich habe furchtbare Angst, mich selbst aufzugeben . . .«

Eine Meuterei wäre bei diesen Verlusten nicht unwahrscheinlich gewesen. Die Franzosen machten im April 1917 nach einer weiteren erfolglosen Offensive an der Aisne diese Erfahrung: 54 der 100 Divisionen verweigerten den Befehl, und nur ein Regiment zog unter größtem

Widerwillen an die Front. Disziplin kehrte erst wieder ein, nachdem Marschall Pétain ankündigte, daß die Soldaten der *Grande Nation* an keiner weiteren Großoffensive mehr teilnehmen müßten. Einen Monat zuvor hatte die Meuterei der zaristischen Matrosen in Kronstadt stattgefunden – das Fanal zur Russischen Revolution. Die italienische Front brach bei Caporetto zusammen, und schließlich ließ auch der Kampfgeist der Deutschen trotz ihrer Erfolge an der Westfront allmählich nach.

In der britischen Armee waren Fälle von Fahnenflucht eher die Seltenheit. Australier neigten schon eher zur Desertion. Weitaus häufiger als die Engländer verließen sie ihre Einheit ohne Urlaubserlaubnis oder blieben gleich ganz fort. Zusammen mit den Kanadiern galten sie als die besten Soldaten, waren allerdings so selbständig und schwierig zu führen, daß Haig sie vorsichtshalber von den englischen Einheiten fernhielt, damit diese sich nicht vom Selbstbewußtsein der Australier anstecken ließen. Darüber hinaus wurde bei ihnen Fahnenflucht nicht mit dem Tode bestraft.

Das britische Kriegsgericht hingegen verurteilte 312 Männer zum Tod durch Erschießen, die meisten wegen Desertion. Den Familien teilte man lediglich mit, sie seien »ihren Verwundungen erlegen«. Der Soldat Albert Ingham aus dem 3. Manchester-Bataillon wurde exekutiert, nachdem er als blinder Passagier auf einem schwedischen Frachter in Dieppe entdeckt worden war. Sein Vater gehörte zu den wenigen, welche die Wahrheit ans Licht brachten. Wütend verlangte er, daß der Grabstein seines Sohnes folgende Inschrift erhielt: »Er war einer der ersten Freiwilligen und wurde im Morgengrauen erschossen. Sein Vater ist stolz auf ihn.« Die einst so enthusiastischen Dilettanten wurden zu zynischen und verhärteten Profis, die nur an sich selbst glaubten. Es war ihnen gleichgültig, ob die Menschen zu Hause sie verstanden, ihre Angehörigen ebenso wie die Hurrapatrioten und Geiferer, die ihnen weiße Federn überreicht hatten. Auf Heimaturlaub brachten sie Erfahrungen mit, die sie zu Eindringlingen aus einer fremden Welt machten. Der Lyriker Wilfred Owen, der selbst im Frankreichfeldzug eine Verwundung erlitten hatte und 1918 fiel, beschrieb in seinen Gedichten das Elend der Soldaten und entlarvte den blinden Patriotismus als »alte Lüge: Dulce et

Ypern-Offensive 1917. »Großer Gott«, sagte er erschüttert, als er den Schlamm sah. »Haben wir wirklich Männer losgeschickt, um darin zu kämpfen?« Früher hatten die Briten im allgemeinen ihren Vorgesetzten vertraut, weil sie Seite an Seite mit ihnen kämpften: Ein Admiral befand sich in der Regel auf demselben Schiff wie seine Männer und konnte genauso mit ihnen untergehen. Bei den Kämpfen in den Kolonien hatte die Führung in vorderster Front Stellung bezogen. Und Politiker erschienen, zumindest in Friedenszeiten, auf der Rednertribüne und waren von

decorum est pro patria mori. [Es ist süß und ehrenhaft, fürs Vaterland zu sterben.]«

Owen wollte unbedingt die Öffentlichkeit über das Elend des Krieges aufklären. Aber ihm war klar, daß er gegen eine Wand redete, da man es immer noch für »süß und ehrenhaft« hielt, dem Vaterland sein Leben zu opfern. Auch andere waren davon überzeugt, daß sie für die Betonköpfe starben. »Ich habe das Leiden der Soldaten gesehen und selbst ertragen, und ich kann deswegen nicht mehr zu jenen gehören, die dieses Leiden verlängern wollen für ein Ziel, das ich als schlecht und ungerecht erachte«, schrieb Owens Dichterkollege Siegfried Sassoon.

Die Soldaten kämpften keineswegs für die Politiker. Sie wußten nicht, daß Lloyd George auf ihrer Seite stand, nachdem er im Dezember 1916 Premierminister geworden war und sich mit Robertson und Haig über die endlosen Verlustlisten in die Haare geriet. Sie kämpften auch nicht für ihre Generäle. »Zu allem Überfluß tauchte auch noch ein Brigadegeneral bei den Schützengräben auf und bemängelte eine stinkende Latrine, einen Offizier, der nicht salutierte und Wachposten, die sich nicht erhoben, als er vorbeiging. Als ob irgendwer in den Gräben jemals Ehrerbietung zeigte ...«, schrieb ein Soldat.

Wenn die Generäle keine andere Möglichkeit sahen, als die feindlichen Linien zu beschießen, so konnten sie sich damit verteidigen, daß die französischen oder deutschen Befehlshaber genauso dachten. Und schließlich war die britische Armee dazu ausgebildet worden beziehungsweise hatte sie sich selbst ausgebildet, aus dem Nichts zur standhaftesten und schlagkräftigsten Streitmacht an der Westfront zu werden. Es kam zu einem Zermürbungskrieg, wie es die Westfrontler vorhergesagt hatten. Die Briten verloren weniger Männer als die Franzosen und Deutschen. Aber die Abwesenheit der Stabsoffiziere und ihre Ignoranz der Verhältnisse an der Front waren unentschuldbar. Haigs Stabschef besuchte das Kampfgebiet erstmals nach der katastrophalen

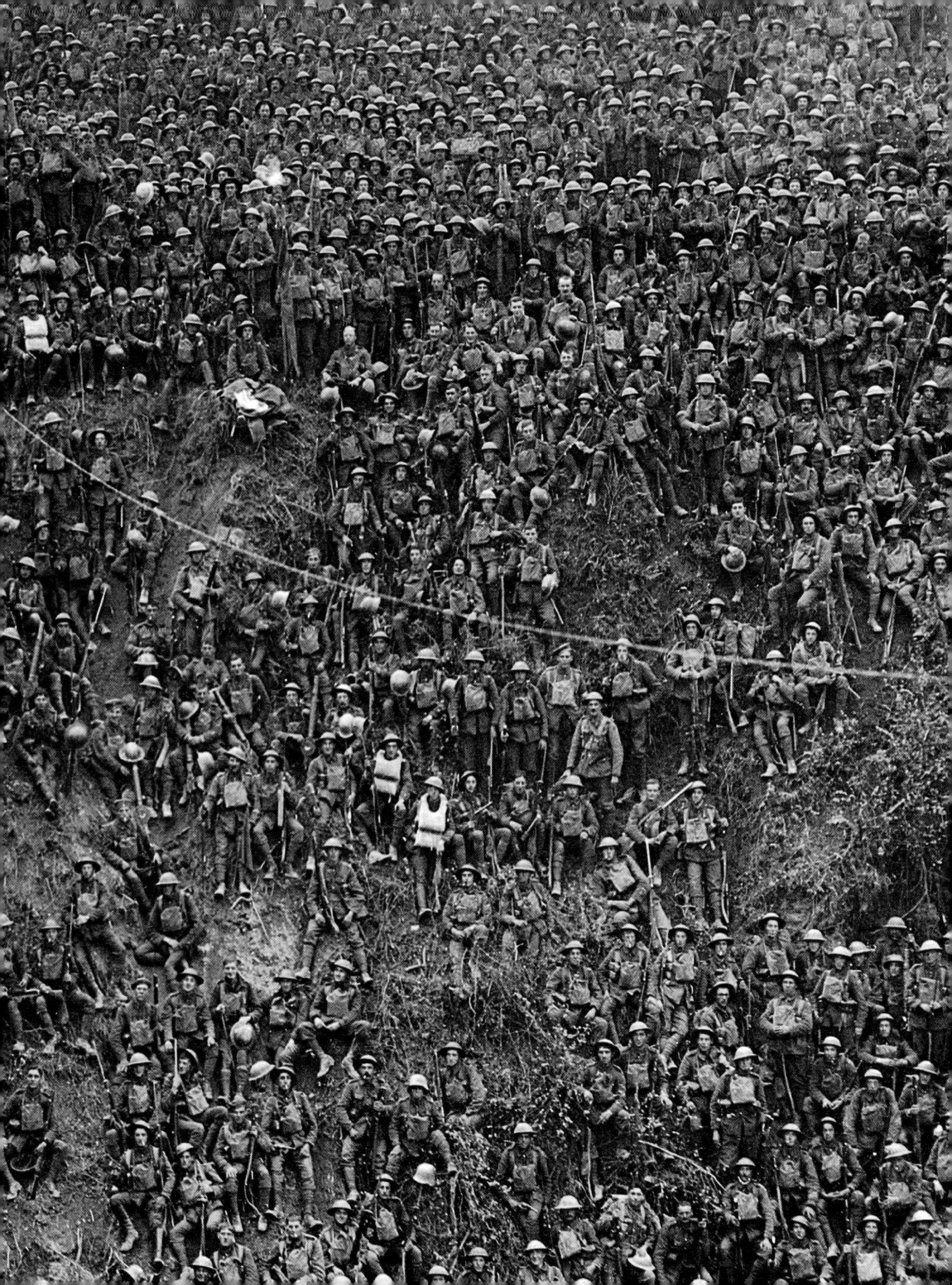

Wahlen abhängig. Die Westfront veränderte die Einstellung zur Autorität.

Die Männer wußten gleichwohl, warum sie dort kämpften, und es verlieh ihnen eine grausame Befriedigung, daß sie die Wahrheit kannten. »Manche Leute zu Hause scheinen zu glauben, daß wir nur versuchen, Boden zu gewinnen, und daß wir, weil wir nicht durchbrechen konnten, versagt hätten. Das ist Unsinn. Wir töten bloß *Boche* [Deutsche]...«

Der deutsche U-Bootkrieg schien Erfolg zu haben. Im April 1917 waren bereits Schiffe mit einer Gesamttonnage von einer Million versenkt worden, 25 Prozent der britischen Schiffe kehrten nicht zurück. Lediglich Lloyd Georges Befürworten von Konvois, deren Aufstellung er über die Köpfe der Admiralität hinweg anordnete, verminderte die Verluste. Der neue Premierminister, der die Front auflösen wollte, verstand sich mit seinen Generälen nicht besonders. Haig forderte eine Sommeroffensive, die dritte Schlacht von Ypern, eine »Schlammschlacht« für den Premier. Als Lloyd George die Front besuchte, wurden alle deutschen Kriegsgefangenen, die halbwegs gesund aussahen, aus den Lagern entfernt, um ihm zu beweisen, daß der Feind – durch die britische Blockade der deutschen Häfen und den entbehrungsreichen »Rübenwinter« unterernährt – auf dem letzten Loch pfiff. 300 000 Opfer kostete der Gewinn von ein paar Quadratkilometern zerstörten Waldlands und zertrümmerter Gebäude.

Gegen Ende des Jahres 1917 vereinbarte Leo Trotzki den Kriegsaustritt des bolschewikischen Rußland. Die deutschen Truppen an der Ostfront standen nun der Westfront zur Verfügung. Der Hunger in Deutschland wurde durch ukrainischen Weizen gelindert. Der Kriegseintritt der USA hätte eine Weile gebraucht, bis seine Auswirkungen spürbar gewesen wären, und hätte durch französische und englische Flugzeuge und Artillerie unterstützt werden müssen. Der Panzer, in dessen Entwicklung die Engländer große Hoffnungen setzten, hätte eine überlegene Kriegswaffe sein können – aber das wurde er erst im nächsten Krieg, und zwar zunächst zugunsten der Deutschen. Noch war er zu unzuverlässig, als daß von ihm entscheidende Durchschlagskraft ausging.

In der Zwischenzeit kamen die erprobten Kriegstugenden des Empire – Vorstoß und Ausfall, Kavallerie und Freischärler, Muskelkraft und Hirn – im Nahen Osten zur Anwendung. Der Feldzug in Palästina nahm einen schlimmen Anfang. Die Briten waren in Gaza stationiert, als, wie

Vorherige Doppelseite: Das Ende kam schnell und unerwartet. Noch im Sommer 1918 hatte es den Anschein, als wollten die Deutschen erneut bis nach Paris durchbrechen. Es war das letzte Aufbäumen einer erschöpften Armee. Die Briten stürmten nun vorwärts. Brigadegeneral Campbell hält von der Brücke über den Saint-Quentin-Kanal eine Ansprache an die Männer der Staffordshire-Brigade. Sie hatten am 2. Oktober 1918 die Schlacht um den Kanal gewonnen.

Lawrence von Arabien (unten) führte die Araber mit aller imperialen Arroganz zum Aufstand gegen die Türken. Auf dem Foto (im Sommer 1918 in Akaba mit den Reitern von Emir Faisal) steht er im Vordergrund. Im Oktober hatte dieser sonderbare und von Zweifeln geplagte Mann Damaskus eingenommen. Als er bereits zur Legende geworden war, wandte er sich vom »oberflächlichen Getue öffentlicher Pflichten« ab und trat unter anderem Namen als schlichter Soldat der RAF bei.

es Lloyd George formulierte, »niemand außer unserem Generalstab die Türken vor dem Zusammenbruch hätte bewahren können«. Das Kommando wurde einem schwerfälligen, watschelnden und grobknochigen General, Sir Edmund Allenby, genannt der »Bulle«, übertragen. Er bevorzugte unorthodoxe Vorgehensweisen. Seinen ersten Sieg auf dem Sinai erlangte er durch die Kriegslist eines seiner jungen Nachrichtenoffiziere, Richard Meinertzhagen, der allein in die Wüste ritt und eine türkische Patrouille ausspähte. Als sie auf ihn schoß, tat er so, als wäre er getroffen. Er warf sein Fernglas und seine vorsorglich mit Blut präparierte Proviantasche fort und galoppierte mit der Hand an seiner vermeintlich verletzten Schulter davon. Seine Proviantasche enthielt Befehle für einen Marsch auf Gaza, dem ein Scheinangriff auf Be'er Sheva vorausgehen sollte. Die Türken fielen auf die Finte herein. Allenby nahm Be'er Sheva ein und schaffte so den Durchbruch nach Jaffa.

Zu den exotischsten Offizieren Allenbys gehörte der ehemalige Archäologe und Geheimagent T. E. Lawrence, ein nervöser, schlanker und bisexueller Mann, der die Wüstenstämme zum Aufstand veranlaßt hatte. »Ein in makelloses Weiß gekleideter arabischer Knabe kam herein, mit einem weißen Kopftuch und einem goldenen Stirnband. Für einen Moment dachte ich, es wäre irgend jemandes Lustknabe, aber mir ging bald auf, daß es sich um Lawrence handeln mußte«, beschrieb Meinertzhagen die erste Begegnung. »Stumm starrte ich auf diese außerordentlich schöne Erscheinung.« Allenby erkannte das Charisma unter dem extravaganten Auftreten, aber auch den Nutzen der arabischen Freischärler, zu denen Lawrence, der bereits mit 29 Jahren Oberst war, eine mystische Affinität hatte. Der Bulle fiel den Türken in die Flanke und hielt sie dadurch in Schach. Die Überfälle der arabischen Reiterei unter Führung von Lawrence auf Forts und Eisenbahnen schwächten den Feind zusätzlich. »Ich habe 1500 Kilometer in 40 Tagen zurückgelegt«, schrieb Lawrence. »Ich glaube wirklich, daß ich die Türken in Angst und Schrecken versetzt habe...«

Kurz vor Weihnachten 1917 rückte Allenby auf Jerusalem vor. Es war vereinbart, in der Stadt selbst, die Moslems, Christen und Juden gleichermaßen heilig war, auf Kampfhandlungen zu verzichten. Die walisische Division ging aus einem mit aller Härte geführten Gefecht auf dem Ölberg als Sieger hervor. Der Bürgermeister von Jerusalem – formell im Cutaway gekleidet, mit einem Fez auf dem Kopf und einer weißen Flagge in der Hand – überreichte am 9. Dezember den neuen Eroberern den Stadtschlüssel. Allenby, ein Nachfahre Oliver Cromwells, betrat drei Tage später in verschwitzter Khakiuniform und staubigen Stiefeln unbewaffnet die Stadt. Als letzte christliche Streitmacht hatten die Kreuzritter 700 Jahre zuvor Jerusalem eingenommen.

Im Februar 1918 wurden zu Hause in England Fleisch, Zucker und Butter rationiert. Am 21. März durchbrach der deutsche General Ludendorff im Schutz dichten Nebels die Linien südlich von Ypern. Die 5. Armee der Briten war nahezu besiegt und zog sich in Richtung der Häfen am Ärmelkanal zurück, wodurch sie den Kontakt mit den Franzosen an ihrer Flanke verlor. Haig schlug vor, sich unter das Kommando von Marschall Foch zu stellen, der den Oberbefehl über die alliierten Truppen in Frankreich erhalten hatte. Die Briten verdreifachten ihre Truppentransporte über den Kanal, um alle verfügbaren Soldaten einzusetzen. Die alliierte Front konsolidierte sich erneut.

Im April griffen die Deutschen abermals an und schlugen eine 50 Kilometer breite Bresche in die feindlichen Linien. Die Briten mußten das unter ungeheuren Verlusten eroberte Ypern aufgeben. Haig befürchtete den Verlust der Kanalhäfen. »Mit dem Rücken an der Wand und im Glauben an die Gerechtigkeit unserer Sache«, befahl er, »muß jeder von uns bis zum Ende kämpfen.« Die Öffentlichkeit war beeindruckt, doch die Soldaten pfiffen auf seine melodramatische Attitüde. Am 29. April gelang es ihnen, die Offensivkraft der Deutschen zu unterbinden. Ludendorff unternahm am 27. Mai an der Aisne einen erneuten Versuch. Seine Soldaten stießen auf fünf britische Divisionen, die von den Kämpfen in Flandern erschöpft waren. Die Deutschen kamen etwa 15 Kilometer pro Tag voran, so weit wie seit den ersten Kriegstagen nicht mehr. Am 3. Juni standen sie nur noch 50 Kilometer vor Paris, das sie mit Granaten aus ihren »Dicken Bertas« beschossen. Foch hielt ihnen stand und griff seinerseits an, als Ludendorff am 15. Juli seine letzte Offensive bei Reims startete.

Am 8. August – einem schwarzen Tag für die deutsche Armee, so Ludendorff – stürmten die britischen, kanadischen und australischen Truppen mit 456 Panzern die deutschen Linien. Die Deutschen fielen zehn Kilometer zurück – ein Wendepunkt, an dem ihnen erstmals bewußt wurde, daß sie, durch die ständigen Attacken erschöpft, dem Gegner nichts mehr entgegenzusetzen hatten. Im September durchbrachen die Briten die Hindenburg-Linie. An einem einzigen Tag feuerten sie 943 000 Granaten ab. Einen Grund zur Freude gab es dennoch nicht. Die Hälfte der britischen Infanteristen war unter 19 Jahre alt, und der Verlust einer Hand oder eines Fußes garantierte keine Entlassung: Etliche Amputierte mußten hinter der Front in Hilfskorps dienen. »Niemand von uns wird je das Ende des Krieges erleben«, lautete die düstere Vorhersage von Lord Northcliffe, dem ultrapatriotischen Herausgeber der *Daily Mail*.

Weit ab vom Hauptgeschehen baten die Bulgaren in Saloniki um einen Waffenstillstand. Die Donaumonarchie Österreich leistete den Alliierten keinen Widerstand mehr. Allenby stieß von Jerusalem über den Jordan, über den er die noch heute existierende, nach ihm benannte Brücke baute, bis nach Amman vor und dann weiter nach Damaskus, Beirut und bis nach Tripolis. Im September wurde bei Megiddo in Palä-

Erschöpfte Kriegsgefangene, die von Kanadiern während des Angriffs auf Cambrai am 27. September 1918 gefangengenommen wurden. Das Ende war nahe, auch wenn die Briten es noch nicht ahnten. Man konnte davon ausgehen, daß eine Einheit ihre Moral verlor und an den Rand einer Meuterei geriet, wenn sie ebenso viele Männer verlor, wie sie noch aktive Soldaten hatte. Die Deutschen hatten diesen Punkt längst überschritten. Als in der Heimat die Revolution ausbrach, beschlossen die Offiziere, daß man von ihnen nicht mehr verlangen konnte, und baten um Waffenstillstand.
[Foto: William Rider-Rider]

Siegfried Sassoon schrieb ein Gedicht für Männer mit amputierten Beinen, wie hier im Militärlazarett Roehampton:
»Wen kümmert es schon . . .
*   der Verlust déiner Beine? . . .*
Die Menschen werden immer nett sein,
Und du darfst nicht zeigen, daß es dir etwas ausmacht,
Wenn andere von der Jagd kommen Und Brötchen und Eier verschlingen.«

stina, dem biblischen Armageddon, der Rest der türkischen Armee geschlagen. Die Türken ersuchten angesichts ihres zerstörten Reiches um Frieden. Auch Österreich-Ungarn löste sich auf: Die Tschechen und die Ungarn erklärten ihre Unabhängigkeit. Am 3. November bot das österreichisch-ungarische Oberkommando einen Waffenstillstand an. Die militärische Macht, die es seit den Tagen Kaiserin Maria Theresias und Graf Metternichs repräsentiert hatte, war vergangen.

Auch Ludendorff strebte einen Waffenstillstand an. Kaiser Wilhelm enthob ihn seines Postens. In Kiel meuterten schließlich die Matrosen, und am 9. November wurde in Berlin die Republik ausgerufen. Im deutschen Hauptquartier in Spa wurde die Absetzung Wilhelms II. bekanntgegeben. Er ging ins holländische Exil nach Doorn und sah Deutschland bis zu seinem Tod im Jahr 1941 nicht wieder. Am 11. November um fünf Uhr morgens unterzeichneten die Deutschen in einem Eisenbahnwaggon in einem Wald bei Compiègne die Kapitulation, die um elf Uhr in Kraft trat. Kurz zuvor hatten kanadische Truppen noch das belgische Mons eingenommen. Das Heer des britischen Empire war nach 956 000 Todesopfern wieder dort, wo es angefangen hatte.

In England breitete sich eine überschwengliche Hochstimmung aus. Die Frauen »schienen fast außer sich zu sein«. In Cambridge feierten Studenten, indem sie die Räume des Pazifisten Bertrand Russell in der Trinity Street plünderten. Die Leute umarmten sich auf den Straßen, und alle Welt war eine Woche lang betrunken. Die Polizei konnte oder wollte nicht eingreifen. Es wurde Feuer gelegt, Fensterscheiben

gingen zu Bruch, und die Menschen schliefen ihren Rausch auf den Straßen aus.

An der Front traute man dem Glück noch nicht so recht. Noch eine Woche vor Ende des Krieges war der Lyriker Wilfred Owen während eines Scharmützels am Oise-Sambre-Kanal getötet worden. Die Soldaten sahen sich immer noch den deutschen Feinden gegenüber. Viele Einheiten hatten bis neun Uhr nichts von der Kapitulation gehört. Der Befehl zum Frieden war knapp gehalten, ohne jeden Glückwunsch: »Die Feindseligkeiten enden am 11. November um 11 Uhr«, lautete die Nachricht aus dem Hauptquartier. »Verteidigungsmaßnahmen werden beibehalten. Ein Kontakt jeglicher Art mit dem Feind ist unerwünscht.« Ein Sanitäter berichtete, daß nach der Bekanntgabe »kein Wort gesprochen wurde und jeder seiner Wege ging . . .«

Ausgelassene Zecher feiern zu Hause
den Waffenstillstand wie hier im
Londoner Hotel Ritz. Die Frauen
»schienen völlig aus dem Häuschen
zu sein«. An der Front gab es keine
Freudenfeiern, nur Schweigen und
Unglauben: »Alle fühlten eine totale,
wenn nicht gar bestürzende Befriedigung, wie jemand, der nach einem
absolut hervorragenden Mahl vom
Tisch aufsteht.« Sir Alan Lascelles,
der später Sekretär von vier Monarchen wurde, schrieb am 13. November 1918 bei Mons in sein Tagebuch,
»daß in jenen fünf Monaten, die dieser Alptraum im letzten Frühjahr
dauerte, das Untier nun an Körper
und Geist gebrochen sein sollte; das
heißt, daß die Armeen vernichtend
geschlagen sind, die entmannte
Flotte in den britischen Häfen ist,
der Kaiser im Exil, der Kronprinz
das Gespött Europas, Ludendorff ein
gebrochener Idiot, daß alle diese verrückten, chauvinistischen Hoffnungen, mit denen wir anfangs geliebäu-
gelt hatten, bevor der Chauvinismus
zugrunde ging und zu stinken begann und die Hoffnung selbst
nahezu verging, daß all das mit
einem Donnerschlag Realität werden
sollte... ist es da ein Wunder, daß
wir wie betäubt sind und es nicht
fassen können?«

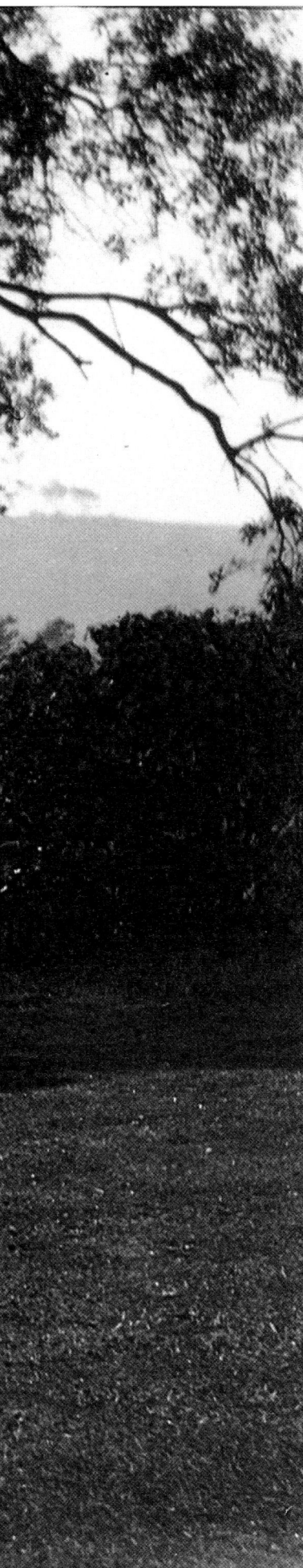

5
»NIE WIEDER KRIEG –
JEDENFALLS
NICHT SO BALD«

*Die Landschaft von »Old England«
mag den Krieg unbeschadet überstanden haben, doch das Ethos der
Vorkriegszeit war dahin. Hier (links)
bereitet der Autor Lytton Strachey
mit der Künstlerin Dora Carrington
unter einer Stecheiche in Ham Spray
in Wiltshire einen neuen Anschlag
auf die Moral und den Dünkel der
viktorianischen Vergangenheit vor.
Sein Buch* Macht und Frömmigkeit
*erschien 1918 und war eine wahr-
haft gnadenlose und dreiste Attacke
auf das nationale Pantheon.
Er nahm sich die alten Legenden vor
– wie Florence Nightingale, Kardinal
Manning, den Rektor des Internats
von Rugby, Thomas Arnold, oder
General Gordon, der 1885 in Khartum von sudanesischen Derwischen
getötet wurde – und stellte sie mit
beißendem Sarkasmus bezüglich
ihrer Marotten und Peinlichkeiten
bloß. Strachey, Sohn eines Inge-
nieurs und Soldaten in Britisch-
Indien, war selbst ein Kind jener
Kreise, denen er seinen kunstvollen
Spott widmete. Die Szenerie in Ham
Spray war ebenfalls ein Angriff auf
die viktorianische Moral: Strachey
hatte sich in Ralph Partridge, den
Ehemann Dora Carringtons, verliebt,
während sie selbst eine unerfüllte
Leidenschaft zu Strachey hegte.*

Bevölkerungsstatistisch waren die Verluste, die England im Ersten Weltkrieg zu beklagen hatte, leichter zu verschmerzen als die Abwanderung
von jährlich 300 000 Menschen vor dem Krieg. Doch die Opfer betrafen
grausamerweise eine einzige Bevölkerungsgruppe: Fast jeder dritte junge
Mann, der 1914 zwischen 13 und 24 Jahren alt war, wurde getötet –
ein augenfälliges Beispiel für den Begriff »verlorene Generation«. Man
spürte auch, daß der Waffenstillstand nicht mehr bedeutete, als sein
Name suggerierte. Diejenigen, die am lautesten das Ende des Krieges feierten, sollten 21 Jahre später die ersten sein, die zum nächsten Schlacht-
fest einberufen wurden. »Nie wieder Krieg«, schrieb ein Artillerist am
11. November, »wenigstens nicht so bald.« England sollte immerhin im
Vergleich mit anderen Ländern die Jahre zwischen den Kriegen ganz gut
überstehen. Doch die Unruhe, die nervöse Stimmung war auch dort
spürbar, wenngleich sie sich nicht im entferntesten mit den psychoti-
schen Gewaltausbrüchen auf dem Kontinent vergleichen ließ. Ein Überlebender der Schützengräben, der Autor Robert von Ranke-Graves, verlieh jener Zeit den bittersüßen Namen »Das verlängerte Wochenende«.

Die Wahl von 1918, bei der erstmals Frauen über 30 Jahre mit Haus-
standsbesitz das Wahlrecht hatten, wurde von zwei populären Ankündi-
gungen dominiert. Llyod George versprach, »erstens adäquate Häuser
für Helden zu bauen und zweitens die Deutschen dafür bezahlen zu lassen«. Das kam so gut an, daß seine konservativ-liberale Koalition die
absolute Mehrheit erhielt und die Opposition aus Labour und einigen
renitenten Liberalen an den Rand gedrängt wurde. Die Abgeordneten
der nationalistischen Sinn-Féin-Partei aus Irland, die den Parlaments-
debatten vielleicht etwas Feuer gegeben hätten, weigerten sich, ihre Sitze
einzunehmen. Die Wahlversprechen einzuhalten erwies sich letztlich als
unmöglich.

Nur wenige Häuser wurden für Helden, aber auch andere Menschen,
gebaut. Es gab kaum erfahrene Bauarbeiter, während des Krieges war
das Ausbildungssystem zum Stillstand gekommen, und Baumaterialien
waren teuer. Familien lebten in ausrangierten Eisenbahnwaggons, auf
Lastkähnen und in Baracken. Zwar kursierten ungeheure Mengen an
Geld – die Kriegsgewinne wurden nun ausgegeben, Fabriken und
Grundbesitz erzielten Rekordpreise in Erwartung besserer Zeiten –,
doch floß es an jenen vorbei, die glaubten, es verdient zu haben. Über
ihre zögerliche Entlassung aus der Armee erboste Soldaten brannten das
Rathaus von Luton nieder. Aus dem Krieg zurückgekehrte Gewerkschaftsmitglieder waren verbittert über die Frauen, die ihre Arbeitsplätze eingenommen hatten, und in den Häfen kam es zu gewalttätigen
Rassenkrawallen gegenüber Westindern, die von der Handelsmarine
angeheuert worden waren.

Als die Polizei mit der Forderung nach einer eigenen Gewerkschaft in
den Streik trat, nutzten einige Rowdys in Liverpool die Gunst der Stunde

und plünderten Läden. Soldaten eröffneten das Feuer. Es gab einen Toten und Hunderte Festnahmen. Dann streikten die Lokomotivführer wegen angekündigter Lohnkürzungen. Lloyd George bezeichnete den Ausstand als »anarchistische Verschwörung« und entsandte Soldaten auf die Hauptbahnhöfe. Streikbrecher wurden eingesetzt, hauptsächlich, so meinte die *Times*, »Männer mit Internatsschulbildung, viele davon Exoffiziere. Niemand hätte sich heiterere, höflichere und rücksichtsvollere öffentliche Bedienstete wünschen können«. Zwar wurde ein Notdienst aufrechterhalten, doch willigte die Regierung letztlich in einen Mindestlohn von 51 Schilling pro Woche ein.

Die Stimmung hatte sich mittlerweile erheblich verschlechtert. Die Regierung beobachtete nervös die Reaktionen auf die Ereignisse in Rußland, wo britische Truppen nicht gerade enthusiastisch im Bürgerkrieg auf seiten der Weißen kämpften, um »den Bolschewismus schon im Keim auszurotten«, wie Churchill sich ausdrückte. Britische Torpedoboote griffen die Rote Flotte an und versenkten zwei Schlachtschiffe und einen Kreuzer. Piloten der RAF flogen einen Bombenangriff auf eine Halle, in der Trotzki eine Rede halten sollte, aber nicht erschien. Gleichwohl standen britische Soldaten kurz vor einer Meuterei. In der Heimat weigerten sich Hafenarbeiter, den Dampfer *Jolly George* mit Waffen für die polnischen Antikommunisten zu beladen. »Ich werde die Hafenarbeiter nicht bitten, auch nur ein Gewehr an Bord zu bringen, was zum Fortgang dieser verflixten Angelegenheit beitragen würde«, erklärte der Gewerkschaftsboß Ernest Bevin. »Die Arbeiter haben ein Recht darauf mitzubestimmen, wofür ihre Arbeitskraft eingesetzt wird.«

Revolution lag in der Luft. 1919 gingen 35 Millionen Arbeitstage aufgrund von Arbeitsniederlegungen verloren. Einem Aufruf zu einem Massenstreik in Glasgow begegnete man mit dem Schlagstock: In das »rote Clydeside« wurden 12 000 Soldaten und sogar Panzer entsandt. »Hätte es eine erfahrene revolutionäre Führung für diese großartigen und heroischen Massen gegeben«, so der schottische Linkspolitiker Willie Gallagher, »dann hätten wir die Soldaten davon überzeugen können, sich uns anzuschließen, und Glasgow wäre unser gewesen.« Genau das fürchtete auch die Regierung. Ein Gesetzentwurf wurde formuliert mit dem Inhalt, Gewerkschaftsführer zu verhaften und den Gewerkschaften eine Streikkasse zu verbieten. 40 000 Lastwagen und 100 000 Autos sollten requiriert werden, um im Fall eines Streiks der Bergarbeiter, Eisenbahner und Transportarbeiter die Versorgung des Landes zu gewährleisten.

In den Oberschichten, merkte Robert Graves an, »war jeder, der Rußland auch nur besuchte, gesellschaftlich ruiniert«. Ein Student und ehemaliger Offizier, der dort seine Ferien verbrachte, wurde nach seiner Rückkehr gebeten, Oxford zu verlassen. Zwei weitere Studenten wurden wegen »kommunistischer Umtriebe« zeitweilig von der Universität verwiesen. Die Angst vor Leuten, die ihren eigenen Zaren umgebracht hatten und die laut konservativer Presse »Frauen zu sexuellen Zwecken vergesellschaften«, saß tief. In Wirklichkeit gab es keinen Grund, einen roten Aufstand zu fürchten. Die Briten verhielten sich insgesamt ruhig, und der Gewerkschafter Bevin, ein ehemaliger Laienprediger und unverwüstlicher Pragmatiker, war kein eisenfressender Extremist. Die Nachkriegseuphorie schwand jedoch rasch dahin: England galt eher als Land der Spekulanten und der Streiks denn als das der Helden.

Man bemühte sich gleichwohl, die Deutschen zahlen zu lassen. Laut Vertrag von Versailles wurden ihnen harte Reparationsleistungen abverlangt. Deutschland mußte fast alles Kriegsmaterial abliefern, seine

»Ist der Streik gerechtfertigt?« fragt das Plakat an der Wand, während sich streikende Eisenbahner mit Freiwilligen in die Haare geraten, die sich im September 1919 zur Aufrechterhaltung des Bahnbetriebs gemeldet hatten. Man fürchtete das Einsickern des Kommunismus von Rußland her, wo britische Soldaten im Bürgerkrieg auf seiten der Weißen in einem aussichtslosen Unterfangen gegen Trotzkis Rote Armee kämpften, um, wie Winston Churchill es bezeichnete, »den Bolschewismus schon an der Wurzel zu vernichten«. Auch in Deutschland gärte es wegen des anglo-französischen Beharrens auf Reparationszahlungen und der Abtretung von Territorien. »Das Land ist bis aufs Hemd ausgezogen und soll nun auch noch die Taschen leeren«, kommentierte die Daily News. *In Europa gab es bereits extremistische Tendenzen. Befürchtungen wegen eines »Roten Clydeside« oder einer Revolution in England waren jedoch unbegründet. Großbritannien blieb instinktiv sozial stabil. Hinter der Anzeige für das Magazin* John Bull *verbarg sich eine arglistige Täuschung. Der Parlamentsabgeordnete Horatio Bottomley war nicht nur der Besitzer und Herausgeber, sondern auch der größte Gauner jener Zeit. Er betrog seine Leser mit Lotterien, bei denen es keine Gewinner gab, und mit »Schuldverschreibungen«, die nie zurückgezahlt wurden. Der Vorgänger eines anderen schwindlerischen Zeitungsherausgebers, Robert Maxwell, wurde 1922 wegen Betrugs verurteilt.*

Kriegsflotte bei Scapa Flow von der eigenen Besatzung versenkt werden. Die Kolonien des ehemaligen Kaiserreichs fielen an Frankreich und Großbritannien. Große Teile Deutschlands wurden den angrenzenden Ländern zugesprochen, das saarländische Kohlenrevier mußte an Frankreich abgetreten werden. Außerdem hatte Deutschland Reparationen in Höhe von 132 Milliarden Goldmark zu entrichten. Der *Daily Herold* veröffentlichte die weitsichtige Karikatur eines weinenden Kindes, das aus dem Fenster des Versailler Konferenzraums schaut und eine Schärpe mit den Worten trägt: »Die Klasse von 1940«. Die Deutschen konnten schließlich ihren Zahlungen nicht mehr nachkommen, ebenso wie nach dem Zweiten Weltkrieg die Briten, aufgrund der Kriegskosten von einer Gläubiger- zu einer Schuldnernation geworden, die amerikanischen Anleihen nicht mehr abzutragen imstande waren. Die Mark wurde abgewertet und entsprach fünfzehn Millionen je Pfund. Das Ruhrgebiet wurde von den Franzosen besetzt, und erstmals erwähnten

britische Zeitungen einen ehemaligen Gefreiten namens Adolf Hitler: »Von Hitler, dem theatralischen Patrioten, wird man noch eines Tages hören«, berichtete der Münchener Korrespondent der *Daily News*. »Dieser Mann, Österreicher von Geburt und Schildermaler von Beruf, wurde an der Westfront schwer verwundet und erlitt anschließend eine schlimme Gasvergiftung. Nach seiner Genesung behauptete er, eine Vision gehabt und eine Botschaft erhalten zu haben: Er sei zum Retter Deutschlands berufen.«

Die Öffentlichkeit verlor jedoch bald ihr Interesse an den Vorgängen auf dem Kontinent. Statt dessen spendeten die Briten Geld, mit dem britische Pferde zurückgeholt werden sollten, die in Frankreich und Belgien zurückgelassen worden waren. Ein anderer Fonds wurde für Soldatenhunde gegründet, damit die Männer ihre Lieblinge von der Front mit nach Hause nehmen konnten. Den leidenden Tieren jenseits des Kanals brachte man viel Mitgefühl entgegen, am Schicksal der Menschen war

man jedoch weniger interessiert. Als die Deutschen über Hunger klagten, an dem viele Menschen starben, tat das der Korrespondent der *Times* als »Beweis für eine von Lüge und Habgier geprägte Gesinnung« ab. Die Briten hatten im eigenen Land genug Probleme.

»Diese Wolke im Westen«, meinte der liberale englische Premier Gladstone über Irland. »Dieser aufkommende Sturm! Das Werkzeug Gottes zur Strafe für grausame Ungerechtigkeit!« Seine Irlandpolitik scheiterte – der Gesetzesantrag für die *Home Rule*, den er unterstützte, wurde vom Parlament abgewiesen. Sie spaltete seine Partei und führte 1914 zur ersten und einzigen Meuterei des britischen Offizierskorps: Die britischen Offiziere in Irland weigerten sich, nötigenfalls gegen die Ulster-Protestanten zu kämpfen. Während des Krieges kam es 1916 zum Osteraufstand in Dublin mit jener tödlichen Mischung aus Idealismus und Wut, wie sie dem irischen Nationalismus eigen ist. Der Aufstand fand im vorwiegend englischen Dubliner Establishment zunächst

wenig Sympathien. Etliche Dubliner überreichten den britischen Soldaten sogar Schokolade und Obst, als sie zur Niederwerfung der Rebellion
einmarschierten. Die anschließenden Exekutionen sorgten in Irland und
in der irischen Diaspora jedoch für einen Meinungsumschwung. 16 Anführer wurden erschossen. Es war »wie ein Blutstrom, der unter einer
verschlossenen Tür herausfließt«, schrieb eine Irin, und Zeitungen in
Chicago veröffentlichten die Namen der Opfer auf den Titelseiten.

Daß die Hinrichtung bewaffneter Rebellen in Kriegszeiten für ab-
scheulich gehalten wurde, war ungewöhnlich. Doch normale moralische
Regeln galten zwischen Engländern und Iren nicht. Zuviel historischer
Ballast hatte sich zwischen ihnen angehäuft. Seit 750 Jahren war Irland
de facto eine britische Kolonie, deren Bevölkerung sich in drei Gruppen aufteilte: Die alteingesessenen katholischen Iren bildeten die erste
Gruppe, ihres Landes größtenteils beraubt und durch Hunger, Krankheit und Emigration nach der großen Hungersnot 70 Jahre zuvor dezimiert. Sie fühlten sich als Knechte im eigenen Haus. *The Catholic Eman-*
cipation Act, der 1829 durchgesetzt werden konnte und ihnen zumindest
Religionsfreiheit brachte, bedeutete für sie reine Schönfärberei. Nach
Gladstones Fehlschlägen stand die *Home Rule* erneut zur Debatte, aber
der Antrag wurde zu Beginn des Krieges im Jahr 1914 ohne weitere
Begründung der Parlamentsabgeordneten wieder zurückgezogen. In
Versailles schließlich mußten die Iren mit ansehen, wie kleine Nationen,
etwa die Tschechoslowakei, Estland und Litauen, ihre Souveränität
erhielten – und zwar mit Unterstützung der Briten, die Irland das Recht
auf nationale Eigenständigkeit halsstarrig vorenthielten. Für die Zögerlichkeit der Engländer waren vor allem die Ulster-Protestanten in der
Region um Belfast verantwortlich, die zweite Bevölkerungsgruppe. Ein
Großteil bestand aus Nachfahren der zumeist presbyterianischen Usur-
patoren aus dem schottischen Tiefland, die im 17. Jahrhundert die
katholischen Iren von ihrem Land vertrieben und sich selbst dort nie-
dergelassen hatten. Sie betrachteten die »Papisten« und »Fenier« im
Süden der Insel mit Argwohn und Geringschätzung. Bis heute feiern die
Orangemen, wie sie sich selbst nennen, alljährlich den Sieg in der
Schlacht am Fluß Boyne, mit dem Wilhelm von Oranien 1690 die protestantische Oberherrschaft in Irland festigte. Die dritte Gruppierung
waren die Angloiren aus der protestantischen Herrschaftsschicht, die
teilweise von den normannischen Eroberern abstammten, meist aber
erst vor zwei oder drei Jahrhunderten ins Land gekommen waren. Sie
lebten auf großen oder kleineren, prachtvollen oder halbverfallenen
georgianischen Herrensitzen und bildeten die militärische, aber auch
intellektuelle Elite. Die Generäle Wellington, Kitchener und French
gehörten zu ihnen, wie auch die Schriftsteller Richard Bringsley Sheri-
dan, Oliver Goldsmith, Oscar Wilde, Bram Stoker – der Autor von »Dra-
cula« – und William Butler Yeats. Anders als bei den Ulster-Protestanten, die für den Erhalt der Union mit England zu kämpfen bereit waren,
gab es unter den Angloiren unterschiedliche Stimmen. Jonathan Swift,
der Autor von »Gullivers Reisen« und Dekan der protestantischen Saint-
Patricks-Kathedrale in Dublin, forderte dazu auf, alles Englische zu ver-

*»Der Schatten eines Rebellen« – so
lautete der Titel eines Bühnenstücks
von Sean O'Casey aus dem Jahr
1922, der Wirklichkeit in den Straßen von Dublin im selben Jahr nach-
empfunden (rechts). Es handelt sich
um bewaffnete IRA-Männer, die im
Bürgerkrieg, der dem Unabhängigkeitskampf gegen die Briten folgte,
durch die Stadt patrouillieren. Die
Grüne Insel war gespalten, und auf
jeder Seite glitzerte die Fratze der
Mißgunst. »Irland«, schrieb James
Joyce, »ist die alte Sau, die ihre
Ferkel frißt.«*

Irland verließ, bemerkte ein Passant angesichts der großen Trauergemeinde: »Ist es zu fassen, daß all diese Leute Sinn Féiner sind? Ich hätte nie gedacht, daß es so viele gibt – und auch noch mitten unter uns.« Die Verbindungen zwischen den beiden Inseln waren stets sehr eng. Collins hatte früher in einer Bank in London gearbeitet, und der Kommandant der Guerillaeinheit von Cork, Tom Barry, diente einst in der britischen Armee.

Die Briten, die immer noch hofften, nicht mehr als die *Home Rule* zugestehen zu müssen, schlugen die Teilung Irlands vor. Zwei Parlamente sollten eingerichtet werden: eines in Belfast für die sechs überwiegend protestantischen Counties in der Provinz Ulster im Nordosten und eines in Dublin für die verbliebenen drei Counties Ulsters und die 26 Counties im Süden. Im Norden gewannen die Unionisten die Wahl, woraufhin der König im Juni 1921 das Belfaster Parlament in Stormont Castle eröffnete. Die wesentlichen Bereiche des nordirischen Parlaments – Steuern, Verteidigungsaufgaben und Außenpolitik – verblieben unter der Kontrolle des britischen Parlaments in Westminster. Im Süden zogen 124 Abgeordnete der Sinn Féin ohne Opposition in den *Dáil* ein – mit ziemlich unterschiedlichen Ansichten über die Frage der Souveränität. Im Juli wurde ein Waffenstillstand erklärt, sehr zur Erleichterung von Michael Collins, der 120 Mann bei der Einnahme des Custom House in Dublin verloren hatte und von britischen Soldaten belagert wurde. »Ihr habt uns völlig erledigt«, sagte er schließlich, »drei weitere Wochen hätten wir nicht durchgestanden.« Die Briten boten den Dominionstatus an. Collins und Arthur Griffith, einer der Gründer von Sinn Féin, fuhren zu Verhandlungen nach London. Am 6. Dezember 1921 einigte man sich auf die Bildung des *Irish Free State* – unabhängig in allen politischen Entscheidungen, aber immer noch zur Loyalität gegenüber dem König verpflichtet. »Nach all dem Schweiß, der Plackerei und ausweglosen Alpträumen gehe ich in der kalten, feuchten Nachtluft durch die Straßen Londons«, schrieb Collins. »Und ich frage mich: Was habe ich für Irland

erreicht? Wird irgend jemand mit diesem Handel zufrieden sein? ... Heute morgen habe ich mein Todesurteil unterschrieben.« De Valera warnte davor, daß der Vertrag »in scharfem Kontrast zu den Wünschen der Mehrheit der Nation« stehe. Doch das Abkommen wurde von einer – wenn auch knappen – Mehrheit des *Dáil* gebilligt. In der nachfolgenden Wahl errangen die Befürworter des Vertrags sogar drei Viertel der Sitze. Collins definierte das Dokument als »Freiheit, um die Freiheit zu erlangen«. Womit er letztlich recht hatte – 1948 rief de Valera ohne großen Widerspruch Englands die irische Republik aus. Collins sollte allerdings auch recht behalten, was sein Todesurteil betraf.

Der Unabhängigkeitskrieg gegen die Briten ging nahtlos in den irischen Bürgerkrieg über. Die Teilung Irlands betraf nicht nur die Trennung in Norden und Süden, sondern zog sich durch das ganze Land, als sich die Vertragsgegner unter de Valera und die Vertragsbefürworter unter Collins einen blutigen Kampf lieferten. Im April 1922 besetzten Republikaner die Four Courts, das Gerichtsgebäude in Dublin, wo sie von Soldaten des Freistaats beschossen wurden. Collins wurde davor gewarnt, in das County Cork zurückzukehren. »Sie werden mich sicherlich nicht in meinem eigenen Land erschießen«, glaubte er. Am 22. August geriet seine Wagenkolonne im Westen des Countys in einen Hinterhalt der Republikaner, bei dem Collins den Tod fand.

Zur Vergeltung wurden daraufhin 77 Republikaner exekutiert, darunter auch Erskine Childers. Während des Ersten Weltkriegs hatte er in der britischen Marineaufklärung gedient, war beim Überfall der Royal Navy auf Cuxhaven dabei und erhielt das Kriegsverdienstkreuz. Im *Dáil*-Kabinett war er Propagandaminister, aber auch ein leidenschaftlicher Republikaner und Vertragsgegner. Vom Freistaat wurde er ironischerweise wegen des Besitzes einer Pistole, die ihm Michael Collins geschenkt hatte, zum Tode verurteilt. Am 24. November wurde Childers in Dublin in der Beggar's-Bush-Kaserne erschossen. »Mein geliebtes Land«, schrieb er, »möge Gott dir Mut, Sieg und Ruhe schenken und unserem Volk Harmonie und Liebe. Es ist sechs Uhr früh ... Es erscheint alles vollkommen einfach und unvermeidlich, als würde man sich nach einem langen Arbeitstag zur Ruhe legen.« Er schüttelte jedem Mitglied des Erschießungskommandos die Hand.

Die Republikaner drohten daraufhin, sämtliche Angehörige des *Dáil* zu erschießen, die für die Notstandsermächtigung gestimmt hatten, welche die Exekution Childers' legitimierte. Als Vergeltung ließ die Regierung mit Zustimmung des gesamten Kabinetts vier führende Republikaner, die in den Four Courts gefangengenommen worden waren, mitten in der Nacht aus ihren Zellen holen und ohne Prozeß hinrichten. Allein im Januar 1923 kamen 34 Republikaner durch Exekutionen ums Leben, 13 000 saßen in Gefängnissen, bis schließlich de Valera im Mai den Republikanern befahl, die Waffen niederzulegen. Im Süden Irlands herrschte von da ab Ruhe.

Die Briten hatten ihre älteste Kolonie verloren, weil sie keinen Sinn mehr darin sahen, an ihr gegen den Widerstand der Bevölkerung festzuhalten. Die Verwicklungen im restlichen Empire waren ohnehin schwerwiegend genug. Auch in Indien griffen die Briten nicht mehr so ohne weiteres zum Gewehr. Im April 1919 gerieten im Punjab die nationalistischen Demonstrationen außer Kontrolle – das Stadtzentrum von Amritsar fiel in die Gewalt des Mobs. Europäer wurden ermordet und Banken in Brand gesteckt, so daß der Gouverneur des Punjab, der Angloire Sir Michael O'Dwyer, das Kriegsrecht verhängte. Der Militärkommandant General Reginald Dyer – ein Mann, der, wie ein Kollege bemerkte, sich am wohlsten fühlte, wenn er mit einem Revolver zwischen den Zähnen über eine burmesische Palisade kroch – sah sich einer zehntausendköpfigen, mit Stöcken und Sikhschwertern bewaffneten Menge gegenüber. Er befahl seinen indischen Soldaten, das Feuer zu eröffnen. Innerhalb von zehn Minuten töteten sie 379 Menschen und verwundeten 1000 – der halsstarrige Dyer bedauerte nur, daß er keine Maschinengewehre benutzen konnte. Verdächtige ließ er verprügeln, und er zwang Inder dazu, die Straße, in der eine Frauenmission überfallen worden war, wie Schlangen auf dem Bauch entlangzukriechen.

Dem Untersuchungsgericht erklärte Dyer: »Ich dachte, ich hätte alles prima hingekriegt.« Er wurde aus dem Militärdienst entlassen. Einige Konservative und Offiziere neigten zwar zu Gewalttaten, doch nicht so der Kriegsminister Winston Churchill – »Terror führt zu Blutbad und Massaker ... Dergleichen ist der britischen Vorgehensweise absolut fremd« – und auch nicht der Indienminister Edwin Montagu. Er bezichtigte Dyer des »Rassismus«. In einer Parlamentsdebatte wandte er sich an dessen Unterstützer: »Sie akzeptieren einen Inder, solange er tut, was Sie von ihm verlangen«, warf er ihnen vor. »Doch wenn er anfängt, eigenständig zu denken, wenn er die Bildung nutzt, die er durch Sie genossen hat, wenn er sich auch nur einmal die Ideale der individuellen Freiheit zu eigen macht, die uns Briten so lieb ist – warum stufen Sie ihn dann als Agitator ein?« Genau das war der Haken: Wenn ein Inder oder auch Ire sich diese Ideale der Freiheit aneignete und die Unabhängigkeit forderte, wie konnte man sie dann verweigern?

Der Boom der Nachkriegsjahre loderte so hell und kurz wie ein Feuerwerk. Die Börse erlebte Höhenflüge, und die Löhne schnellten mit der Inflation nach oben – das Nachkriegspfund verlor die Hälfte seines Wertes. Die Staatsverschuldung war seit 1914 um das Zwölffache auf acht Milliarden Pfund gestiegen und die Einkommensteuer auf 30 Prozent

Die Industriestädte im Norden hatten ihren eigenen Charakter und Alltag. Die Fotos wurden von Humphrey Spender in Bolton aufgenommen, einer Textil- und Chemiestadt bei Manchester. Er hielt Bolton für so typisch für den Norden, daß er es schlicht »Worktown«, Arbeiterstadt, nannte. Die Männer spielten »crown bowls« (links), eine Art Boule, so genannt, weil die Mitte des Spielfelds etwas höher angelegt war als die Ränder – die kraftlosen Südbriten bevorzugten »flat green bowls« auf ebenem Areal. Das Feld gehört zu einem Pub, das anmaßenderweise »Felsen von Gibraltar« hieß. Auch die Frauen spielten Boule, allerdings nicht vor einem Pub. In der Kneipe selbst, zu der nur Männer Zutritt hatten, wurden Karten, Domino und Dart gespielt. »Es ist schon möglich«, sagt ein Nordengländer über die Wäscherin

*(rechts), »daß sie diese Wäsche gewaschen hat. Aber es ist
die Wäsche von jemand anderem. Entweder um eine halbe
Krone [12,5 Pence] pro Korb zu verdienen, oder sie hat die
Kleider geliehen und dann umsonst gewaschen, weil sie die
eigenen ins Pfandhaus getragen hat, um Geld bis zum nächsten Freitag zu haben.«*
[Fotos: Humphrey Spender]

geklettert, um die Verschuldung wenigstens ansatzweise aufzufangen. Erbschaftssteuern auf Grundbesitz wurden auf den Höchstsatz von 40 Prozent getrieben – der Markt war daraufhin von Grundstücksangeboten überschwemmt. Der Herzog von Sutherland verkaufte in Schottland weit über 10 000 Hektar, und der Herzog von Rutland trennte sich von der Hälfte seines Landsitzes Belvoir, fast 12 000 Hektar, für die er anderthalb Millionen Pfund erhielt. Die *Times* läutete dem Landadel die Totenglocken: »England wechselt die Besitzer«, schrieb sie 1920. »Wird es ein Kriegsgewinnler kaufen? ... Die Veränderungen gehen größtenteils in aller Stille vor sich ... Die Söhne liegen vielleicht in fernen Gräbern, die Töchter betrauern heimlich jemanden, der ihnen nähersteht als der Bruder.« Zum Kriegstod der Söhne kam nun auch noch die Zerstückelung der Besitztümer der Väter hinzu. Bis 1921 hatte ein Viertel Englands den Eigentümer gewechselt. Es war, so legte der Historiker John Stevenson dar, der größte und schnellste Landtransfer »zumindest seit der Säkularisierung der Klöster und vermutlich seit der normannischen Eroberung«.

Mit dem leicht verdienten Geld schwand auch die Moral. Die Koalitionsregierung war eine einzige Seilschaft, verfilzt und voller alter Kameraden – »Lloyd George kannte meinen Vater«, hieß es in einem Liedchen, »und Vater kannte Lloyd George.« Die Parteien waren bezüglich ihrer Einkommensquellen nicht gerade zimperlich. Sie verkauften Ehrentitel und fanden begierige Abnehmer. Ruchbar wurde das im Fall von Oberst Parkinson aus einer begüterten Bauunternehmerfamilie, der auf Schadensersatz klagte, nachdem er einer windigen Gestalt 3000 Pfund bezahlt hatte für den Titel eines Knights, der sich letztlich als falsch erwies. Männer mit dicker Brieftasche konnten zwar schon immer einen Ehrentitel erwerben, neu waren jedoch die exakt festgelegten Preise. Der Duke of Northumberland behauptete, daß der Titel eines Knights für 10 000 Pfund verkauft würde und der eines Barons für 40 000 Pfund.

Zur Personifizierung wurde der Abgeordnete Horatio Bottomley, eine stattliche Erscheinung und ein genialer Betrüger zugleich, der als armes Waisenkind aufgewachsen war und sich zum Veranstalter, Spieler und Herausgeber des Kriegstreibermagazins *John Bull* hochgearbeitet hatte. Er bewies erstaunliche Kreativität hinsichtlich eingängiger Phrasen – die

Nicht alle hatten unter der Depression zu leiden. Die sehr Reichen – wie diese Dame (links), die nach einem Ausritt im Hyde Park einen kleinen Erfrischungstrunk in Mayfair zu sich nimmt – waren zumeist wenig davon betroffen, sofern sie über sichere Kapitalanlagen wie Regierungsanleihen verfügten. Fusionen und Übernahmen federten die Härten für die Industriellen ab, deren Firmen in Schwierigkeiten gerieten. Zahlreiche Pubs trugen immer noch den Namen »Zum fröhlichen Landmann«, aber den konnte man kaum noch finden. Viele waren nach Aufhebung der Kriegssubventionen für Getreide ruiniert, und die Löhne der Landarbeiter wurden halbiert.

Die Notlage der ehemaligen Soldaten, denen man einst ein »Land, gemacht für Helden« versprochen hatte, war besonders bitter (rechts). Diese hier machen in London für ein paar Münzen Straßenmusik. »Arbeitsunfähig« steht auf dem Schild des Trompeters. »Akute Asthmaanfälle, Bronchitis und Emphyseme. Atteste habe ich in der Tasche.« Gleichwohl formierten sie sich nicht wie nunmehr ihre einstigen deutschen Feinde zu politischen Banden. Die harten Zeiten führten zur Resignation, nicht zu Straßenkämpfen oder Extremismus.
[Foto rechts: Edith Tudor Hart]

Deutschen nannte er »Ger-Huns« und die abstinente Lady Astor eine »Heuchlerin reinsten Wassers«–, und er war absolut skrupellos. In seiner Zeitschrift veranstaltete er Lotterien und behielt den Großteil der Preisgelder, die seine Leser zusammengebracht hatten, für sich selbst. Von den 90 000 Pfund, die sie für die von ihm erfundenen »Prämienlose« zeichneten, wanderte bis auf 10 000 Pfund alles in seine Tasche. Die Hälfte der ergaunerten Summe verlor er beim Rennen, als sein Pferd im Manchester Cup unter »ferner liefen« landete, die andere Hälfte brachte er mit Frauen und Champagner durch.

Die Ausgabe der Nachkriegs-Siegesanleihen gab ihm die Möglichkeit, sein Vermögen wieder aufzustocken. Die Regierung setzte sie auf fünf Pfund fest. Bottomley bezeichnete das als elitär und versprach jedem Leser, der an *John Bull* ein Pfund schickte, ein Fünftel des Anteils einer Siegesanleihe sowie die Chance, eine dicke Prämie aus dem Fonds der Interessengemeinschaft einzustreichen. Er nahm die enorme Summe von

650 000 Pfund ein. Die 300 000 Investoren warteten mit zunehmender Ungeduld auf ihre Prämien. Um den Argwohn der Anleger zu besänftigen, ließ er sich von einem alten Kumpel als Betrüger anzeigen, der sich vor Gericht bei ihm entschuldigte, umgeben von Demonstranten, denen er fünf Schilling pro Tag zahlte, damit sie ihn hochleben ließen. Der Bluff flog auf, als einer seiner »Denunzianten« gefragt wurde, wer die Entschuldigung geschrieben habe, die er vor Gericht vorlas, und herausplatzte: »Mr. Bottomley.« Als Tausende die Rückzahlung ihrer Lose verlangten, forderte Bottomley den Oberstaatsanwalt auf, seine Bücher zu prüfen – nachdem er den größten Teil vorher vernichtet hatte. Er wurde wegen Betrugs angeklagt und plädierte vergeblich auf »nicht schuldig«. Nach einem letzten Wochenende mit Boxkampf und Champagner wurde er zu sieben Jahren Haft verurteilt und verlor seinen Parlamentssitz. Nach seiner Freilassung wurde er zur Varieténummer.

Der Boom fand ebenso wie Bottomleys Karriere ein jähes Ende Die Arbeitslosenzahl stieg von 1.3 Millionen im Frühjahr 1921 auf über zwei Millionen zu Weihnachten. Im Krieg verlorene Handelsmärkte konnten nicht wieder zurückgewonnen werden. In Japan erhielten Baumwollweber an elektrischen Webstühlen umgerechnet acht Pence pro Tag, während in Lancashire die Arbeiterinnen der gleichen Branche, die sich noch immer auf Kohlenkraft stützte, zwei Pfund die Woche bekamen. Die Flugzeugindustrie hatte sich zwar zur größten der Welt entwickelt, die 350 000 Menschen Arbeit gab, doch eine Hälfte der Werke ging bankrott und die andere mußte kurzarbeiten. Lloyd Georges Helden standen mit Sammelbüchsen an den Ecken des Londoner Westends, Exoffiziere wurden zu Hausierern, und ein Viertel der Seeleute der Handelsmarine sowie ein Drittel der Eisen- und Stahlarbeiter verloren ihre Arbeit, als effektivere amerikanische Firmen das, was vom Markt übrigblieb, abdeckten. »Stahl wird in England nur noch als Nebenprodukt hergestellt«, schrieb ein Beobachter. »Das Hauptprodukt ist Selbstmitleid.«

Die Arbeitslosenversicherung war ausgedehnt worden, um allen Arbeitern Schutz zu bieten. Ursprünglich bei 15 Schilling pro Woche für Männer und zwölf Schilling für Frauen festgelegt – immer noch zum Leben zuviel, zum Sterben zu wenig –, überforderte sie die Sozialämter in den am schlimmsten betroffenen Gegenden. In den Londoner Slums von Poplar weigerte sich die Behörde, den Höchstbetrag an große Familien auszuzahlen, weil es den Werftarbeitern mit vielen Kindern dadurch besserginge, als wenn sie noch Arbeit hätten. Die Unterstützung wurde aus den Gemeindesteuern bestritten. Die Labour-Abgeordneten von Poplar lehnten es ab, die Steuern so weit zu erhöhen, daß das Arbeitslosengeld daraus finanziert werden konnte. Damit stellten sie sich gegen das Gesetz. 30 von ihnen, die auf »schuldig, aber stolz darauf« plädierten, wurden zu Gefängnisstrafen verurteilt. Sie trafen jedoch die allgemeine Stimmung, als sie forderten, die Sozialhilfe nicht nur vom verarmten Bezirk East End finanzieren zu lassen, sondern von ganz London. Die Regierung lenkte ein, sie wurden freigelassen und ein stadtweiter Sozialfonds für ganz London eingerichtet. Den Streikenden erging es weniger gut. Polizisten, die eine eigene Gewerkschaft forderten, wurden ohne Pensionsansprüche entlassen. Die Bergarbeiter traten in den Ausstand, als die Minenbesitzer eine Lohnkürzung beschlossen. Sie appellierten an die Solidarität der Transportgewerkschaft, aber die wurde am »Schwarzen Freitag«, dem 15. April 1921, hinfällig. Ende Juni warfen auch sie schließlich das Handtuch.

Garantierte Abnahmepreise für Getreide wurden aufgehoben. Billige Importe ruinierten die einheimische Produktion. 1920 brachten zwölf Kilo Getreide 80 Schilling ein, 1922 nur noch 47 Schilling. Im Nachkriegsaufschwung verdienten Landarbeiter zwei Pfund zehn Schilling pro Woche. Die Regierung schaffte den Mindestlohn ab, und die Löhne wurden umgehend halbiert. In Norfolk versuchten die Bauern, sie noch weiter auf ein Pfund pro Woche zu drücken. 10 000 Menschen streikten daraufhin sechs Wochen lang. Sie sangen die »Internationale« – und sicherheitshalber *Onward Christian Soldiers*–, bis die Bauern unter Regierungsdruck nachgaben. Die einstmals wohlgenährten Burschen von Devon im Westen des Landes wurden »blaß, anämisch, mit glanzlosen Augen, kleinwüchsig, unterernährt und ausdruckslos«.

Lloyd Georges Umgang mit der irischen Krise hatte zwar den König glücklich gemacht, nicht jedoch die Konservativen in seiner Koalition. Diese errangen bei der Wahl von 1922 unter Andrew Bonar Law die Mehrheit. Er hinterließ so wenig Eindruck, daß Asquith ein Jahr später nach dessen Tod und dessen Bestattung in der Westminster Abbey anmerkte, daß ein »unbekannter Premierminister« neben dem Unbekannten Soldaten beerdigt worden sei. Sein Nachfolger war nicht wie erwartet der brillante George Nathaniel Curzon, sondern der ebenfalls farblose Stanley Baldwin. Max Beerbohm karikierte ihn als einen Schuljungen aus Harrow, der auf sein älteres Selbst blickt und ausruft: »Premierminister? *Du?* Ach du liebe Güte!«

Obwohl Baldwin als ein Aussitzer galt – ruhig, pfeiferauchend, zuverlässig und außerordentlich reich –, war seine Regierung nicht von langer Dauer. Anfang 1924 kam die Labour-Partei mit Unterstützung der Liberalen ans Ruder. Aus Rücksicht auf die erste Regierung der Arbeiterklasse des Landes erklärte sich der König zu einer Lockerung des Protokolls bereit, dem zufolge die Kabinettsmitglieder bei königlichen Audienzen schwarze Kniehosen und weiße Seidenstrümpfe zu tragen hatten.

Die Gesellschaft zwischen den Kriegen war geistreich und wagemutig – sie hielt sich zumindest dafür. Sie entdeckte Kokain und Cocktails. Die Röcke wurden kürzer und die Karomuster schreiender, und sie entwickelten die Kunst des ausgefeilten Schabernacks. Spaß war ein natürliches Gegenmittel zur Bekämpfung der Erinnerungen an die Schützengräben, und man hatte jede Menge davon. Die Gäste auf dem Foto rechts vergnügen sich auf einem Wohltätigkeitsball zugunsten einer historischen Kirche von Sir Oliver und Lady Hart Dyke in Lullington Castle in Kent. Schloß und Kirche waren von Scheinwerfern angestrahlt. Zur Unterhaltung wurden ein Kabarett, Bridgespiele, ein Dartraum und ein ägyptischer Hellseher aufgeboten.

Beim ersten Treffen mit dem König staunten die neuen Minister nicht schlecht über den historischen Wandel, der »MacDonald, den ausgehungerten Angestellten, Thomas, den Lokomotivführer, Henderson, den Stahlgießer, und Clynes, den Fabrikarbeiter, an die Spitze« gebracht hatte. Die Mittelschicht erschauderte bei dem Gedanken, die Roten an der Macht zu sehen, obwohl sie keinen Grund dazu hatte. Der Eisenbahner J. H. Thomas wurde zum höchst respektablen Kolonialminister, der Abendgarderobe und Zigarren so sehr schätzte, daß ihn die Karikaturisten mit »Sehr Ehrenwertes Frackhemd« betitelten. Der radikale Sidney Webb wurde als Lord Passfield in den Adelsstand erhoben. Und Ramsey MacDonald, der neue Premierminister, ließ mit der gleichen Selbstverständlichkeit wie ein Konservativer die Notstandsgesetze ausrufen, um mit einem Transportarbeiterstreik fertig zu werden – auch wenn seine Partei das als »übles Instrument kapitalistischer Tyrannei« angeprangert hatte.

Labour führte keineswegs die gefürchtete Erhöhung der Vermögenssteuer ein. Es handelte sich um eine Minderheitsregierung, deren Krallen, wie Asquith meinte, gestutzt waren. Die einzige halbwegs linkslastige Handlung bestand darin, daß Großbritannien als erstes Land überhaupt die Sowjetunion anerkannte. Die Liberalen legten keinen Wert darauf, »Mördern die Hand zu schütteln« oder mit denen, die das taten, zusammenzusitzen. Sie kündigten ihre Unterstützung von Labour auf und sorgten somit für eine Neuwahl im Herbst. Acht Tage vor Öffnung der Wahllokale veröffentlichte das Auswärtige Amt einen Brief, der augenscheinlich von Grigori Sinowjew, dem Vorsitzenden der Kommunistischen Internationale, an die Kommunistische Partei Großbritanniens gerichtet war. Darin forderte er die Partei auf, die Arbeiter zu mobilisieren, in der Armee zu agitieren und Unruhen zu entfachen, da der britische Vertrag mit der Sowjetunion das Proletariat revolutionieren würde. Der Brief erwies sich als Fälschung. Die Kommunistische Partei

Für die Hochzeit des Jahres läßt sich
Edwina Ashley vom Kirchendiener die
Schleppe richten, bevor sie 1922 die Kirche betritt, um Lord Louis Mountbatten zu
ehelichen. Die Braut war eine bemerkens-
werte Schönheit und der Bräutigam der
Urenkel von Königin Viktoria und schnei-
diger Leutnant zur See. Die während der
Flitterwochen gemachten Fotos stammen
aus Mountbattens Privatalbum. In San-
tander schwingen die Frischvermählten vor
ihrer Weiterreise nach Amerika in einer
Schaukel (großes Bild). Es hieß, daß »die
Royal Navy stets erster Klasse reist« – die
Mountbattens hatten ihren eigenen Salon-
wagen (rechts oben).

Die beiden, selbst mit einer Aura von
Superstars, hatten Freunde aus dem
Showgeschäft. In New York dinierten sie
mit Jerome Kern, trafen den Baseballcrack
Babe Ruth und fuhren auf Coney Island
mit der Achterbahn. Charlie Chaplins
Hochzeitsgeschenk war ein Film mit dem
Titel »Nice and Friendly«, für den er als
Regisseur und Hauptdarsteller agierte.
In dieser Szene (rechts unten) kommen
Chaplin, die Mountbattens sowie ein
Navy-Freund mit seiner Frau vor. Nach
sechs Monaten Urlaub bei halbem Sold
kehrte der junge Leutnant zu einer glän-
zenden Laufbahn in der Navy zurück.

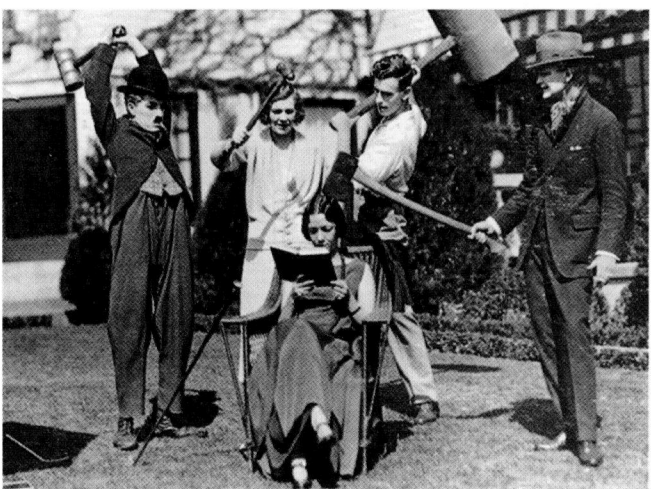

Ein Model (links) präsentiert sich in der Pose der Jugend – bewußt sexy, pseudodekadent und aufreizend. Sie trägt ein Kleid des Couturiers und Hofschneiders Norman Hartnell, der später durch seine Kreationen für Königin Elizabeth und die Königinmutter bekannt wurde.

Cecil Beaton nahm das Foto von Georgia Sitwell (Mitte) 1930 auf, als Vogue sie als »eine der hübschesten jungen Ehefrauen« Englands bezeichnete. Sie war mit Sacheverell, dem Bruder von Osbert und Edith Sitwell, verheiratet. Die drei waren zwischen den Kriegen »Impresarios der Avantgarde aller Kunst-

richtungen«. Das Foto wurde während einer
Gesellschaft auf ihrem Familiensitz Renishaw
Hall in Derbyshire aufgenommen.
Lady Diana Cooper (rechts), hier in einem Kostüm,

*das die Wohltätigkeit darstellen soll, galt als eine
der Schönheiten ihrer Zeit. Die Tochter des Herzogs von Rutland war Schauspielerin gewesen.
Ihr Ehemann, der Anti-Appeasement-Politiker*

*Sir Alfred Duff Cooper, wurde später Botschafter in
Frankreich.*
[Foto linke Seite außen: Sasha]
[Foto Mitte: Cecil Beaton]

Großbritanniens hatte so wenig Mitglieder wie die *British Geoplanarian Society*, die glaubte, die Welt sei eine Scheibe. Die erfreuten Konservativen behaupteten nun, daß jede Stimme für die Liberalen eine Stimme für Labour sei und eine Stimme für Labour eine für die Kommunisten. Der Labour-Partei schadete das nur wenig, aber es führte zum Niedergang der Liberalen. Sie vermochten sich nur noch in Wales und im tiefsten Schottland 42 Sitze zu sichern und waren somit von einer großen Partei zu einer keltischen Randgruppe abgestiegen. Die gefürchteten Kommunisten stellten gerade mal einen Abgeordneten, den Inder Sharpurji Saklatava aus Battersea. Die Konservativen hielten 415 Sitze. Premierminister wurde Baldwin, während Winston Churchill, der nach einem kurzen Ausflug zu den Liberalen in den Schoß der Konservativen zurückgekehrt war, die Leitung des Finanzressorts übertragen wurde.

Die moderne Jugend zeigte wenig Interesse an Politik. Das »arme reiche Mädchen«, das Noël Coward zum Mittelpunkt eines seiner Bühnenstücke gemacht hatte, war zu erschöpft von langen Nächten, zuviel Alkohol und den Jazzrhythmen, um überhaupt an irgend etwas zu denken. Man tanzte Charleston und den Twinkle, den Jogtrot, den Vampire, den Elfreda, den Canal Walk und den Shimmey. Man trank in amerikanischen Cocktailbars Manhattans, Sidecars und White Ladies. Die Zeitungen berichteten begierig über die »Nächte im Jazzdschungel«, wo »Frauen wie Männer und Männer wie Frauen gekleidet sind – Jugendliche in Badehosen und Kimonos. Nackte, fette und schwitzende Männer. Alle furchtbar ernsthaft, nicht ein einziges Lachen oder auch nur der Anflug eines Lächelns.«

Bottle Parties wurden veranstaltet, um die Schankgesetze zu umgehen. Die Polizei führte zwar Razzien in kommerziellen Nachtclubs durch, die eine Lizenz über die Sperrstunde hinaus besaßen, aber bei privaten Partys konnte sie nicht eingreifen. So öffneten professionelle Gastgeber ihre Wohnungen und Häuser, verschickten gedruckte Einladungen, engagierten Tanzkapellen und Kellner und nahmen gepfefferte Preise für Whisky, Champagner und ein Frühstück mit Schinken und Ei. Lord Chamberlain, dem es oblag, daß bei öffentlichen Aufführungen der Anstand gewahrt blieb, hatte keinen Zugriff auf private Unterhaltungsshows. So entstanden recht freizügige Cabarets.

Die Erinnerungen an die Schützengräben suchte man mittels Schabernack, Schwindeleien und Extravaganzen auszulöschen. Auf den Straßen von Cambridge wurde Flohhüpfen gespielt und in Oxford das Märtyrerdenkmal mit Nachttöpfen geschmückt, zuerst mit irdenen und, als die Polizei sie herunterschoß, mit metallenen. Der Oxford Railway Club wurde gegründet, um in den Nachtzügen kräftig bechern zu können: Die Clubmitglieder bestiegen in voller Abendkleidung den Aberdeen-Penzance-Expreß, um zu trinken, zu speisen und Reden zu halten. Brian Howard und seine Schriftstellerfreunde aus Oxford, Evelyn Waugh und Harold Acton, spielten Bockspringen durch das Kaufhaus Selfridge, steckten die Themse mit Benzin in Brand und dachten sich

George Bernard Shaw (linke Seite oben), Dramatiker, Kritiker, Vegetarier, Flugblattschreiber und Reisender, trägt am Strand nicht viel mehr als seinen Bart. Der Bildhauer Jacob Epstein (linke Seite unten) verursachte mit seinen großartigen Aktskulpturen Genesis, Ecce Homo und Adam in den dreißiger Jahren einen Aufruhr und wurde der Unanständigkeit und Blas-

phemie beschuldigt. Der Maler Augustus John (oben) bereiste mit der Literaturmäzenin Lady Ottoline Morrell Italien. Sie hatte sich heftig in ihn verliebt, aber ihr außergewöhnliches Aussehen war selbst für den unverbesserlichen Schürzenjäger zuviel.
[Foto linke Seite unten: Malcolm Arbothnot]

raffinierte Schwindeleien aus. So erfanden sie einen modernistischen Maler namens Bruno Hat und eröffneten eine Ausstellung mit seinen Werken, gemalt von Howard und mit Katalogtexten von Waugh. Als Schwarze in Mode kamen, erhoben Howard und seine Clique die Revue »The Blackbirds« und ihre Darsteller in den Kultstatus. In London lief sie über ein Jahr, und selbst der Prince of Wales sah sich zwanzigmal an. Sie engagierten die Blackbirds für ihre Kostümpartys, zu denen sie sich als Queen Victoria, Cowboys, als Heizer und Matrosen verkleideten, die Schwimmbäder in der Buckingham Palace Road stürmten, wo sie Gummipferde und Blumen auf dem Wasser treiben ließen und zu den Klängen einer Farbigen-Kapelle tanzten. Das Miteinander von farbigen Musikern und weißen Frauen in Badeanzügen rief genau den Skandal hervor, den sie beabsichtigten. Nancy Cunard war das Sinnbild des modernen Mädchens. Ihre knabenhafte Schönheit wurde von Constan-

tin Brancusi modelliert und von Oskar Kokoschka porträtiert, eine Dichterin, die es darauf anlegte zu schockieren – was ihr auch gelang. Sie nahm sich einen farbigen Liebhaber und veröffentlichte eine 900 Seiten dicke Anthologie farbiger Kultur mit dem Titel »Negro«. Entsprechend dem *modern girl* war ihr männliches Gegenstück »träge, anämisch, feminin, blutleer, herausgeputzt wie ein Mädchen und ein Stutzer, bar jeder Männlichkeit ... ein Schoßhund im Seidenmäntelchen«.

Es war eine Zeit der verlorenen Gewißheiten. »Ich befand mich auf dem Scheideweg zwischen Jugend und Alter, wie ein Mann, der seinen Zug verpaßt hat: zu spät für den letzten und zu früh für den nächsten«, ließ George Bernard Shaw eine seiner Figuren über diese Zeit sagen. »Weder habe ich eine Bibel, noch habe ich einen Glauben – beide hat mir der Krieg aus den Händen geschossen ...« Manche befaßten sich mit dem Buddhismus oder anderen östlichen Weisheiten. Sie fuhren nach Holland, wo Jiddu Krishnamurti »Ferienandachtscamps« für seine Anhänger veranstaltete. Der Inder wurde von Annie Besant 1925 als Messias angekündigt. Sie war die Hohepriesterin der Theosophen, welche die Erkenntnis der göttlichen Natur auf der Grundlage der brahmanischen und buddhistischen Schriften für sich in Anspruch nahmen. Besant selbst blickte auf eine ungewöhnliche Laufbahn zurück: Sie wurde unter Gandhi zur Präsidentin des indischen Nationalkongresses gewählt, da eine Engländerin, die gegen die Diskriminierung von Rasse und Religion eintrat, ein Schlag ins Gesicht der anglikanischen und rassendiskriminierenden Herrschaft über Indien war. Krishnamurti galt in

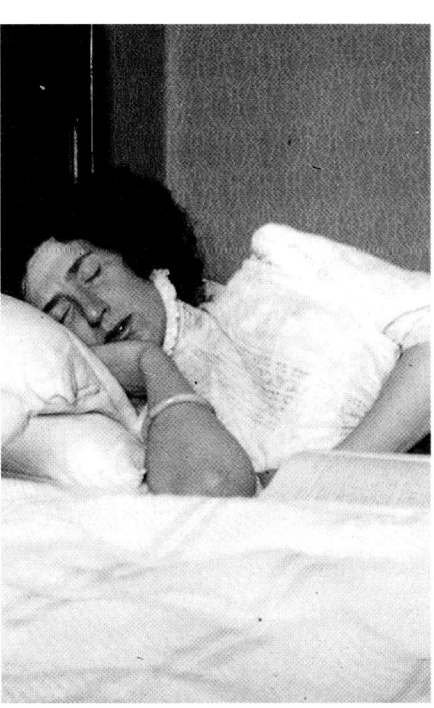

Die Bloomsbury Group *konzentrierte sich um die Hogarth Press im Untergeschoß des Hauses von Leonard und Virginia Woolf am Tavistock Square. Der Verlag wurde mit dem Geld gegründet, das Leonard Woolf als Zivilangestellter in Ceylon verdient hatte. Die Geringschätzung der Gruppe für die viktorianische Moral wurde noch durch die Homosexualität von Lytton Strachey (linke Seite unten, mit Ralph Partridge) und des Romanciers E. M. Forster (linke Seite oben) unterstrichen. Auf der rechten Seite oben ist Strachey nochmals mit Eddy Sackville-West und Virgi-* nia Woolf zu sehen. Nur locker mit den Bloomsburys verbunden waren Aldous Huxley (Mitte), Autor von »Eine Gesellschaft auf dem Lande« und »Schöne neue Welt«, sowie D. H. Lawrence. Der Wildhüter in seinem inkriminierten Roman »Lady Chatterley« hatte angeblich Lionel (oben rechts), den Steinmetz von Lady Ottoline Morrell (oben links), zum Vorbild. Er war ihre letzte große Liebe.
[Fotos Mitte: Cecil Beaton; linke Seite unten: Frances Partridge; alle anderen: Lady Ottoline Morrell]

Holland als der berühmteste Mann nach dem deutschen Exkaiser. T. S. Eliot, der amerikanische Autor mit Harvard-Abschluß, der eine Zeitlang sein Dasein als Bankangestellter bei Lloyds in London fristete, verarbeitete buddhistische Lehren in seinen Schriften wie »Das wüste Land«, einem zentralen Werk der literarischen Moderne.

Da es nichts gab, was die viktorianische Moral ersetzen konnte, wurde sie von den Modernisten verspottet. Zur moralischen und kreativen Avantgarde gehörte die »Bloomsbury Group«, die sich aus Schriftstellern und Künstlern zusammensetzte und die auf gnadenlose Weise schockierte. Lytton Strachey veröffentlichte 1918 sein Werk »Macht und Frömmigkeit,« in dem er mit Witz und Ironie und ohne Rücksicht auf Verluste oder Authentizität der tatsächlichen Biographien die viktorianischen Helden und Heldinnen der Lächerlichkeit preisgab. Stracheys Homosexualität war ebenso wie die Bisexualität anderer Gruppenmitglieder – wie des Künstlers Duncan Grant, der Schriftstellerin Virginia Woolf und des Nationalökonomen John Maynard Keynes – ein weiterer Schlag ins Gesicht der viktorianischen Moral.

Keynes, der Pionier der Theorie der Vollbeschäftigung, trat aus Protest gegen die harten Reparationen, die den Deutschen in Versailles auferlegt worden waren, als Berater des Schatzamts zurück. Auch stellte er sich gegen Churchills Wiedereinsetzung der Goldwährung im Jahr 1925. Seine Wirtschaftslehre hatte großen Einfluß auf Roosevelts Politik des *New Deal*. Virginia Woolfs Schrift »Ein Zimmer für sich allein« – »eine Frau muß Geld und ein Zimmer für sich allein haben, um Romane schreiben zu können« – avancierte zum feministischen Klassiker. Durch ihre sensiblen Romane wie »Die Fahrt zum Leuchtturm« und »Die Wellen« erschien sie als zu exotisch und zu sehr von inneren Vorgängen bestimmt, um tatsächlich populär zu sein. Nur der Roman »Orlando«, eine fiktive Biographie, fand ein großes Publikum, vielleicht wegen der Anspielungen des sexuellen Wechselspiels vor einem lebendigen historischen Hintergrund.

Außerhalb der Bloomsbury Group, die immer noch »im Grunde genommen aus vornehmen Leuten« bestand, wie Edward Morgan Forster befand, behielt der Bergarbeitersohn D. H. Lawrence noch einen Winkel ungeschminkter, emotionaler Heterosexualität bei – in seinen Werken vermengte er Geschichten über willfährige Frauen der Gesell-

Technisches Geschick und ein unerschöpflicher Vorrat an kühnen jungen Männern waren zwischen den Kriegen die Voraussetzungen für eine Reihe von Weltrekorden. Auf dem Foto rechts versucht Hauptmann Malcolm Campbell 1927 den Geschwindigkeitsrekord zu Lande auf Pendine Sands zu brechen. Die Sandpiste war völlig durchnäßt, und er verlor durch das Sauberwischen seiner Windschutzscheibe an Zeit. In den trockenen Bonneville Salt Flats in Utah gelang es ihm 1935 als erstem Menschen, ein Tempo von über 480 Stundenkilometern zu Lande zu erreichen. Auch auf dem Wasser hielt er den Geschwindigkeitsrekord. Sein Sohn Donald kam 1967 in Coniston Water bei einem weiteren Rekordversuch ums Leben.

»Weil er da ist«, antwortete der britische Bergsteiger George Leigh Mallory auf die Frage eines Amerikaners, warum er den Mount Everest besteigen wolle. 1924 (unten links) fotografierte er sich selbst halbnackt mit zwei anderen Mitgliedern der Expedition per Selbstauslöser, nachdem er auf dem Weg zum Berg einen Fluß durchwatet hatte. Lytton Strachey vermochte zu Beginn des Jahrhunderts seine Begierde auf ihn nicht zu verhehlen: »Sein Körper – gänzlich rosig, unglaublich – ist etwas, in das man hineinkriechen und sterben könnte.«
[Foto: G. L. Mallory]

schaft und ihre zupackenden Arbeiterliebhaber mit Ausschweifungen über Blut und Erde, ein berauschendes Gebräu, das sowohl Leser als auch Zensoren in den Bann zog. Ihm fehlte jedoch der Esprit eines Aldous Huxley, des intellektuellen Autors von »Eine Gesellschaft auf dem Lande« und »Narrenreigen«. Forster selbst analysierte in seinem Roman »Indien« die bedrückenden Beziehungen zwischen dem Radsch, der angloindischen Herrschaft, und ihren Untertanen. Die Sitwells – der Satiriker Osbert, der Meister des Barock und Rokoko, Sacheverell, und die Lyrikerin Edith – bewiesen, wie ein Hauch von Talent, gepaart mit aristokratischer Arroganz, faszinieren konnte.

Das ehrbare England hatte andere Interessen und Helden – Bergsteiger, Piloten und Geschwindigkeitsfanatiker. Alcock und Brown waren 1919 die ersten Männer, die den Atlantik von Westen nach Osten überflogen. Von der *Daily Mail* erhielten sie dafür 10 000 Pfund, und sie wurden zu Rittern geschlagen. Das Bravourstück wurde kurz darauf in entgegengesetzter Richtung von der Crew des Luftschiffs R 34 wiederholt. Einer der Männer zelebrierte seine Ankunft in New York durch einen Fallschirmabsprung und gab dem Bodenpersonal Landeanwei-

sungen. Als Herausforderung Englands trat nun anstelle des Südpols der Mount Everest, der sogleich seine ersten tragischen Opfer forderte. 1922 blieben Mallory und Irvine verschollen. Sie hatten erstmals Sauerstoffmasken benutzt und es bis etwa 600 Meter unterhalb des Gipfels geschafft. Als eine Art Rache warf ein britischer Pilot von seinem Doppeldecker die Nationalflagge auf den Gipfel des 8848 Meter hohen Berges. Die Trophäe *Triple Crown* für die schnellste Geschwindigkeit zu Land, zu Wasser und in der Luft wurde an Sir Henry Segrave verliehen, der Rekorde sowohl mit dem Schnellboot als auch mit dem Rennwagen gebrochen hatte, jedoch auf dem Lake Windermere mit seinem Boot *Miss England III* tödlich verunglückte.

Die englische Mittelklasse erkor sich den Prince of Wales zu ihrem Leitstern. Sie registrierte die Karos auf seinen Anzügen, die Shorts, die er in Norfolk trug, und die Art, wie er seine Krawatte band. Als er sich bei einem Hindernisrennen zu Pferde das Schlüsselbein brach, wurde ängstlich gefragt, ob er im »nationalen Interesse« das Reiten nicht aufgeben sollte. Diese Bevölkerungsschicht genoß ihre kleinen Marotten, wie Stelzenlaufen, die jüngst erfundenen Kreuzworträtsel und Schlitt-

schuhlaufen. Als das Grab von Tutenchamun entdeckt wurde, brach ein wahres Ägyptenfieber aus. Man schlug sogar allen Ernstes vor, den Londoner U-Bahn-Abschnitt zwischen Tooting und Camden *Tootancamden Line* zu nennen.

Man lauschte dem neuen Radio und sah sich Mary Pickford und Charlie Chaplin in den riesigen, kathedralengleichen Kinos an. Im Theater bevorzugte man die leichte Kost. 1927 liefen im Londoner West End gleichzeitig vier Stücke von Noël Coward. Die Krimis von Agatha Christie wurden ebenso verschlungen wie die von Edgar Wallace, der im Morgenmantel umherwanderte, süßen Tee trank, Kette rauchte und dabei seine Geschichten einer Reihe Stenographinnen diktierte. Man verehrte Lawrence von Arabien, der allerdings vor dem Rummel um seine Person floh und unter einem falschen Namen als Flieger der Royal Air Force beitrat. Man hegte eine Neigung für Vitamintabletten und -getränke. »Das Geheimnis der Kraft Napoleons war seine enorme Vitalität«, tönte eine Anzeige. »Das gilt für die meisten großen Männer – Julius Cäsar, Michelangelo, Gladstone, Cecil Rhodes. Ihr Erfolg beruhte darauf, daß sie nie ermüdeten. Bleib agil – trink Bovril.«

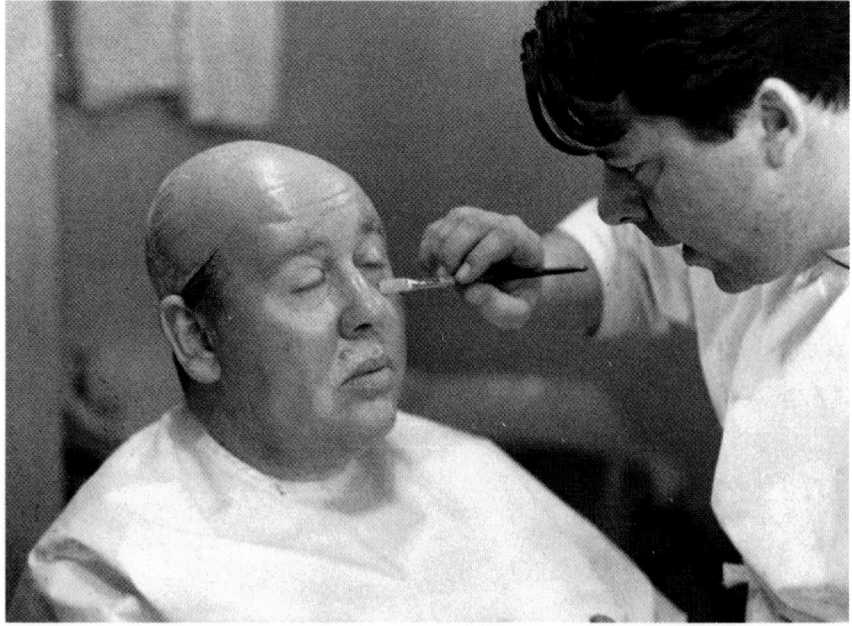

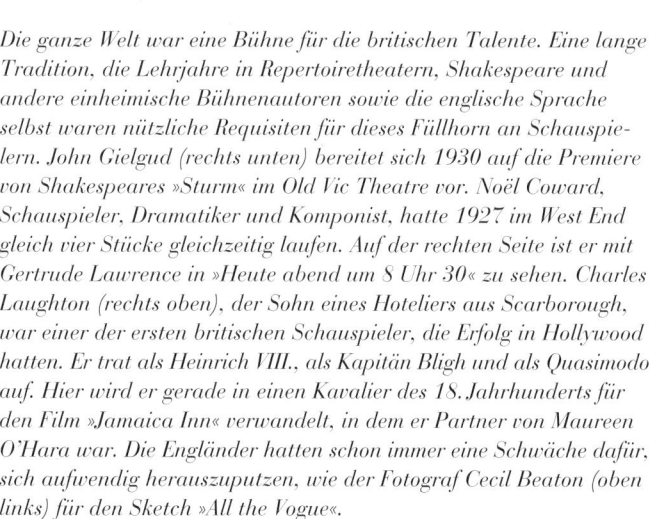

Die ganze Welt war eine Bühne für die britischen Talente. Eine lange
Tradition, die Lehrjahre in Repertoiretheatern, Shakespeare und
andere einheimische Bühnenautoren sowie die englische Sprache
selbst waren nützliche Requisiten für dieses Füllhorn an Schauspie-
lern. John Gielgud (rechts unten) bereitet sich 1930 auf die Premiere
von Shakespeares »Sturm« im Old Vic Theatre vor. Noël Coward,
Schauspieler, Dramatiker und Komponist, hatte 1927 im West End
gleich vier Stücke gleichzeitig laufen. Auf der rechten Seite ist er mit
Gertrude Lawrence in »Heute abend um 8 Uhr 30« zu sehen. Charles
Laughton (rechts oben), der Sohn eines Hoteliers aus Scarborough,
war einer der ersten britischen Schauspieler, die Erfolg in Hollywood
hatten. Er trat als Heinrich VIII., als Kapitän Bligh und als Quasimodo
auf. Hier wird er gerade in einen Kavalier des 18. Jahrhunderts für
den Film »Jamaica Inn« verwandelt, in dem er Partner von Maureen
O'Hara war. Die Engländer hatten schon immer eine Schwäche dafür,
sich aufwendig herauszuputzen, wie der Fotograf Cecil Beaton (oben
links) für den Sketch »All the Vogue«.
[Foto oben: Dorothy Wilding; rechts oben: Kurt Hutton; rechte Seite und
rechts unten: Sasha]

Kricket war jedoch die größte Leidenschaft. 1925 fieberte ganz England, ob Jack Hobbs den Rekord über 126 Läufe von W. G. Grace brechen würde. Er schaffte es tatsächlich, und der König höchstselbst schrieb ihm einen Glückwunschbrief.

Zur gleichen Zeit strich die Regierung die Subvention für Kohle. Die Preise fielen, woraufhin die Arbeitgeber Lohnkürzungen forderten. »Keinen Penny weniger«, lautete die Antwort der Bergarbeiter. Ein erfahrener Mann verdiente gutes Geld im Schacht – vier Pfund pro Woche, soviel wie der Fahrer eines Expreßzugs –, aber er bezahlte dafür mit seiner Gesundheit. Die Schächte waren schlecht belüftet und heiß. Die Männer arbeiteten im Halbdunkel und litten an Nystagmus, einem unwillkürlichen Zittern der Augäpfel. Ständig bedrohte ein Schachteinbruch ihr Leben. Pro Jahr fanden etwa 1300 Bergarbeiter den Tod und 160 000 wurden verletzt. Erlitten sie keinen Unfall, so starben viele an der Staublunge. Waschmöglichkeiten nach dem Aufstieg aus den Schächten gab es nicht. Die Männer schleppten sich in ihren schmutzigen und feuchten Kleidern in ihre armseligen Reihenhäuser, wo es nur einen Zuber zum Waschen gab. Die sanitären Anlagen in den meist betriebseigenen Häusern bestanden lediglich aus einem Außenklo, das mit anderen Familien geteilt werden mußte. »Wir würden sofort für Bäder sorgen, wenn die Leute sie auch benutzen«, erklärte hochmütig der Vorsitzende der Powell Duffryn Steam Coal Company und Arbeitgeber für 18 000 Menschen gegenüber einer Parlamentskommission. »Nicht selten findet man ja Hühner im Badezimmer.«

Es gab Hunderte von Bergbaugesellschaften, von denen viele mit dünnen und mittelmäßigen Flözen ums Überleben kämpften. Wem das Land gehörte, der besaß auch die Kohle unter der Erde. Die Landeigentümer handelten mit den Bergbaugesellschaften harte Bedingungen aus. Die Kirche besaß ein großes Kohlebergwerk; der Herzog von Hamilton verdiente, ohne einen Finger zu rühren, im Jahr 113 000 Pfund durch die Kohle unter seinen Landgütern in Lanarkshire und Stirling. Die Bergleute erhofften sich vom Gewerkschaftsverband TUC Unterstützung. Da auch die Werftarbeiter schwer schuften mußten, forderten die militanten unter ihnen, die Arbeiterklasse solle ihre enorme Macht in einem solidarischen Generalstreik für die im Bergbau Beschäftigten zum Ausdruck bringen. »Sie suchen sich die stärksten Männer aus und stellen die Alten•und Verkrüppelten ins Abseits«, beklagte sich Ernest Bevin über die Arbeitgeber in den Werften. »Solange diese Männer hart arbeiten können, behalten sie ihre Arbeit. Aber sie werden schnell zugrunde gerichtet.« Baldwin war zwar ein versöhnlicher Mensch – sein berühmtester Ausruf lautete »O Herr, gib unserer Zeit Frieden« –, doch der Regierung blieb kaum eine andere Wahl als eine direkte Konfrontation mit den Gewerkschaften.

Die Mittelschicht zeigte keinerlei Neigung für einen Flirt mit der Arbeiterklasse – sie fürchtete selbst am stärksten den sozialen Abstieg. In seinem Bestsellerroman von 1925 »Hauptmann Sorrell und sein Sohn« beschrieb Warwick Deeping das Trauma eines Jungen einer Mittel-

schichtsfamilie, der in eine öffentliche Schule geschickt wurde. »Für den Jungen bedeutete das den Kontakt mit gewöhnlichen Kindern, und Kit war kein gewöhnliches Kind«, heißt es darin. »Er empfand den ganzen Abscheu eines verwöhnten Jungen, der gelernt hat, sich zu waschen, ein Taschentuch zu benutzen und nicht in der Hitze eines Spiels jedem ›Betrug‹ ins Gesicht zu brüllen.« Als Anfang 1926 ein Streik immer wahrscheinlicher wurde, griff die *Daily Mail* die Ängste ihrer Leser auf. »Pistole auf der Brust der Nation« überschrieb sie einen Leitartikel, der zum Widerstand »für König und Vaterland« aufrief. Man zitierte bald Wordsworth: »Wir müssen frei sein oder sterben, die wir die Sprache sprechen, die Shakespeare sprach . . .«

Vielleicht aus dem Schuldgefühl heraus, die Bergleute 1921 im Stich gelassen zu haben, rief der Gewerkschaftsverband anderthalb Millionen Energie- und Transportarbeiter zum Streik ab dem 3. Mai um Mitternacht auf. Die Regierung war gewappnet. Der Hyde Park wurde als Lebensmitteldepot abgesperrt. Den Aufruf, den Büroangestellten eine Mitfahrgelegenheit zu geben, befolgten am ersten Morgen so viele Autobesitzer, daß London den schlimmsten Verkehrsstau aller Zeiten erlebte. Die Londoner Börse bot 1400 Wachschutzleute auf, um für Ordnung zu sorgen. Zu den freiwilligen Fahrern von Lastwagen zählten auch die Herzoginnen von Sutherland und Westminster. Lady Mountbatten half beim *Daily Express* als Telefonistin aus, als die Drucker in den Ausstand traten. Die *Daily Mail* ließ ihre Ausgaben in Paris drucken, und Winston Churchill verließ das Schatzamt, um die amtliche *British Gazette* herauszugeben. »Das Gesetz liegt in Ihrer Hand«, wandte sich Baldwin an die Leser. »Sie haben das Parlament zu seinem

Diese Bergarbeiter (linke Seite) in der Zeche Tilmanstone in Kent sind noch gut dran, weil sie stehen können. In vielen kleineren Stollen mußten die Männer in Hitze, Staub und im Halbdunkel auf den Knien arbeiten. Geschlossen und diszipliniert wie Soldaten auf dem Weg zur Front *traten die Bergarbeiter von Südwales (rechts) wegen Lohnkürzungen in den Streik. Sie hatten keinen Erfolg, und so wanderten viele von ihnen in die englische Leichtindustrie ab.*
[Foto linke Seite: Sasha; rechts: Edith Tudor Hart]

Wächter gemacht. Der Generalstreik ist eine Herausforderung des Parlaments und führt zu Ruin und Anarchie.«

Ein Abgesandter des Gewerkschaftsverbandes meldete eine Fülle aufmunternder Nachrichten aus dem Westen des Landes: »Straßen in Reading voller Streikender. Swindon: wie eine tote Stadt, außer den Arbeitern, die herumstehen. Bath: keine Straßenbahn, wenig Busse, große Versammlungen. Plymouth: keine Straßenbahn, wenig Busse. Überall Streikposten...« Tatsächlich aber waren überall Streikbrecher aktiv. Ein Notdienst für den Zugverkehr wurde aufrechterhalten. Einem Amateurlokführer, der Probleme hatte, den Zug an der richtigen Stelle zu stoppen, schlug ein Passagier vor: »Wart' mal 'ne Minute, Kumpel. Ich spring' raus und schiebe den Bahnsteig für dich zurecht.« Für die Studenten war das ein großer Spaß. »Wir machten uns am Abend von Oxford in einem Bentley-Oldtimer auf den Weg und fuhren mit hoher Geschwindigkeit durch die liebliche englische Landschaft«, erinnerte

Am Tiefpunkt der Wirtschaftskrise im Jahr 1931 hatte die große Cammell-Laird-Werft in Birkenhead nur ein Schleppnetzboot im Auftrag. Der Aufschwung folgte bald darauf. Weil die Deutschen ihre Flotte aufrüste-ten, zogen die Briten mit Flugzeug-trägern und Großkampfschiffen nach. Der Ozeanriese Queen Mary (oben) wurde 1934 am Clyde gebaut. Das Schlimmste war vorüber.

sich einer von ihnen. »In Doncaster besorgte uns unser Fahrer ein Abendessen und Champagner... Danach versuchte eine Gruppe von Streikenden uns vergeblich mit Steinwürfen aufzuhalten und wollte unsere Reifen durchstechen. Unser Fahrer blieb jedoch unbeeindruckt und beschleunigte lediglich, wenn er eine feindselige Gruppe sah... Wer von uns in den Tyneside-Docks arbeiten mußte, erhielt den Marsch-befehl, während andere als Straßenbahnfahrer oder Kranführer arbeite-ten.« Die studentischen Streikbrecher, deren Aktivitäten ein angehender Bibliothekar von Schloß Windsor koordinierte, arbeiteten unter dem Schutz von Wachmännern von Sonnenaufgang bis zur Dämmerung.

»Einige Arbeiter, welche die Arbeit wieder aufnahmen, waren überrascht von der Geschwindigkeit, mit der wir die Schiffe entluden«, schrieb der Student. »Aber uns war klar, daß es etwas anderes ist, ein paar Tage aus Abenteuerlust statt über Jahre hinweg zum Broterwerb zu arbeiten.«

Nach neun Tagen gab der Gewerkschaftsverband auf. »Die Revolutionäre haben kapituliert«, frohlockte die *Daily Mail* und behauptete, daß Sinowjew den Streik geplant habe und er von 500 Sowjetagenten angeschürt worden sei. *British Worker*, die offizielle Streikzeitung, verkündete dagegen: »TUC zufrieden, daß Bergarbeiter ein faires Ergebnis erhalten.« Das war ein Trugschluß. Churchill wollte zwar als Sieger großzügig sein, doch Baldwin lehnte ab. Die Bergarbeiter, die nur noch von »selbstgezogenem Gemüse und vom Fleisch gestohlener Schafe lebten«, streikten weiter, bis sie der Hunger am Ende des Sommers in die Zechen zurücktrieb. Ihre Löhne wurden gekürzt. Einige Betriebe wurden ganz geschlossen, und die ersten von insgesamt 250 000 Bergleuten machten sich auf der Suche nach Arbeit von Südwales auf den Weg nach England. Solidaritätsstreiks, mit denen die Regierung unter Druck gesetzt werden könnte, wurden per Gesetz verboten. Es kam jedoch nie zur Anwendung. Die Gewerkschaften hatten genug davon, es mit dem ganzen Land aufzunehmen.

Eine erfolgreichere Revolution stand kurz vor der Vollendung. »Gestern hat das Kabinett den Verstand verloren«, schrieb der Indienminister Lord Birkenhead im April 1927 an einen Freund. »Es beschloß, den Frauen ab dem 21. Lebensjahr das Wahlrecht zu gestatten.« Sie hatten nun das gleiche Stimmrecht wie Männer, die sie aufgrund der Kriegsverluste und der höheren Lebenserwartung um zwei Millionen Stimmen übertrafen. Die elektrischen Anlasser, mit denen die Autos nun ausgestattet waren, erleichterten ihnen das Fahren. Man behauptete, daß Frauen am Steuer gefährlich seien, doch 95 Prozent der tödlichen Unfälle – die etwa 7000 Opfer pro Jahr forderten – waren von Männern verursacht. Amy Johnson, die Tochter eines Fischhändlers aus Hull, finanzierte mit ihrem Sekretärinnengehalt ihren Flugschein und flog unter großer Anteilnahme der Öffentlichkeit allein nach Australien. 1929 trat als erste Frau Margaret Bondfield ins Kabinett ein. Überall in den Städten und Dörfern entstanden Fraueninstitute, die Landpartien, Vorträge von Politik bis Marmeladenherstellung sowie Wohltätigkeitsbasare im Angebot hatten. Die »Frauenliga für Gesundheit und Schönheit« organisierte Fitneßkurse. Ihre Mitglieder traten in der Albert Hall und im Hyde Park in entzückenden schwarzen Seidenshorts auf. Neue Frauenmagazine boten ihren Leserinnen romantische Geschichten, Ratgeberseiten sowie Koch- und Modetips.

Der New Yorker Börsencrash von 1929 löste eine Wirtschaftskrise aus, die schlimmer war als jene von 1921. Der Welthandel brach weitgehend zusammen. Innerhalb von zwei Jahren reduzierten sich die britischen Exporte um mehr als die Hälfte. Ende 1931 gab es fast drei Millionen Arbeitslose, ein Fünftel der arbeitenden Bevölkerung. Der Labour-Premier Ramsey MacDonald kooperierte von 1931 bis 1935 mit den Konservativen. Man beschuldigte sie wegen der Lohnkürzungen des Verrats an der Arbeiterklasse und der öffentlichen Bediensteten. Als im September 1933 über Radiomeldungen bekannt wurde, daß für die Marinebasis von Invergordon Lohnkürzungen von bis zu 25 Prozent zu erwarten wären, verweigerten die Matrosen den Dienst. Die Regierung beschränkte daraufhin die Kürzungen auf zehn Prozent, was etwa der Steigerung der Lebenshaltungskosten entsprach. Gleichwohl wurden 24

Matrosen aus der Marine entlassen, was der Öffentlichkeit verheimlicht werden sollte. Diese bekam jedoch Wind von der Affäre – »Meuterei in der Royal Navy« titelten die Zeitungen in aller Welt –, die schließlich zum Sturz des zweiten Symbols britischer Macht und Stabilität führte, nämlich des Pfund Sterling. Gold- und Silberbarren wurden aus den Tresoren der Londoner Banken freigegeben – die britische Währung beruhte nun nicht mehr auf dem Goldwert.

Der Getreidepreis fiel auf 20 Schilling neun Pence für zwölf Kilo, der niedrigste Stand seit dem Bürgerkrieg 300 Jahre zuvor. »Es gibt hier die ertragreichsten und größten Felder Englands, in die Menschen ihr ganzes Vermögen und all ihre Arbeitskraft hineingesteckt haben«, schrieb ein Journalist aus East Anglia. »Die Erträge pro Hektar ergeben einen Verlust von mindestens zehn Pfund . . ., und jedes Schaf bringt vier bis fünf Schilling weniger. Innerhalb von fünf Jahren schwand ihr ganzes Kapital dahin, und das Land verlor ein Viertel an Wert.« Felder lagen brach. Die Bauern demonstrierten – »1914 gebraucht, 1930 abgelegt« stand auf ihren Transparenten –, jedoch ohne jede Wirkung: In den Städten wurden das billige australische Getreide und das neuseeländische Lammfleisch bevorzugt. Alteingesessene Familien konnten ihre großen Häuser nicht mehr unterhalten und mußten sie sukzessive dem Verfall preisgeben. Nur einige wenige waren in der glücklichen Lage, ihre Häuser an Schulen oder Krankenhäuser zu verkaufen. Ein Drittel aller Landsitze in Shropshire verschwand von der Bildfläche.

Die Zahl der Arbeitslosen stieg auf über drei Millionen. Die Schwerindustrie, die Stahlwerke und Kohlengruben im Norden und in Südwales brachen zusammen. Die große Cammell-Laird-Werft in Birkenhead hatte 1931 nur einen einzigen Auftrag, ein Schleppnetzboot. Die Regierung führte eine Einkommensermittlung durch, um die Arbeitslosenunterstützung für diejenigen zu kürzen, die auf Ersparnisse zurückgreifen konnten, was auf heftigsten Widerstand stieß. Die Arbeitslosenhilfe reichte in ländlichen Gebieten, wo die Leute in ihren Gärten Gemüse anbauen und Kaninchen halten konnten, gerade mal für das physische Überleben. In den Städten hingegen standen die Arbeitslosen kurz vor dem Verhungern. Ein landesweiter Hungermarsch mit Massenveranstaltungen im Hyde Park wurde organisiert. Den Gegenden, die am schlimmsten betroffen waren, erhielten schließlich eine Sonderzuteilung. Während sich in Europa der Extremismus breitmachte, vor allem in Deutschland, wo zwischen Kommunisten und Hitlers Braunhemden erbitterte Kämpfe stattfanden, scheuten die Regierung und die Arbeiter Großbritanniens instinktiv vor einer Konfrontation zurück.

Jenseits der glitzernden zwanziger Jahre entwickelte sich derweil eine einschneidende und ernstzunehmende Gegenbewegung. Der Krieg wurde nun mit anderen Augen betrachtet. R. C. Sherriffs Stück »Die andere Seite«, in dem der gebrochene Held das Vegetieren im Schützengraben nur mit Whisky ertragen kann, wurde von zahlreichen Theatern aufgeführt und entwickelte sich 1929 zum unerwarteten Renner im Savoy. Eine Radiobearbeitung des Stücks, die von der BBC am Abend des Waffenstillstandstages ausgestrahlt wurde, brach alle Zuhörerrekorde. Der Bestseller desselben Jahres war die Übersetzung von Erich Maria Remarques »Im Westen nichts Neues«, in dem deutlich wurde, daß »Fritz« sich nicht wesentlich von »Tommy« unterschied. Siegfried Sassoons »Memoiren eines Infanterieoffiziers« und Robert Graves' Autobiographie »Strich drunter« beeinflußten mit ihren gegen das Heldentum, den Krieg und die Offiziersränge gerichteten Geschichten die allgemeine Stimmung. Die *Times* mißbilligte diese Autoren, die »wie die alten Freskenmaler mit

Der Prince of Wales stakt hier (rechts) während seiner Studentenzeit am Magdalen College in Oxford ein Boot. Das Foto aus dem Jahr 1914 stammt aus seiner privaten Sammlung. Ein weiteres Foto daraus zeigt seine künftige Schwägerin, Lady Elizabeth Bowes-Lyon, die (oben) an einer Pfeife pafft, um damit die königliche Prinzessin zu belustigen. Das war in Glamis Castle in Schottland, bevor sie den jüngeren Windsor heiratete und dadurch 1923 Herzogin von York wurde. Sie konnte zu jenem Zeitpunkt noch nicht ahnen, eines Tages Königin zu werden.

Nach der Abdankung gingen Edward und Wallis für immer nach Frankreich (oben). Der schüchterne, stammelnde und widerstrebende Herzog von York wurde zu Georg VI. gekrönt. Sein Mut und die lockere Neigung seines Bruders zu Nazis und Faschisten bewiesen der Nation, daß sie mit ihm den Besseren »erwischt« hatte. [Foto: Cecil Beaton]

Zwei Windsor-Brüder, der jüngere Georg, Herzog von York (links im Vordergrund), und Edward, Prince of Wales, in Glamis Castle, dem Sitz der Bowes-Lyons. Nach dem Tod von Georg V. bestieg der ältere als Edward VIII. den britischen Thron. Er hatte sich jedoch in die geschiedene Wallis Simpson verliebt. Weder wollte er sie aufgeben noch wollte die Church of England sie als Königin akzeptieren.

Kinder in Südwales sangen ein Spottlied auf das Paar:
Schau, was kommt die Straße entlang!
Mrs. Simpson, ist sie nicht süß?
Sie war schon zweimal verheiratet,
Nun klopft sie an Edwards Tür.

ihren Höllenbildern die Leser ängstigen, erschrecken und aufwühlen wollten, auf daß sie nie wieder ohne Zittern und Übelkeit an Krieg denken konnten«.

Das Dandytum wurde von sozialem Engagement verdrängt. Neue und bei den Linken beliebte Dichter, wie Wystan Hugh Auden, Stephen Spender und Cecil Day Lewis, kokettierten in ihren Gedichten, beispielsweise über Hochspannungsmasten, mit der Realität. In jener Zeit schrieb Walter Greenwood »Love on the dole«, George Orwell »Der Weg nach Wigan Pier«. Die Studenten machten sich am Wochenende ins Rhondda-Tal auf, um arbeitslose walisische Bergarbeiter aufzuspüren – was angesichts der Masse wohl kaum ein Problem war –, und traten dem kommunistisch angehauchten *October Club* bei. Dessen Mitglieder agitierten unter anderem gegen das Offiziersausbildungskorps der Universität und hingen ein großformatiges Leninporträt im *Oxford Labour Club* auf. Der Verleger und Schriftsteller Victor Gollancz gründete den unabhängigen *Left Book Club*, der seinen bald 60 000 Mitgliedern wöchentlich ein linksgerichtetes Buch zuschickte. Virginia Woolf schrieb für den kommunistischen *Daily Worker*. Die Lyriker John Cornford und Julian Bell, ein Neffe Virginia Woolfs, wurden im Spanischen Bürgerkrieg, wo sie auf der Seite der Republikaner kämpften, getötet. Auden, der dort als Sanitäter diente, und George Orwell überlebten. Die kom-

munistischen Methoden, die Orwell dort kennenlernte, inspirierten ihn zu seinem Werk »Aufstand der Tiere«.

Einige Studenten spielten mit dem Gedanken an Landesverrat. Kim Philby, der Sohn eines exzentrischen Arabisten, ging 1929 aufs Trinity College in Cambridge, wo sich kurz darauf auch Guy Burgess, Donald Maclean und Anthony Blunt einschrieben. Sie hatten eine Internatsschule besucht wie Philby und waren außer diesem sämtlich homosexuell. Burgess war derart promiskuitiv, daß er behauptete, niemals mit der Eisenbahn fahren zu können, da er ansonsten den Lokomotivführer verführe. Gleichwohl spottete er über Maclean, mit ihm zu schlafen wäre genauso, »als würde man mit Dame Nellie Melba ins Bett gehen«. In Cambridge liebäugelten sie das erste Mal mit dem sowjetischen Kommunismus, auch wenn das Ausmaß ihres Verrats über lange Jahre nicht bekannt war. T. S. Eliot, der Jazzära überdrüssig, wandte sich der anglikanischen Kirche zu und schrieb das Stück »Mord im Dom«. Graham Greene und Evelyn Waugh, die begabtesten Autoren der neuen Desillusion, traten sogar zum Katholizismus über. Zahlreiche intellektuelle Feingeister und Mitglieder der Londoner Schickeria »umarmten die *Scarlet Woman*«, wie Rom genannt wurde.

Churchills Neffe Esmond Romilly verließ mit 16 Jahren die Schule, um eine Zeitschrift für Internatsschüler namens *Out of Bounds* heraus-

Der Prince of Wales war eine mode-bewußte Erscheinung. Das ganze Land achtete auf die Karos seiner Tweedanzüge, die Shorts, die er beim Hunderennen trug, die Art, wie er seine Krawatte band – und kopierte ihn. Hier (links) gewährt er im Jahr 1935 Cochran's Cabaret im Grosvenor House in London seine königliche Schirmherrschaft. Die Anwesenheit von Wallis Simpson an seiner Seite *gab dem Ganzen noch etwas zusätzlich Schlüpfriges. Die spärlichen Kostüme von Cochrans Young Ladies, wie hier in »Streamline« im Palace Theatre im Jahr 1934 (rechts), zeigten, daß London zwar nicht mit gleichartigen französischen Etablissements konkurrieren konnte, ihnen aber auch nicht viel nachstand.*
[Fotos links: James Jarche]
[Foto rechts: Sasha]

zugeben, die zum Kampf gegen Faschismus, Militarismus und Reaktion aufrief. Romilly ging nach Spanien, um über den Bürgerkrieg zu berichten, und brannte nach seiner Rückkehr mit Jessica Mitford, der Tochter von Lord Redesdale, auf den Kontinent durch. Er war 17 und sie 18 Jahre alt. Jessica wurde zur Kommunistin, während eine ihrer Schwestern, Unity Mitford – vielleicht durch ihren zweiten Vornamen Valkyrie (Walküre) dazu verdammt –, sich in Adolf Hitler verliebte. Eine weitere Schwester, Diana Mitford, heiratete den Faschisten Oswald Mosley, der als Sproß einer alten Landadelfamilie mit einem Faible für den Boxsport auf einem Anwesen mit 30 Gärtnern geboren wurde und 1918 als der brillanteste Parlamentsabgeordnete galt. Er war verbindlich, arbeitsam und gescheit, politisch jedoch wankelmütig. Innerhalb von zehn Jahren wechselte er von den Tories zu den Unabhängigen, dann zu den Sozialisten und schließlich zu den Faschisten. Seine Schwarzhemden gebärdeten sich zwar recht martial, ihr häßliches Gebell war jedoch weitaus schlimmer als ihr Beißen. Auch die Kommunisten kamen nicht so recht voran. 1930 hatten sie 1300 Mitglieder, nach zehn Jahren kaum zehnmal soviel. Während die Extremisten ihr Schattenboxen veranstalteten, hielt sich die breite Masse der Briten bedeckt und vertraute dem Parlamentarismus.

Die »Dekade des Teufels« war noch weit von Verhängnis und Depression entfernt. Sie hatte durchaus Vergnügliches zu bieten, wie das Ungeheuer von Loch Ness. Als es 1933 angeblich gesichtet wurde, strömten Tausende Touristen an den schottischen See. Harold Davidson, der Pfarrer von Stiffley in Norfolk, brachte die Nation ebenfalls zum Lachen: Er wurde der Verführung junger Mädchen angeklagt, von einem Kirchengericht für schuldig befunden und aus dem Priesteramt entlassen. Er beharrte auf seiner Unschuld und hielt sich bei Kasse und im öffentlichen Bewußtsein, indem er am Strand von Blackpool in einer Tonne fastete. Die Polizei nahm ihn wegen versuchten Selbstmords durch Verhungern fest. Er verklagte daraufhin erfolgreich die Gemeinde von Blackpool auf Schadensersatz. Als nächstes erschien er mit einem toten Wal in Hampstead Heath, schloß sich dann einem Zirkus an und posierte als Nebenattraktion mit Löwen. In Skegness fielen sie über ihn her und töteten ihn.

Auch die Abdankungstragödie von Edward VIII. wurde als vergnügliche Zerstreuung betrachtet. Der Prince of Wales, der Thronerbe, war ein gutaussehender Mann: blond, schlank, elegant, aber schmächtig und gebrechlich, mit einem Anflug von Melancholie in den Augen. Er ging tanzen, besuchte arbeitslose Bergarbeiter in Südwales, und er hatte eine Affäre mit einer verheirateten Frau, Wallis Simpson. Als sein Vater im Januar 1936 starb, wurde er zum König gekrönt. Die Presse wußte durchaus, daß er eine Geliebte hatte, da er ohnehin kein Geheimnis daraus machte. Fotos von dem Paar in den Ferien auf einer gecharterten

Yacht im Mittelmeer wurden veröffentlicht. Ansonsten bewahrten die britischen Zeitungen Diskretion. Es gehörte zur unausgesprochenen Etikette, daß die Schwächen der Königsfamilie nicht erwähnt würden. Diese Regel wurde laut Robert Graves letztmalig gebrochen, als eine Zeitung in den achtziger Jahren des 19. Jahrhunderts aus heiterem Himmel meldete, daß es »auch nicht das geringste zwischen dem Prince of Wales und Lillie Langtry« gebe – und eine Woche später nachlegte: »nicht einmal ein Laken.«

Die Amerikaner hatten aus ihren Zeitungen erfahren, daß der König eine Heirat erwog, was zu einer Verfassungskrise geführt hätte. Im Herbst verkündete der *News Chronicle* in England auf seiner Titelseite, daß Mrs. Simpson sich in Ipswich scheiden lassen wolle. Weshalb eine unbekannte amerikanische Dame und ihr Mann, Ernest Simpson, ein Börsenmakler an der Baltic Exchange, soviel Aufmerksamkeit verdienten, wurde nicht erläutert. Der Richter in Ipswich war erstaunt über die Menge der amerikanischen Reporter auf der Besuchergalerie und die Polizisten in Zivil angesichts einer völlig normalen und einverständlichen Scheidung. Er verkündete ein vorläufiges Scheidungsurteil. Von nun an war das Kabinett alarmiert.

Der Bischof von Bradford, Dr. Blunt, thematisierte die Geschichte auf der Kanzel und forderte den König auf, sich wie sein christlicher Vater zu verhalten. Durch einen Kirchenmann sanktioniert, wurde nun die ganze Affäre publik: Der König wollte Mrs. Simpson heiraten, nachdem er sie zur Herzogin von Lancaster ernannt hatte. Baldwin, der Ramsay MacDonald im vorherigen Jahr als Premier abgelöst hatte, besprach die Angelegenheit im Kabinett. Die Regierungen der Dominionstaaten wurden angehört, da der König die einzige formelle politische Verbindung zwischen Großbritannien und dem Empire war. Eine zweifach geschiedene Frau, obendrein von bürgerlicher Herkunft und Ausländerin, war unakzeptabel. »Die meisten gewöhnlichen Leute nahmen Partei für den König«, berichtete Robert Graves. »Die meisten wichtigen Leute waren gegen ihn.« Churchill und Beaverbrook unterstützten den König, aber nicht nur aus persönlicher Loyalität, sondern auch, so hieß es jedenfalls, um Baldwin loszuwerden. Dem König schwebte ein Kompromiß vor, worin die Briten im Prinzip recht gut waren. Doch diese Sache lag komplizierter als alles andere. Besondere Gesetze müßten erlassen werden, so daß er Mrs. Simpson heiraten konnte, ohne sie jedoch zur Königin zu krönen, und um auszuschließen, daß ihre Kinder einen Anspruch auf den Thron hätten. Baldwin lehnte ab. Die Frau des Königs hatte Königin zu sein und ihre Sprößlinge Thronfolger. Die Menge skandierte: »Gott schütze den König vor Mr. Baldwin!« Doch dieser verlas am 10. Dezember vor dem Unterhaus die Abdankungserklärung des Königs, der selbst eine Abschiedsrede an die Nation im Radio hielt. Nachfolger auf dem britischen Thron wurde sein jüngerer Bruder, der Herzog von York.

Aus der wirtschaftlichen Talsohle ging es ungleichmäßig, aber stetig heraus. 1936 stieg die Produktion, die Löhne waren stabil, und die Arbeitslosenzahl fiel unter zwei Millionen. Der Autor Thomas Jones stellte fest, daß sogar in Glasgow die alkoholgesättigten Samstagabende und Raufereien in der Argyll Street ebenso verschwunden seien wie barfüßige Frauen und Kinder. Statt Schals trugen die Frauen nun Hüte, und die Arbeitermädchen seien nun »stets adrett gekleidet und pflegten ihr Haar, ihre Zähne und Fingernägel – eine großartige Veränderung«. Es gab wieder Geld für »Spieleinsätze, Dauerwellen und Bier, für Zigaretten und Kinkerlitzchen...« George Orwell hielt es im armseligen Wigan »für ziemlich wahrscheinlich, daß ›fish and chips‹, Kunstseidenstrümpfe, Dosenlachs, Billigschokolade... Kino, starker Tee und das Fußballtoto eine Revolution verhindert haben«.

Reisende aus den darniederliegenden Grafschaften im Norden waren verblüfft über den Wohlstand in Mittel- und Südengland. Ein vom Hunger aus seiner Heimat Südwales Vertriebener fand 1936 die Straßen von Slough voller Waliser, die sich in der blühenden Leichtindustrie Englands um einen Arbeitsplatz bemühten. Ein Liverpooler bekundete sein Erstaunen darüber, daß Fabriken in Mittelengland freie Stellen anzeigten. Er hatte geglaubt, daß diese Tage für immer vorbei wären.

Für diejenigen, die Arbeit hatten, war das Leben beinahe ein Paradies. Der Kauf eines eigenen Hauses stellte nun kein kostspieliges Problem mehr dar. Die Hälfte eines Doppelhauses im nachgemachten Tudorstil mit Bad, Garage und Garten in den neuen Vorstädten kostete etwa 450 Pfund. Die Hypothekenzinsen waren dermaßen niedrig, etwa 4,5 Prozent, daß sich viele Familien dieses Mittelschichtssymbol leisten konnten. Bei einem Einkommen um die 500 Pfund pro Jahr fielen die direkten Steuern mit weniger als zehn Prozent kaum ins Gewicht. Ein Morris Cowley kostete 150 Pfund. Hinzu kamen Staubsauger, Radio, Grammophon, Kühlschrank, elektrische Heizung, Waschmaschine und andere

Luxusgegenstände, von denen man bislang kaum zu träumen wagte. »Man braucht in diesem England Geld«, schrieb John Boynton Priestley 1934, »aber man braucht nicht viel Geld. Die Sachen sind Massenware zu Schnäppchenpreisen.«

Eine von im Durchschnitt fünf Familien konnte sich mindestens eine im Haushalt lebende Hausangestellte leisten, von denen es mehr als im Jahr 1911 gab. Andere hatten wenigstens eine Zugehfrau. Im Südosten Englands waren Bedienstete dermaßen gefragt, daß Tausende Mädchen aus den ärmeren Gebieten mit Hilfe eines Regierungsprogramms ausgebildet wurden. Die Familien waren kleiner und hatten somit mehr Geld zur Verfügung. Dank Verhütungsmitteln und Abtreibungskliniken sank die Geburtenrate auf die Hälfte des Vorkriegsniveaus. Die Bevölkerung wuchs dennoch. Die Emigrationsrate flachte zwar ab, doch dafür strömten Iren ins Land und, als die Rassenpolitik der Nazis sich auszuwirken begann, auch Juden vom Kontinent.

Bezahlter Urlaub gehörte nun zum Standard. Mit der Wanderbewegung und der Lust am Reisen zu Beginn des Jahrzehnts entstanden die Jugendherbergen. Dank der Ferienlager konnte eine Familie eine Woche am Strand verbringen. Auslandsreisen, wie in das verarmte Frankreich oder Deutschland, waren spottbillig.

Die Elektrizität bewirkte das Entstehen sauberer Industriezweige. 1920 gab es 730 000 Stromverbraucher, in den dreißiger Jahren bereits neun Millionen. 325 000 Menschen fanden in den Werken Arbeit, und die Hersteller für Elektrogeräte verzeichneten Rekordgewinne. Eine halbe Million Autos wurden produziert, die den Autoindustriestädten Coventry, Birmingham, Luton, Oxford und Dagenham zu Wohlstand verhalfen. Bakelit und Plastik traten ihren Siegeszug an. Die chemische Industrie stellte neue Kunstfasern wie Rayon her sowie synthetische Farben, Medikamente und Düngemittel. Mächtige Industriegiganten bildeten sich heraus, wie ICI, EMI, Unilever, Royal Dutch Shell oder Courtaulds, und neue Jobs erschlossen sich im Speditionswesen. Ladenketten schossen aus dem Boden – allein der Drogeriemarkt Boots und das Kaufhaus Marks & Spencer eröffneten jährlich Dutzende Filialen. Ratenkauf ermöglichte es Familien, für die es bislang ein bürgerlicher Traum gewesen war, eine Möbelgarnitur zu erwerben. In der Landwirtschaft wurde der freie Markt durch Schutzzölle, Subventionen und Preiskontrolle ersetzt. Neue Maschinen wie Traktoren, die ersten Mähdrescher und Melkapparaturen wurden auf den Höfen eingesetzt.

Aber es wurde auch aufgerüstet. Zwischen 1933 und 1939 gab die Regierung 1,2 Milliarden Pfund für Waffen aus. Dieser Industriezweig stützte zwar den wirtschaftlichen Aufschwung, doch sollte dafür ein hoher menschlicher Preis bezahlt werden. Dunkle Schatten legten sich über Europa.

Der letzte Friedenssommer. Diese beiden Urlauber (rechte Seite) genießen zwei neue Freizeitvergnügen: das Sonnenbad und die sonntägliche Autospritztour an die Küste. Im Jahr 1939 ging es Großbritannien weitgehend gut. Die Konsumgüter- und Autoindustrie stand, abgesehen von Amerika, konkurrenzlos an der Spitze. Die Vorstädte mit ihren Rauhputzhäusern im Tudorstil für 450 Pfund das Stück, einschließlich Garage, mit ihren Kinos und schnellen, elektrifizierten Pendlerzügen erlebten ihre Blütezeit. Es gab bezahlten Urlaub, Autos waren billig, und der Arbeitsmarkt hatte viele Stellen offen. Das Empire war seit 1918 nicht geschwunden, sondern sogar gewachsen. Anders als die kontinentalen Extremismen, Faschismus und Kommunismus, wurde die britische Politik von kompromißbereiten Koalitionsregierungen gestaltet. Die Briten hatten durch einen Krieg mehr zu verlieren als jedes andere Land in Europa. [Foto: Edith Tudor Hart]

6
»DIE SCHÖNSTE ZEIT«

»All die klugen Hoffnungen eines erbärmlichen, verlogenen Jahrzehnts schwinden dahin«, schrieb W. H. Auden treffend, als der Friede zusammenbrach. Großbritannien taumelte wie die übrige Welt infolge von Selbstbezogenheit und Ignoranz in die Katastrophe. Audens Worte bezogen sich genaugenommen mehr auf ihn selbst – er schrieb sie in der Sicherheit New Yorks nieder –, aber sie trafen ebenso auf ein Land zu, das moralisch und materiell nicht auf einen Krieg vorbereitet war.

In den dreißiger Jahren plagten sich die Franzosen mit dem Selbstekel, die Amerikaner mit dem Isolationismus, die Italiener mit der Großmannssucht, die Spanier mit dem Bürgerkrieg und die Deutschen, Japaner und die Russen mit Rassen- oder Klassenhaß. Die Briten hatten hingegen nur wenig Grund zur Klage. Seit dem vergangenen Krieg waren das Durchschnittseinkommen um mehr als ein Drittel und die Lebenserwartung um 15 Jahre gestiegen, und die Kindersterblichkeit hatte sich halbiert. Auch die soziale Lage hielt sich stabil. Die Zahl der durch Streik verlorenen Arbeitstage, im Generalstreik von 1926 noch 162 Millionen, sank 1938 auf 1,8 Millionen. Die 54-Stunden-Woche war um sechs Stunden verkürzt worden. Elf Millionen Arbeiter kamen in den Genuß bezahlten Urlaubs – die relativ höchste Zahl in den westlichen Industrieländern. Zudem waren sie gesünder, größer und wohlgenährter als je zuvor. Die Kriminalitätsrate blieb verschwindend gering: In den dreißiger Jahren wurden durchschnittlich 54 Menschen pro Jahr wegen Mordes vor Gericht gestellt. Gewaltverbrechen lagen unter einem Prozent der Delikte. Seebohm Rowntree zeigte sich erstaunt, daß »man wochenlang jeden Abend durch ein Arbeiterviertel gehen konnte, ohne einen Betrunkenen zu sehen«. Das Laster von 80 Prozent der Männer und 40 Prozent der Frauen war das Rauchen, aber niemand sah darin etwas Verwerfliches. Die Arbeitslosigkeit, das schlimmste Übel, sank rapide.

»Dies ist nicht die Zeit der Schreiberlinge, sondern der Ingenieure«, schrieb Professor Lancelot Hogben. »Die Zündkerze ist mächtiger als die Feder.« In Großbritannien wurden mit Ausnahme der USA mehr Autos und Flugzeuge hergestellt als sonst in der Welt. Die BBC hatte bereits neun Millionen registrierte Radiohörer, ihre Fernsehausstrahlungen waren führend in der Welt. 1935 demonstrierte der schottische Physiker Robert Watson-Watt, wie ein sich bewegendes Flugobjekt durch Radiowellen geortet werden konnte: Ein Sender schickt Schwingungsenergie aus, die, sobald sie auf einen Flugkörper trifft, zurückgeworfen wird und auf einer Kathodenröhre einen Leuchtfleck hervorruft – das Radar war erfunden. Das Potential dieser Erfindung wurde nicht hoch genug geschätzt, denn noch immer herrschte der Eindruck vor, die Luftfahrt habe den Inselstatus Großbritanniens eingeschränkt. Stanley Baldwin behauptete vor dem Parlament, daß »Bomber stets durchkommen«. Die Menschen fürchteten den Krieg wie nie zuvor und glaubten, daß durch deutsche Luftangriffe 600 000 Zivilisten in den ersten Tagen getötet und doppelt so viele verletzt würden. Der pazifistische Philosoph Bertrand Russell sagte voraus, daß London »ein einziges Tollhaus sein wird. Die Krankenhäuser werden gestürmt, der Verkehr wird zusam-

»Wieder hat die deutsche Luftwaffe London angegriffen und noch mehr Bomben abgeworfen«, lautet die ursprüngliche Bildunterschrift für diese Aufnahme vom 10. Oktober 1940. »Das Foto zeigt einen Milchmann, der an diesem Morgen in den Trümmern einfach weitermacht.« Der »Blitz«, wie der Bombenüberfall der Nazis genannt wurde, war der erste Angriff einer ausländischen Macht auf die britische Insel seit den Normannen, die 874 Jahre zuvor aus Frankreich einfielen. Viele erwarteten, daß in den ersten Tagen des Bombardements 600 000 Menschen ums Leben kommen würden und die nationale Moral zusammenbreche. »Die Obdachlosen werden nach Frieden schreien«, sagte der Philosoph Bertrand Russell voraus, »London wird ein Pandämonium sein.« Hätte er recht behalten, wäre ganz Europa eine Diktatur geworden. Doch er hatte unrecht, und so gibt dieses Foto einen der großen psychologischen Wendepunkte der modernen Geschichte wieder. Hitler konnte bis zum äußersten gehen, doch ganz gewöhnliche Frauen und Männer entschlossen sich, weder aufzugeben noch in Panik auszubrechen. Sie wollten, wie der Milchmann, einfach »weitermachen«. Die Russen dachten später ebenso, nur zahlten sie dafür einen höheren Preis – auch die Deutschen, als sie selbst in die Lage gerieten, sich verteidigen zu müssen. Die Bedeutung dieser britischen Entschlossenheit lag nicht darin, daß sie gerade in diesem Land geboren wurde, obwohl sie alles, was kommen sollte, veränderte. Sie lag vielmehr darin, daß sie als einzige einem freien Volk entsprang, in dessen Leben weder Konzentrationslager noch Gulags eine Rolle spielten. Sie hielt die Demokratie am Leben, »die schlimmste Regierungsform«, meinte Churchill, »außer all jenen, die man von Zeit zu Zeit ausprobiert hat«.

menbrechen, und die Obdachlosen werden nach Frieden schreien. Die Stadt wird ein Pandämonium sein.«

Da sie moralisch und materiell besser dastanden als alle potentiellen Verbündeten oder Gegner auf dem Kontinent, konnten die Briten durch einen Krieg auch mehr verlieren. Territoriale Interessen hatten sie nicht. Ihr Reich, das sich durch die ehemals deutschen Kolonien und durch die Protektorate im Nahen Osten erweitert hatte, war groß genug. 1937 wurde der fast siebzigjährige Neville Chamberlain Premierminister. Er hatte sich als Gesundheitsminister durch Reformen hervorgetan und galt als fähiger, wenn auch konventioneller Schatzkanzler. Er stand einer Parlamentsmehrheit vor, die sich ebenso wie er selbst der Neutralität verpflichtet fühlte. Im Frühjahr 1938 wurde Österreich von Deutschland annektiert. Das gleiche Schicksal sollte der Tschechoslowakei beschie-

den sein. Außenminister Anthony Eden trat aus Protest gegen die britische *Appeasement*-Politik zurück und gesellte sich zu Winston Churchill auf die Hinterbank.

Am 15. September 1938 reiste Chamberlain nach Deutschland. Die Mehrheit der Männer war der Meinung, daß er Hitler entschieden entgegentreten sollte, die Mehrheit der Frauen setzte auf Beschwichtigung. Als er am 22. September nach Bad Godesberg zu weiteren Verhandlungen flog, schwang die öffentliche Meinung um, da die Angst vor Bomben stärker war als die Scham darüber, die Tschechen verkauft zu haben. Am 25. September mobilisierte man die Luftschutzeinheiten und bereitete Schützengräben und Sperrballons vor. Evakuierungspläne für zwei Millionen Menschen aus London wurden veröffentlicht. »Es ist grauenhaft, wahnwitzig und unglaublich«, sagte Chamberlain, »daß wir Grä-

Faschisten und Beschwichtigungspolitiker. Unity Mitford (links), ihre Schwester Diana und Mutter Lady Redesdale plaudern in den dreißiger Jahren mit Hitlers Vertrautem »Putzi« Hanfstaengl in München. Unity kehrte 1940 mit einer mysteriösen Schußwunde nach England zurück. Diana war mit Sir Oswald Mosley (Mitte, mit erhobener Hand) verheiratet, der 1938 an einem Tref

fen seiner »British Union of Fascists« im Londoner East End teilnimmt. Mosleys Schwarzhemden spielten politisch keine Rolle. Die Beschwichtigungspolitiker waren hingegen bedeutsamer, wie der Premierminister Neville Chamberlain (rechts), hier bei seiner Rückkehr im September 1938 von seinem Treffen mit Hitler in München.
[Foto linke Seite außen: James Abbe]

ben ausheben und Gasmasken anprobieren müssen, nur weil sich Leute, von denen wir nichts wissen, in einem fernen Land aneinandergeraten sind ...« Während er am 28. September vor dem Parlament eine Rede hielt, wurde ihm eine Notiz überreicht. Hitler, sagte er dann, habe ihn

noch einmal nach Deutschland eingeladen. Er eilte nach München und überredete die Tschechen, das Sudetenland aufzugeben. Am 30. September um 14.30 Uhr war die Krise um die Tschechoslowakei überwunden. Am 1. Oktober sagte er vor einer jubelnden Menge in Downing Street: »Ich glaube, daß wir nun Frieden haben.« »Kein Eroberer, der siegreich von einem Schlachtfeld zurückkehrt«, huldigte ihm am nächsten Tag die *Times*, »wurde je mit prächtigerem Lorbeer bekränzt.« Nur ein Regierungsmitglied trat zurück. Mit dem Münchener Abkommen hatten sich die Briten nicht den Frieden erkauft, sondern lediglich einen Zeitaufschub. Während der Münchener Verhandlungen hätte die britische Armee nicht mehr als zwei Divisionen nach Frankreich entsenden können. Die ersten Jagdflugzeuge waren gerade an die Fliegerstaffel ausgeliefert worden. Nach München wurde die Armee allmählich aufge

am 23. August einen Nichtangriffspakt. Die beiden Antipoden der Aggression in Europa vereinbarten, gegenseitige feindliche Aktivitäten zu unterlassen – vorläufig zumindest hieß es nicht mehr »Rotes Schwein« oder »Nazi-Abschaum«. Es war ein Liebeshandel, der eine klammheimliche Aufteilung Osteuropas vorsah. Zwei Tage später explodierte in der Hauptstraße von Coventry eine Bombe, die fünf Menschen das Leben kostete. Allerdings stammte sie nicht von einem deutschen Flugzeug, sondern von der IRA. Am 31. August steckten die Deutschen den Leichnam eines ermordeten KZ-Häftlings in eine polnische Uniform und präsentierten ihn als »Beweis« für einen polnischen Überfall auf den deutschen Radiosender Gleiwitz.

Im Morgengrauen des 1. September marschierten die Deutschen in Polen ein. Am Nachmittag schaltete das BBC-Fernsehen, das gerade einen Mickey-Maus-Film ausstrahlte, den Sender ab. Da deutsche Bomber über Warschau flogen, wurde befürchtet, daß sie den Sender der BBC als Leitstrahl nach London nutzen könnten. Mit rauher und metallischer Stimme erklärte Chamberlain am 3. September um 11.15 Uhr über Radio den Kriegseintritt Großbritanniens. Nur 20 Leute befanden sich zu diesem Zeitpunkt vor der Downing Street Nr. 10, keine begeisterten Menschenmassen – der letzte Krieg saß noch zu tief in den Knochen. Die Feindseligkeit hielt sich derart in Grenzen, daß die Zeitungen noch immer von »Herrn Hitler« schrieben. Um 11.47 heulten die ersten Alarmsirenen in London. Beardmore hörte sie voller Panik. »Wir stellten uns die Saint-Pauls-Kathedrale als Ruine vor und daß dort, wo das Parlamentsgebäude stand, nun ein tiefes Loch klafft. Doch nichts dergleichen geschah.« Es war ein Fehlalarm. Bei dem »Angreifer« handelte es sich um ein kleines Transportflugzeug mit dem französischen Militärattaché an Bord. Das erste Luftgefecht fand am 6. September statt: Ein Spitfire-Geschwader aus Hornchurch schoß nach einem Identifizierungsfehler des Radars zwei Hurricanes aus North Weald ab – kein guter Anfang.

stockt – insgesamt sollten es 32 Divisionen werden –, und der Bau von Kampfflugzeugen überflügelte den der Deutschen.

Die *Appeasement*-Politik fand Mitte März 1939 mit dem Einmarsch deutscher Truppen in die Tschechoslowakei ein Ende. Hitler »steht nun waffenstarrend an der rumänischen Grenze und stellt Ultimaten«, schrieb ein Angestellter, George Beardmore, in sein Tagebuch. »Unter solchen oder ähnlichen Umständen spürt sogar ein Kerl wie ich, der ansonsten froh ist, in Ruhe gelassen zu werden, wie die Empörung in ihm wächst . . . Ich denke, daß dies der Moment ist, da der Tyrann aufgehalten werden muß.« Die Regierungen Großbritanniens und Frankreichs gingen widerwillig ein Bündnis ein und sicherten den Polen Beistand zu, als Hitler schwor, ihnen »eine Mahlzeit zu bereiten, an der sie ersticken werden.« Am 1. April wurde auf der britischen Insel die Wehrpflicht eingeführt. Mit Moskau kamen Verhandlungen über ein Zweifrontenbündnis nur schleppend in Gang. Die Zivilisten trugen nun Gasmasken und sollten unter all den sommerlichen Düften den Geruch von Gift ausmachen. Noch während sich die englischen und französischen Unterhändler in Moskau befanden, unterzeichneten die Sowjetunion und Deutschland

Innerhalb einer Woche wurden 1,3 Millionen Menschen reibungslos aus den Städten evakuiert, viele aus den ärmsten Slums. Ihr Zustand schockierte die ländliche Mittelschicht, bei der sie untergebracht wurden. Manche Kinder mußten im Bett bleiben, bis ihre verdreckten Kleider gewaschen oder verbrannt waren, andere waren »in ein Stück Kattun eingenäht und hatten nur einen Mantel darüber«. Kranke wurden auf Landsitzen untergebracht, die zu Lazaretten umgewandelt waren, da die Krankenhäuser in den Städten sich auf die Opfer von Luftangriffen vorbereiteten.

Die Reichen verließen ebenso wie zahlreiche Ausländer London. Fast die Hälfte der prachtvollen Stadthäuser am Belgrave Square stand zum Verkauf. Käufer gab es jedoch kaum. Die Girozentrale der Banken wurde nach Stoke-on-Trent verlegt, und auch die Prudential-Versicherungsgesellschaft wurde ihrem Namen »Vorsicht« gerecht und schaffte ihre Angestellten nach Toquay. Wer der Sympathie mit dem Feind verdächtig war, wurde in einem Lager auf der Pferderennbahn von Surrey interniert. »Ausländer aus dem Feindesland« – über 50 000 meist jüdische Flüchtlinge, die allen Grund hatten, die Nazis zu fürchten – erlitten entweder das gleiche Schicksal, oder sie erhielten Ausgangssperren. Ganz Scotland Yard war zeitweise mit dieser Aufgabe beschäftigt. Im Londoner Zoo wurden giftige Schlangen und Spinnen mit Chloroform getötet. Bei Sirenenalarm patrouillierten bewaffnete Männer vor den Käfigen, damit gefährliche Tiere nicht entflohen. Das Wasser des Aquariums wurde abgelassen und sein Inhalt verspeist. Fast ein Viertel der zwei Millionen Katzen und Hunde Londons brachte man in den ersten Tagen um. Die Folge war eine Ratten- und Mäuseplage.

Das erste deutsche Flugzeug wurde am 20. November über London gesichtet, drehte jedoch ab, als es unter Beschuß geriet. Nahezu eine Million Männer wurden für zwei Schilling pro Tag eingezogen und vier Divisionen nach Frankreich entsandt, um die Lücke zwischen der französischen Maginotlinie und der Kanalküste zu sichern. Die Deutschen hatten in Polen gezeigt, wozu sie fähig waren. Blitzkrieg – Panzer brechen

Über 50 000 »feindliche Ausländer« – darunter zahlreiche Juden, strikte Gegner der Nazis – wurden zusammengetrieben (links) und größtenteils auf Rennplätzen oder auf der Isle of Man interniert. Sie aufzuspüren war nicht schwierig. In Hampstead, einem Londoner Vorort, in dem zahlreiche intellektuelle Flüchtlinge lebten, ging der Streifenpolizist in die öffentliche Bibliothek und bat alle, die Deutsch lesen konnten, herauszutreten. Viele wurden bald wieder freigelassen und erwiesen sich als wertvolle Hilfen bei der Kriegsproduktion. Auch die Kinder verließen die Stadt, wie dieses kleine Mädchen (linke Seite oben), das auf seine Evakuierung aufs Land wartet. Einige Mütter wollten ihre Kinder nicht gehen lassen. Rechts: Ein Mädchen hilft dem Pfarrer in Stepney in London beim Aussortieren der Kleider eines Freundes aus den Trümmern ihres Hauses.
[Foto linke Seite oben: George Rodger]
[Foto rechts: Bert Hardy]

zangenartig durch, mit der Unterstützung von Sturzkampfbombern als mobiler Artillerie, während die Infanterie den Rest erledigt – und Terror. Die Briten blieben an der Westfront weitgehend bewegungslos – »Sitzkrieg« nannten sie das. Deutsche U-Boote versenkten im »uneinnehmbaren« Hafen von Scapa Flow das Schlachtschiff *Royal Oak* sowie den Flugzeugträger *Courageous*. Daraufhin kaperte die Royal Navy im Südatlantik das deutsche Schlachtschiff *Graf Spee* und zwang die Mannschaft, es zu versenken. Britische Bomber warfen über deutschen Städten Millionen von Anti-Nazi-Flugblättern ab. Der erste britische Bomber stürzte über Deutschland durch Zufall ab. Am 3. Dezember hatte ein Flugzeug über der Nordsee eine Fehlfunktion in seinem Bombenschacht und fiel auf Helgoland.

Außerhalb Großbritanniens ging es schlimm zu, wie Berichte von sowjetischen und deutschen Greueltaten in Polen sowie Stalins Winterfeldzug gegen Finnland bewiesen. In London jedoch wurden zu Weihnachten Bastelmodelle der Maginotlinie verkauft und die Kinos wiedereröffnet. Über die Hälfte der Evakuierten, vom rauhen Winter auf dem Land abgeschreckt, strömte zurück in die Städte. Es war der kälteste

Winter des Jahrhunderts. Zwar konnte aufgrund der kriegsbedingten Nachrichtensperre keine Wettervorhersage veröffentlicht werden, aber die zugefrorene Themse war Beweis genug. Hinzu kam durch den Einbruch in der Baubranche ein Anstieg der Arbeitslosen auf 1,6 Millionen. Im Januar wurden die Lebensmittel rationiert, mit wöchentlich etwa 114 Gramm Butter und ebensoviel Speck oder rohem Schinken sowie rund 350 Gramm Zucker pro Erwachsenem. Das war zwar mehr als die Rationen in Deutschland, doch es schmerzte. Man informierte die Öffentlichkeit nicht über die erfolgreiche deutsche U-Boot-Blockade gegen britische Handelsschiffe. Eine Bombe, die erste dieses Krieges in London, explodierte am 2. März vor einem Kaufhaus. Aber auch diese stammte von der IRA.

Am 4. April behauptete Chamberlain, daß Hitler »seine Chance verpaßt« habe. Damit forderte er das Schicksal heraus. Am 9. April besetzten die Deutschen Skandinavien. Dänemark war nach zwei Tagen in deutscher Hand. Britische und französische Truppen waren zwar in Norwegen gelandet, doch wurden sie innerhalb von zwei Wochen wieder zurückgedrängt. Der Tory-Abgeordnete Leo Amery forderte am 8. Mai im Unterhaus den Rücktritt des Premierministers, indem er Oliver Cromwell zitierte: »Ich sage, wir sind fertig mit Euch. Im Namen Gottes, geht!«

Chamberlain ging. Winston Churchill hielt am 13. Mai seine erste Rede als Premierminister, die ebenso feierlich wie schillernd war. Darin bot er den Menschen nichts »als Mühen, Blut, Schweiß und Tränen« und stärkte gleichzeitig ihre Entschlußkraft, »den Krieg zur See, zu Land und in der Luft mit aller Kraft, die Gott uns geben kann, zu führen ... gegen eine ungeheuerliche Tyrannei, die alles Bisherige übertrifft«. Er gab die Parole aus: »Sieg – Sieg um jeden Preis, Sieg trotz all des Terrors, Sieg, wie lang und mühsam der Weg auch immer sein mag, denn ohne Sieg gibt es kein Überleben.«

Churchill war ein vielschichtiger Mensch, auch in emotionaler Hinsicht. Beardmore nannte ihn »Soldat-Staatsmann-Historiker«, und er hätte noch Wendehals, Aristokrat, Journalist, Aquarellmaler und sogar Maurer hinzufügen können, da er in seiner Freizeit aus Langeweile Mauern hochzog. In ausgeglichener Verfassung war er verschlossen und zurückhaltend, »sein rundes Gesicht rosig-weiß, mit dünnem Haar und sensiblen Künstlerhänden«. Das Aussehen einer Bulldogge, das er in aufgeregtem Zustand annahm, gehörte zum Repertoire seiner Ausdrucksmöglichkeiten, zu dem, wie ein Beamter des Kabinetts sich erinnerte, »die trotzige Miene eines schmollenden Kindes, die wilde eines gehetzten Tieres, die traurige einer mitfühlenden Frau und das plötzliche Aufblitzen eines jungenhaften Lächelns« gehörte. Außenminister Lord Halifax, den Churchill bei der Entscheidung um das Amt des Premierministers ausgebootet hatte, hielt sein Gemüt für das außergewöhnlichste, das ihm je begegnet sei – »eine merkwürdige Mischung aus kindlicher Emotionalität und männlichem Verstand«. Mit 66 Jahren war er zwar Hitler um

15 Jahre voraus, ihm aber an Élan ebenbürtig. Er stand um neun Uhr morgens auf, schlief am frühen Nachmittag eine Stunde und arbeitete anschließend bis zwei Uhr nachts durch. Sein deutscher Gegenpart war Nichtraucher, Abstinenzler und Vegetarier. Churchill war bekanntermaßen nichts davon.

Es war ein merkwürdiger Augenblick, von Sieg zu reden. Am folgenden Tag kapitulierten die Niederlande. Sieben deutsche Divisionen stürmten über die dichtbewaldeten Bergketten der »undurchdringlichen« Ardennen und zerschlugen die leichte Kavallerie der Franzosen. Doch die Rede erweckte bei den Briten die kollektive, tiefverwurzelte Überzeugung, daß man sie schon alle umbringen müßte, um sie zu besiegen.

Brüssel fiel am 17. Mai, woraufhin die US-Botschaft in London die knapp mehr als 4000 Amerikaner in Großbritannien zur Rückkehr in die Heimat drängte. Drei Tage später erreichten die Deutschen die Kanalküste bei Abbéville. Die britischen Expeditionsstreitkräfte wichen bis Dünkirchen zurück und verloren dabei einen Großteil ihrer schweren Artillerie. Die erschöpften Soldaten waren von deutschen Panzerverbänden eingekesselt, die wie durch ein »Wunder«, das deutscher Vorsicht zu verdanken war, am 24. Mai ihren Vormarsch stoppten. Die Briten rechneten damit, von ihren 250 000 Soldaten nicht mehr als ein Fünftel aus dem Kessel retten zu können. Die Evakuierung begann am 26. Mai, als die Deutschen wieder vorrückten. Sie dauerte neun Tage und mußte unter schwerem Feuer durchgeführt werden. Es war eine grauenvolle Befreiungsaktion.

Den Geruch des Todes vertrieb in jenem strahlenden Sommer kein Luftzug. Die Männer warteten in langen Reihen am Strand. »Es war, als würden wir an einem heißen Sommertag durch ein Schlachthaus marschieren«, schrieb ein Artillerieoffizier über die letzte Nacht. »Die Dunkelheit, die den Anblick des Grauens vor unseren Augen verbarg, schien den fürchterlichen Gestank noch zu verdichten ... Den sterbenden Männern konnte nicht der geringste Beistand geleistet werden. Selbst den Lebenden waren die Hände gebunden. Sie drängten lediglich ans Meer, in der Hoffnung, daß ihnen dieses Schicksal erspart bliebe ...« Trawler, elegante Yachten und Motorschiffe, Lebensrettungsboote und Schaufelraddampfer, insgesamt 665 Zivilschiffe, unterstützten die Marine bei der Aktion. Auf den Zerstörern wurden die Männer in »Heizungskesseln, Maschinenräumen, Messedecks, einfach überall« transportiert. Kommandant Lightoller, ein überlebender Offizier der *Titanic*-Katastrophe 28 Jahre zuvor, fuhr mit seiner Yacht *Sundowner* hinüber. Er nahm 130 Männer an Bord, zusammengepfercht »wie die sprichwörtlichen Sardinen, sogar einer im Bad und der andere auf der Toilette. Die armen Teufel konnten nur dasitzen und seekrank werden.« Zusammen mit seinen Söhnen hatte er auf dem Rückweg nach Ramsgate schwer darum zu kämpfen, daß die überladene Yacht nicht im Kielwasser der großen Kanaldampfer und der Zerstörer unterging.

224 585 britische sowie 112 546 französische und belgische Soldaten wurden auf diese Weise vor der Kriegsgefangenschaft gerettet. Churchill bezeichnete das als ein weiteres Wunder, doch fügte er hinzu, daß es auch ein »kolossales militärisches Desaster« sei. Kriege würden nicht durch Evakuierungen gewonnen. Die britischen Zivilisten waren erleichtert. Die geretteten Soldaten jedoch, geschlagen und ohne Waffen, aus denen oft nicht mal ein Schuß abgefeuert worden war, zeigten sich weniger dankbar. »Diese verzweifelten und in ihrem Stolz zutiefst verletzten Männer suchten in der harschen Kritik an ihren Vorgesetzten Erleichte-

In seinem Landhaus betätigte sich Winston Churchill vor dem Krieg als Hobbymaurer. Der einst miserable Schüler hatte in Omdurman gegen die Derwische gekämpft und konnte den Buren entkommen. Er hatte als Innenminister, Erster Lord der Admiralität, Sündenbock für Gallipoli und Finanzminister gedient. Ab 1929 war er aus dem Politgeschäft raus und bestritt seinen Lebensunterhalt mit Schreiben. Sein gesamtes früheres Leben, sagte er, war die Vorbereitung auf seinen »Weg mit dem Schicksal« ab 1940. »Die Nation und viele Völker aus der ganzen Welt hatten das Herz des Löwen«, erinnerte er sich 1954. »Ich hatte das Glück, dazu auserwählt zu sein, zu brüllen.«

Ausmanövriert und geschlagen mußten sich die Briten im Mai 1940 bei Dünkirchen über das Meer zurückziehen. Unerklärlicherweise hatten ihnen die Deutschen nicht den endgültigen Rest gegeben. Eine gigantische Evakuierungsmaßnahme, die auch französische und belgische Soldaten ein- schloß, wurde über den Ärmelkanal in Gang gesetzt. Die Männer (großes Foto) warteten in dis- ziplinierter Ordnung, bis sie an Bord der Schiffe gehen konnten. Auf Deck und in den Heizräumen zusammengepfercht (oben links) waren sie den Gefahren zur See ausgesetzt – diese Franzosen (oben rechts) wurden, nachdem ihr Zerstörer auf eine Mine lief, gerettet. Dünkirchen (rechte Seite innen) war jedoch furchtbarer »als ein Schlacht- haus an einem heißen Tag...« 337 000 Menschen erreichten schließlich sicher britischen Boden (rechte Seite, außen).

Food Shop um. Nun wurden Italiener auf die zum Internierungslager umfunktionierte Ferieninsel Isle of Man geschickt. Die Abgeschobenen gründeten dort ihre eigene Universität und veranstalteten Konzerte. Drei der vier Mitglieder des Amadeus-Quartetts, das später zur berühmtesten Kammermusikgruppe des Landes wurde, fanden dort zusammen. Doch es ging nicht überall so zivilisiert zu. Drei Männer der Militäreskorte, die 2700 Internierte auf einem Schiff nach Australien begleiteten, wurden wegen Mißhandlung von Schutzbefohlenen vor ein Kriegsgericht gestellt. Da es sich zumeist um hochgebildete Menschen handelte, war ein solches Verhalten schädlich für die Kriegsproduktion und zudem inhuman. »Offen gesagt«, teilte ein junger Tory-Abgeordneter dem Unterhaus mit, »werde ich sowohl als Engländer als auch als Gefolgsmann dieser Regierung nicht eher ruhen, bis diese dunkle Seite unserer Geschichte geklärt oder neu geschrieben sein wird« – was auch geschah. 1943 schließlich stellten 90 Prozent aller arbeitsfähigen Ausländer ihre beruflichen Fähigkeiten für einen Sieg zur Verfügung, den sie ebenso ersehnten wie ihre Gastgeber. Nur 486 Ausländer, weniger als ein Prozent, mußten den Krieg in Lagern verbringen. Einige Mitglieder der Friedensunion wurden dafür belangt, zur Kriegsdienstverweigerung aufgerufen zu haben. »Dies ist ein freies Land«, argumentierte der Richter, der die Klage fallenließ. »Wir kämpfen dafür, daß es ein freies Land bleibt. Diese Gentlemen leben zu ihrem Glück in einem Land, in dem sie ihren Pazifismus oder Nichtpazifismus in absoluter Freiheit ausdrücken können.« An der schottischen Küste wurden zwei Spione sofort enttarnt, weil sie keine Ahnung von der Landeswährung hatten. Ein weiterer wurde entdeckt, weil er mit Hut, Trenchcoat und einem grünen Koffer an Land ging. Er hätte sich auch gleich ein Schild mit der Aufschrift »Spion« anheften können.

»Ich selbst fühle mich nun wohler, da wir keine Verbündeten mehr haben, denen wir um den Bart gehen müssen«, schrieb Georg VI. nach der Besetzung Frankreichs in sein Tagebuch. Zwar waren vom ersten Tag an die Kolonien und Dominionstaaten in den Krieg einbezogen, doch galten sie nicht als Alliierte, sondern als zur Familie gehörig. »Wir werden unsere Unabhängigkeit nicht auf dem Niedergang Großbritanniens begründen«, versicherte Gandhi, ohne die Beendigung der britischen Herrschaft aus den Augen zu verlieren. »England wird aufrecht und heroisch untergehen, wenn es denn sein muß...« Es gab darüber hinaus 80 000 Freiwillige aus dem unabhängigen Teil Irlands sowie Holländer, Polen, Franzosen, Norweger, Tschechen, Dänen und kanadische Einheiten. Die Briten genossen zwar das zunehmende Wohlwollen der Vereinigten Staaten, doch im Grunde waren sie auf sich selbst angewiesen und merkwürdigerweise, ebenso wie ihr König, ganz froh darüber. Es sei, wie sie behaupteten, das erste Mal seit der normannischen Eroberung im Jahr 1066 eine »einheimische Angelegenheit«. Ihre Haltung gegenüber den Nazis war, so Beardmore, »die Aufforderung des unterlegenen Schülers an seinen Schinder: ›Los, versuch's doch!‹«

rung«, schrieb ein Beobachter, der mit ihnen einen Abend in einem Pub in Dorset verbrachte. »Wir versprachen uns gegenseitig, daß wir nie ein Wort über das, was wir an diesem Abend gesehen und gehört hatten, verlieren würden...«

Die Deutschen durchquerten Frankreich im Eiltempo. Wieder mußten wie in Dünkirchen 135 000 französische und britische Soldaten aus westfranzösischen Häfen evakuiert werden. Italien erklärte Frankreich und England den Krieg, und die Sowjets besetzten Litauen, Estland und Lettland. Paris fiel am 14. Juni, der deutsch-französische Waffenstillstand wurde acht Tage später verkündet. Die Schriftstellerin Rebecca West beobachtete im Londoner Regent's Park, wie die Menschen die Rosen auf eine eigentümliche Art betrachteten und ihren Duft einsogen, als wenn sie damit ausdrücken wollten: »So also sind die Rosen, so also riechen sie. Wir müssen uns daran erinnern, wenn die Nacht anbricht...« Am 30. Juni fiel Guernsey, am nächsten Tag Jersey. Es war kaum anzunehmen, daß die Deutschen hinter den Kanalinseln haltmachen würden. Churchill warnte davor, daß die Schlacht um England erst bevorstünde.

Nach dem Kriegseintritt Italiens gab es vereinzelte Angriffe auf italienische Eiscafés und Restaurants. Das Ritz-Hotel entließ fristlos italienische Kellner, und italienische Spezialitätenläden nannten sich in *British*

An die Bevölkerung erging die Weisung, »sich nicht von der Stelle zu rühren«, falls »Cromwell«, das Codewort für die Invasion, bekanntgegeben würde, damit nicht wie in Frankreich Flüchtlingskolonnen die Soldaten behinderten. Die Sicherheitsmaßnahmen waren manchmal unsinnig. So strich ein Zensor die Zeitungskritik des Theaterstücks »HMS Pinafore«, da es verboten war, HM-Schiffe, *His-Majesty's*-Schiffe, zu erwähnen. Das Meer erwies sich als einzigartige natürliche Barriere, die Schutz vor der Übermacht der deutschen Armeen bot. Der übereilt aufgestellte Invasionsplan der Deutschen, »Operation Seelöwe«, sah eine Landung entlang des über 300 Kilometer langen Küstenstrichs von Ramsgate bis Lyme Regis vor. Als erstes sollten 13 Divisionen ins Landesinnere vordringen, um eine Frontlinie von Gloucester bis Colchester zu errichten. Spätestens zu diesem Zeitpunkt gingen sie von einer Kapitulation aus. Die Briten erwarteten einen Vormarsch auf London. Drei Panzerabwehrringe um die Vorstädte, das Stadtgebiet und entlang der Themse wurden gebildet. Der innere Verteidigungsring um Westminster sollte bis zum letzten verteidigt werden.

Tatsächlich war das Meer die einzige Verteidigungsmöglichkeit. Wäre es den Deutschen gelungen, bis zur Küste Englands vorzudringen, hätten sie außer menschlichen Körpern wenig Widerstand vorgefunden. Bis zum 1. Juli war die britische Armee zwar auf eine Stärke von 1,25 Millionen Soldaten angewachsen, doch die neuen Rekruten wurden mit Besenstielen ausgebildet. Ihre Verteidigungsmaßnahmen – ausgediente Karren und Bettgestelle, Autowracks, munitionslose Panzerabwehrunterstände, die als Teestuben und Heuschober getarnt wurden – hätten einen deutschen Panzer niemals aufhalten können. Man entfernte die Straßenschilder, Bahnhofsnamen und Endstationen auf Bussen, der

Automobilclub erstellte für seine Mitglieder keine Straßenkarten mehr und tarnte die gelb-blauen Motorräder seiner Straßenpatrouillen. Unter den Einheimischen verursachte das einige Verwirrung, doch Invasoren, die mittlerweile halb Europa beherrschten, hätte es wohl kaum in Verlegenheit gebracht.

Eine Million Menschen traten den *Local Defence Volunteers*, der Bürgerwehr, bei. Sie verfügten zunächst weder über Uniformen noch über Dienstränge, doch die Deutschen verkündeten im Radio, daß sie nach der Genfer Konvention als Partisanen einzustufen seien und als »Heckenschützen und Mordgesellen« erschossen werden würden. Die meisten von ihnen waren Veteranen, darunter ein ehemaliger Oberfeldwebel, der noch am Ägyptenfeldzug von 1884 teilgenommen hatte. Eine Londoner Kompanie exerzierte mit vom Drury Lane Theatre ausgeliehenen Speeren. Eine Einheit in den Docklands bastelte Handgranaten aus rohen Kartoffeln und Rasiermesserklingen. John Astor, der Eigentümer der *Times* und Kommandant des Londoner Pressebataillons, baute seinen Rolls-Royce in einen Panzerwagen um.

Als gemeldet wurde, daß feindliche Fallschirmjäger über Croydon abgesprungen seien, hatte der lokale Kommandeur nur einen Mann zur Verfügung. Er rekrutierte noch 15 weitere, sobald sie von der Arbeit heimkehrten, und machte sich mit einem Gewehr und zehn Schuß Munition zum Kampf gegen den glücklicherweise imaginären Gegner bereit. Um England zu erobern, mußten die Deutschen jedoch über das Meer kommen, was ihnen allerdings nicht gelingen konnte, bevor sie die Lufthoheit erkämpft hatten. Erst wenn sie die RAF ausgeschaltet hatten, war es ihnen möglich, ihre Invasionsflotte und die Landeeinheiten vor der Royal Navy und den RAF-Bomben zu schützen. Ihnen blieb dafür wenig

Im Juni 1940 bereiteten sich die Städte darauf vor, zur Frontlinie zu gehören. Kellnerinnen eines Lyons Corner House (links), der Filiale der Restaurantkette, sichern die Fenster mit hölzernen Läden gegen die Bomben eines mutmaßlichen Luftangriffs. Diese Frauen wurden liebevoll als »nippies«, Flitzerinnen, bezeichnet, weil sie die Tische so schnell bedienten. In der Krypta der Christ Church, eines Meisterwerks des Architekten Nicholas Hawksmoor aus dem 18. Jahrhundert im Londoner Slum Spitalfields, schläft ein Schlaukopf (rechts) in einem soliden Steinsarkophag als zusätzlichem Schutz gegen die deutschen Luftangriffe.

Die Verdunkelung war so wirkungsvoll, daß viele Fußgänger in der Nacht von Autos angefahren wurden und man schließlich weiße Linien an den Bordstein malte. Die Entfernung von Straßenschildern und Zielorten an Bussen, die Invasoren irreführen sollte, war eine zweischneidige Vorsichtsmaßnahme. Sie brachte auch die Einheimischen durcheinander, die manchmal als Spione verdächtigt wurden, wenn sie nach dem Weg fragten. »Können wir Zivilisten vielleicht unverzüglich Instruktionen bekommen, wie wir uns verhalten sollen, wenn uns jemand nach dem Weg fragt?« beklagte sich Miss Violet Oates aus Gestingthorpe Hall, ihrem Landhaus in Essex, in einem Leserbrief an die Times. »Mein Gärtner und sein Sohn wurden in dieser Angelegenheit verhört ... Da wir drei Meilen von der nächsten Polizeiwache entfernt leben, ist es unmöglich, die Polizei über solche Personen zu informieren, bevor sie sich zu ihren eventuellen schändlichen Absichten auf den Weg gemacht haben.«
[Fotos links: George Rodger]
[Foto rechts: Bill Brandt]

Zeit, denn im Herbst war die See zu rauh für ihre hastig zusammengestellte Flotte.

Die Luftschlacht um England gehörte zu den entscheidendsten Auseinandersetzungen der Geschichte, auch wenn es sich im Grunde genommen nur um eine kleine Schlacht handelte. Insgesamt waren in diesem Sommer weniger als 3000 RAF-Piloten daran beteiligt. An manchen Tagen standen sogar kaum 600 unter Einsatzbefehl. Die Zahl der Opfer, so schmerzlich sie sich auch auf eine so kleine Gruppe auswirkten, betrug nicht mehr als fünf Prozent der Verluste am ersten Tag der

Schlacht an der Somme. Die deutsche Führung gestand der Schlacht niemals eine besondere Bedeutung zu. Doch Churchill spürte, wie überlebenswichtig sie war: »Niemals in einem Krieg schuldeten so viele so wenigen soviel« – seine Piloten machten sich darüber lustig, daß er damit wohl ihre Messerechnungen meinen müsse. Den meisten erschien die Schlacht erst im nachhinein und mit dem Wörtchen »wenn« entscheidend: Wenn die Schlacht verloren worden wäre, hätte man auch den Krieg verloren.

Die Durchsetzungskraft der Flugzeuge und Piloten hing vom Glück im

Kampf, dem Bau neuer Maschinen und dem Nachschub an ausgebilde- ten Piloten ab. Unter der Leitung von Lord Beaverbrook produzierten die britischen Fabriken unermüdlich Flugzeuge. Der Mangel an Män- nern wurde jedoch so bedenklich, daß die sechsmonatige Ausbildung der Piloten auf zwei Wochen verkürzt wurde und sie mit nur zehn Stunden Flugerfahrung den Kampf aufnahmen. Am 20. Juli, als die Luftschlacht in vollem Gange war, verfügten die drei deutschen Luftwaffenverbände, die gegen England flogen, über 864 zweimotorige Bomber, 248 Stukas, 200 schwere Messerschmitt 110 und 656 einsitzige Messerschmitt-109- Jagdflugzeuge. Das Kommando der RAF konnte dieser Streitmacht 531

einsitzige Jagdflugzeuge, die Hurricanes und Spitfires entgegensetzen. Quantitativ waren die Briten somit unterlegen, nicht jedoch qualitativ. Die Stukas und schweren Messerschmitts waren für sie leichte Beute. Die entscheidende Auseinandersetzung fand zwischen den einsitzigen Jagd- fliegern statt.

Keine der Maschinen verfügte über entscheidende Vorteile, auch wenn die Messerschmitt 109 geringfügig schneller war und einen besseren Wendekreis hatte. Aufgrund ihres Einspritzmotors konnte sie unmittel- bar aus dem Normalflug in den Sturzflug übergehen, während die briti- schen Merlins-Motoren sich infolge ihrer schwachen Schubkraft kurzzeitig ausschalteten. Bei Überbeanspruchung konnten jedoch die Flügel der Messerschmitt brechen, die Sicht aus dem Cockpit war dürftig und die Reichweite der Maschine so begrenzt, daß Piloten, die länger als 30 Minuten über England flogen, Gefahr liefen, daß ihnen bei der Rückkehr über dem Meer der Treibstoff ausging. Die Hawker Hurricane war die Hauptstütze des britischen Jagdgeschwaders, zwar langsamer als die Me 109, aber stabiler und leichter zu reparieren. Mit feuerstarker Bordkanone und guter Sicht war sie das ideale Gegenmittel für die deutschen Bomber. Die Spitfire wurde von R. J. Mitchell entwickelt, einem herausragenden Konstrukteur von Wasserflugzeugen in den zwanziger Jahren. Nach seiner Genesung von einer Lungenoperation im Jahr 1933 kam er mit jungen deutschen Fliegern in Kontakt. Da er von einem weiteren Krieg überzeugt war, arbeitete er entgegen ärztlichem Rat an der Perfektionierung seines Jagdflugzeugs. Im März 1936 stieg der Prototyp in die Luft. Ein Jahr später starb Mitchell nahezu unbekannt im Alter von 42 Jahren. Seine Spitfire verdankte ihre enorme Schlagkraft den patentierten elliptischen Flügeln und der hervorragenden Sicht aus dem stromlinienförmigen Cockpit. Zudem zerbrach sie nur selten im Flug. Im Vertrauen darauf konnten die Piloten tiefer in den Sturzflug gehen und die Maschine abrupter wieder hochziehen als die theoretisch überlegene Me 109.

Ein Pilot mußte über außergewöhnlich gute Sehkraft verfügen, über extrem schnelle Reaktionsfähigkeit und das Vermögen, ohne Kommandosystem zu fliegen – und er mußte die Ausdauer für mehrere Einsätze pro Tag sowie das Geschick und den Mut mitbringen, beinahe »Tuchfühlung« mit dem Feind aufzunehmen. Ein RAF-Pilot hatte für 14 Sekunden Munition, ein deutscher für neun Sekunden. Diese einge-

schränkte Schußkraft kam bei einer Entfernung von unter 90 Metern am treffsichersten zum Einsatz. Die Flughöhe und die Sonne waren von lebenswichtiger Bedeutung. Der klassische Angriff war ein Sturzflug aus dem Gegenlicht, um sich dann hinter das Heck des arglosen Opfers zu setzen und es aus dem toten Winkel unter Feuer zu nehmen. Trotz allem fürchteten die Piloten einen Abschuß. »Man muß sich vorstellen, wie ihnen zumute ist«, sagte Archibald MacIndoe, ein Experte auf dem Gebiet der plastischen Chirurgie, der ihre Gesichter und Gliedmaßen in einem Spezialkrankenhaus in East Grinstead wieder zusammenflickte. »Freitagabend gehen sie mit einem hübschen Mädchen tanzen, und am Samstagnachmittag sind sie verkohlt.«

Beide Seiten verhielten sich im allgemeinen im Kampf ritterlich. »Man denkt niemals daran, daß man Menschen tötet«, schrieb der britische Pilot Peter Townsend. Als er über der Nordsee einen Heinkel-Bomber abschoß, sah er den bis zur Unkenntlichkeit verstümmelten Bordschützen, dessen helles Haar im Luftstrom eines zerschmetterten Fensters wehte, und den über seine Instrumente gebeugten Piloten, der sein angeschlagenes Flugzeug über den Wellen zu halten versuchte. »Durch die Fensterluken starrten mich die anderen beiden Besatzungsmitglieder in stummer Verzweiflung an«, schrieb er weiter. »Ich zog mein Verdeck hoch und signalisierte ihnen, Richtung Küste abzudrehen. Diese Männer waren keine Feinde mehr, sondern Piloten in Schwierigkeiten. Wenn wir mit unseren eigenen Flügeln nur ihr trudelndes Flugzeug hätten auffangen können...« Deutsche Wasserflugzeuge retteten RAF-Piloten aus dem Meer, obwohl dies das Hoheitsgebiet der Briten war. Nachdem Townsend selbst abgeschossen worden war, konnte er bereits wenige Minuten später in einem Pub ein Bier trinken.

Rechts: Im Vordergrund dieses deutschen Fotos ist der behelmte Kopf des Bordschützen in einem Heinkel-Bomber zu sehen. Er versucht, das Fadenkreuz seines Maschinengewehrs auf eine Spitfire auszurichten, die sein Flugzeug angegriffen hat und gerade zum nächsten Angriff abdreht. Die RAF-Piloten mieden möglichst die deutschen Kampffliegerstaffeln und konzentrierten ihre Angriffe auf die langsameren und verwundbareren Bomber. Die Spitfire verfügte über ein Reflektorenvisier, das zwischen den Augen des Piloten und der Windschutzscheibe glomm.

Eine Spitfire kostete 6000 Pfund, eine Kleinigkeit für eine so großartige Maschine. Privatpersonen konnten ein einzelnes Flugzeug sponsern, was sie auch taten. Ein indischer Maharadscha spendete gleich für eine ganze Staffel. Die Öffentlichkeit (links) wurde aufgefordert, ihr Kleingeld dem Spitfire-Fonds zu stiften.
[Foto: George Rodger]

Die RAF-Piloten waren ihrem Image nach, und oft auch tatsächlich, jung und übermütig, eine eingeschworene Gemeinschaft, die ein gewisses sprachliches Understatement pflegte. Sie stürzten nicht ab, sondern »machten Bruch«, sie starben nicht, sondern »gingen auf ein Burton«, auf ein Bier. Die wenigsten waren älter als 26 Jahre, die Hälfte einst begeisterte Amateurflieger, die das Fliegen in der Freiwilligenreserve oder in den Flugschulen der Universitäten erlernt hatten. Klassenunterschiede blieben dennoch bestehen. Unteroffizieren war der Aufenthalt in der Offiziersmesse verboten. Ein Fünftel waren Piloten aus den Dominions. Sie gehörten zu der fliegerischen Elite und erlitten furchtbare Verluste. Von 22 Australiern wurden 14 getötet, von ebenso vielen Südafrikanern neun. Die Polen waren die besten Flieger, die für jeden umgekommenen polnischen Piloten im Durchschnitt 10,5 deutsche Flugzeuge vernichteten. Die RAF-Piloten brachten es auf 4,9 Abschüsse.

Ihr Kommandeur Hugh Dowding war ihr Gegenpol. Er war ein Sportler, ein Ski-As und ein hochdekorierter Pilot im Ersten Weltkrieg gewesen, aber er war zurückhaltend und genügsam, verwitwet und ein Mann, der Übermut kurzerhand bestrafte. Sie nannten ihn »Stuffy«, Spießer. Seine Strategie beruhte auf Durchhalten, also den Deutschen so lange Widerstand zu leisten, bis die Herbststürme eine Invasion zur See

unmöglich machten. Aus diesem Grund hatte er bereits verhindert, daß Fluggeschwader in Frankreich verschlissen wurden. Die Soldaten in Dünkirchen hatten zwar wegen des mangelnden Schutzes aus der Luft geflucht, aber das kümmerte ihn wenig. Des weiteren bestand seine Taktik darin, die ungenügenden Kräfte der Briten zu bündeln. Wann immer möglich, mußten seine Jagdflieger die deutschen Jäger meiden und statt dessen die Bomber angreifen. Diesem sturen Profi stand Reichsmarschall Hermann Göring gegenüber, einst selbst ein Flieger-As im Ersten Weltkrieg, aber nun durch leicht errungene Siege überheblich und von Drogen, Feistheit und Brutalität gezeichnet – er war derjenige, der politische Morde veranlaßt und Konzentrationslager eingeführt hatte. Ihm standen viele Möglichkeiten offen – die Schaltzentrale der RAF durch Zerstörung ihrer Radaranlagen, Kontrollzentren und Startbahnen lahmlegen, sie in der Luft durch Zermürbung aufreiben, Bombardierung der Städte –, und er wußte sich für keine von ihnen eindeutig zu entscheiden.

Die Schlacht begann im Juli mit deutschen Angriffen auf britische Küstenkonvois und Luftgefechten über dem Meer. Virginia Cowles berichtete: »Zur Rechten sah man ein Flugzeug wie ein Geschoß ins Meer stürzen. Es hinterließ am Himmel einen langen Rauchschweif. Zur Linken stand ein riesiger Silberballon in Flammen, direkt darüber ging ein

»Die Auserwählten« nannte Churchill die Kampfpiloten der RAF. Flugoffizier R. F. Rimmer entspannt sich mit der Lektüre eines Buches, bevor er sich wieder zum Start vom Fliegerhorst Duxford bei Cambridge aufraffen muß. Er wurde am 27. September 1940 bei einem Einsatz getötet, nachdem die Schlacht gewonnen war.

Diese abgeschossenen deutschen Piloten wurden am 7. September 1940, dem Tag, an dem das Codewort »Cromwell« für eine drohende Invasion ausgegeben wurde, auf ihrem Weg in ein Kriegsgefangenenlager durch die Victoria Station in London eskortiert. Angriffe auf die Flugplätze verursachten einen Zusammenbruch des Kontrolleitsystems der RAF-Kampfflieger und enorme Verluste unter den Piloten. An diesem Tag gingen die Deutschen zum Flächenbombardement Londons über.
[Foto: George Rodger]

Jagdflieger im Sturzflug auf einen Bomber nieder – und dann plötzlich ein winziger, flatternder Fallschirm.« Anfang August war die Straße von Dover so gefährlich geworden, daß die Royal Navy notgedrungen ihre Zerstörer abziehen mußte. Die Deutschen bereiteten sich auf einen flächendeckenden Angriff am 13. August vor, dem »Adlertag«, indem sie alle Radarstationen bombardierten, die ein essentieller Teil des Abwehrsystems der RAF waren. An diesem Tag flogen die Deutschen fast 1500 Einsätze. Sie verloren 46 Flugzeuge und schossen 13 ab. Zwei Tage später starteten sie von Fliegerhorsten in Norwegen, Dänemark und Frankreich. In der Schlacht, die von Schottland bis Devon wütete, verloren die Deutschen 76 Flugzeuge und schossen 34 RAF-Flieger ab. Sie nannten es den »Schwarzen Donnerstag«.

Die Verlustzahl an uneskortierten Bombern war unannehmbar hoch. Von nun an erhielten sie Geschwaderschutz, und das bedeutete angesichts der geringen Reichweite der Messerschmitts, daß sich die Schlacht auf Südostengland konzentrieren würde, wo die 11. Fliegerstaffel der RAF unter dem neuseeländischen Kommandanten Keith Park in Aktion trat. Göring war ziemlich entsetzt über die Verluste an Offizieren und befahl, daß kein Bomber mit mehr als einem Offizier an Bord fliegen dürfe. Er kam zu dem Schluß, daß die Angriffe auf die Radarstationen nutzlos gewesen seien – ein enormer Irrtum. Am 24. August konzentrierten die Deutschen ihre Angriffe, wie es Park befürchtet hatte, auf seine Fliegerhorste im Südwesten. Die Schlacht erreichte ihren kritischen Punkt: In den folgenden zwei Wochen wurden von 1000 verfügbaren RAF-Kampfpiloten 231 getötet oder verwundet, von den 18 Piloten des 85. Bataillons in Croydon wurden 14 abgeschossen, zwei von ihnen sogar zweimal. In der ersten Nacht bombardierte ein deutsches Bombergeschwader, das eigentlich Ziele in Rochester angreifen sollte, versehentlich London. Göring war außer sich und drohte damit, die Geschwaderkommandanten zur Infanterie zu versetzen, da Hitler, der eine merkwürdige Bewunderung für die »arischen« Engländer hegte, Angriffe auf London verboten hatte. Zur Vergeltung gab Churchill der RAF freie Hand, in der folgenden Nacht Berlin zu bombardieren. Sie richtete zwar kaum Schaden an – lediglich einige Kühe wurden am Stadtrand getötet –, aber sie traf die Eitelkeit der Nazis.

In den letzten beiden Augusttagen flog die deutsche Luftwaffe unter Aufbietung aller verfügbaren Kräfte 2800 Einsätze gegen britische Fliegerhorste. Die Angriffe waren so heftig, daß der Saint Mellons Golf Club seine Regeln ergänzte: »Ein Spieler, dessen Schlag durch die Detonation einer Bombe oder durch Maschinengewehrfeuer beeinträchtigt wird, darf einen weiteren Schlag ausführen«, hieß es darin. »Aber nur einen.« Am 31. August verlor die RAF 39 Jagdflieger, in nur einer Woche wurden 115 Piloten getötet oder verwundet. Das waren fast doppelt so viele, wie ausgebildet wurden, und es war um so schlimmer, als die gefallenen erfahrenen Piloten durch Grünschnäbel ersetzt wurden. Ein Viertel der Flieger verfügte somit über kaum zwei Wochen Erfahrung. Am 1. September verlor das britische Jagdkommando 15 Mann, die deutsche Luftwaffe 14. Einer der abgeschossenen Deutschen, der sich unter Bewachung in einem Zug im Bahnhof von Chatham befand, war derart überzeugt vom eigenen Sieg, daß er einer Kellnerin der Bahnhofsgaststätte, die ihm eine Sammelbüchse zur Unterstützung der Spitfire-Produktion unter die Nase hielt, lachend einen Fünfmarkschein zusteckte.

Das Abschußverhältnis blieb am nächsten Tag bei den kritischen Werten 31 zu 35. »Unsere Verluste waren so schwerwiegend, daß neu angekommene Geschwader schneller verschlissen wurden, als sie die verbliebenen Geschwader ersetzen konnten«, erinnerte sich Dowding. Das Kommandosystem der RAF war ein einziges Chaos aus unterbrochenen Telefonleitungen und zerbombten Einsatzzentralen – nichts funktionierte mehr.

Die Piloten, die mehrere Einsätze am Tag flogen, waren völlig erschöpft. Wer sich mit dem Fallschirm retten konnte, wurde sofort wieder in die Schlacht geschickt. Ein Pilot saß einmal nach der Landung zusammengesunken im Cockpit seiner Maschine. Die Bodencrew hielt ihn für tot oder verwundet. Doch er schlief nur. Am 6. September waren sieben Fliegerhorste des 11. Regiments nahezu zerstört. Die Briten machten sich auf eine unvermeidliche Niederlage gefaßt. Die Deutschen, die immer noch Spitfires und Hurricanes starten sahen, obwohl ihre Nachrichtenoffiziere behaupteten, daß sie es von nun an nur noch mit Geistererscheinungen zu tun hätten, waren sich dessen nicht so sicher.

Am 7. September schien die deutsche Invasion unmittelbar bevorzustehen, und so wurde das Alarmcodewort »Cromwell« ausgegeben. Doch als Keith Park am Nachmittag in seiner Hurricane über die Londoner Vorstädte flog, sah er die Stadt bereits in leuchtendrote Flammen und in ölig-schwarzen Rauch gehüllt. Die Themse war von einem lodernden Film überzogen. »Schickt alle Pumpen her, die ihr kriegen könnt«, flehte ein Feuerwehrmann. »Die ganze verdammte Welt steht in Flammen.« Die Deutschen hatten ihre bisherige Strategie geändert und eine gewaltige Formation von beinahe 1000 Flugzeugen losgeschickt, um die eng-

lische Hauptstadt zu bombardieren. »Gottlob, sagte ich«, erinnerte sich Park. Hitler, außer sich wegen des Abwurfs britischer Bomben auf Berlin, hatte angeordnet, die englischen Städte »dem Erdboden gleichzumachen«.

Es war eine schicksalhafte Entscheidung. Für die Zivilisten auf beiden Seiten wurde die Büchse der Pandora geöffnet. Doch auf Kosten der Städte neigte sich die Waage im Luftkrieg nun zugunsten Englands. Immer mehr Reservisten wurden von Park und Dowding in die Schlacht geschickt, während die Verlustrate sank. Am 17. September wurde die »Operation Seelöwe« auf unbestimmte Zeit verschoben. Als zehn Tage später deutsche Bomberstaffeln aufgerieben wurden, noch bevor sie London erreichten, schien die Schlacht gewonnen. »Die Luftwaffe war ausgeblutet«, sagte ein deutscher Offizier. »Sie hatte nie wieder wettzumachende Verluste hinnehmen müssen.« Die deutschen Piloten litten unter der »Kanalkrankheit«, einer Kombination aus Streß und chronischer Müdigkeit, mit Magenkrämpfen, Erbrechen, Appetitverlust und akuter Reizbarkeit. Den Sanitätsoffizieren waren die Symptome zu allgemein, um sie eindeutig bestimmen zu können. So diagnostizierten und behandelten sie außer in schweren Fällen als Blinddarmentzündung,

eine unerhebliche Operation, die dazu diente, den Piloten zwei oder drei Wochen Ruhe zu gönnen, denn es war für die Kampfpiloten eine Frage der Ehre, bei den Bomberverbänden zu bleiben – manchmal zu lang. Am 3. Oktober ertranken 19, als sie über dem Ärmelkanal niedergingen: »Die aufgepeitschte See war von Fallschirmen übersät. Piloten trieben in ihren Rettungswesten, und dort, wo schmieriges Öl schwappte, hatte eine Me 109 ihren letzten Sturzflug beendet . . .«

Da 60 Prozent der britischen Jagdmaschinen Hurricanes waren, entwickelten die deutschen Piloten eine Art »Spitfire-Snobismus«, indem sie stets behaupteten, eine Spitfire abgeschossen zu haben oder von einer angegriffen worden zu sein. Auch glaubten sie, daß die Spitfires mit neuen Maschinen ausgestattet worden waren. »Am nächsten Tag bekamen wir es mit diesen neuen Spitfires zu tun und erlitten drei Verluste gegenüber einem Erfolg«, schrieb am 19. Oktober Ulrich Steinhilper, einer dieser Piloten. »Früher oder später wird eine der beiden Seiten weder Flugzeuge noch Piloten mehr haben . . . London war nach wie vor das Ziel, das ein Maximum an Durchschlagskraft erforderte . . . Die Zeit war nun gegen uns und lief uns allmählich davon . . .« Im Morgengrauen des 27. Oktober stand Steinhilper in seinem kalten und muffigen Zelt

auf und ging zum Waschplatz. »Als ich mich rasierte, betrachtete ich meine hohlen Wangen und eingesunkenen Augen. Wann würde meine Zeit kommen?« Am selben Tag wurde er abgeschossen und gefangengenommen. Göring forderte ein Massenbombardement. Die Sieger sahen sich nun Männern gegenüber, die andere taktische Vorstellungen verfolgten und zudem bewanderter in der Schreibtischpolitik waren als sie. Dowding erhielt 24 Stunden Zeit, um sein Büro zu räumen, und wurde in den USA ein bescheidener Repräsentant des Flugzeugbauministeriums. Park wurde degradiert und zum Trainingskommando versetzt, was er als eine Intrige betrachtete, die ihn bis ans Ende seiner Tage verbitterte.

Die große Themseschleife unterhalb der Tower Bridge war deutlich zu erkennen. Die deutschen Bomberpiloten hatten somit kaum Probleme, ihre Ziele zu treffen. Von September 1940 bis zum folgenden Mai kamen sie ununterbrochen jede Nacht – der »Blitz« von England hatte die Luftschlacht ersetzt. Zunächst konzentrierten sie sich auf die Dockanlagen und die nahe gelegenen Slums im East End. Als sie ihre Angriffe auf die gesamte Stadt ausdehnten, war die Regierung erleichtert. »Wenn die Deutschen die Gegend westlich der London Bridge nicht bombardiert hätten«, meinte Clement Attlee, »hätte es eine Revolution in diesem Land gegeben. Wie es aussieht, haben sie die Gegend um die Bond Street und die Park Lane zertrümmert, womit das Gleichgewicht wiederhergestellt ist.« Als der Buckhingham-Palast getroffen wurde, zeigte sich die Königin erfreut: »Jetzt habe ich das Gefühl, daß wir dem East End offen ins Gesicht blicken können.« Auch die BBC blieb nicht verschont. Am 15. Oktober, als Bruce Belfrage gerade die Nachrichten verlas, hörte man eine gedämpfte Explosion und eine Stimme im Hintergrund fragen: »Ist alles in Ordnung?« Eine Bombe war auf einem anderen Stockwerk explodiert und hatte sieben Menschen getötet. Belfrage las ungerührt weiter.

Auch andere Städte wurden zerstört. Plymouth wurde so oft angegriffen, daß es dort nachts still »wie in einem dunklen Grab« war, da sich die meisten Einwohner zum Übernachten aufs Land geflüchtet hatten. Jene Städte, die über bedeutende Werften verfügten, mußten mehrmalige Bombardierungen über sich ergehen lassen. Liverpool brannte nach

einem Angriff eine Woche lang. Ein Munitionsschiff war in den Docks explodiert, hatte sechs weitere Schiffe mit sich gerissen und Stahlsplitter über drei Kilometer weit geschleudert. Im schottischen Clydebank war nach zwei Bombennächten nahezu jedes Haus zerstört. Die Bevölkerung suchte Schutz in den Mooren. Nachts blieben von 47 000 Einwohnern nur noch 2000 in der Stadt. Am 14. November 1940 drangen 449 Bomber in den Luftraum über Coventry ein. Das mittelalterliche Stadtzentrum wurde mitsamt seiner großartigen Kathedrale in Trümmer gelegt. Über 500 Menschen kamen ums Leben. Die Deutschen verloren dabei nur ein Flugzeug. Die Briten, welche die Funksignale der feindlichen Luftwaffe entschlüsselt hatten, wußten, daß eine größere Operation geplant war – sie kannten sogar ihren Codenamen, »Mondscheinsonate« –, aber sie hatten nicht gewußt, wo sie stattfinden sollte, und ihre Nachtjagdflieger waren noch nicht einsatzbereit.

London hatte am meisten zu leiden. 19 000 Tonnen Bomben gingen auf die Stadt nieder. Andere Städte bekamen nur ein Zehntel davon ab. Die Anderson-Schutzräume retteten viele Leben. Sie bestanden aus zwei gebogenen, in den Boden eingelassenen Stücken gewellten Stahls, wobei der Eingang durch eine Stahltür und eine Erdaufwerfung gesichert wurde. Das Dach war ebenfalls mit Erde bedeckt, auf der manchmal Blumen blühten. Wer diese Notunterkünfte für unzureichend hielt, nächtigte in den U-Bahn-Stationen. Aber selbst tief unter der Erde gab es keine garantierte Sicherheit. In einem Fall wurden die Menschen nach einem Wasserrohrbruch in Sand und Schlamm begraben. In der Station Bank fielen 111 Menschen einer detonierenden Bombe zum Opfer, deren Druckwelle sie vor einen einfahrenden Zug schleuderte. Über 150 Menschen wurden durch einen überfüllten Fahrstuhl zerschmettert. Granatsplitter von Flakgeschützen töteten mehr Menschen, als durch feindliche Flieger umkamen. Das Getöse der Artillerie wirkte sich jedoch positiv auf die Moral aus.

Wie ein Symbol blieb die Saint-Pauls-Kathedrale inmitten der Flammen unbeschädigt. Eine schwere Bombe, die auf die Treppe fiel und die gesamte Fassade hätte einreißen können, war ein Blindgänger. Ein Trupp von Männern, der sie zwischen verhedderten Gasleitungen und

Elektrokabeln aus acht Meter Tiefe herausbuddelte, erhielt das neu ein-geführte Georgskreuz, das für Heldentum jenseits der Schlachtfelder verliehen wurde. In Wahrheit war London das Schlachtfeld. Während des großen Feuerbombardements vom 29. Dezember wurde die Kathe-drale von 28 Brandbomben getroffen. Zumindest eine, die auf die Brü-stung fiel, hätte sie in Brand setzen können – doch sie verlosch. Manche hielten das für ein Wunder. In dieser Nacht traf es acht Kirchen des Ar-chitekten Wren, außerdem die Guildhall. Es war beinahe wie bei einem Feuersturm, da die Themse Ebbe hatte und die Löschboote gegen zwei große Feuersbrünste gleichzeitig kaum etwas unternehmen konnten. »Als wir uns von der Szenerie abwandten«, schrieb Arthur Harris, der spätere Chef des RAF-Bomberkommandos, »sagte ich laut: Nun gut, sie haben Wind gesät.« Er sollte dafür sorgen, daß sie Sturm ernteten.

Zahlreiche psychiatrische Kliniken bereiteten sich auf Streßopfer vor. Doch sie hatten nur wenige Patienten, manchmal sogar gar keine. Die Krankenhäuser verzeichneten einen Rückgang bei neurotischen Kran-kenzugängen. Es gab auch weniger Selbstmorde und weniger Trunken-heit. Die Kirchen verzeichneten im Jahr 1940 mehr Besucher, ab 1941 flohen allerdings auch die frisch bekehrten Gemeindemitglieder vor den Bomben. Eine inoffizielle Umfrage ergab, daß Gläubige sich noch fester an ihre Religiosität klammerten, während weniger religiöse Menschen sich weiter von Gott abwandten. Im Londoner Zoo stellte man fest, daß Schimpansen zwar Bomben und Artilleriefeuer ignorierten, sich jedoch vor Sirenen fürchteten. Kamele erwiesen sich am phlegmatischsten. Sie käuten ungerührt wieder, auch wenn eine Bombe nur wenige Meter vor ihrem Gehege niederging.

Fußballspiele fanden auch weiterhin statt. Als Polizisten ein Spiel während eines Luftangriffs unterbrachen, wurden sie ausgebuht. Das Heulen der Sirenen im Beifallsgeschrei der Menge untergegangen. Ein beliebtes Lied während des »Blitzes« war der Ohrwurm »A Nightin-gale Sang in Berkeley Square«, und die Klempnerstochter Vera Lynn aus East Ham sang ihr wehmütiges »We'll Meet Again«. Dame Myra Hess gab sogenannte Schilling-Konzerte in der National Gallery – am Ende des Krieges hatten fast eine Million Menschen Kammerkonzerte in der ausgebombten Galerie besucht. Joseph Kennedy, der US-Botschafter und Vater von John F. Kennedy, ließ sich allabendlich aufs Land zum Schloßpark von Windsor fahren, bevor er, sehr zur Erleichterung seiner Gastgeber, im Dezember 1940 das Land endgültig verließ. Dem *Boston Globe* gegenüber äußerte er sich überzeugt, daß »die Demokratie in England erledigt« sei. Sein Nachfolger John G. Winant war weitaus beliebter, da er bei seiner Ankunft verkündete, daß er nirgends lieber wäre als hier. Er wurde sogar von Georg VI. im Bahnhof Victoria Station begrüßt – das erste Mal, daß jemals ein Monarch sich zu einem solchen Akt herbeiließ –, ein Beweis für die überragende Bedeutung, die man der Beziehung zu Washington beimaß. Winant verbrachte ebenso wie die Einheimischen, die zum großen Teil während der Bombardierungen daheim ausharrten, die Nacht in seinem Apartment am Grosvenor Square.

Der letzte Angriff war der schlimmste. Er fand am 10. Mai 1941 statt,

jenem Tag, an dem auch der Stellvertreter des »Führers«, Rudolf Heß, mit einem Fallschirm über Schottland nahe dem Landsitz des Herzogs von Hamilton mit einer skurrilen persönlichen Friedensmission aus einer Messerschmitt absprang. Es war Vollmond, und die Themse führte Niedrigwasser, günstige Aussichten für Bomber. Der Big Ben wurde von einer Bombe getroffen, läutete aber dennoch weiter. Churchill brach wegen des ausgebrannten Unterhauses in Tränen aus, aber Westminster Abbey, der Gerichtshof und der Tower of London waren weitaus schwe-rer beschädigt. Sämtliche zentralen Bahnhöfe waren lahmgelegt. Eine Viertelmillion Bücher verbrannte im British Museum, und noch am nächsten Tag verdunkelten umherwirbelnde Papierfetzen in einem Umkreis von 50 Kilometern die Sonne. Vom 250 Kilometer entfernten Rouen konnten Bomberpiloten noch den roten Widerschein sehen. Die Stadt stank nach verbrannter Seife aus der zerstörten Palmolive-Fabrik. Bei diesem Angriff wurden 1436 Menschen getötet, mehr als beim großen Erdbeben in San Francisco. Man wartete auf weitere Bomber, aber sie tauchten in solch massiver Formation nicht wieder auf. In acht Monaten wurden 39 678 Menschen getötet, davon 20 000 in London. Die Anzahl der Toten lag niedriger, als man vor dem Krieg befürchtet hatte – eine Million Pappsärge blieben ungenutzt. Doch die Obdach-losigkeit war weitaus schlimmer als erwartet. Etwa 16 Prozent der Lon-doner waren ausgebombt. Sie erhielten eine Verschnaufpause, da die deutschen Bomberverbände gen Osten verlegt wurden, für den Überfall auf die Sowjetunion.

Die engumrissene Phase des britischen Krieges – von Churchill als die »schönste Zeit« bezeichnet – war vorüber. Andere Länder wurden nun mit einbezogen, und die Kriegsschauplätze lagen weiter entfernt. die Ebenen Rußlands, die nordafrikanische Wüste, die Weiten des Ozeans. Die große Erleichterung wich jedoch einer ebenso großen Enttäuschung. Churchills Blut und Tränen waren vergossen, nun war es Zeit für Mühen und Schweiß, besonders für die britischen Frauen. Das Heer der allein-stehenden und ein Großteil der verheirateten Frauen diente in den Hilfseinheiten oder arbeitete in der Industrie. Prinzessin Elizabeth, die spätere Königin, trat mit 19 Jahren dem *Auxiliary Territorial Service* bei. 1941 waren nur unverheiratete Frauen unter 30 Jahren zur Arbeits-front oder in die Armee einberufen worden, zwei Jahre später betraf es alle unter 50. Verheiratete Frauen bis 40 mußten sich als Arbeitskräfte melden. In den technischen Berufen wie Schweißer oder Schlosser ein-schließlich der Flugzeugindustrie, die pro Jahr 25 000 Flugzeuge produ-zierte, betrug ihr Anteil 40 Prozent. Frauen bedienten in den Stahlwerken die Hochöfen und kontrollierten die Walzstraßen. In den Munitions-fabriken bildeten sie die Mehrheit, und in der Landwirtschaft ersetzten sie die Männer.

Ernest Bevin, Sohn eines Farmarbeiters, der seit seinem elften Lebensjahr arbeitete, ein Gewerkschaftsführer, der zum Arbeitsminister aufstieg, erwies sich als unermüdlicher und besonnener Vorarbeiter. Mit seiner kraftvollen, untersetzten Statur wirkte er neben dem patrizier-jhaften Churchill im Abgeordnetenhaus auf J. B. Priestley wie die Ver-körperung »der anderen Hälfte des englischen Volkes«. Als Minister machte er Zugeständnisse, die er in seinem früheren streitbaren Leben niemals toleriert hätte. Im Krisenjahr 1940 war die 70-Stunden-Woche üblich. 1943 wurde aus gesundheitlichen Gründen die Norm für Männer auf 55 und für Frauen auf 50 Stunden heruntergeschraubt. Sechs Tage die Woche wurde gearbeitet, mit einer bezahlten Urlaubswoche pro Jahr.

Tausende Londoner übernachteten in den Stationen der Londoner U-Bahn. Der Bildhauer Henry Moore hegte vermutlich eine kindliche Neigung zur Tiefe und zur Dunkelheit, war er doch der Sohn eines Bergarbeiters aus Yorkshire. Im U-Bahnhof Holborn (links) skizzierte er die Schutzsuchenden, um »die unergründliche Tiefe dieses Ortes, ihre Abgeschiedenheit vom tobenden Krieg an der Oberfläche und gleichzeitig das Wissen um ihn in ihren Gesichtern« zu erfassen. Er mochte das Geräusch der Flak-Geschosse, »ihr Brüllen und Heulen«, welche das »Brummen der Flugzeuge, das absolut grauenvoll ist«, übertönten. [Foto: Lee Miller]

Eine Munitionsarbeiterin rollt mit dem Fuß eine Bombe hinaus (rechts), in einer Fabrik, die laut Zensur »irgendwo in Britannien« liegt. Die Kriegsproduktion war hocheffizient – sie verschlang fast die Hälfte des Bruttosozialprodukts, die höchste Rate aller kriegführenden Länder –, und die Frauen waren dabei unentbehrlich. Von den 16 Millionen Frauen zwischen 14 und 60 Jahren arbeiteten sieben Millionen in kriegswichtigen Posten, in Uniform, in den Fabriken oder auf dem Land als »Traktorfahrerin, Schäferin, Fuhrleute und Landgehilfin«. Erstmals in der Geschichte der Königlichen Münze prägten sie auch Münzen. [Foto: Bert Hardy]

Über eine Million Menschen, die das Pensionsalter von 65 Jahren bereits überschritten hatten, arbeiteten weiter. Um die Produktivität zu erhöhen, wurden allerlei Tricks angewandt. Die BBC strahlte zweimal täglich für die Fabriken die Sendung »Music While You Work« aus, was die Arbeitsleistung um 15 Prozent steigerte.

Die Gesamtleistung war enorm. Alle, außer 60 000 Vorkriegsarbeitslosen, fanden eine Beschäftigung, sogar zwei Millionen, die sich darum nie bemüht hatten. Auf ihrem Höhepunkt machte die Kriegsproduktion fast die Hälfte des Bruttosozialprodukts aus, die höchste Rate, die von den kriegführenden Ländern erreicht wurde. Die Herstellung von Kleinfeuerwaffen und Patronen stieg in den ersten drei Kriegsjahren um das Zehnfache, von Artillerie um das Siebenfache und von Fahrzeugen um 350 Prozent. Handelsschiffe mit einer Gesamttonnage von sechs Millionen und Kriegsschiffe mit einer Gesamttonnage von einer Million wurden gebaut.

Die Bezahlung war gut, zumindest im Vergleich zu den drei Schilling sechs Pence, welche die Soldaten pro Tag erhielten. Die Flugzeugindustrie war besonders großzügig. Ein ausgebildeter Flugzeugmaschinenschlosser konnte 20 Pfund die Woche verdienen, soviel wie manche Ärzte. Frauen wurden hingegen diskriminiert. Im Maschinenbau erhielten sie im Schnitt nur den halben Lohn der Männer. In der Flugzeugfabrik von Rolls-Royce in Glasgow protestierten 16 000 gegen die ungleiche Bezahlung von Frauen. Auch in anderen Bereichen kam es zu

Streiks. Bevin reagierte verärgert. Er erließ eine neue Verordnung, nach der Rädelsführer von Streiks oder Aussperrungen mit fünf Jahren Gefängnis bestraft werden konnten.

Das Land hatte jedoch auch aus dem Ersten Weltkrieg gelernt, daß es gefährlich war, soziale Reformen vage auf die Nachkriegszeit zu vertagen. Im Juni 1941 wurde ein Komitee zur Überprüfung der Sozialversicherung einberufen. Den Vorsitz führte William Beveridge, ehemaliger Leiter der London School of Economics und Spezialist in Sachen Arbeitslosigkeit, humorlos und arrogant, teils akademisch und teils visionär. Er schlug vor, die »fünf Ungeheuer« – Bedürftigkeit, Ignoranz, Verwahrlosung, Faulheit und Krankheit – auszumerzen. »In einem revolutionären Moment der Weltgeschichte«, sagte Beveridge, »ist es Zeit für eine Revolution, nicht für Flickwerk.« Tatsächlich war der Programmentwurf eher rosa als rot. Er basierte auf der Kooperation zwischen freiwilliger und staatlicher Aktivität sowie zwischen dem Individuum und dem Staat. Die Regierung sollte für Familienbeihilfe, ein umfassendes Gesundheitswesen und Vollbeschäftigung sorgen. Beveridge sah buchstäblich eine Absicherung von der Wiege bis an die Bahre vor, wie Mutterschaftsgeld und Begräbnisbeihilfen in Höhe von 20 Pfund. Eine Pauschalabgabe der Arbeiter und Arbeitgeber, aufgestockt durch den Staat, sollte die Unterstützung bei Arbeitslosigkeit, Krankheit und Arbeitsunfähigkeit, die Altersfürsorge, Witwen- und Waisenrenten gewährleisten. Ein Sozialhilfesystem war schließlich für jene vorgesehen, die aus dem soziale Netz herausfielen. Die Verwirklichung des Programms sollte einem neu zu schaffenden Ministerium für soziale Sicherheit übertragen werden.

In einer Zeit, in der Romanleser in den friedlichen und geordneten Geschichten von Trollope oder Jane Austen Trost fanden, mauserte sich der Sozialreport zu einem beachtlichen Bestseller. 630 000 Exemplare wurden verkauft, sogar 50 000 in Amerika. Eine Kurzfassung wurde an die Widerstandsgruppen auf dem Festland verteilt, um sie mit der Nachkriegswelt, für welche die Briten kämpften, vertraut zu machen. Es war nichts als ein Report, kein Gesetzesvorschlag. Dennoch betrachtete Churchill seinen Inhalt mit Argwohn, konnte aber die Begeisterung, die er auslöste, nicht ignorieren. Der Erzbischof von Canterbury, der christlich-sozialistische William Temple, der den Begriff »Wohlfahrtsstaat« prägte, befürwortete den Programmentwurf, überraschenderweise auch einige jüngere Minister der Konservativen, wie Harold Macmillan, R. A. Butler und der etablierte Anthony Eden aus dem Außenministerium. Quintin Hogg hielt ihn für »eine Chance, das soziale Bewußtsein in der Tory-Partei zu erneuern«. In der Folge erschien eine Reihe von Informationsschriften der Regierung über einen nationalen Gesundheitsdienst, über die keynesianische Bedeutung der Umgehung zyklischer Arbeitslosigkeit durch öffentliche Ausgaben sowie über die Sozialversicherung. Das Butlersche Bildungsgesetz von 1944, das die Familienbeihilfen einführte, war das radikalste des Jahrhunderts.

Im Dezember 1941 saßen die Deutschen vor Moskau fest. Im selben Monat griffen die Japaner Pearl Harbor an, außerdem erklärte Hitler den USA den Krieg. »Gottlob muß Amerika nun vorbehaltlos in den Krieg eintreten«, notierte George Beardmore einen Tag später. »Ab jetzt können wir nicht mehr verlieren.« Nicht verlieren war allerdings etwas anderes als siegen. Der Krieg mit Japan kam zu allem Übel hinzu. Hongkong fiel nach 18 Tagen, und die großen Schiffe *Prince of Wales* und *Repulse* wurden vor der Küste Malayas versenkt. Das deutsche Afrikakorps unter Erwin Rommel marschierte durch Libyen und bedrohte die Engländer in Ägypten. Mitte Februar 1942 fiel Singapur, und 130 000 britische und Kolonialsoldaten gerieten in Gefangenschaft, was Churchill für »eine schwere und weitreichende Niederlage« hielt, da die Massenkapitulation das britische Ansehen in Asien minderte. Bald wurde von Enthauptungen australischer und indischer Soldaten berichtet; 50 000 halbverhungerte Gefangene waren in vier Baracken in der Changi-Armeebasis in Singapur zusammengepfercht. Die deutschen Kriegsschiffe *Scharnhorst* und *Gneisenau* durchquerten unbehelligt den Ärmelkanal. Rommel eroberte Tobruk, und die Japaner rückten über die Pazifikinseln auf Australien vor. Die Briten hielten sich selbst für geschwächt – einzig die Russen schienen noch kampffähig zu sein.

Ab Mitte 1941 waren in der Heimat sowohl Kleidung als auch Lebensmittel rationiert. Frauen konnten bis zu drei Wollkleider, zwei Paar Schuhe, vier Blusen und einen Regenmantel kaufen. Als Ersatz für Strümpfe färbten sie sich die Beine mit Selbstbräunungslotion oder Zwiebelsud und zogen die Naht mit Eyeliner nach. Die Hosen hatten keine Aufschläge mehr, Röcke und Hemdenschöße wurden kürzer, und doppelreihige Jacketts verschwanden. Kindern und Erwachsenen wurden maximal je ein halbes Pfund Süßigkeiten pro Monat zugestanden. Bier wurde nicht rationiert, dafür aber der Alkoholgehalt halbiert.

Hilfslieferungen hingen von der Schlacht im Atlantik ab, wo deutsche U-Boote auf die Frachterkonvois aus Amerika und Kanada Jagd mach-

ten. Ab 1941 waren die britischen Entschlüsselungsexperten in Bletchley Park in der Lage, die Funksignale zu dekodieren, die an die Enigma-Chiffrierapparate in den deutschen U-Booten übermittelt wurden – eine Leistung von großer Bedeutung, die noch lange nach dem Krieg geheimgehalten wurde. Eine andere Errungenschaft war ein Radarsystem, mit dem aufgetauchte U-Boote bei Nacht geortet und bekämpft werden konnten. Die Deutschen operierten in Rudeln von bis zu einem Dutzend U-Booten, die nun von den Dechiffrierern ausfindig gemacht wurden. Doch gab es aufgrund des Fehlens von RAF-Küstenkommando und RCAF-Luftschutz südlich von Grönland eine Lücke, die als »toter Winkel« bezeichnet und von deutschen U-Booten ausgenutzt wurde. Als die Deutschen ihre Enigma-Apparate Anfang 1942 verbesserten, mußten die Briten monatelang schwere Verluste hinnehmen, bevor der Code erneut geknackt werden konnte. Im März 1942 ging eine Gesamttonnage von 834 184 verloren, in den ersten drei Monaten des Jahres betrug der Verlust 1,93 Millionen Tonnen – weit mehr, als sich an Kapazität ersetzen ließ. Die Seeleute der arktischen Konvois mit Hilfsgütern für Rußland waren zusätzlich noch mit dem Eis und der Gleichgültigkeit derer konfrontiert, denen sie helfen sollten. Als ein Frachter in Murmansk eintraf, blieben die Gesichter am Kai »ausdruckslos und apathisch«, so ein schottisches Besatzungsmitglied. Die Schauerleute waren Zwangsarbeiter unter Bewachung. Im Juli 1942 wurden 23 der 36 Handelsschiffe des Konvois PQ-17 versenkt, nachdem dessen Auflösung

Ohne die Hilfskonvois der Amerikaner
wäre Britannien aufgeschmissen
gewesen. Die Schlacht im Atlantik
war lang und erbittert. Das Prinzip
der Konvois (oben links) bot zwar
einen gewissen Schutz vor den »Wolfs-
rudeln« der deutschen U-Boote, doch

monatelang übertrafen die Einbußen an Frachtschiffen die Schiffsbaukapazität der Werften. Das Foto, vom Deck eines Tankers aufgenommen, zeigt Ballonsperren, die von einigen Schiffen hochgelassen wurden, um Luftangriffe abzuwehren. Die Verluste waren hoch. Oben sieht man einen britischen Handelsfrachter im Todeskampf und auf dem linken Foto vier Überlebende eines anderen torpedierten Schiffes, die nach einer Leine und einem Rettungsring greifen, die ihnen die Besatzung eines Kriegsschiffs der Royal Navy zugeworfen hat. Als die Dechiffrierer in Bletchley Park während der größten Geheimdienstoperation des Krieges den Code der deutschen Funksignale knacken konnten, wandte sich das Schicksal gegen die deutschen U-Boote.

6000 Soldaten, hauptsächlich kanadische und britische, aber auch amerikanische und aus dem Freien
Frankreich, unternahmen im August
1942 an der französischen Küste bei
Dieppe einen massiven »Erkundungs-
vorstoß«. Sie wurden vernichtend
geschlagen. Innerhalb von neun
Stunden wurden 1000 Männer getötet und doppelt so viele gefangengenommen. Das deutsche Foto (rechts)
zeigt verwundete Soldaten wenige
Augenblicke nach ihrer Niederlage
auf dem Weg in die Gefangenschaft.
All ihre Panzer und Waffen mußten
sie preisgeben. Die Royal Navy verlor
einen Zerstörer und 33 Landungs-
boote und die RAF über 100 Nach-
schubflugzeuge. Die Gefährlichkeit
eines amphibischen Überfalls wurde
durch dieses Debakel offensichtlich.
Das Ganze war jedoch auch lehr-
reich, wie Hitler feststellte. »Es muß
uns klar sein, daß nicht nur wir
unsere Lektion in Dieppe gelernt
haben«, teilte er seinen Kommandeu-
ren mit, »sondern auch die Briten«.

Um ihr Mißfallen über das Eindringen in die »Festung Europa«
kundzutun, legten die Wachen im
Kriegsgefangenenlager Lambsdorf
britischen Gefangenen Handschellen
(oben) an. Das Foto wurde von
einem Gefangenen mit einer illegalen, selbstgebauten Kamera aufgenommen.

»Bomber«-Harris (links), der Kommandeur der RAF-Bomber, war, wie die Bildunterschrift aus Kriegstagen zu diesem Foto besagt, »der Mann, der sich das Beste zum Schluß aufhebt«. Die furchtbaren Resultate dieser Aussage sind an den Ruinen von Nürnberg (rechts) zu erkennen. Bombenangriffe von enormer Grausamkeit, und dazu noch wahllos mangels Genauigkeit, wurden geflogen.

Bischof Bell urteilte über Harris' Versprechen, Berlin zu bombardieren, »bis das Herz von Nazi-Deutschland aufhört zu schlagen«, daß »die Rechtfertigung an sich inhumaner Methoden, mit dem Beigeschmack der Zweckdienlichkeit der Nazi-Philosophie, durchaus richtig sein könnte«. Nach dem Krieg wurde Harris die Peerswürde verweigert, mit der er und seine Mannschaften, die für ihn gestorben waren, normalerweise geehrt worden wären. Es war eine Schande, ihn zum Sündenbock für das unbehagliche Gewissen der Nation zu machen – und schlimmer noch, den Opfern, die seine Männer gebracht haben, die Anerkennung vorzuenthalten.

Ende März 1944 gingen bei einem einzigen Luftangriff auf Nürnberg 545 Flugzeugmannschaften verloren. Auf dem 2500 Kilometer langen Flug hin und zurück in hellem Mondlicht waren die Bomber für die Nachtabwehr gut erkennbar, weil sie ihrem voraussagbaren Kurs ab Aachen einhielten. Von 795 Flugzeugen wurden 95 abgeschossen, zwölf stürzten ab, als ihre erschöpften Mannschaften wieder in England landeten. Das waren 20 Prozent der Männer und 12 Prozent der Flugzeuge in einer Nacht. Die deutschen Verluste betrugen 19 Besatzungsmitglieder, 69 Zivilisten und 59 Zwangsarbeiter.
[Foto rechts: Jewgenij Khaldei]

befohlen worden war und der Begleitschutz der Royal Navy sich aufmachte, um das vermeintlich ausgelaufene deutsche Schlachtschiff *Tirpitz* zu bekämpfen.

Im Oktober und November 1942 konzentrierte sich das Kriegsgeschehen auf entferntere Regionen, auf die nordafrikanische Wüste. Unter General Bernard Montgomery durchbrach die 8. Armee bei El Alamein Rommels Linien. Die Schlacht wurde keineswegs durch eine brillante Taktik gewonnen – Rommel schrieb von einer »erstaunlichen Zögerlichkeit und Vorsicht« des Feindes –, sondern durch Zermürbung. Montgomery verfügte über 195 000 Mann und 1000 Panzer gegenüber Rommels 104 000 Mann und 486 Panzern, und er verzeichnete in beiden Fällen höhere Verluste als sein Gegner. Dennoch war es der erste Sieg von Bedeutung, der seit 1918 über deutsche Soldaten errungen werden konnte. Er kam zur rechten Zeit: In der Heimat war die Milchration für Erwachsene auf etwa 1,3 Liter pro Woche reduziert worden, und die Öffentlichkeit – und Churchill – benötigte dringend einen Erfolg. Montgomery, lebhaft, selbstgerecht, kein Stabsoffizier, sondern Kämpfer, mit einer Begabung für den Umgang mit Menschen und für öffentlich wirksame Auftritte, nutzte ihn weidlich aus.

Die Deutschen waren über »Bomber-Harris« jedoch weitaus beunruhigter als über »Monty«. Nordafrika war nebensächlich im Vergleich mit den Zerstörungen, welche die RAF in ihren Städten anrichtete. »Wir werden jede Nacht kommen, jeden Tag, bei Regen, Schnee und Wind«, teilte ihnen Harris über Radio mit. Der Feldzug war äußerst kostspielig. Ein Bomber vom Typ Lancaster kostete 42 000 Pfund gegenüber 6000 Pfund für eine Spitfire. Jede Maschine erforderte die gleiche Arbeitsleistung wie für 40 Automotoren, die Ausbildung jedes der fünf Besatzungsmitglieder schlug mit 10 000 Pfund zu Buche, jeder Bomber bedeutete eine Gesamtinvestition von 120 000 Pfund. Doch vor der Landung auf Hitlers »Festung Europa« war dies der einzige direkte Weg für die Inselbewohner, an den Feind heranzukommen.

Die Flugzeuge waren mit 250-Kilo-Bomben ausgestattet, schweren Stahlgehäusen mit kleiner Sprengladung, sowie mit 4000-Kilo-Kartätschen, unförmigen, mülltonnengleichen Gebilden ohne Nase und Steuerschwanz, deren Sprengkraft für die Zerstörung eines ganzen Straßenzugs ausreichte. Hinzu kamen Behältnisse, die 90 Magnesiumstäbe enthielten, um alles Brennbare in Brand zu setzen, dann Leuchtbomben in Rot, Gelb und Blau sowie *Pink Pansies*, 2000-Kilo-Bomben, die mit Benzol, Gummi und Phosphor gefüllt waren und deren rosafarbener Brandblitz kilometerweit zu sehen war. Man bemühte sich zwar, ein Ziel genau zu treffen, doch ein Bomber in dieser Höhe konnte nachts kaum präzise angreifen. Manchmal bombardierten sie sich auch gegenseitig. Ein Pilot erinnerte sich, daß eine Bombe des Flugzeugs über ihm seine »linke Tragfläche durchschlug und die Maschine absoff ... Eine weitere Bombe muß zwischen Kabine und Geschützsitz durchgeschlagen sein ... Ich brüllte: ›Abspringen‹, und dann stürzte die Maschine ab.« Spezialeinheiten konnten zwar Ziele exakt festlegen – die 617. Bomberstaffel flog einen der präzisesten Einsätze des ganzen Krieges, als sie die Staudämme von Möhne- und Edersee brach –, doch die großen Bombergeschwader brauchten ausgedehnte urbane Flächen als Ziel.

Die Einsätze waren hart und nicht ungefährlich. Die Temperatur im Flugzeug fiel um zweieinhalb Grad pro 300 Meter Höhe. Hinzu kamen

die ständige Vibration und die Mühe, ohne Leitfunk zu fliegen. Einige ältere Maschinen konnten nur bis 3000 Meter steigen, wo sie höchst angreifbar für Bodenfeuer waren. Selbst eine Lancaster in 8000 Meter Höhe bot Flakgeschützen oder Nachtjägern noch ein Ziel.

Der erste Bombenangriff fand am 31. Mai 1942 in Köln statt. Weitere folgten auf Essen und Bremen. Die gewaltige Hitzeentwicklung einzelner Brandherde saugte die Luft der Umgebung an und entfachte dadurch einen Feuersturm mit Temperaturen um die 1000 Grad. Während eines Bombenangriffs auf Hamburg im Juli 1943 wurden »meterdicke Bäume umgeknickt oder entwurzelt, Menschen wurden zu Boden gerissen oder von Sturmböen, die bis zu 250 Kilometer pro Stunde erreichten, lebendig in die Flammen geschleudert«, so ein deutscher Geheimbericht. »Glück hatten diejenigen, die in die Kanäle und Flüsse sprangen und dort über Stunden ausharrten, bis die Hitze nachließ.« 40 000 Menschen wurden in einer Nacht getötet. So viele wie im ganzen Blitzkrieg. »Terror, Terror, Terror«, sagte ein deutscher Kommentator. »Reinster, nack-

ter, verdammter Terror.« Harris wollte in Deutschland »eine Zerstörung verursachen, die eine Kapitulation unumgänglich macht«. Es gelang ihm nicht. Die Deutschen brachen unter dem Ansturm genausowenig zusammen wie die Briten unter dem Blitzkrieg. Man wollte die deutsche Kriegsproduktion vernichten. Doch selbst im zertrümmerten Hamburg erreichte die Arbeitsleistung nach 50 Tagen wieder ihren Normalstand. In Deutschland insgesamt stieg sie sogar; die Produktion von Panzern und Flugzeugen verdoppelte sich 1943.

»Männer und Frauen wurden in einem Wirbelsturm aus Rauch und Feuer zermalmt«, sagte Dr. George Bell, Bischof von Chichester, im Oberhaus nach einem Bombenangriff auf Berlin im Februar 1944. »Es heißt, daß 74 000 Personen umgekommen sind. Es handelt sich um eine offensichtlich bewußte Vernichtungspolitik. Das ist kein entschuldbarer Kriegsakt.« Harris ließen die Worte des Geistlichen kalt. Doch später sollte ihm ein nationales Schuldgefühl, hervorgerufen durch die fast

Das Warten war das Schlimmste. Der Kommandant eines RAF-Stützpunkts (links) hält vor Morgengrauen ein Nickerchen, bevor er seine Mannschaften, die von nächtlichen Operationen zurückkehren, durchzählen wird.
[Foto: George Rodger]

Die britischen Soldaten sangen ein bitteres Liedchen über ihre besser bezahlten, ernährten und gekleideten amerikanischen Alliierten:
»Ich kam zurück nach England von weither jenseits der See
Und statt Liebe und Küsse erhielt ich von den Mädchen eine Abfuhr
Sie sagten, sie wollten lieber Yanks und Kaugummi,
Einen Ausflug aufs Land in einem kleinen Jeep,
Mein vergnügungssüchtiger englischer Schatz,
meine treulose englische Rose.«
    Die Briten waren verdutzt über die Rassendiskriminierung in der amerikanischen Armee. Sie selbst kamen, wie das Mädchen bei einem Tanzvergnügen in Lancashire (rechts), gut mit den schwarzen GIs aus. Einer von ihnen, der im Westen Englands stationiert war, schrieb nach Hause: »Je mehr ich von den Engländern mitbekomme, desto mehr bin ich von den Amerikanern angewidert. Nach dem Krieg werde ich mit der vehementen und begeisterten Unterstützung eines jeden Negers, der in Europa gedient hat, eine Initiative ins Leben rufen, die alle weißen Amerikaner zurück nach England schickt und die Engländer nach Amerika holt.«
[Foto: Bert Hardy]

gänzliche Zerstörung des kriegsstrategisch völlig bedeutungslosen Dresden in den letzten Kriegstagen, die Peer-Würde verweigern, die eigentlich einer solch herausragenden Gestalt verliehen werden und somit die Männer, die für ihn flogen, ehren sollte. »Das Messer«, schrieb der Historiker Angus Calder, »wurde für den Tod des Opfers verantwortlich gemacht.« Auch Harris' Truppe hatte arge Dezimierungen zu verkraften. Zwischen dem 18. November 1943 und dem 31. März 1944 wurden 1117 RAF-Bomber mit ihren Mannschaften über Deutschland abgeschossen, was der ganzen Frontstärke des Bomberkommandos entsprach. Insgesamt fanden 46 000 Männer, davon viele unter 20 Jahren, im Luftkampf und seinen Begleitumständen den Tod. 51 Prozent star

ben während des Einsatzes, neun Prozent bei Flugübungen, drei Prozent wurden schwer verwundet, zwölf Prozent gefangengenommen und ein Prozent erschossen. Nur ein Viertel blieb frei und physisch unversehrt. Im Mai 1944 wurden 50 Flieger, die einen Fluchttunnel aus einem Kriegsgefangenenlager in Schlesien gegraben hatten, von der Gestapo erschossen. Daraufhin wurden auch Ziele in Vichy-Frankreich bombardiert. Schließlich bereitete man die Invasion vor.

Eine Landung in Frankreich war für die Briten, trotz der russischen Erfolge gegen die deutschen Bodentruppen, ohne Unterstützung unmöglich. Die ersten Amerikaner waren bereits im April 1942 in London eingetroffen. Mitte 1944 waren es schließlich so viele, daß für ihre Unterbringung über 230 000 Quadratmeter Fläche benötigt wurde. Die Gegend um den Grosvenor Square wandelte sich zum Klein-Amerika, wo, wie der Journalist Ernie Pyle berichtete, »ein Engländer so fremd wirkt wie in North Platte in Nebraska«. Das Offizierskasino befand sich im Ballsaal des Hotels Grosvenor House, während die Soldaten ihre Kantinen im Rainbow Corner am Piccadilly Circus zugeteilt bekamen, in dem 2000 Leute gleichzeitig Platz fanden.

Die Amerikaner wurden als »overpaid, oversexed and over here« charakterisiert. Ihre Replik hinsichtlich der Einheimischen lautete »underpaid, undersexed and under Eisenhower«. Ein einfacher US-Soldat verdiente mehr als ein Leutnant der RAF – und er verfügte über Kaugummis und Nylons. So erhielten die GIs die besten Tische in den Restaurants, und die Taxifahrer fuhren für sie die kürzesten Strecken. Auch auf die Sexualmoral übten sie eine nicht unerhebliche Wirkung aus: Während des Krieges stieg die Zahl unehelicher Geburten um das Doppelte. Zudem trieben sich nun in London zahlreiche Deserteure herum, die ohne Lebensmittelkarten und außerhalb des Gesetzes unter abenteuerlichen Umständen lebten. Diebstahl war für sie meist überlebenswichtig. Ihr Vorbild machte jedoch nicht Schule. Der Historiker Philip Ziegler stellte fest, daß es keine Kriminalitätswelle gab, nur ein »Dahinplätschern der Kriminalität«.

Die Amerikaner waren bei den Londonern keineswegs beliebt, wie eine Umfrage ergab. Drei Viertel der Befragten mochten die Niederländer, zwei Drittel die Tschechen und die Hälfte das Freie Frankreich. Die Russen bewunderten sie sogar – die Rote Fahne wehte über dem Kaufhaus Selfridge, und Iwan Maiskyk war der angesehenste Botschafter in der Stadt. Doch nur ein Drittel mochte die *Yanks*, Frauen hauptsächlich. Diese beschrieb Evelyn Waugh als »Massen von faden, unansehnlichen Heranwachsenden mit ihren Tanten und Müttern, die man nie zuvor auf den Plätzen von Mayfair und Belgravia gesehen hatte. Dort umarmten sie [die GIs] leidenschaftlich im Dunkeln und im hellen Tageslicht, wofür sie mit Kaugummi, Rasiermessern und anderen seltenen Waren belohnt werden.«

Die farbigen GIs, die sieben Prozent der amerikanischen Streitkräfte in England ausmachten, waren hingegen bei den Londonern beliebt, weil sie angeblich bessere Manieren hatten und freundlicher waren als die Weißen. Die Gegensätze zwischen weißen und farbigen GIs waren jedoch unübersehbar. Restaurants und Hotels lehnten Farbige ab aus Angst, ihre weiße amerikanische Kundschaft zu verlieren. Der westindische Kricketspieler Learie Constantine wurde einmal aus dem Hotel Imperial gewiesen, weil weiße Amerikaner drohten, ansonsten ihre Reservierungen zu stornieren. Als er vor Gericht ging, verurteilte der Richter das Hotel zu 5,50 Pfund Geldstrafe und bedauerte, daß er formal nicht in der Lage war, einen härteren Urteilsspruch zu fällen.

Durchschnittlich erhielt ein GI dreimal soviel Sold wie sein britisches Pendant. In den amerikanischen PX-Läden kosteten Zigaretten nur ein Zehntel dessen, was in den britischen NAAFI-Läden dafür verlangt wurde. Auch die Rasierklingen waren billiger und besser. Die *Tommies* mußten für Tee mit Rosinenbrötchen selbst zahlen, während die Amerikaner Kaffee und Donuts umsonst erhielten. Die GIs waren zudem besser gekleidet, sogar so gut, daß die Briten sie zuerst für Offiziere hielten und salutierten. In den Pubs und Tanzhallen nahm man den Amerikanern ihre Spendierfreudigkeit und ihre Anziehungskraft auf Frauen übel. Über 50 000 Frauen hatten amerikanische Freunde oder Ehemänner und folgten ihnen nach dem Krieg in die USA.

Die Amerikaner ihrerseits hielten das Klassensystem in der britischen Armee für reichlich merkwürdig. Selbst die Panzer waren in Klassen unterteilt: Die schwerfälligen Infanteriepanzer gehörten zum eher bürgerlichen Royal Tank Corps, die leichten Panzer hingegen zum schneidigen Royal Armoured Corps, einer ehemaligen Kavallerieeinheit, deren Offiziere der »dümmste, unprofessionellste und reaktionärste Haufen der britischen Armee« waren. Ein verblüffter Amerikaner wurde in einer britischen Offiziersmesse unter Androhung einer Lokalrunde davor gewarnt, niemals Frauen, Religion oder Geld zu erwähnen, womit das »Gespräch auf Polo, Kricket, Hunde und den Krieg beschränkt« blieb.

Die Briten schmeichelten zwar den Amerikanern, doch hinter ihrem Rücken dachten sie ganz anders. Harold Alexander, Oberkommandeur der alliierten Truppen in Nordafrika, schrieb, daß »sie von ihrem Job als Soldaten keine Ahnung haben, und zwar vom höchsten bis zum niedrigsten Rang ... Ein paar Bomben, und schon gehen sie zu Boden und rufen nach Luftunterstützung ...« Harold Macmillan, politischer Berater im Hauptquartier der alliierten Streitkräfte, teilte einem Neuankömmling mit: »Sie werden Ihrem amerikanischen Kollegen nicht nur einen höheren Rang als Ihren eigenen und eine erheblich bessere Bezahlung zugestehen, sondern auch das Gefühl, daß er das Sagen hat. Das wird Ihnen die Möglichkeit geben, die Zügel selbst in die Hand zu nehmen.« Montgomery, der nach seiner Rückkehr aus Afrika unter General Eisenhower die Landung der Invasionstruppe in Frankreich vorbereitete, hielt gar nichts von den Amerikanern, die ihre Offizierslaufbahn zumeist als Bürohengste im Stab verbracht hatten. »Monty« räumte ein, »Ike« sei

»ein sehr netter Kerl«, aber »ich meine, daß er auf der politischen Ebene vermutlich recht gut ist. Doch ich kann auch mit ziemlicher Sicherheit sagen, daß er keine Ahnung hat, wie man einen Krieg führt oder eine Schlacht schlägt. Man sollte ihn von der ganzen Angelegenheit fernhalten, wenn wir den Krieg gewinnen wollen.« Eisenhower behielt seine Meinung über Montgomery für sich. »Zur Hölle mit den Briten«, polterte der weniger zurückhaltende General Patton, »und alle sogenannten Amerikaner dazu, die sich von ihnen an der Nase herumführen lassen. Ich würde mich lieber von einem Araber rumkommandieren lassen.«

Trotz dieser gegenseitigen Aversionen wollten sie zusammen den größten und komplexesten amphibischen Angriff der Geschichte bewerkstelligen. Die Russen hatten nur Zynismus für den Anspruch der Alliierten übrig, eine »zweite Front« zu eröffnen, und nannten das Dosenfleisch aus amerikanischen Hilfslieferungen »Second Front«, als ob das alles wäre, was sie von den Kapitalisten zu erwarten hätten. Die Briten, des Wartens müde, verspotteten sie als »Secondhand Front«. Die Anzeichen der Invasionsvorbereitung ließen sich kaum verheimlichen. Schließlich standen im Frühjahr 1944 in England 3,5 Millionen Mann unter Waffen, davon eine Million Amerikaner. Der Süden Englands war ein gigantisches Militärlager, und im Hafen von Southampton lagen die Schiffe dicht an dicht. Im April durften keine Diplomaten mehr London verlassen, und diplomatisches Gepäck wurde zurückgehalten, worüber sich nur das Freie Frankreich beklagte.

In der Nacht vom 5. auf den 6. Juni sprangen Fallschirmjäger über der Normandie ab. Im Morgengrauen des 6. Juni ging die erste Welle von 72 215 britischen und kanadischen sowie 57 000 amerikanischen Soldaten an Land. Der *D-Day* wurde später als »der längste Tag« bezeichnet, doch ein Unteroffizier der Royal Hampshires, G. E. Hughes, beschrieb ihn in seinem Tagebuch mit bemerkenswerter Kürze: »See sehr rauh. Um 7.20 Uhr gelandet. Mörderischer Beschuß, Verluste sehr hoch. Hatte gottlob Glück. Drei Dörfer befreit. Furchtbarer Kampf, gräßlicher Anblick.« Die Verluste waren heftig, besonders unter den Amerikanern am Omaha-Beach. Die Briten und Kanadier verzeichneten rund 4000 Opfer, die Amerikaner 6603. Sie hielten dennoch durch, und so waren Ende Juni 850 000 Mann und 150 000 Fahrzeuge in Frankreich gelandet.

Zeitgleich mit dem *D-Day* schlugen die ersten deutschen V-Bomben ein. V für »Vergeltungswaffe«. Die V1-Rakete verfügte über ein Triebwerk, das sie auf über 600 Stundenkilometer beschleunigte, einen Zielkompaß, der auf London programmiert war, sowie einen Distanzrechner. Nach Ablauf der eingegebenen Entfernung setzte der Motor aus, und die Bombe prallte auf. Sie verursachte zwar nur einen kleinen Krater, aber ihre Sprengkraft war verheerend. Eine V1 fiel während der Morgenandacht auf die Guards Chapel in der Nähe des Buckingham-Palasts und tötete 119 Menschen. In den ersten beiden Wochen kamen über 1700 Menschen um. Erneut wurden Kinder und Mütter evakuiert.

Der D-Day, die Landung in der Normandie am 6. Juni 1944, war der größte amphibische Sturmangriff der Geschichte. Kommandos der königlichen Marine waten an Land (links), andere klettern von ihren Landungsbooten hinab und schleppen einen kleinen Motorroller hinter sich her (rechts). Mit 72 000 Männern waren mehr britische und kanadische Soldaten als amerikanische an der Operation beteiligt, und sie hatten mehr Glück bei den Küstenabschnitten, die ihnen zugeteilt worden waren.

Spannung und Aufregung zeichnen sich im Gesicht des Fallschirmjägers (links) ab, als sein Flugzeug sich dem Absprunggebiet nähert. Montgomery versuchte im September 1944, den Krieg durch das Aufrollen der deutschen rechten Flanke mit einem Fallschirmjägerangriff auf Arnheim zu verkürzen. In dem Gebiet operierten zwei SS-Panzerdivisionen, weswegen Bodentruppen nicht zu den eingekesselten Fallschirmjägern vordringen konnten.

Eine Million Menschen verließen London. »Es war so unpersönlich wie eine Pestepidemie«, schrieb Evelyn Waugh über den Angriff, »als würde die Stadt von riesigen, giftigen Insekten heimgesucht.« Kampfflieger brachten sie schließlich über dem Ärmelkanal aus der Flugbahn oder schossen sie ab, und die Flugabwehr an der Küste erledigte den Rest. Ihre Abschußrampen in Frankreich wurden zerstört.

Die Briten hatten den U-Boot-Krieg gewonnen, zusammen mit indischen Truppen die Belagerung von Imphal durchbrochen und die Japaner nach Burma zurückgedrängt. Die Verdunkelung wurde weitgehend aufgehoben und die Heimatmiliz entlassen. Gleichwohl waren es die Russen und Amerikaner, die letztendlich den Krieg in Europa entschieden und den Ruhm für Befreiung und Eroberung einheimsten – von Rom, Paris, Budapest, Wien und auch Berlin. Die Briten mußten sich mit Brüssel begnügen, und sie waren in zähe und wenig glorreiche Kämpfe in den Niederlanden und in Italien verstrickt.

Montgomery wurde wegen seiner Zögerlichkeit in der Normandie und seiner mangelnden Schlagkraft kritisiert, die zur Folge hatten, daß die Amerikaner im September 1944 zuerst deutschen Boden erreichten. Er setzte zur Umgehung der Siegfried-Linie auf einen Angriff mit Luftlandetruppen, um durch Holland nach Deutschland vorzudringen. Die Einnahme von fünf Brücken über holländische Flüsse nahe der deutschen Grenze war ein kühnes Unterfangen, von dem Montgomery behauptete, daß damit der Krieg bis Weihnachten beendet sei. Britische Fallschirmjäger sollten die Rheinbrücke bei Arnheim erobern. Die Vorhut der britischen 1. Luftlandedivision erreichte am 17. September westlich von Arnheim sicher die andere Seite des Rheins. Die Eisenbahnbrücke war

»Sie kämpften wie die Löwen«, sagten die Deutschen über die britischen Fallschirmjäger in Arnheim (rechts). Auch diese lobten die Haltung des Gegners. »Sie gestatteten unseren Ärzten weiterzuarbeiten und unsere Verwundeten in ihr eigenes Lazarett zu evakuieren«, erzählte der Kommandant General Urquhart den Kriegsberichterstattern.

Das Ende stand außer Frage. Weniger als 25 Prozent der 10 000 Soldaten, die an dem Kampf teilnahmen, konnten über den Rhein, teils schwimmend, entkommen. 1200 wurden getötet, die restlichen gefangengenommen. Wie die Katastrophe von Dieppe fand auch Arnheim einen Platz in der nationalen Legendenbildung. Die Briten haben ein Herz für heroische Niederlagen.

gesprengt worden, und so rückten die Fallschirmjäger zur Straßenbrücke vor. Laut Presseberichten ging die Operation »präzise wie ein Uhrwerk« vonstatten. Das war ein Irrtum, denn die beiden anderen Brücken über die Maas und die Waal waren verschanzt. Das Wetter war schlecht, und der strömende Regen behinderte die Unterstützung aus der Luft.

Die Fallschirmjäger waren in der Nähe des Hauptquartiers von General Model gelandet, der die Stadt zu verteidigen hatte. Zudem befanden sich zwei SS-Panzerdivisionen in der Gegend. Die Deutschen waren am Südende der Brücke in Stellung gegangen und konnten auf die Unterstützung durch Artillerie und Panzer zählen. Die Männer des 2. Fallschirmjägerbataillons hatten hingegen keinen Rückhalt. Vier Tage

konnten sie trotz heftiger Angriffe ihr Brückenende halten. Eine Gardedivision stieß beim Versuch, sich von Süden über Nimwegen nach Arnheim durchzukämpfen, auf heftigen Widerstand. Die Fallschirmjäger wurden überwältigt, und der Rest der Division geriet westlich der Stadt unter Beschuß. In den letzten drei Tagen hatten sie weder Wasser noch Lebensmittel – trotz des mutigen Einsatzes der Piloten fielen Nachschubpakete hinter die deutschen Linien. Montgomery befahl in der Nacht des 26. September den Rückzug über den kilometerbreiten Fluß. Von den 10 000 Mann, die an der Operation beteiligt waren, konnten nur 2400 in Booten oder schwimmend entkommen; 1200 wurden getötet und die übrigen gefangengenommen.

Die Alliierten kehrten zwar nun zu Eisenhowers Strategie einer gemeinsamen Front zurück, doch die Schlacht um Arnheim fand jenen Platz im Herzen der Nation, der für heroische Fehlschläge reserviert war. Die Besiegten lobten die Sieger für ihre Menschlichkeit bei der Einnahme des Feldverbandsplatzes: Die Mannschaft eines verschanzten deutschen Panzers hatte einer Ordonnanz gestattet, einen Verwundeten zum Verbandsplatz zu bringen, mit der Bitte, ihren Standort nicht zu verraten. Auch die Deutschen schmeichelten ihren Gegnern. Als »das höchst qualifizierte Material, das uns während der ganzen Invasionsschlacht gegenüberstand«, wurden sie von einem deutschen Kriegskorrespondenten gepriesen. Die Fallschirmjäger »kämpften wie Löwen gegen die immer

enger werdende Umzingelung. Viele versprengte Gruppen kämpften fünf Tage lang weiter, ohne Nachschub an Lebensmitteln oder Munition. Gegen Ende verteidigten sie sich mit Kampfmessern und Pistolen...«

Die V2 erinnerte die Londoner recht drastisch daran, daß der Krieg um die deutschen Städte wenig *gentlemanlike* geführt wurde. Die neue Rakete, die eine Tonne Amatol-Sprengstoff, ein Gemisch aus TNT und Ammoniumnitrat, mit sich trug, erreichte eine Geschwindigkeit von fast 6000 Stundenkilometern und eine Höhe von über 30 000 Metern. Da sie schneller als der Schall flog, schlug sie ohne vorherige Warnung ein. In 80 Tagen töteten die V2-Raketen 5475 Menschen und zerstörten 25 000 Häuser. Am 25. November wurde Woolworth in New Cross in London

Durch Streiks waren mehr Arbeitstage verlorengegangen als in Friedenszeiten, 1944 dreimal mehr als 1939, und auch im neuen Jahr standen Arbeitsniederlegungen ins Haus. »Wir alle, ob in den Büros, in den Läden oder zu Hause, sind den Krieg und seine Auswirkungen leid«, schrieb Beardmore. »Es ist bitterkalt geworden mit Schnee, Eis, Hagel und plötzlichen Kälteeinbrüchen, als ob wir an der russischen Front wären, ein Eindruck, der durch die V2-Raketen noch verstärkt wird. Selbst so alltägliche Dinge wie Seife sind nicht problemlos zu bekommen, vom Ersatz für Ausweise und Lebensmittelmarken ganz zu schweigen . . .«

Die letzte Rakete auf England wurde am 27. März 1945 über der Küste von Suffolk abgeschossen. Der Sieg ließ nur einen guten Monat auf sich warten, aber er war noch nicht endgültig. Die Briten kämpften immer noch in Burma gegen die Japaner. Im Mai, dem Siegesmonat, wurde die Speckration um ein Viertel gekürzt, mit der Aussicht auf weitere Härten. Den Briten war undeutlich bewußt, daß sie an nationaler Größe verloren hatten. Die Russen hatten der Wehrmacht das Rückgrat gebrochen und die Amerikaner die Invasion ermöglicht. Das erste Mal seit Jahrhunderten gab es Mächte, in deren Gegenwart sich die Briten als minderwertig empfanden.

Churchill, das Symbol ihrer Größe, stellte sich während der Konferenz der Siegermächte in Potsdam zur Wiederwahl. Er ging davon aus, sie

Überschäumend vor Freude rennen über 3000 britische Kriegsgefangene (großes Bild) im April 1945 ihren amerikanischen Befreiern entgegen. Die meisten waren bei guter körperlicher Gesundheit, da sie vom Roten Kreuz Pakete erhielten und oftmals über mehr Luxus verfügten – wie Schokolade, Marmelade und Zigaretten – als ihre deutschen Bewacher, mit denen sie im allgemeinen gut zurechtkamen.

Sehr viel schrecklicher sah es aus, als britische und indische Soldaten in Burma Gefangene aus einem japanischen Lager in Rangun befreiten. Die Lagerinsassen waren ausgemergelt und apathisch, manche zu geschockt, um lächeln zu können. Sie hatten keine medizinische Versorgung und außer Reis nichts zu essen gehabt. Von den Wachen waren sie »wie Tiere« behandelt worden. Bevor der Krieg gegen Japan gewonnen war, sollte noch Schlimmeres entdeckt werden.

getroffen. 160 Menschen kamen dabei ums Leben. »Es fallen immer noch Sachen vom Himmel, stückchenweise Sachen und stückchenweise Leute«, sagte ein Mädchen. »Ein Pferdekopf lag im Straßengraben. Das Dach eines Kinderwagens lag völlig verbogen und demoliert herum – und das Händchen eines Säuglings, das noch immer im Jackenärmel steckte. Wo einst Woolworth stand, war nur noch ein großes, mit Staubwolken bedecktes Loch. Kein Gebäude, nur Trümmerhaufen und Gestein, und darunter schreiende Menschen.«

Der Zugverkehr vom Londoner Bahnhof Victoria Station in Richtung Kontinent wurde im Januar 1945 nach fünf Jahren Unterbrechung wieder aufgenommen. Die Hochstimmung hielt sich jedoch in Grenzen.

Die Siegesfeiern in Europa im Mai 1945 fielen zurückhaltend und ziemlich ruhig aus. Manche waren zwar dennoch ausgelassen (oben), doch im allgemeinen herrschte Nachdenklichkeit vor. In den deutschen Konzentrationslagern wurde Grauenvolles entdeckt. In Fernost ging der Krieg noch weiter, und die Beweise für japanische Greueltaten häuften sich. Der Frieden brachte zudem keine Lockerung der Rationierung. Sie wurde sogar noch verschärft, als die Briten die Verantwortung für die besiegten Deutschen und Österreicher übernahmen und zeitweise, neben ihren eigenen, auch die französischen und niederländischen Kolonien in Asien verwalteten. Darüber hinaus kämpften sie mit einem klammheimlichen Schuldgefühl: Sie hatten Churchill, der ihr Überleben gesichert hatte, nicht wiedergewählt.
[Foto rechts: Wolf Suschitzky]

problemlos gewinnen zu können. George Beardmore war sich da nicht so sicher. Er lauschte zwei Handwerkern, die über den Wahlkampf sprachen. Der eine sagte: »Nicht noch einmal der.« Er warf dem anderen einen langen Blick zu. »Genug Schlachten für ein ganzes Leben«, erwiderte der andere. Nach einer langen Pause und einem Schluck Tee wieder der erste: »Verdammtes Rußland«, indem er einen Teefleck auf seiner Arbeitsjacke musterte. Der zweite Mann: »Der alte Knabe brennt drauf, uns wieder gegen sie loszuhetzen.« Worauf der erste Mann erwiderte, nachdem er gewartet hatte, ob der andere seiner Meinung war: »Soweit kommt's noch.« Sie sprachen über Churchill.

Nie wieder Soldaten, nie wieder Ruhm, nie mehr loshetzen auf wen auch immer, ob Russen oder indische Nationalisten. Man entschied sich für ein ruhiges Leben. Ein fundamentaler Instinkt setzte sich durch.

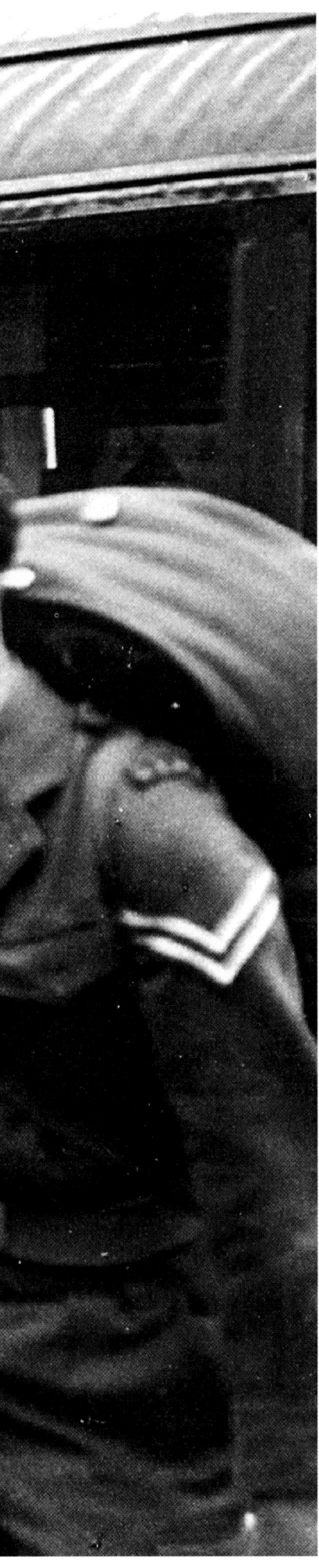

7

»MEINE KLASSE IST IM AUFWIND UND EURE IM NIEDERGANG«

Ein Paar in formeller Kleidung besteigt nach dem Krieg einen Zug im Londoner Bahnhof Waterloo Station zum Rennen nach Ascot. Der Unteroffizier betrachtet die beiden neugierig, als wären sie eine gefährdete Spezies. Die Labour-Regierung, die 1945 einen Erdrutschsieg errungen hatte, schien tatsächlich auf die »Euthanasie« der Reichen zu setzen. Die Zusatzsteuer, eine Art »Supersteuer«, die auf große Einkommen erhoben wurde, stieg auf 97,5 Prozent. Das Realeinkommen der reichsten Hunderttausend im Land fiel zwischen 1938 und 1949 um fast zwei Drittel. Die Steuererhöhungen, von denen die Mittelschicht ebenso betroffen war wie die »Fatzkes«, die nach Ascot fuhren, wurden teilweise für den Sold dieser Soldaten auf dem Foto benötigt. Der Kalte Krieg stellte hohe Anforderungen an ein Land, das durch den sechsjährigen Krieg gegen Deutschland und Japan geschwächt und verarmt war.

Doch die Verstaatlichung der Industrien und die Umverteilung des Reichtums durch die Sozialisten war auch von einem Hauch Triumph und sozialer Rache durchzogen. Der Generalstaatsanwalt der Labour-Regierung, Sir Hartley Shawcross, trumpfte 1946 auf: »Jetzt sind wir die Herren.« Tatsächlich sagte er »im Augenblick« und nicht »jetzt«, da er hinzufügte, »und nicht nur im Augenblick, sondern für eine lange Zeit«. Das falsche Zitat tat seiner Meinung jedoch keinen Abbruch.
[Foto: Henri Cartier-Bresson]

Das Kriegsende in Europa wurde von einem heftigen Gewitter begleitet, wie sechs Jahre zuvor, als der Frieden seinen Abschied nahm. Weder Kanonendonner noch Sirenen ertönten, um keine alten Wunden aufzureißen. Lediglich die Kirchenglocken läuteten, und die Schleppdampfer auf der Themse tuteten das Morsezeichen für Sieg. Als die königliche Familie auf dem Balkon des Buckinghampalastes erschien, toste ein Beifallssturm auf. Sie war trotz größter Gefahr in London geblieben und litt wie ihre Untertanen an der Verknappung – »Die Kinder gehen nicht ohne mich«, hatte die Königin erklärt, »ich gehe nicht ohne den König, und der König wird niemals gehen.«

Eleanor Roosevelt berichtete nach einem Besuch, daß die Herrscherfamilie die gleiche schmale Kost wie alle anderen zu sich nahm. Als dann Churchill auftrat, brauste der Beifall zu einem »ohrenbetäubenden, ehrfürchtigen Donnern« an. Die Menge schrie begeistert seinen Kosenamen – »Winnie, Winnie!« – und hielt Kinder in die Höhe, damit sie ihn sehen konnten.

Man rechnete damit, daß es noch mindestens ein Jahr dauern würde, bis auch die Japaner kapitulierten. Die »vergessene Armee« von General Slim war gerade erst bis nach Rangun vorgedrungen, und die Australier bereiteten die Landung auf Borneo vor. Churchill war sich sicher, bis zur Beendigung des Krieges in Südostasien an der Macht zu bleiben, doch ein Parteitag der Labour stimmte gegen den Fortbestand der Koalition. Die Neuwahl des Parlaments wurde für den 5. Juli 1945 festgesetzt.

Die Meinungsumfragen ermittelten eine schwere Niederlage der Konservativen. Eine solche Majestätsbeleidigung gegenüber Churchill schien unvorstellbar zu sein. Doch der alte Krieger war bereits angeschlagen. Er ahnte, daß die Einnahme Osteuropas durch die Rote Armee zu einem neuen Krieg führen würde – zu einem heißen oder einem kalten. Zudem rochen ihm die Pläne der Labour-Partei, die eine Verstaatlichung von »Land, Großbauprojekten, Schwerindustrie, Banken, Transportmitteln und Energiegewinnung« vorsahen, zu sehr nach Bolschewismus. »Aus tiefstem Herzen warne ich Sie davor«, beschwor er die Bevölkerung über das Radio, »daß ein sozialistisches System niemals ohne politische Polizei auskommen wird.« Er behauptete des weiteren, daß die Labour-Führer, seine einstigen Koalitionspartner, »sich einer Art Gestapo bedienen werden, die zunächst zweifellos wenig human vorgehen wird ...«

Churchills Befürchtungen entsprachen keineswegs der Stimmung im Lande. Grundlegende soziale Veränderungen, vor allem im Gesundheitswesen und Bildungssystem, für die sich auch jüngere Tories einsetzten, waren dringend erforderlich. Die Soldaten waren ohnehin der Meinung, daß sie für ein besseres Leben gekämpft hatten. Ein englischer Feldwebel war in Holland erstaunt darüber, daß dort die Häuser gewöhnlicher Leute über Toiletten mit Wasserspülung und gepflegte Gärten verfügten. »Wir haben zwei Drittel der Welt besessen«, meinte er, »und

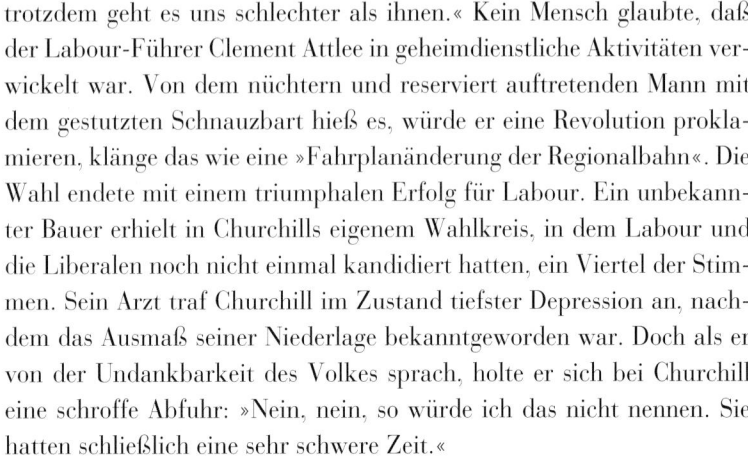

trotzdem geht es uns schlechter als ihnen.« Kein Mensch glaubte, daß der Labour-Führer Clement Attlee in geheimdienstliche Aktivitäten verwickelt war. Von dem nüchtern und reserviert auftretenden Mann mit dem gestutzten Schnauzbart hieß es, würde er eine Revolution proklamieren, klänge das wie eine »Fahrplanänderung der Regionalbahn«. Die Wahl endete mit einem triumphalen Erfolg für Labour. Ein unbekannter Bauer erhielt in Churchills eigenem Wahlkreis, in dem Labour und die Liberalen noch nicht einmal kandidiert hatten, ein Viertel der Stimmen. Sein Arzt traf Churchill im Zustand tiefster Depression an, nachdem das Ausmaß seiner Niederlage bekanntgeworden war. Doch als er von der Undankbarkeit des Volkes sprach, holte er sich bei Churchill eine schroffe Abfuhr: »Nein, nein, so würde ich das nicht nennen. Sie hatten schließlich eine sehr schwere Zeit.«

Drei Wochen später brachen die Atombombenwürfe auf Hiroshima und Nagasaki den japanischen Widerstand. Am 9. September gingen britische Soldaten in Malaya an Land, und drei Tage danach wurde Singapur kampflos eingenommen. Diesem unerwarteten Bonus der neuen Regierung standen erhebliche Defizite gegenüber, die wettgemacht werden mußten. Mit 270000 gefallenen britischen Soldaten und 60000 Zivilisten sowie 100000 Kanadiern, Indern, Australiern, Neuseeländern und Südafrikanern waren zwar viel weniger Menschen als im Ersten Weltkrieg ums Leben gekommen. Doch der materielle Schaden lag weitaus höher. Vier Millionen Häuser waren beschädigt und 500000 völlig zerstört. Die Verluste der Flotte beliefen sich auf eine Gesamttonnage von 13.5 Millionen, was zwei Dritteln der zivilen Handelsflotte in Friedenszeiten entsprach. England ging am Bettelstab: Die Kriegskosten

betrugen 28 Milliarden Pfund. Ein Drittel der Goldreserven sowie vier Milliarden Dollar Auslandsaktiva waren verloren. Es hatte sich ein Schuldenberg in Dollar und Pfund angehäuft. Die direkten Steuern waren um das Dreifache, die indirekten um 150 Prozent gestiegen. Der neue amerikanische Präsident Harry Truman sprach deutliche Worte, als er eine Woche nach der japanischen Kapitulation einseitig und unerwartet die Kredite aufkündigte: keine amerikanischen Importe mehr ohne sofortige Barzahlung. Lord Keynes, der immer noch als Berater des Schatzamtes tätig war, nannte dieses Vorgehen ein »ökonomisches Dünkirchen«. Er reiste sofort nach Washington, um über einen Kredit über 3.75 Milliarden Dollar zu verhandeln. Doch die Briten wurden kurzgehalten: Die Amerikaner forderten die Konvertierbarkeit des Pfund Sterling zum Dollar bis zum Sommer 1947.

Die Labour-Regierung mußte einen nahezu bankrotten Staat übernehmen. Gleichwohl hatte sie sich die Vollbeschäftigung, ein kostspieliges Wohlfahrtssystem und die Verstaatlichung von einem Fünftel der Wirtschaft auf die Fahnen geschrieben. Abgesehen davon waren die Briten auch noch weltweit in Auseinandersetzungen verstrickt. Da ihr altes Empire weitgehend bestehenblieb und sie zeitweilig auch auf andere Gebiete Einfluß nahmen, verwalteten sie fast ein Drittel der Menschheit. So marschierten britische und indische Truppen in Indochina ein, sicherten Saigon und gingen mit Hilfe von freigelassenen japanischen Kriegsgefangenen gegen die kommunistische Vietninh vor, welche die Vorherrschaft der Franzosen in Vietnam bekämpften. Ebenso griffen die Briten auf Java und Sumatra ein, wo es massiven Widerstand gegen die Wiedereinsetzung der holländischen Kolonialherrschaft gab. Die nordafrikanische Küste und die Levante standen ohnehin unter Kuratel der Briten. Sie unterstützten die griechischen Royalisten gegen die Kommunisten und hielten Südpersien besetzt. Darüber hinaus stellten sie große Kontingente für die alliierten Besatzungsarmeen in Deutschland, Österreich und Italien ab. Die Royal Navy erreichte mit 1000 Kriegsschiffen ihren historischen Höchststand, und die RAF verfügte über 50 000 Flugzeuge. Trotzdem waren ihre Streitkräfte den Amerikanern zur See und in der Luft und den Russen auf dem Land unterlegen.

»Wir sind eine große Nation«, so der wissenschaftliche Chefberater der Regierung, Sir Henry Tizard, »aber wenn wir uns weiterhin wie eine Weltmacht verhalten, werden wir bald aufhören, eine große Nation zu sein.« Die Freuden des Friedens beschränkten sich auf die Vergesellschaftung eines geschwächten und überdimensionierten Landes. Die Reichen wurden von Erbschafts- und Kapitalsteuern geplagt, die bis zu 97,4 Prozent des Einkommens verschlangen. Die Armen hatten noch immer keine Wohnungen und litten unter drastischeren Rationierungen als im Krieg. »Ich lernte einen Busfahrer, zwei Frauen und drei Kinder kennen, die verzweifelt nach einer Unterkunft suchten und sich mit einer heruntergekommenen Behausung ohne Licht, Wasser und Heizung abfinden mußten«, erinnerte sich George Beardmore. »Verhärmte und schmutzige Gesichter, von Erkältung gerötet, die Unterkunft so groß wie ein Schuhkarton, völlig leer bis auf den Kohlenstaub, dazu eine ›Kochmaschine‹ im warmem Bett, ein Spirituskocher, auf dem Speck brutzelte, und eine grüne Teekanne, die wie ein Rennwagen in einer verkrumpelten Zeitung aussah ...« Das also waren die Errungenschaften des Krieges.

»Wir entstammen unterschiedlichen Klassen«, teilte das radikale Labour-Mitglied Aneurin Bevan einem prominenten Tory mit. »Meine Klasse ist im Aufwind und eure im Niedergang.« Tatsächlich schien es den Kapitalisten an den Kragen zu gehen, als die Regierung in aller Eile die Bank of England, die Kohlengruben, die Eisenbahnen, die Zivilluftfahrt, den Fernverkehr und schließlich die Eisen- und Stahlindustrie verstaatlichte. Bevan zwang auch die widerstrebenden Mediziner, sich dem staatlichen Gesundheitsdienst unterzuordnen. Der stämmige und rotwangige Waliser galt allein schon wegen seiner aggressiven Rhetorik und seiner Herkunft unter der erschreckten Bourgeoisie als »Schmeißfliege« – er wuchs mit zwölf Geschwistern in einer heruntergekommenen Arbeitergegend in Wales auf, arbeitete schon als Dreizehnjähriger unter Tage und wurde später Streikführer der Bergarbeiter in Südwales.

Er war der ungeschliffene Diamant in einem ansonsten vornehmen Kabinett. Die drei Minister, die den Anschlag auf die »tragenden Säulen« der Wirtschaft verübten, hatten eine klassische britische Erziehung genossen: privates Internat und »Oxbridge« – ein Kürzel für die beiden renommierten Universitäten von Oxford und Cambridge. Das Land wurde von der Mittelschicht und mit ihrem stillschweigenden Einverständnis radikalisiert, nicht durch Bevans Arbeiter. Der Premierminister Clement Attlee stammte aus dem beschaulichen Vorort Putney, ein typischer Vertreter jener Mittelklasse, Sozialisten, die durch ihre Arbeit in den Slums aus moralischer Überzeugung nach links rückten. Im Ersten Weltkrieg diente er als Major und wurde verwundet. Er war ein energischer Reformer, aber kein Roter – »Little Clem« hatte nichts für die Sowjetunion übrig.

»Sie war arm, aber anständig«, heißt es in einem alten Lied. Dies traf im allgemeinen auf das Nachkriegs-England zu. Das Foto von der Heilsarmee (rechts) vermittelt einen Hauch von Unschuld. Die Schwarzmarkthändler hatten ihre große Zeit, die Kriminalität war jedoch nicht sehr hoch und die Zahl der Gewaltverbrechen unwesentlich.

Die Politik des Labour-Premiers Clement Attlee (linke Seite, außen) mag zwar radikal gewesen sein, doch er war kein Roter. Auf dem Foto ist er mit einem Pflanzenkasten beschäftigt und bietet das Bild des beruhigendsten Symbols Englands, des Amateurgärtners. Der Außenminister Ernest Bevin (linke Seite, innen) war das verwaiste Kind eines Landarbeiters und mußte bereits mit elf Jahren einem Fuhrunternehmer zur Hand gehen. Die rauhe Kindheit des ehemaligen Gewerkschaftsführers hat einiges zu seiner Abneigung gegen Extremismus beigetragen. »Molotow und Stalin sind Teufel«, sagte er. Er stellte sich ihnen bei der Berlin-Blockade offen entgegen und sorgte über die NATO für die Einbindung der Amerikaner in Westeuropa. Im eigenen Land duldete er keine Beschwichtigungspolitiker.
[Fotos linke Seite: Felix Mann]
[Foto rechts: Bert Hardy]

Der Chef der Handelskammer und Wirtschaftsminister Stafford
Cripps war Sohn eines Juristen und Tory-Abgeordneten, der allerdings

*Vier Millionen Wohnungen wurden
im Krieg beschädigt und 500000
zerstört. Dieser Mann (links), der
gerade eine Kleiderspende anpro-
biert, lebt in der zu einem Obdach-
losenheim umfunktionierten Krypta
der Saint George's Church in Leeds.
Tausende ließen sich jedoch in leer-
stehenden Kasernen und Bürohäusern nieder.*
[Foto: John Chillingworth]

*Ein Junge präsentiert seine kosten-
lose Brille des National Health
Service. Der staatliche Gesundheitsdienst war die stolzeste Errungenschaft der Nachkriegspolitik. Allerdings war er nicht nur populär,
sondern auch kostspielig. Aneurin
Bevan, der ihn gegründet hatte, trat
zurück, als Brillen und Zahnersatz
wieder bezahlt werden mußten.*
[Foto: Hayward Magee]

den Labour-Regierungen von 1924 und 1929 angehört hatte und später
geadelt worden war. Nach seiner Ausbildung in Winchester und Oxford
und einer ersten Karriere als Chemiker in der Forschung wurde Cripps
schließlich der jüngste Kronanwalt des Landes. Er machte als Patent-
anwalt ein Vermögen. Vor dem Krieg hatte er die linksradikale Zeitung
Tribune gegründet und sich so vehement für eine Volksfront mit den
Kommunisten eingesetzt, daß ihn Labour aus der Partei ausschloß. Der
unerschütterliche und pedantische Puritaner erweckte den Eindruck,
mehr als nur ein Apostel jener Sparmaßnahmen zu sein, die er predigte.
»Dort geht von Gottes Gnaden Gott selbst«, brummte Churchill, und ein
Tory-Abgeordneter forderte ihn in einer erhitzten Debatte auf, ihm nicht
mit seinem »Heiligenschein zu drohen«.

Die neuen Kabinettsmitglieder hatten mit der Hochfinanz keine
Erfahrung. Ein Londoner Geschäftsfreund Daltons wollte diesen einmal
die Funktion der Börse und der Regierungsbürgschaften erläutern. »Da
sitzt nun einer dieser großen Männer der Labour-Partei, die ein hohes
Amt bekleiden«, schrieb er, »und ist offensichtlich völlig ahnungslos, wie
das Währungssystem funktioniert.«

In der ersten Amtszeit der Labour-Partei nach dem Krieg wurden die
Reformen schnell und vehement umgesetzt. In den letzten Tagen unter
Churchill war bereits das Kindergeld in Höhe von fünf Schilling pro
Woche für das zweite und jedes weitere Kind eingeführt worden. Jetzt
kamen noch freie Mahlzeiten und Milch in der Schule hinzu. Die Schul-
pflicht wurde bis auf fünfzehn Jahre angehoben. Die ersten Gesamt-
schulen wurden eröffnet, die insbesondere für Schüler der Mittelstufe
unabhängig von Alter und Fähigkeiten gedacht waren. Damit sollte verhindert werden, daß intelligentere Kinder nach bestandener Aufnahme-
prüfung in die Gymnasien abwanderten. Die verhaßte Einkommensermittlung bei Beanspruchung von Arbeitslosen- und Krankengeld wurde
abgeschafft. Die Zahlungen sollten nunmehr unabhängig von früheren
Beiträgen oder Ersparnissen über die Steuern sichergestellt werden. Sie
wurden getragen durch Beiträge der Arbeitgeber, Arbeitnehmer und des
Staates. Freie Rechtshilfe inner- und außerhalb des Gerichts wurde fest-
geschrieben. An die Verwaltungen größerer Orte erging die Weisung,
Entwicklungspläne für den Abriß von Slums und den Neubau von
Wohnraum vorzulegen. Fast ein Zehntel der Fläche Englands und Wales'
sollte in Nationalparks umgewandelt werden.

Den Bauern wurden Mindestpreise garantiert, Kohle, Elektrizität, Gas
und Wasser verstaatlicht. Eine neue Transportkommission sollte die verstaatlichte Eisenbahn und den Frachtfernverkehr von rund 4000 Spedi-
tionsfirmen integrieren. Zum Ärger des linken Flügels von Labour verschwand die Frage über das Mitspracherecht der Arbeiter von der
Tagesordnung. Cripps sagte darauf, daß »selbst, wenn sie im großen

Die »Säulen der Wirtschaft« –
Kohlengruben, Stahlindustrie,
Eisenbahnen, Kraftwerke, Fernverkehr, Zivilluftfahrt – wurden
verstaatlicht. Die Stahlindustrie,
zu der dieses Werk in Port Talbot
gehörte (unten), wurde zum politischen Spielball der Konservativen,
die auf Reprivatisierung pochten.
Die Kohleindustrie, wie hier im
südwalisischen Rhondda-Tal mit
dem Förderturm im Hintergrund
(rechts), war heruntergewirtschaf-
tet, ein Passivposten ebenso wie
eine Kapitalanlage. Die feiernden
Bergarbeiter (rechte Seite) blieben
ein Menschenschlag für sich. Sie
bildeten neben den Hafenarbeitern die militanteste Gruppierung
des Landes, und ihr Verhältnis
zum National Coal Board war
kaum besser als das zu den früheren Zechenbesitzern.
[Fotos: Wolf Suschitzky]

und ganzen wünschenswert wäre«, was er selbst bezweifelte, die Arbeiterschaft nicht in der Lage sei, große Unternehmen zu leiten. Die neuen Führungskräfte der Industrie waren öffentliche Beschäftigte, zwar unparteiische Technokraten, jedoch abgehobener als ihre Vorgänger.

Die Verstaatlichung – Attlee bevorzugte den Begriff »Sozialisierung« – war eine kostspielige und komplexe Angelegenheit. Gesellschafter von Firmen, in die während des Krieges kaum investiert worden war, mußten ausbezahlt werden. Durch den Ausbau der Eisenbahn entstanden weitläufige Gebiete urbanen Ödlands, die großen Häfen von Southampton und Hull, schäbige Bahnhofshotels, und auch der alte imperiale Reiseveranstalter Thomas Cook kam wieder zum Zug. Die Kohleindustrie, von der das Land von der Produktion bis zu privaten Haushalten abhängig war, wuchs ins Gigantische. Private Gesellschaften besaßen ganze Bergarbeiterdörfer, Kokereien, Lokomotiven, Waggons, Schleppkähne, Depots, Bauernhöfe und Wälder.

Die Steuererhöhung zur Finanzierung des Verstaatlichungsprogramms betraf insbesondere die Superreichen. Das Realeinkommen der oberen

Hunderttausend sank zwischen 1938 und 1949 um 64 Prozent, und das der oberen halben Million reduzierte sich um mehr als ein Drittel. Zu Lebzeiten mußten die Reichen so viele Steuern zahlen, daß ihnen von einem Pfund nur zehn Pence blieben. Nach ihrem Tod wurden ihre Landsitze und Kunstsammlungen verkauft, um die Erbschaftssteuern begleichen zu können. Auch die Mittelschicht mußte heftige Einbußen hinnehmen. Ihr Realeinkommen nach Steuerabzug fiel in den ersten Friedensjahren um sieben Prozent, während das der Arbeiterklasse um neun Prozent stieg. Manche Labour-Politiker schlugen dabei so über die Stränge, daß sie von einer »Euthanasie der Rentiers« durch niedrige Zinssätze sprachen.

Die Dollardefizite und die verschärften Sparmaßnahmen machten dem Land am schwersten zu schaffen. Bei Kriegsende waren Zucker, Fette, Marmelade, Speck, Schokolade und Süßigkeiten, Tee, Käse, Milch und Eier auf ein Minimum rationiert. Im Februar 1946 wurden die Fettrationen nochmals gekürzt. Im Mai desselben Jahres erfolgte erstmals eine Brotrationierung, die in beiden Kriegen vermieden worden war. Die

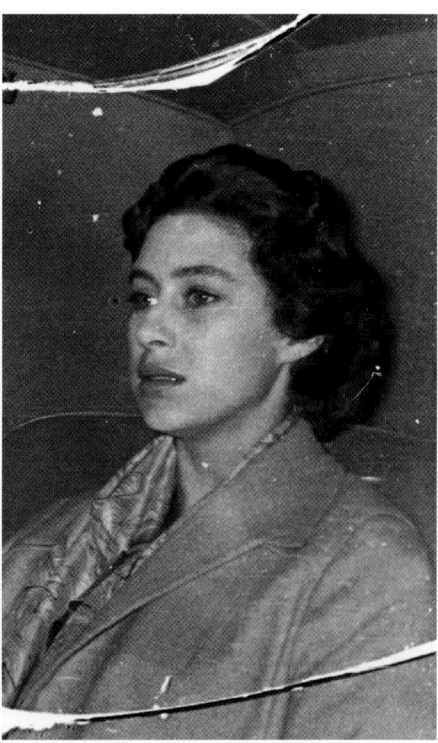

Briten mußten nämlich – Ironie des Schicksals – nunmehr die 22 Millionen Deutschen in ihrer Besatzungszone miternähren.

1947 war das schlimmste Jahr. Am Neujahrstag hingen an den Eingängen jedes Bergwerks Bekanntmachungen aus, daß »diese Zeche ab sofort der staatlichen Kohlengesellschaft zum Nutzen des Volkes unterstellt« sei. Die Kabinettsmitglieder versammelten sich in der Hauptverwaltung der Gesellschaft, um die Verwirklichung eines alten Traums zu feiern. Der Start in eine neue Ära erwies sich jedoch als katastrophal. Ein Hochdruckgebiet brachte Nordostwinde aus Sibirien und den kältesten Winter seit Menschengedenken mit sich. Das Kew-Observatorium registrierte zwischen dem 2. und dem 22. Februar nicht eine Sonnenstunde. Aufgrund des veralteten Maschinenparks und infolge der zahlreichen Bergarbeiterstreiks hatte die Produktion ohnehin einen Tiefstand erreicht. Nun war die bereits geförderte Kohle auch noch durch Schneewehen blockiert. Die Themse vereiste, und sogar der Big Ben verstummte, da sein Mechanismus eingefroren war. Die Kohlenschlepper für London lagen in den Häfen des Nordostens im Eis fest. Transportflugzeuge der RAF warfen Notrationen und Tierfutter ab. Als Energieeinsparungen und leere Hochöfen die Fabriken zum Stillstand brachten, vervierfachte sich die Arbeitslosigkeit innerhalb weniger Wochen auf zwei Millionen.

Die aus dem Krieg heimgekehrten Soldaten fanden nur »Schlangen, Einschränkungen, Formulare, Sparmaßnahmen, Kälte, aber nichts zu essen« vor. Sie wären lieber sonstwo gewesen, nur nicht in England. So wanderten viele nach Australien, Kanada und Neuseeland aus. Über 50 000 Frauen amerikanischer GIs hatten sich bereits auf den Weg zu ihren Männern in die USA aufgemacht. Etwa die gleiche Anzahl Männer ging nach Südrhodesien. Als der Frost nachließ und das Tauwetter einsetzte, kam es zu Überschwemmungen. Das Schmelzwasser verseuchte die Londoner Trinkwasserreservoirs.

Im Juli verlobte sich Prinzessin Elizabeth mit Leutnant Philip Mountbatten. Im November fand die Hochzeit statt. Zwischen den beiden Ereignissen wurden die Zeitungen auf sechs Seiten reduziert, um importiertes Zeitungspapier zu sparen – was vielleicht gar nicht so schlecht war, da es ohnehin wenig Erfreuliches zu berichten gab: Die Fleischration wurde gekürzt, und um Dollardevisen zu sparen, erhob man 75 Prozent Steuern auf Hollywood-Filme. Spritztouren mit dem Auto wurden verboten – Benzin für Privatleute gab es ohnehin nicht mehr. Auch Genehmigungen für Reisen ins Ausland wurden nicht mehr erteilt, so daß die Briten, die mitgeholfen hatten, den Kontinent zu befreien, dort noch nicht einmal ihre Ferien verbringen konnten. Die Konvertierbarkeit des Pfund Sterling, der Preis für amerikanische Kredite, führte zu einem Run auf das Pfund und wurde deswegen verschoben. Am 15. August gab England seine Herrschaft über Indien auf, und der nun unabhängige Subkontinent wurde geteilt. Die Bergarbeiter in South Yorkshire traten in den Streik. Ein Notetat ließ die Mehrwert- und Umsatzsteuer sowie die Abgaben auf Alkohol in die Höhe schnellen. Amerikanischer Tabak, den erstmals Walter Raleigh, Kolonisator und zeitweiliger Favorit von Königin Elizabeth I., aus Virginia eingeführt hatte, fiel unter das Importverbot. Kartoffeln, ebenfalls Raleigh zu verdanken, wurden rationiert.

Der staatliche Gesundheitsdienst, das Flaggschiff des Wohlfahrtsstaates, erwies sich als voller Erfolg. Freie medizinische Versorgung kam nun allen zugute, und nicht nur jenen, die sie bezahlen konnten. Medikamente wurden ebenso kostenlos verschrieben wie Brillen oder Zahnersatz. Bevan focht mit dem medizinischen Establishment einen erbitterten Kampf aus. Um sein Ziel zu erreichen, »stopfte er den Fachärzten das Maul mit Gold«, indem er ihnen gestattete, Privatbetten in den nunmehr verstaatlichten Krankenhäusern beizubehalten. Der Gesundheitsdienst mit seiner umfänglichen und schwerfälligen Bürokratie wurde über Nacht zum größten Arbeitgeber der Welt. Zwar waren die Menschen begeistert über diese Errungenschaft, doch überstiegen deren Kosten die pessimistischsten Voraussagen bei weitem.

Lebensmittel blieben knapp, Luxusartikel waren weitgehend nur für den Export bestimmt. Neunzig Prozent der Autoproduktion gingen ins Ausland. Den Menschen standen kaum Möglichkeiten zur Verfügung, ihr Erspartes auszugeben. Viele gingen drei- oder viermal in der Woche

Verlorene Liebe. Prinzessin Margaret verliebte sich in den Luftwaffenadjutanten ihres Vaters, Peter Townsend, einen Kampfpiloten in der Luftschlacht um England. Hier sitzt die damals siebzehnjährige Prinzessin 1947 während der königlichen Visite in Südafrika (linke Seite, außen) im Wagen neben ihrer Schwester Elizabeth, dahinter der König und die Königin. Townsend war geschieden, und so verkündete die Prinzessin 1955, »auf die kirchliche Lehre bedacht, daß eine christliche Ehe untrennbar ist«, daß die Romanze zu Ende sei. In ihren Augen erkennt man die Traurigkeit (links), als sie nach einem letzten Wochenende mit Townsend auf dem Land nach London zurückkehrt.
[Foto linke Seite: Ian Lloyd]

Gewonnene Liebe. Prinzessin Elizabeth trifft in Begleitung ihres Vaters 1947 zur Hochzeit mit Leutnant Philip Mountbatten, einem Cousin dritten Grades, in der Westminster Abbey ein (rechts). Die Trauung war der Glanzpunkt in einem schlimmen Jahr. Der Winter war der härteste seit 1881 und die Rationierung strenger als während des Krieges. Um Valuta zu sparen, wurden keine Auslandsreisen mehr gestattet. So verbrachte die zukünftige Königin ihre Flitterwochen in Hampshire.
[Foto rechts: Bert Hardy]

ins Kino, um dem grauen Alltag zu entfliehen. Der Film »Hamlet« mit Laurence Olivier in der Hauptrolle errang vier Oscars, unter anderem als bester ausländischer Film und für den besten Hauptdarsteller – das erste Mal überhaupt, daß ein britischer Film mit einem Oscar ausgezeichnet wurde. Britische Stars wie James Mason, Stewart Granger, Vivien Leigh oder Margaret Lockwood standen auf der Höhe ihres Ruhms.

Im Sport wurden Erfolge in allen Sparten verzeichnet. Dem Kricketspieler Dennis Compton gelangen im heißen Sommer 1947 grandiose 3816 Läufe. Vierzig Millionen Zuschauer besuchten alljährlich die Fußballspiele, und Speedway-Motorradrennen und Brieftaubenwettflüge erlangten große Popularität.

Da Auslandsreisen nicht möglich waren, boomten die heimatlichen Feriencamps von Billy Butlin. Belegungsprobleme hatte er nicht: Im Sommer 1947 kamen eine halbe Million Gäste und lieferten ihre Rationierungskarten für die Verpflegung bei den Köchen ab. Als Unterhaltung bot Butlin zusätzlich Opern- und Shakespeareaufführungen, eine Initiative, die zur Gründung des *Arts Council* führte, mittels dessen Hilfe Festivals in Aldeburgh, Cheltenham und Edinburgh finanziert sowie die Oper in Covent Garden, das Old Vic, die großen Orchester und die wichtigsten Provinztheater unterstützt wurden.

Der *New Look* von Christian Dior verdrängte die eintönige »praktische« Kleidung. Der Rocksaum rutschte bis zum Knöchel, und die Blusen waren üppig geschnitten – was der Regierung gar nicht recht war, da diese Bekleidungsstücke zuviel vom knappen Stoff benötigten und die Körperbetonung nach ihrer Meinung der Unmoral Vorschub leistete. Das Oberhaus registrierte ohnehin eine »Scheidungsflut«. Die Scheidungsrate war zwar tatsächlich zehnmal höher als vor dem Krieg, doch betraf sie vor allem die überstürzt geschlossenen Kriegsehen. Auch die Geburtenrate erreichte Rekordhöhen. Da die Kirchenfürsten durch die große Zahl der Scheidungsfälle aufgeschreckt wurden, erhöhte die Regierung die Subventionierung der Familienberatungsstellen. Abgesehen vom Schwarzmarkt, auf dem Schieber Benzin, Nylons und Parfüm verkauften, gab es kaum Kriminalität.

*Die Peers treffen 1953 im Ober-
haus neben der Westminster
Abbey zur Krönung ein (linke
Seite). Die neue Königin Elizabeth II. posiert für das offizielle
Krönungsfoto für Cecil Beaton
(links). Der neue Thronerbe
Prinz Charles (oben) zeigt sich
von Pomp und Förmlichkeiten
unbeeindruckt. Seine andere
Großmutter, Prinzessin Alice
von Battenberg, die Mutter von
Prinz Philip, verleiht in der
zweiten Reihe mit ihrem religiö-
sen Habit all dem Glitter eine
strenge Note. Die Feierlichkeiten gehörten zu den ersten
großen Ereignissen, die live vom
Fernsehen übertragen wurden,
einem Medium, mit dem die
Windsors noch mehr als genug
Bekanntschaft machen sollten.
[Foto links: Cecil Beaton]*

»General China«, der gefangene Führer der Mau-Mau, steht in Nyeri in Kenia vor Gericht (links). Zwischen 1952 und 1956 wurden über 11000 Kikuyu getötet – die Guerillabewegung setzte sich hauptsächlich aus diesem Stamm zusammen. Die britischen Streitkräfte waren ständig in Auseinandersetzungen verwickelt, im großen Stil in Korea, gegen Terroristen in Malaya, Zypern, Kenia und Aden.

Ein verwundeter Soldat des Special Air Service wird 1953 durch den malayischen Dschungel (rechts) zu einem Hubschrauberlandeplatz getragen. In einem langen Feldzug schlugen die Briten kommunistische Rebellionen nieder und trugen damit zur Stabilität in Asien bei. Der Preis dafür war die allgemeine Wehrpflicht und ein Heer, das bis 1957 aus mindestens 750 000 Mann bestand.
[Foto links: George Rodger]

oder irgendeinem anderen Land führen könnten«. Der Löwe war müde, aber brüllen wollte er immer noch allein. Der Versuch des enttäuschten Monnet, den Grundstein für eine zukünftige Europäische Gemeinschaft zu legen, traf »bei der einzigen Großmacht Europas, die sich in der Lage befand, eine solche Verantwortung zu übernehmen, auf keinerlei Resonanz«. Die Franzosen wandten sich daraufhin Deutschland zu.

Die Briten, so Plowden, hielten sich noch immer für eine Großmacht neben den USA und der Sowjetunion. »Wir haben uns jahrhundertelang von Europa ferngehalten«, meinte er, »und nie den Wunsch verspürt, uns mit dessen zerrütteten Verhältnissen zu befassen.« Diese Erhabenheit kam teuer, sowohl was Menschenleben anging als auch Geld. In Korea und Malaya kämpften britische Soldaten noch immer gegen die Kommunisten. Die Verteidigungsausgaben stiegen auf über zehn Prozent des Staatshaushalts. Der neue Finanzminister Hugh Gaitskell erhöhte die Steuern, um die zusätzlichen Kosten zu kompensieren. Die Einkommensteuer stieg auf 47,5 Prozent, und der Steuerzuschlag für Besserverdienende erreichte fast 100 Prozent. Nicht das Schröpfen der Reichen führte zum politischen Siedepunkt, sondern die Entscheidung, Brillen und Zahnersatz in Rechnung zu stellen. Aneurin Bevan trat zurück, empört über die Aushöhlung des kostenlosen Gesundheitsdienstes durch einen dieser »Sozialisten« mit Oxford-Abschluß.

Unter den »Atomrittern« Penney, Hinton und Cockroft wurde die Entwicklung atomarer Waffen forciert, da Attlee über die US-Dominanz auf diesem Gebiet besorgt war. Die Amerikaner zeigten jedoch wenig Bereitschaft zur Zusammenarbeit, obwohl die Briten an der Konstruktion der amerikanischen Bombe maßgeblich beteiligt waren. Der britische Geheimdienst hatte es nicht geschafft, den deutschstämmigen, aber in England naturalisierten Atomspion Klaus Fuchs zu enttarnen, der für die Russen arbeitete. Er wurde erst 1950 nach einem Hinweis des FBI verhaftet. Im selben Jahr tauchten zwei Diplomaten unter, die als Geheimnisträger auf exponierten Posten in Washington tätig waren. Donald Maclean und Guy Burgess liefen zu den Russen über. Kim Philby, der dritte und noch unentdeckte Sowjetspion, blieb zurück.

»Dies ist keine Zeit für Trübsinn«, sagte der König 1951 anläßlich der Eröffnung des »Festivals of Britain«, eines neuen, riesigen Vergnügungsparks in London, dessen Hauptattraktionen der disneyartige »Dome of Discovery« und der »Skylon« waren, eine Aluminiumkonstruktion, die sich über das Gelände spannte und auf ihre Art die britische Wirtschaft symbolisierte. Es gab keine sichtbaren Stützen. Skulpturen von Epstein und Henry Moore wurden aufgestellt.

Labour hatte die Wahl im Jahr zuvor nur knapp gewonnen. Das ganze Festival sollte die Stimmung im Land heben, was zwar auch gelang, aber den Sozialisten wenig nutzte. Einen Monat vor der Eröffnung starb Bevin, Attlee wurde krank, Bevan und Gaitskell waren mit ihrer Kon-

Dauerzustand und sollte sich bald als elementar erweisen. Als Stalin die Landwege nach Berlin blockieren ließ, machten die Briten den Amerikanern klar, daß bereits hier ihr Eingreifen erforderlich sei, um zu verhindern, daß die westlichen Alliierten aus Deutschland vertrieben würden. Ein RAF-Offizier schlug vor, Westberlin aus der Luft zu versorgen, um Konflikte auf den Schienenwegen oder Autobahnen zu vermeiden. So wurde 1949 die angloamerikanische Luftbrücke eingerichtet, die letztlich den Beginn des Kalten Krieges auslöste. Bevin war es zu verdanken, daß die Vereinigten Staaten durch die NATO in Europa eingebunden wurden. Nach Aufhebung der Berlinblockade erfolgte schließlich die Gründung der Bundesrepublik Deutschland.

Die Briten setzten sich in Europa zwar militärisch ein, hielten sich aber in alter Gewohnheit von engeren Bündnissen fern. Jean Monnet, der französische »Vater Europas«, engagierte sich für eine enge englisch-französische Kooperation. Im April 1949 diskutierte er drei Tage lang mit Sir Edwin Plowden, einem hohen Beamten Englands. Dabei wurde ihm unmißverständlich zu verstehen gegeben, daß London »nicht den geringsten Wunsch hat, sich in irgendeiner Weise auf wirtschaftliche Beziehungen einzulassen, die zu einer engeren Union mit Frankreich

und deren Vieh die Kehlen aufschlitzten. Zumindest auf technologischem Gebiet konnten die Briten ihren alten Status wiedergewinnen. Die Code-Knacker in Bletchley Park hatten während des Krieges unter der Leitung von Alan Turing den ersten digitalen Computer der Welt hergestellt. Turing beging später Selbstmord, eine Tat, für die kaum jemand Verständnis aufbrachte. Die Briten verwechselten häufig Großartigkeit mit Selbstdarstellung. Gleichwohl produzierte eine britische Firma, Ferranti, 1951 den ersten kommerziellen Computer der Welt. Im Jahr 1952 starb der König, startete ein düsengetriebenes Comet-Flugzeug zum ersten Linienflug der Welt und wurde eine britische Atombombe auf den australischen Montebelloinseln getestet.

Mit Sinn für Theatralik brach eine britische Expedition nur wenige Stunden vor der Krönung der neuen Königin zur Erstbesteigung des Mount Everest auf. Zwar erreichten ein Neuseeländer und ein nepalesischer Sherpa den Gipfel, während es in London in Strömen goß, doch das kümmerte kaum jemanden. Die Leistung wurde überstrahlt vom glanzvollsten Ereignis seit dem Ende des Krieges. Die Krönungszeremonie wurde vom Fernsehen übertragen, es war der Beginn der britischen Begeisterung für das neue Medium. Schon bald wurden über 250 000 Geräte pro Jahr hergestellt. Es war überhaupt ein Jahr emotional bedeutsamer Erfolge: Stanley Mathews schaffte endlich mit seiner Mannschaft den ersehnten Sieg im Endspiel um den Fußballpokal, und Sir Gordon Richards, der beliebteste Jockey in einem rennbegeisterten Land, gewann bei seinem 28. Versuch das Derby. Im Kricket schlug England Australien und ließ somit die erste Heimniederlage in einem Fußballänderspiel vergessen, die es mit 3:6 gegen Ungarn hinnehmen mußte. Winston Churchill schließlich, der einen Schlaganfall erlitten hatte, wurde mit dem Nobelpreis für Literatur ausgezeichnet.

Die moderne Welt zog mit Atomkraft und Kunstfasern ein, und dank der Entwicklung von Antibiotika feierte die Medizin erste Erfolge in der Immunologie. Francis Crick entschlüsselte zusammen mit seinem amerikanischen Kollegen James Watson die genetische Botschaft der DNS. Doch auch über die Nobelpreise für wissenschaftliche Leistungen hinaus erwiesen sich die Briten als Pioniere. Sie hielten den Weltrekord im Land-Wasser-Rennen und auch eine Zeitlang den Geschwindigkeitsrekord in der Luft; ihre Flugzeuge, die schnittigen V-Bomber und Hunter-Jagdflieger, waren ebenso elegant wie schnell. Die kommerzielle Nutzung gestaltete sich jedoch weniger günstig. Nachdem drei Comet-Flugzeuge infolge Materialermüdung abgestürzt waren, rückten die Amerikaner mit ihren Passagiermaschinen an die Spitze. Ein riesiges, achtmotoriges Transportflugzeug, die Brabazon, geriet zum Fiasko. Solange Deutschland und Japan noch in Trümmern lagen, konnten die Autofabriken der Midlands ihre gesamte Produktion verkaufen. Ein Offizier der Besatzungsarmee in Deutschland hatte empfohlen, daß die Briten die Volkswagenfabrik übernehmen sollten; man brauchte dort nur 130 Stunden, um eine Limousine zu bauen, eine für England unerhört kurze Zeit. Er hatte eine Probefahrt mit dem Wagen gemacht und hielt ihn für erfolgversprechend. Sein Vorschlag wurde jedoch ignoriert. Zehn Jahre später hatten die Westdeutschen mit dem Käfer die Briten als die weltweit führenden Autoexporteure überholt.

1955 wurde Sir Anthony Eden Premierminister, trotz fortgesetzter Unruhen durch Eisenbahn- und Werftenstreiks mit einer soliden Mehrheit von 58 Sitzen. Das Empire machte aber auch ihm zu schaffen. Auf Zypern sahen sich britische Truppen erneut mit einem Unabhängigkeitskampf unter der Führung des streitbaren Erzbischofs Makarios

troverse beschäftigt. Die Labour-Regierung zeigte schwere Abnutzungserscheinungen – und im Herbst war es mit ihr vorbei. Der nunmehr siebenundsiebzigjährige Churchill hatte abermals das Ruder übernommen. Seine Partei verfügte jedoch nur über eine Mehrheit von knapp 20 Sitzen und regierte somit auf Konsensbasis, eine Politik, welche die Zeitschrift *The Economist* »Butskellism« nannte – teils Tory-links wie der neue Finanzminister Butler, teils Labour-rechts wie Gaitskell.

Die Tories versprachen niedrigere Steuern, weniger Bürokratie und mehr Wohnungen – »Freiheit für das Volk«, lautete ihr Slogan –, doch radikale Veränderungen gab es kaum. Lediglich die Eisen- und Stahlindustrie wurde reprivatisiert. Die Wirtschaftslage verbesserte sich langsam, aber stetig. Ende 1954 wurde die Rationierung aufgehoben. Die noch unter der Labour-Regierung geplanten neuen Städte – Basildon, Crawley, Stevenage – wurden nun endlich gebaut, sehr zum Ärger der bereits Ortsansässigen, die nun das Proletariat aus den Londoner Slums als Nachbarn hatten. Pauschalurlaub in Spanien erfreute sich großer Beliebtheit, ebenso wie das Einkaufen in modernen Supermärkten.

Im Empire rumorte es weiterhin. Zwar waren die Kommunisten in Malaya geschlagen, doch nun wurden Truppen nach Nairobi entsandt, wo Angehörige des terroristischen Geheimbunds Mau-Mau im Kampf um die Unabhängigkeit Kenias anderen Schwarzen, weißen Farmern

*Ein Jahrhundert nach der großen
Ausstellung der Viktorianer von 1851
fand am Südufer der Themse eine
weitere nationale Feierlichkeit statt:
die Eröffnung der Royal Festival
Hall. Eine Skulptur mit dem Titel
Die Insulaner (links) stellt die
Engländer als robuste Fischer dar,
erweckt aber den Eindruck, als
würde sie dem »sozialistischen Rea-
lismus« der totalitären Staaten auf*

*dem Kontinent Tribut zollen. Bei dem
merkwürdigen Aluminiumgebilde im
Hintergrund handelt es sich um den
»Skylon«.*

*Denis Compton (rechts) 1953 bei
einem Kricketmatch gegen Australien.
»Das Glück von Compton ist keineswegs rationiert«, schrieben die Reporter. Der große Kricketspieler war
auch Fußballer bei Arsenal London.*

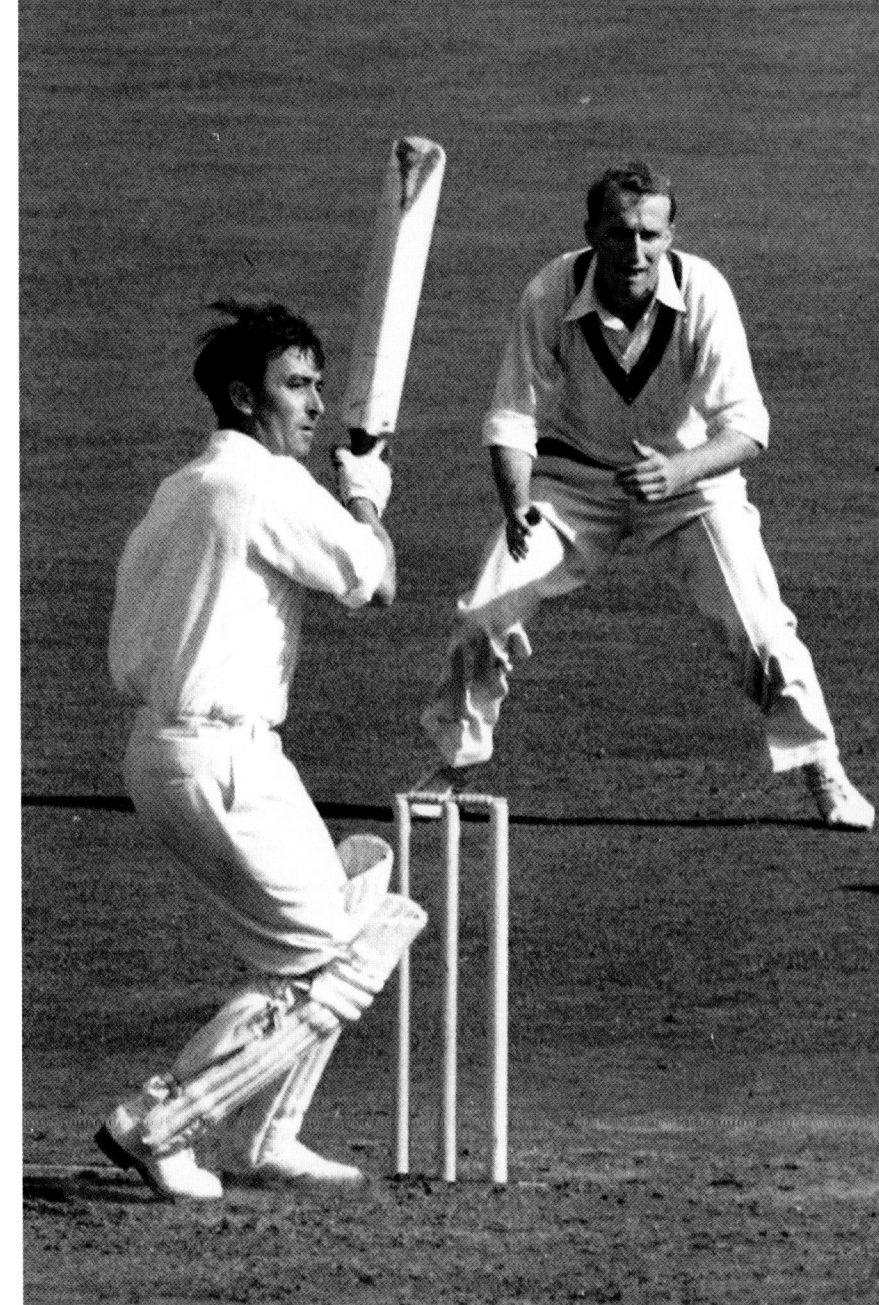

konfrontiert, den dieser auch nach seiner Exilierung auf die Seychellen weiterführte. Im Juni 1956 verließen 38 000 britische Soldaten nach achtzig Jahren das Gebiet um den Suezkanal – ein weiterer einschneidender Rückzug. Einen Monat später nutzte der ägyptische Staatschef Gamal Abd el Nasser die Gelegenheit und verstaatlichte die britisch-französische Suezkanal-Gesellschaft. Eden, der Nasser mit Hitler verglich und von Erinnerungen an München heimgesucht wurde, griff gewaltsam und mit israelischem Einverständnis ein. Am 31. Oktober begann die anglo-französische Invasion.

Militärisch war sie ein brillanter Erfolg: Die ägyptische Luftwaffe wurde weitgehend noch am Boden zerstört und die Armee Nassers von britischen und französischen Fallschirmjägern aufgerieben. Politisch war sie jedoch eine Katastrophe. Zwei Minister traten auf der Stelle zurück, und Richard Butler war zutiefst verstört. Die Labour-Partei forderte gemeinsam mit den Liberalen und Tory-Abweichlern »Gesetz, nicht Krieg«. Der *Observer* und der *Guardian* schrieben von britischem »Gangstertum«; das Außenministerium hielt das Unternehmen für ein gefährliches Abenteuer, im Finanzministerium breitete sich Bestürzung aus über die scharfe Mißbilligung der Amerikaner. Washington setzte in der UNO eine Resolution für einen Waffenstillstand durch – die sowjetische Invasion in Ungarn fiel dagegen unter den Tisch. Präsident Eisenhower, wütend über die Rückkehr zur Kanonenboot-Diplomatie, machte deutlich, daß das Pfund Sterling von den USA nicht mehr gestützt würde. Um eine Entwertung zu verhindern, benötigte das Finanzministerium jedoch einen Kredit über eine Milliarde Dollar – kein Waffenstillstand, kein Geld, lautete die Antwort aus Washington.

Eden war am Ende seiner Kräfte. Seine Frau meinte, er sei so besessen von der Suezkrise, daß es den Anschein hatte, als würde der Kanal durch ihr Wohnzimmer fließen. Zehn Tage nach dem Waffenstillstand – eine Demütigung, die von den Führern kolonialer Freiheitsbewegungen aufmerksam registriert wurde – flog Eden zur Erholung nach Jamaika. Sein schlechter Gesundheitszustand – er hatte Gelbsucht und drei Operationen an der Gallenblase hinter sich – habe sein Urteilsvermögen getrübt, behaupteten manche. Es war das Ende einer brillanten Karriere.

Das Jahr der Suezkrise bildete auch einen sozialen Wendepunkt. Das Bühnenstück »Blick zurück im Zorn« von dem bis dahin kaum bekannten Schauspieler John Osborne wurde im Royal Court Theatre uraufgeführt und prägte den Begriff *Angry young men*, zornige junge Männer, für eine neue Generation. Die Alten gingen die Wände hoch. Worüber sollten die Jungen, verglichen mit den Opfern, die sie selbst erbracht hatten, zornig sein? Es gab tatsächlich kaum einen Grund zum Zorn, lediglich einen beständig wachsenden Wohlstand und einen langsamen Verfall des nunmehr unmodernen Empire. Osborne machte kaum einen

Unterschied zwischen *Blimps*, den klassischen reaktionären Engländern, und Verfechtern des Wohlfahrtsstaats. Die Monarchie hielt er für »die Goldfüllung in einem verrotteten Mund«. Für die Konservativen hatte er gar nichts übrig: »Tory ist das schlimmste Schimpfwort, das ich kenne.« Auch die Labour-Partei mochte er nicht: »Gaitskell, ich hasse Sie.« Er war schlichtweg zornig. In seinem nächsten Stück, »Der Entertainer«, spielte Laurence Olivier den Archie Rice, einen heruntergekommenen Varieté-Unterhalter, die Verkörperung einer klassenbesessenen, bröckelnden und untergehenden Gesellschaft. Osborne nannte sein Stück einen »Abgesang auf Hoffnung und Würde«.

Die sittsamen und gekünstelten Stücke von Terence Rattigan und Noël Coward verloren an Beliebtheit. Die Werke Harold Pinters hingegen vermittelten eine Atmosphäre der Bedrohung, wie in »Geburtstagsfeier«, oder klaustrophobische Ängste, wie in »Hausmeister«. Die Gattung des »Kitchen Sink Drama«, des »Spülbeckendramas«, kam mit Arnold Weskers Stücken »Hühnersuppe mit Graupen« und »Tag für Tag« zu neuen Ehren. John Braines Roman »... und nähme doch Schaden an seiner Seele« mit dem zornigen und verderbten Antihelden Joe Lampton brachte frischen Wind in die vornehme Welt. Auch die Arbeiterklasse kam in Mode. So spielten Shelagh Delaneys Bühnenstück »Bitterer Honig« in einem Slum von Salford und Allan Sillitoes Roman

Evelyn Waugh (oben) hatte 1945 »Wiedersehen mit Brideshead« veröffentlicht, einen schwerblütigen Roman voller Nostalgie für das Landleben im Vorkriegs-England. 1948 kam seine Satire »Tod in Hollywood« heraus. Seine Trilogie »Ohne Furcht und Tadel« war die beste fiktionale Beschreibung des Krieges. Er und John Betjeman (links außen, unten) revoltierten gegen ihre Zeit und propagierten das Viktorianische Zeitalter, wie ihre Aufmachung beweist. Betjemans Vorliebe für mittelständische Vororte wurde von John Osborne nicht geteilt, dessen »Blick zurück im Zorn« (linke Seite, oben) 1956 den Begriff vom »zornigen jungen Mann« prägte. Der Dichter Dylan Thomas (linke Seite, unten) – lyrisch, rhythmisch, sinnlich – starb 1953 an der Trunksucht, desgleichen der ehemalige IRA-Mann und Erziehungsheimzögling Brendan Behan (links), der zwei hervorragende Stücke geschrieben hat: »Der Spaßvogel« und »Die Geisel«. Die beste Zeit des Dichters W. H. Auden lag zwar bereits hinter ihm, doch übte er immer noch einen starken Einfluß aus (links außen, Mitte). Graham Greene (links außen, oben) lebte häufig in seinem eigenen schäbigen und unheilvollen Universum, »Greeneland«, das die exotischen Schauplätze seiner besten Romane durchzog.

[Foto linke Seite oben: Kurt Hutton]
[Foto linke Seite unten: Lee Miller]
[Foto links: Henri Dauman]

»Samstagnacht und Sonntagmorgen« in den Vororten von Nottingham. Mit seinen James-Bond-Thrillern griff Ian Fleming das allgemeine Verlangen nach teurem Schnickschnack und einem glitzernden Dasein auf – nach Luxus wie dem goldenen Daimler der extravaganten Lady Docker, eines oft verheirateten Starlets, das zur Industriellengattin aufstieg. Eine Kunstausstellung in der Whitechapel Gallery zeigte Vergrößerungen von Reklametafeln und Standfotos aus Filmen sowie ein Gemälde mit einem Comicheft und eine Kinoleuchtschrift: Vorläufer der Pop-Art. Das Werbefernsehen hielt seinen Einzug, zunächst mit einer Pepsodent-Reklame. Sie war zwar noch recht zahm, bildete aber den Anfang einer neuen Welt, in der Marketing und Image ebenso wichtig wurden wie das eigentliche Produkt.

Alte Gewißheiten gingen allmählich verloren. Im Londoner Bezirk Notting Hill kam es zu Rassenunruhen. Singende Demonstranten marschierten zum Forschungszentrum für Atomwaffen in Aldermaston und forderten die einseitige Abrüstung. Die Kampagne wurde von der Mittelschicht getragen – von Intellektuellen, Schriftstellern, Philosophen und Klerikern –, da die britischen Arbeiter wenig Interesse an radikaler

»Teenager« gab es natürlich auch schon früher, aber da sie wohlerzogen und mittellos waren, zollte man ihnen keine Aufmerksamkeit. Ende der fünfziger Jahre, zur Zeit der Vollbeschäftigung, gaben sie jährlich 500 Millionen Pfund für Kleidung, Schallplatten und Aknemittelchen aus. Milchbars (links) schossen aus dem Boden, und Jazzclubs stellten die alten Tanzhallen in den Schatten. Auf dem rechten Foto handelt es sich um den »Club Martinique« in Newcastle. Da die Tyneside-Werft voll ausgelastet war, betrug das verfügbare Einkommen dieser Jugendlichen mehr als das Bruttogehalt der älteren Generation.
[Foto rechts: Keith Hutton]

Politik zeigten. Die Monarchie jedoch hielt an ihren althergebrachten Regeln fest. So verkündete Prinzessin Margaret, daß sie Peter Townsend, einen Piloten der Luftschlacht um England und ehemaligen Stallmeister ihres Vaters, nicht heiraten werde, da er geschieden war. Dennoch gab es auch bei Hofe Veränderungen: Zum letztenmal wurden der Queen die Debütantinnen vorgestellt.

Die süßlichen Balladen der Vera Lynn waren nicht mehr gefragt. Die Jugend bevorzugte wildere, unmißverständlichere Musik – der Film »Rock Around the Clock« löste in den Kinos tumultartige Reaktionen aus. »Teenager« waren ein neues Phänomen. Sie verfügten über einen eigenen Status und Bargeld – 500 Millionen Pfund gaben sie jährlich für Kleidung und Schallplatten aus. Cafés waren ihr bevorzugter Aufenthaltsort. Die »Teddy Boys« kleideten sich in einem pseudo-edwardianischen Stil, mit Pomade im Haar, langen Mänteln mit Samtkragen und engen Röhrenhosen. Sie hatten allerdings auch eine Schwäche für Randale und provozierten in Tanzschuppen und in Badeorten Schlägereien. 3000 »Teds« marodierten 1956 durch den Süden Londons. Tommy Hicks, ein junger Matrose, wurde in einem Café in Soho entdeckt, als er dort sang. Er änderte seinen Namen in Tommy Steele, nahm das Stück »Singing the Blues« auf und feierte einen sensationellen Erfolg. Er mochte zwar nur eine schlechte Kopie Elvis Presleys gewesen sein, doch in der Rockshow Six-Five Special der BBC wurden stets unbekannte Bands präsentiert, die als Antwort auf die Beherrschung der englischen Szene durch die Amerikaner geeignet schienen.

Anfang 1957 trat Harold Macmillan die Nachfolge Edens an. Bei der Kandidatur zum Premierminister hielten ihm die Hardliner unter den Tories Butlers Opposition in der Suezfrage entgegen. Macmillan war von Natur aus ein Opportunist und Meister der Anpassung: befürwortete er zunächst das britische Eingreifen am Suezkanal, so wandte er sich nun strikt dagegen. Der im schottischen Hochmoor beheimatete und in Eton erzogene Enkel eines Kleinpächters, der mit einem Verlag ein Vermögen verdient hatte, war mit der Tochter des Duke of Devonshire verheiratet. Hinter seinem umgänglichen und tadellosen Auftreten und der Attitüde eines edwardianischen Adligen verbarg er einen gerissenen und berechnenden Verstand. Er brachte die Partei wieder auf Linie, obwohl niemand wußte, welchem Flügel er eigentlich angehörte. Wahrscheinlich wußte er das selbst nicht, da er ein Schauspieler und Macher war, der in jede beliebige Rolle schlüpfen konnte.

Wohlstand war sein Betriebskapital. Er kürzte die Steuern, reduzierte die Truppenstärke von 750 000 auf unter 300 000 und hob vor seinem beachtlichen Wahlsieg 1959 die Wehrpflicht auf. In den Häusern der Arbeiter gab es nun auch Fernsehapparate, Waschmaschinen und Kühlschränke. Die jungen Leute konnten sich Motorroller leisten und ihre Eltern Autos. Die Briten lernten allmählich den Spaß am Leben – man bereitete sich auf die sechziger Jahre vor.

8
SEX, GEWALT UND DROGEN: DIE SECHZIGER JAHRE

Die sechziger Jahre markierten einen Wendepunkt in Sachen Moral und auch für manches andere. Schon im ersten Jahr wurde der Verlag Penguin Books wegen Publizierung eines obszönen Werks, »Lady Chatterley«, angeklagt. Der zuständige Richter Lord Chamberlain, ehemals Gouverneur von Bombay, war ein vehementer Gegner des Autors D. H. Lawrence, Sohn eines Bergarbeiters aus Nottinghamshire. Nicht nur der Text selbst wurde als obszön betrachtet. Die Anklage vertrat auch die Auffassung, daß die Geschichte, in der eine »Lady aus gutem Hause davonläuft und mit dem Wildhüter ihres Mannes kopuliert«, sozial widernatürlich sei.

In dem Verfahren kam es zu zwei berühmten Höhepunkten. »Ist dies ein Buch«, fragte der Anklagevertreter die Jury, »von dem Sie wollen, daß es Ihre Frau oder Ihre Diener lesen?« Mit dieser snobistischen Formulierung sorgte er ungewollt für allgemeine Erheiterung. Der Fall war schließlich vollends verloren, als Richard Hoggart, ein Sprachspezialist und Zeuge der Verteidigung, gefragt wurde, ob es etwas ausmache, das Wort *fuck*, dessen volle Ausschreibung der Kern des Obszönitätsvorwurfs war, in konventioneller Form als *f**** zu drucken. »Gewiß«, erwiderte Hoggart schlagfertig, »es erhöht sich die schmutzige Anzüglichkeit.« Das Verfahren war der Moment, so der Kritiker Kenneth Tynan, da das alte England der Anklagevertretung mitsamt dem betrogenen Baron als Ort der »Klassenschranken, Kontrolle und des Todes« auf die »Kontaktfreude, Freiheit und Liebe« des neuen England von Lawrence prallte. Gleich am ersten Tag, als das Buch erschien, das heute als weniger gelungenes Werk von Lawrence gilt, wurde die gesamte Startauflage von 200 000 Exemplaren verkauft. Sex und Klassenzugehörigkeit standen offensichtlich im Mittelpunkt des nationalen Interesses.

Die sozialen Schranken hoben sich. Im Januar 1960 heiratete Lady Pamela Mountbatten, die Tochter des letzten Vizekönigs von Indien, David Hicks. Er war zwar kein Wildhüter, sondern ein Innenarchitekt, was jedoch viele als noch viel schlimmer erachteten. Fünf Monate später ehelichte Prinzessin Margaret in der Westminster Abbey einen Fotografen. Obwohl Anthony Armstrong-Jones als Earl of Snowdon geadelt wurde und ein intelligenter Mensch war, galt die Vermählung der Schwester der Königin mit einem arbeitenden Bürgerlichen als weiterer Schlag ins Gesicht der Betonköpfe. Zwar blieb die Regierung Macmillan auf traditionellem Kurs, schließlich gehörten ihr ein Herzog, ein Erbe einer Baronie, ein Marquis und drei Grafen an. Aber es gab Anzeichen dafür, daß die soziale Oberschicht im Verlauf des neuen Jahrzehnts nicht ungeschoren davonkommen würde. Der *Daily Mirror* bezeichnete die Berufung des Earl of Home zum Außenminister als »die leichtfertigste Tat, seit Caligula sein Lieblingspferd zum Konsul ernannt hatte«. Befürchtungen, daß solche Respektlosigkeiten Schule machen könn-

»Wartet erst mal, bis ihr die Stones seht!« sagte die New Yorker Prominente »Baby« Jane Holzer im Jahr 1964. »Sie sind purer Sex! Sie sind göttlich... Sie sind jung, sie packen die Sache an, es ist wie eine Revolution...« Die Rolling Stones stellen hier auf dem Foto ihr Album Beggar's Banquet vor. In den sechziger Jahren waren die Briten die einzigen, die es mit der weltweit amerikanisch dominierten Popkultur aufnehmen konnten. Die gemeinsame Sprache war dabei hilfreich, aber zum Erstaunen der Welt auch die Tatsache, daß ein Volk, das lange Zeit ein beschauliches Dasein in Ruhe und Rücksichtnahme führte, nun wie ausgelassene Schmetterlinge umherschwirrte.

Als Mick Jagger 1967 wegen Besitzes von Amphetaminen, die er in Italien legal gekauft hatte, verurteilt wurde, schrieb die Times, daß dies »exakt das gleiche« sei, als wenn der Erzbischof von Canterbury »auf dem römischen Flughafen frei erhältliche Tabletten gegen Luftkrankheit gekauft hätte«. Der Vergleich war wie das Land selbst moralisch verdreht und atemberaubend naiv. Zwei Jahre später starb der Stone Brian Jones an Drogenmißbrauch. [Foto: Michael Joseph]

ten, bestätigten sich, als ein Kritiker, dazu noch ein Peer – Lord Altrincham –, über die Königin als »eingebildetes Schulmädchen« spottete.

Satire – dank der modernen Medien allerorten verbreitet – wurde zu einem blühenden Metier, dem sich hauptsächlich Hochschulabsolventen widmeten. Mit Begeisterung wurden in diesem Jahrzehnt die Jugend gefeiert und Ikonen zerstört. »Was ist nötig, um den Sechzigern zu entsprechen?« wurde in einer der ersten Ausgaben des *Sunday Times Magazine* gefragt. »Erstens muß man unter dreißig sein. Zweitens muß man mit der Zeit gehen.« Wer konnte die Älteren besser demontieren als die in Oxbridgey ausgebildeten Erben des Establishments? Eine weltgewandtere Nation hätte wohl kaum so rigide auf die ersten Satirezeitschriften *Beyond the Fringe* und *Private Eye* reagiert. Ihre Starautoren waren im Unterschied zur Dekadenz der zwanziger Jahre in Berlin, mit der sie gern verglichen wurden, jedoch angepaßt und harmlos. Gleich-

wohl war die Hemmschwelle so niedrig, daß der Kolumnist Bernard Levin den Generalstaatsanwalt Manningham-Buller ungestraft mit Sir Reginald Bullying-Manner (von mörderischer Art) titulieren durfte.

Die Briten hatten sich aufgrund ihres Inseldaseins eine gewisse Arglosigkeit bewahrt, da sie anders als ihre Nachbarn auf dem Kontinent von den Greueln und politischen Katastrophen kaum berührt worden waren. Ebenso wie die Amerikaner, mit denen sie von den Franzosen als »les Anglo-Saxons«, Angelsachsen, in einen Topf geworfen wurden, hatten sie sich eine Art naiven Optimismus bewahrt. »Aus den Augen einer Engländerin«, schrieb ein Besucher, »spricht eine Unschuld, die nur auf einer Insel möglich ist, die seit tausend Jahren nicht überfallen wurde.« Dieser fehlende Zynismus führte im Verlauf des folgenden Jahrzehnts zu moralischen Entgleisungen und zur Unfähigkeit, zwischen Liberalismus und Zügellosigkeit zu differenzieren. Ein solcher Unterschied bestand

zwar früher auch schon, doch diejenigen, die während der Sechziger die althergebrachte Moral stürmten und sich dabei als Pioniere fühlten, vermochten ihn nicht wahrzunehmen.

Inflation sowie hohe Einkommen- und Erbschaftssteuern trieben Landbesitzer, Ex-Offiziere und die Noblesse in den Ruin. Der National Trust, die halbstaatliche Denkmalbehörde, versuchte so viele Landsitze wie möglich zu retten, während die Besitzer der stattlichsten Häuser dem Beispiel des Duke of Bedford folgten, der aus finanziellen Gründen sein Domizil Woburn Abbey der Öffentlichkeit zugänglich machte, wodurch die Aristokratie zum Ableger der Unterhaltungsindustrie wurde. Das war das England des »Mit angewiderten Grüßen, Tunbridge Wells«: eines fiktiven Obersts, der von seinem Ruhesitz im lieblichen Kent aufgebrachte Briefe an den *Daily Telegraph* schrieb. Er hatte einigen Grund, Ekel zu empfinden. Großbritannien, das zwar immer noch im Ausland mehr Truppen stationiert hatte als jedes andere NATO-Mitglied, war das erste Land, das die Wehrpflicht abschaffte. Breite Bevölkerungsschichten wandten sich gegen die Atombombe, die als Berechtigung für den Status einer Großmacht angesehen wurde. 100 000 Menschen versammelten sich Ostern 1960 zu einer Kundgebung der *Campaign for Nuclear Disarmament*, der Kampagne für atomare Abrüstung, auf dem Trafalgar Square. Die Stimmung war äußerst gereizt, es kam zu Verhaftungen, und erstmals wurden Polizisten als »Schweine« und »Faschisten« beschimpft. In der Labour-Partei sorgte die Frage der nuklearen Bewaffnung für eine Polarisierung. Auf ihrem Parteitag skandierte der Kopf der Anti-Atomwaffenkampagne, Canon Collins, mit seinen Anhängern ebenso wie die Gewerkschaftsführer – »einseitige Pazifisten und Mitläufer«, wie Gaitskell sie nannte – »Weg mit der Bombe« und »Gaitskell muß gehen«, um einen Antrag zur Abrüstung Großbritanniens durchzubringen. »Einige von uns«, rief Gaitskell ins gegnerische Lager, »werden kämpfen, kämpfen und noch mal kämpfen, um der Partei, die wir lieben, wieder zu Rechtschaffenheit und klarem Verstand zu verhelfen.«

Auch in der Anti-Atombewegung kam es zur Spaltung, als sich ein hundertköpfiges Komitee bildete, das sich zum Gesetzesbruch bekannte und sich in hysterischen Anschuldigungen erging. 1961 schrieb John Osborne einen »Brief des Hasses« an die »wahnsinnigen Männer, die mein blindes, schwaches, betrogenes Land in die Agonie treiben ... Ich hege Mordgedanken und trage in meinem Herzen ein Messer für jeden von Ihnen, für Macmillan und für Sie, Gaitskell, ganz besonders.« Trotz Verbots fand ein Demonstrationsmarsch zum Trafalgar Square statt. Anarchisten, Beatniks, Verrückte und jene, die es auf eine Auseinandersetzung mit der Polizei abgesehen hatten, mischten sich unter die Pazifisten. Die Folge war die größte Massenverhaftung der britischen Geschichte. Zu den Festgenommenen gehörten auch Osborne und die Schauspielerin Vanessa Redgrave. Der neunundachtzigjährige Bertrand

Russell wurde wegen Anstiftung zum Aufruhr ins Gefängnis gesteckt. »Macmillan, Kennedy und Chruschtschow«, urteilte er über die Führer der Atommächte, »sind die wahnwitzigsten Leute der Menschheitsgeschichte.« Auch wenn man daraus schließen konnte, daß der altehrwürdige Pazifist wieder in die Pubertät zurückgefallen war, die Osborne nie hinter sich gelassen hatte, war das für jene, die der einstigen Stärke Großbritanniens nachtrauerten, kaum ein Trost. Das Programm für eine eigene Atomrakete, die *Blue Streak*, wurde über Bord geworfen.

Das Empire löste sich mit zunehmender Geschwindigkeit auf. »Der Wind der Veränderung weht durch diesen Kontinent«, sagte Macmillan 1960 anläßlich seines Besuchs in Südafrika. »Und ob es uns gefällt oder nicht, das wachsende Nationalbewußtsein ist eine politische Tatsache.« Macmillans eigentliche Zuhörerschaft war in England, nicht in Kap-

stadt, und er bereitete sie mit seinen Worten auf die rapide Dekolonisierung in Afrika vor. Der Traum von einer afrikanischen Armee als Ersatz für den Verlust der indischen war ausgeträumt. Ende der fünfziger Jahre hatten bereits Ghana und Nigeria ihre Unabhängigkeit erhalten. Kenia und Tansania folgten bald darauf. Südafrika stand kurz davor, das Commonwealth zu verlassen. Gleichzeitig stieg die Immigration sprunghaft an. 1960 fanden 60 000 Menschen in Großbritannien eine neue Heimat. Im nächsten Jahr waren es bereits 120 000, und die Regierung sah sich angesichts der Rassenunruhen in Nottingham und im Londoner Stadtteil Notting Hill Gate veranlaßt, ein Einwanderungsgesetz zu verabschieden. Die Menschen kamen nun nicht mehr nur aus der Karibik, sondern auch aus Indien und Pakistan, wo die Bevölkerung überwiegend in bitterster Armut lebte, so daß ein bescheidener Lohn für die Arbeit in einem britischen Krankenhaus oder einer Textilfabrik für sie ein Vermögen darstellte. In mehreren Städten bildeten sich potentielle Gettos heraus. Sir Oswald Mosley kam aus seinem freiwilligen Exil in Frankreich zurück, um im Kampf gegen die Einwanderung für das »British Movement« zu kandidieren. Er erhielt nur knapp acht Prozent der Stimmen. Britischer Rassismus äußerte sich mehr in Verbalinjurien als in Aktivitäten. Das Gesetz sorgte für erste bescheidene Einschränkungen der Einwandererflut. »Englands Rassegesetz«, titelte gleichwohl der *Daily Mirror*. »Es ist ein Verbrechen.«

Die Menschen jedoch empfanden etwas anderes als Verbrechen.

Straßen mit kleinen Reihenhäusern, schlicht, aber gemütlich, wurden niedergewalzt und ihre Bewohner in seelenlose Hochhäuser verpflanzt. In Birmingham wurde das historische Stadtzentrum abgerissen und an seiner Stelle ein von Bahnüberführungen durchzogener Betonbezirk errichtet. In Wales durften Kinos und Pubs erstmals auch am Sonntag öffnen. »Swansea verbeugt sich vor Bacchus«, klagte ein sich dieser Maßnahme widersetzender Minister. Leerstehende Kirchen wurden zu Bingosälen, Wettbüros und Spielhallen blühten auf, ebenso wie Striptease-Clubs. Paul Raymond, ein Barbesitzer in Londons Amüsierviertel Soho, mußte 5000 Pfund Strafe zahlen, weil er ein »liederliches Haus« führte. Er habe, so der Richter, jene angezogen, die »aus Neugier oder Lust« gekommen seien, »um sich am Schmutz in diesem Etablissement zu ergötzen«. – Die Bar blieb jedoch offen und machte glänzende Geschäfte.

Die Arbeitsbedingungen waren zwar nach wie vor hart, doch der Arbeiterklasse ging es, so Macmillan, »noch nie so gut«. Zahlreiche Industriezweige, wie Stahl-, Chemie-, Textil-, Konsumgüterproduktion und besonders die Automobilbranche, produzierten bis an die Grenze ihrer Kapazität. 1961 lief der millionste Mini-Morris vom Band.

Viele Familien konnten sich nun Zentralheizungen, Waschmaschinen und Kühlschränke leisten. Kohle verlor zwar durch Öl und Atomkraft ihre Bedeutung, doch die entlassenen Bergleute aus dem Norden fanden rasch Arbeit in den Autofabriken der Midlands. Der Vergleich mit anderen Ländern zeigte jedoch, wo es hakte. Großbritannien verzeichnete die niedrigste Wachstumsrate der Industrieländer. Der Anteil an den Exportmärkten war mit 20 Prozent zwar noch erwähnenswert, aber sieben Jahre zuvor hatte er noch 25 Prozent betragen. Das Pfund Sterling litt unter schwindendem Wert. Der Verteidigungshaushalt war proportional der höchste der westlichen Welt. Neben den Stationierungskosten für die Rheinarmee mußten auch noch Mittel für amphibische Streitkräfte östlich des Suezkanals bereitgestellt werden. Die Wirtschaft praktizierte das Stop-and-Go-Verfahren: Wurden die Bremsen lockergelassen, kam es durch die vermehrten Importe zu einer Zahlungskrise, was zu einem

höheren Zinssatz und Lohneinfrierungen führte, wenn der Zyklus wiederholt wurde.

»Großbritannien«, so der US-Außenminister Dean Acheson 1962, »hat ein Empire verloren und noch keine neue Rolle gefunden.« Der Weltmachtstatus war dahin, und so begab sich Großbritannien demütig auf den Kontinent und bat um Erlaubnis, dem Gemeinsamen Markt beizutreten. Im folgenden Jahr strauchelten die Briten über ihre neue Rolle – sie wurden zu globalen Entertainern.

Im Jahr 1963 kulminierte jener Krieg, in dem die klassenlose Gesellschaft des schönen, neuen England – Satiriker, Friseure, Fotografen,

Harold Macmillan warnte 1960 anläßlich einer Rede in Kapstadt vor der Ausbreitung des schwarzen Nationalismus in Afrika. Seine Gastgeber maßen dem keine Bedeutung bei. Die Südafrikaner entwickelten ihr Apartheid-System und verließen ein Jahr später das Commonwealth. Die Briten gaben ihre afrikanischen Kolonien auf. Jomo Kenyatta (rechts), der 1953 eingesperrt und dann wegen seiner Führungsrolle im niedergeschlagenen Mau-Mau-Aufstand ins Exil geschickt worden war, schwingt nach seiner Freilassung seinen zeremoniellen Fliegenwedel. Ende 1963 erlangte Kenia die Unabhängigkeit. Wie üblich wurde der prominente ehemalige Gefangene der erste Präsident des Landes, der zu seinen einstigen Gegnern und zur westlichen Welt gute Beziehungen beibehielt, um so seinem Volk einen gewissen Wohlstand zu gewährleisten.
[Foto links: Michael Joseph]
[Foto rechts: Ian Berry]

Steinerne Beweise, daß der Stil der
sechziger Jahre nicht auf Architektur
und Stadtplanung übergriff, gab es im
Überfluß. Die Städte, rissen die alten
viktorianischen Reihenhäuser und neo-
gotischen Bürogebäude ab. Die Bewohner eines Abrißhauses (oben) machen
auf ihre Anwesenheit aufmerksam,
während hinter ihnen bereits jene
Betonklötze in die Höhe wachsen,
in die sie bald umgesiedelt werden
sollten. Birmingham ersetzte seine
historische Altstadt, den Bull Ring, mit
Plätzen aus Beton (rechts) sowie einem
Straßensystem, das die Bedürfnisse
der Fußgänger weitgehend ignorierte.
Die neue Autobahn M1 (rechte Seite)
war zwar zweckmäßig, doch größere
Abschnitte verschlissen recht schnell
und mußten neu verlegt werden.
[Foto oben und rechts: Nick Hedges]
[Foto rechte Seite: John Chillingworth]

Amerikanische Touristen posieren in Blenheim Palace (links). Im 18. Jahrhundert erhielt der erste Duke of Marlborough den späteren Geburtsort Winston Churchills als Dank für seine Siege über die Franzosen geschenkt. Wegen der hohen steuerlichen Belastung und Erbschaftssteuern wurde das Schloß schließlich kommerzialisiert. Die Öffnung von Herrenhäusern für die Öffentlichkeit galt als Auftakt für den »Themenpark Britannien«. Später wurden auch Bergwerke, Textilfabriken und andere Relikte der Vergangenheit museal aufbereitet.

Cliveden, ein noch bewohntes Landhaus, stand im Mittelpunkt des großen Skandals jenes Jahrzehnts. Mandy Rice-Davies und Christine Keeler (rechte Seite, in der Mitte des Bildes) wurden hysterisch umringt. Man munkelte von Orgien in Lord Astors Haus im Themsetal.

Models, Designer, kirchliche Trendsetter und Kriminelle – der alten Ordnung endgültig den Garaus machte. *Private Eye* verunglimpfte in einer Karikatur den Premierminister als dekadenten Kaiser, dem orientalische Schönheiten Frischluft zufächeln, mit Trauben essenden Klatschkolumnisten an seiner Seite, alternden Homosexuellen, die in Toga und mit Bowlerhüten auf dem Kopf unter klassischen Säulen tanzen, und die eher konventionellen Zeitgenossen, die sich mit Models in einem Marmorbad vergnügen. Es war der Untergang Roms.

Die Zeiten waren tatsächlich laut und wild. Sie machten Harold Macmillan zu schaffen und brachten Harold Wilson an die Spitze, der nach dem plötzlichen Tod Gaitskells die Führung der Labour-Partei übernommen hatte. Die »Fab Four«, die Beatles aus Liverpool, traten ihren Siegeszug an und leiteten völlig neue Dimensionen des Starruhms ein. Die Form zählte nun mehr als der Inhalt. Es war die Zeit des Werbefachmanns, nicht des Technikers. In einem Land, das bis in die jüngste Vergangenheit in der Luftfahrt, der Medizin, der Atomphysik und anderen Gebieten eine Führungsposition innehatte, war 1963 das beeindruckendste technische Meisterstück der Hovercraft, eine lärmende, aber schnelle Fähre, die viel versprach, aber wenig brachte.

Das Jahr begann mit einer Ohrfeige. De Gaulle legte gegen die Mitgliedschaft Großbritanniens in der Europäischen Wirtschaftsgemeinschaft sein Veto ein. Die Briten hatten viel Zeit in Sachen Europa vertrödelt und mußten nun erfahren, daß es auch ohne sie ging. Die Franzosen genossen ebenso wie die Deutschen ein stabiles Wirtschaftswachstum. In England stritt man darüber, ob die Schuld für die wiederholte Sterlingkrise und die zurückgehende Produktivität bei maschinenstürmenden Gewerkschaftern oder unfähigen Managern liege. Die Inselbewohner, von den Europäern zurückgewiesen und durch die Abhängigkeit von amerikanischen Raketen gedemütigt, kümmerten sich wieder um sich selbst.

Im Februar landeten die Beatles ihren ersten Hit, »Please, please me«, und im folgenden Monat kam ein Buch mit dem Titel »Honest to God« heraus. Autor des schmalen Werks war der Bischof von Woolwich, John Robinson. Die Briten gehörten ebenso wie der Bischof mehrheitlich der anglikanischen Kirche an, doch gingen 90 Prozent der Bevölkerung lediglich ein- oder zweimal im Jahr in die Kirche. In dieser anscheinend gottlosen Gesellschaft erreichte das Buch eine Auflage von 750 000 Exemplaren. Robinson gehörte zu den wenigen Bischöfen, die sich in der Öffentlichkeit einen Namen gemacht hatten. Er war als Zeuge der Verteidigung im »Lady-Chatterley«-Prozeß aufgetreten, bei dem er den Geschlechtsverkehr als Akt der »heiligen Kommunion« bezeichnet hatte. Seine Bekanntheit war sicherlich hilfreich, doch es gab einen weiteren Grund für den Erfolg seines Buchs. Darin bezeichnete er nämlich Gott als »eine Art himmlischen *Big Brother*«, der von seinem günstigen Aussichtspunkt »oben in den Wolken« auf all jene mit Mißbilligung herabblickte, die nicht der Kirche beitraten oder der Versuchung nicht widerstanden.

Das Buch selbst war nicht einfach zu lesen. »Relativismus, Utilitarismus, evolutionärer Naturalismus und Existentialismus«, so einer der Schlüsselsätze, »haben sich durchaus korrekt gegen jede Subordination der konkreten Bedürfnisse des individuellen Daseins in einer fremdartigen universellen Norm behauptet.« Die Leser ahnten verschwommen, daß das traditionelle Christentum die »fremdartige« Norm sei, gegenüber der ihre eigenen Bedürfnisse Vorrang haben sollten. Deutlicher wurde Robinson in einem Artikel für das Käseblatt *Sunday Pictorial*: »Betrachtet man die Bergpredigt als eine verschlüsselte Richtlinie, so ist sie unpraktikabel«, schrieb er, da sie »das Individuum aus jedem horizontalen Zusammenhang reißt.« Seine Leser mögen über den Begriff »horizontaler Zusammenhang« und seine Bezeichnung Gottes als amoralische »ultimative Realität« verwirrt gewesen sein, aber irgendwie

242

dämmerte es ihnen, daß ein Bischof konventionelle Begriffe christlicher Anleitung zum alten Eisen warf.

Eine neue Satireshow der BBC, »That Was The Week That Was«, oder kurz TW3, machte sich alsbald über Robinsons Selbstbedienungsreligion lustig: »Ein handlicher, netter Glaube mit optionalen Extras ... Will man die Transsubstantiation [beim Abendmahl], kann man sie haben, wenn nicht, dann eben nicht ...« Wie die Politik stand nun auch die Kirche am Pranger – eine schwere Prüfung, von der selbst der Bischof nicht wußte, ob sie diese überstehen würde. »Ich vermute, daß die nächsten fünf Jahre zeigen werden, auf welche Weise die Kirche sterben wird«, tat er mit apokalyptischem Pathos kund. Sie kam in der Tat ins Schwanken durch die »fortschrittlichen« Pfarrer mit ihren Motorrad- und Rockgottesdiensten und Kaffeestuben in der Krypta, die vor einer schwindenden Gemeinde predigten und die älteren Gläubigen verschreckten, ohne bei der Jugend nennenswerte Erfolge zu erzielen. Die römisch-katholische Kirche hingegen, die sich auf die althergebrachten Gewißheiten von Disziplin und Verdammung verließ, genoß einen bescheidenen Aufschwung.

Bischöfe und Schauspielerinnen waren die traditionellen Objekte englischer Schlüssellochgeschichten. Während »Honest to God« die Bestsellerlisten stürmte, kam es zu Enthüllungsaffären neuer Stars – Minister und Models. Im März wurde am Old Bailey ein Verfahren eröffnet. Drei Monate zuvor hatte ein Westinder namens John Edgecombe vor einer Wohnung in Wimpole Mews in London Schüsse abgefeuert. In der Wohnung hielten sich zwei Models auf: die achtzehnjährige, blonde Mandy Rice-Davies und die knapp einundzwanzigjährige, dunkelhaarige und langbeinige Christine Keeler, Edgecombes Geliebte. Er schoß zweimal auf sie, als sie aus dem Fenster schaute, verfehlte sie jedoch. Keeler war die Hauptbelastungszeugin in dem Prozeß, doch hatte sie sich abgesetzt.

Am nächsten Tag veröffentlichte der *Daily Express* ein großformatiges Foto von Christine Keeler auf der Titelseite. Unmittelbar daneben stand ein Artikel über den Heeresminister John Profumo, der »aus persönlichen Gründen« bei Macmillan um seinen Rücktritt ersucht hatte, aber zum Bleiben überredet wurde. Die Zeitung war über die Verbindung zwischen Model und Minister durchaus informiert. Ihre Anwälte hatten ihr jedoch davon abgeraten, etwas darüber zu veröffentlichen, und so stellte man die beiden Geschichten ganz unverbindlich nebeneinander: als Hinweis für jene, die ebenfalls Bescheid wußten. Die Geschichte begann im Juli 1961. Profumo und seine Frau, die Schauspielerin Valerie Hobson, waren übers Wochenende bei Lord Astor in seinem Landhaus in Buckinghamshire zu Gast. Profumo wollte sich erholen, nachdem er 6000 Soldaten und zwei Fliegerstaffeln nach Kuwait entsandt hatte, die eine drohende Invasion durch den Irak erfolgreich verhindern konnten. Stephen Ward, ein Londoner Osteopath, Amateurmaler und Schürzenjäger, hatte ein kleines Haus auf dem Gelände des Anwesens gemietet. Die beiden Gesellschaften trafen am Swimmingpool zusammen. Ward stellte Profumo und seine Frau seiner Begleiterin Christine Keeler vor.

Es war eine zufällige Begegnung, ebenso wie die anschließende Sexaffäre per Zufall begann. Ob Christine Keeler für ihre Dienste Geld bekam oder nicht, war eine Frage, die später einige Bedeutung erhielt. Jedenfalls verschenkte sie ihre Gunst recht freizügig, und Profumo, der von Ward ihre Telefonnummer erhielt, kam in den folgenden Monaten in ihren Genuß. Er traf sie in Wards Wohnung in Wimpole Mews und einmal auch in seinem eigenen Haus während der Abwesenheit seiner

Frau. Zu den anderen Liebhabern Christine Keelers gehörte jedoch auch der stellvertretende sowjetische Marineattaché Jewgeni Iwanow. Es gab zwar keinen Beweis, daß irgendwelche Schlafzimmergespräche weitergeplaudert wurden, doch der britische Geheimdienst ließ dem Minister eine Warnung zukommen, daß seine Geliebte ein Sicherheitsrisiko darstellte. Er trennte sich von ihr, allerdings unvorsichtigerweise mit einem Brief, der mit »Darling« begann.

Die Angelegenheit wäre damit beendet gewesen, hätte es die britische Intervention in Kuwait nicht gegeben. Durch sie traten Unzulänglichkeiten bei der militärischen Ausbildung zutage, da viele Soldaten einem Hitzschlag erlegen waren. Der Labour-Abgeordnete und Verteidigungsexperte Oberst Georg Wigg, dem Minister ohnehin keineswegs freundlich gesonnen, war der Meinung, Profumo habe von den Mängeln gewußt und sie »unter den Teppich gekehrt«. Die Schüsse in Wimpole Mews weckten sein Interesse. Vom Geheimdienst erfuhr er, daß sowohl

Iwanow, mittlerweile wieder in der UdSSR, als auch Profumo sich in der Wohnung aufgehalten hatten. Rasch breiteten sich Spionagefieber und Gerüchte über Verrat in hohen Positionen aus. Die Briten schrieben nicht nur Spionagegeschichten – John le Carrés »Der Spion, der aus der Kälte kam« erschien 1963, und der erste James-Bond-Film, »Dr. No«, kam in die Kinos –, sie lebten sie. Vor der Profumo-Affäre war nämlich die Druckerschwärze im Fall John Vassall noch nicht getrocknet, der von den Russen zum Geheimnisverrat erpreßt wurde, nachdem er als Angestellter der britischen Botschaft in Moskau in einer homosexuellen »Honigfalle« fotografiert worden war. »Als Gefangener seiner Lust«, sagte der Generalstaatsanwalt bei seinem Prozeß, »verfügte er weder über das moralische Rückgrat noch den Patriotismus, um sein Verhalten zu ändern.« Die Definition »Gefangener der Lust« fand ein breites Echo. Ein Land, das für seine sexuelle Sprödigkeit berühmt war, schien nun von nichts anderem mehr zu reden. »Werden wir allmählich sexverrückt?« fragte der *Daily Herald.*

Die Presse verlor keine Zeit. Keeler sprach mit der *News of the World* und überließ den »Darling«-Brief einer weiteren Sonntagszeitung. Man fand heraus, daß Mandy Rice-Davies die Geliebte des kurze Zeit zuvor verstorbenen Peter Rachman gewesen war, eines berüchtigten Slum-Hausbesitzers, der seinen Mietern Hühnerköpfe und Exkremente durch den Briefschlitz gesteckt hatte, um sie aus den Häusern zu vertreiben, deren Wert sich durch Entmietung verfünffachte. Für derlei Praktiken

wurde ein neues Wort geprägt: »Rachmanismus«. Es war das I-Tüpfelchen zu einer Geschichte, in der ein Peer (Lord Astor), ein Minister (Profumo), ein Sowjetagent (Iwanow), ein paar fotogene Freudenmädchen und ein Kuppler (Stephen Ward) vorkamen, der sich, wie es der Zufall wollte, auch noch als Pfarrerssohn entpuppte.

Am 21. März debattierten die Abgeordneten den Fall zweier Journalisten, die sich geweigert hatten, ihre Quellen dem Untersuchungsausschuß in der Vassall-Affäre preiszugeben, und deshalb inhaftiert worden waren. Die Zeitungen machten wie George Wigg ihrer Empörung über die Regierung Luft. Am späten Abend schließlich erhob er sich und sagte, daß es Gerüchte um ein hohes Regierungsmitglied gebe, und bat den Innenminister um diesbezügliche Auskunft. Er nannte Profumo zwar nicht beim Namen, doch wurde der um Mitternacht zum Fraktionschef und zum Geschäftsführer der Konservativen zitiert. Profumo leugnete jegliches Fehlverhalten. Am nächsten Morgen teilte er »blaß und angespannt, kontrolliert, aber offensichtlich unter hohem emotionalen Druck stehend«, dem Parlament mit, daß er und seine Frau Miß Keeler kennengelernt hätten und er in »freundschaftlicher Beziehung« zu ihr stehe, er sie seit Dezember 1961 nicht gesehen und auch nichts mit ihrem Nichterscheinen im Old Bailey zu tun habe. Beides entsprach der Wahrheit. Er fügte hinzu, daß es zwischen ihnen »keinerlei Unschicklichkeiten« gegeben hätte – was schlichtweg gelogen war. Er sagte weiterhin, daß er gerichtlich gegen etwaige »skandalöse Behauptungen

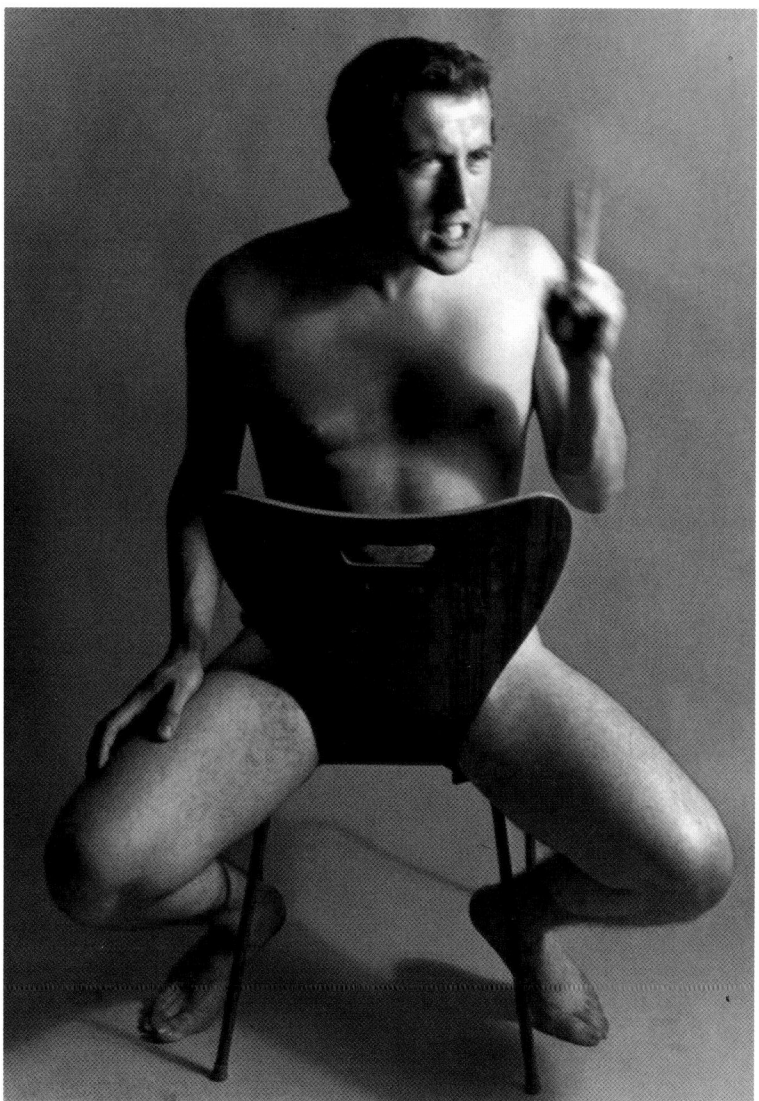

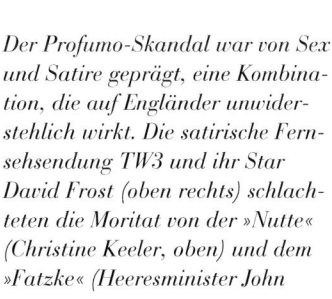

Der Profumo-Skandal war von Sex und Satire geprägt, eine Kombination, die auf Engländer unwiderstehlich wirkt. Die satirische Fernsehsendung TW3 und ihr Star David Frost (oben rechts) schlachteten die Moritat von der »Nutte« (Christine Keeler, oben) und dem »Fatzke« (Heeresminister John

Profumo) bis zum letzten aus. 30 Jahre später heiratete der millionenschwere David Frost eine Tochter des Herzogs von Norfolk, und Christine Keeler lebte allein in einer städtischen Wohnung. Vielleicht ist auch das eine Moritat der Sechziger. [Foto: Lewis Morley]

außerhalb des Parlaments« vorgehen werde. Daraufhin ging er davon und verbrachte mit seiner Frau und der Königinmutter den Nachmittag bei Pferderennen in Sandown Park.

Fünf Tage später machte der *Daily Express* Keeler in Madrid ausfindig und fotografierte sie in schwarzen Stiefeln, Minirock und engem Pullover. Bei ihrer Rückkehr wurde sie auf dem Londoner Flughafen von Reportern belagert. Sie hatte dem *Express* erzählt, daß sie Profumos Geliebte gewesen sei. Doch die Anwälte der Zeitung machten darauf aufmerksam, daß ihr Wort nichts gegen das eines Ministers gelten würde. Die Zeitungen auf dem Kontinent konnten jedoch ungehindert die Version Keelers veröffentlichen. Wie während der Abdankungskrise wurden die Briten in aufgeschreckter Unwissenheit gelassen – 32 europäische

Zeitschriften wurden wegen des Risikos der Strafverfolgung aus Großbritannien zurückgezogen. Vom *Tempo Illustrato*, der dennoch durchkam, erhielt Profumo 50 Pfund Schadensersatz. Er stiftete das Geld wohltätigen Zwecken.

Neue Geschichten machten die Runde. Eine der nachhaltigsten war die über einen Minister, der auf Dinnerpartys bediente, mit nichts als einer schwarzen Maske und einem Spitzenschürzchen bekleidet sowie einem Schild um den Hals, das besagte: »Bitte peitsche mich, wenn die Bedienung nicht zur Zufriedenheit ausfällt.« Gleichzeitig kam es in Edinburgh zum Scheidungsprozeß zwischen dem Herzog und der Herzogin von Argyll, hinter verschlossenen Türen zwar, aber nicht verschlossen genug, um zu verheimlichen, daß ein pornographisches Foto eines Mannes, bis auf das Gesicht in allen Details deutlich abgebildet, ein wichtiges Beweisstück in dem Fall war. »Kommt her und schaut Euch die Brüste einer Herzogin an«, hieß es im *Private Eye* unter der Nachbildung eines zotigen Druckes aus dem 18. Jahrhundert. »Kauft meine reizende Pornographie, Bilder Eures berühmten Liebchens.«

Männer ohne Kopf, Männer in Masken ... »Im nationalen Bewußtsein ist der Sex explodiert«, berichtete das amerikanische *Time*-Magazin. »England wird mit einem Sperrfeuer sexueller Freizügigkeit bombardiert ...« Nicht nur von Sexualität, auch von Spionage. Im April wurden Demonstranten des Ostermarschs Einzelheiten über geheime unterirdische Bunker zugespielt, in die sich die Regierung im Fall eines Atom-

Die Aristokratie lag zwar am Boden, war aber nicht aus dem Geschäft. Lord Home (rechte Seite, links) wurde nach dem Rücktritt Macmillans im Schatten des Profumo-Skandals Premierminister. Dafür gab er seine Peerswürde zurück. Harold Wilson (links), Labour-Führer und gewitztes Schlitzohr, verspottete ihn als »eleganten Anachronismus... ein 14. Earl«. Home konterte, daß sein Gegenspieler »der 14. Mr. Wilson« sei.
[Foto links: Paul Hill]
[Foto rechts: Burt Ginn]

kriegs zurückziehen wollte. Die sogenannten »Friedensspione«, die diese Staatsgeheimnisse verbreiteten, hatten sie entdeckt, als sie über einen unverschlossenen Bunker stolperten.

Ende des Monats wurde neben der Ruine aus dem Zweiten Weltkrieg die neue Kathedrale von Coventry eingeweiht. Ein riesiger Gobelin mit der Inthronisation Christi von Graham Sutherland, durch ein großes Fenster von John Piper hell in Szene gesetzt, wurde hinter dem Altar angebracht. Benjamin Brittens »War Requiem« erlebte seine Uraufführung, und Wilfrid Owens Gedichte aus den Schützengräben wurden rezitiert. Es war eine Erinnerung an glanzvollere Zeiten. Die von Jacob Epstein angefertigte Statue vor dem Eingang stand im Widerspruch zur Gegenwart, da sie den Triumph des heiligen Michael über den Teufel darstellte.

Stephen Ward erklärte der Presse am 21. Mai, daß er dem Innenminister »gewisse Tatsachen über die Beziehung zwischen Miß Keeler und Mr. Profumo« mitgeteilt habe. Er habe sich deswegen dazu entschlossen, schrieb er, weil seine Bemühungen, die Tatsachen im Interesse des Ministers und der Regierung zu verschleiern, den Anschein erweckten, daß er selbst etwas zu verbergen habe – »was nicht der Fall ist«. Zwar veröffentlichten die Zeitungen wegen drohender Schadensersatzklagen die Erklärung nicht, spielten sie jedoch Labour-Abgeordneten zu. Ward traf mit dem Privatsekretär des Premierministers zusammen, der anschließend Profumo herbeizitierte. Der Minister wies die Behauptungen erneut zurück. Zwei Tage später stellte ein Labour-Abgeordneter dem Innenminister die Frage, welche Schlüsse er aus der Erklärung Wards gezogen habe und was getan werde, um »die Zunahme teurer Call-Girl-Organisationen zu unterbinden«. Die Frage wurde zurückgezogen und dann erneut gestellt. Das Parlament begab sich in die Pfingstpause, und

die Profumos reisten nach Venedig. Am 4. Juni gab er zu, das Parlament »getäuscht« zu haben. Der konservative Minister Lord Hailsham gebrauchte während eines kurzen Fernsehinterviews siebenmal das Wort »Lügner«, das er mit solcher Gehässigkeit betonte, daß ihn die Zuschauer, die mittlerweile fast nichts mehr erschüttern konnte, für betrunken hielten. »Eine große Partei«, sagte er, »wird nicht wegen eines durch eine leichtlebige Frau und einen erwiesenen Lügner verursachten Skandals zu Fall gebracht.«

Vier Tage nachdem sich Profumo in die redliche und unscheinbare Existenz eines Sozialarbeiters in den Slums zurückgezogen hatte, wurde Stephen Ward wegen Einnahmen aus unmoralischen Quellen verurteilt. Christine Keeler erzählte ihre Geschichte in der *News of the World*, und der »Darling«-Brief wurde veröffentlicht. Der Regierung blieb keine Atempause. Die Stimmung war dermaßen umgeschlagen, daß die Labour-Partei bei einer Meinungsumfrage mit 20 Prozent Mehrheit in Führung ging: der größte Aufschwung, seit die Umfragen 18 Jahre zuvor eingeführt worden waren. Der Finanzminister Ian Macleod traf den Premierminister, der Gerüchte über acht Richter des Obersten Gerichtshofs und eine Orgie erwähnte, in einem »furchtbaren Zustand« an. »Einer«, sagte Macmillan, »möglicherweise auch zwei. Aber acht? Ich kann es nicht fassen.« Als Macmillan auf einer Gartenparty mit der kleinen Tochter eines Wählers für ein Foto posierte, zischelte ein Zuschauer: »Nehmen Sie Ihre Hände von dem kleinen Mädchen. Halten Sie es für Christine Keeler?« Der *Daily Mirror* wandte einen bewährten Trick an, um die königliche Familie zu verunglimpfen. »Prinz Philip und der Profumo-Skandal« lautete die Schlagzeile über einem recht kleinen Artikel, der besagte, daß entsprechende Gerüchte »völlig unbegründet« seien.

Ende des Monats waren die Häfen und Flugplätze von Immigranten verstopft, die in England Fuß fassen wollten, bevor neue Bestimmungen die Einreise auf jene beschränkten, die über eine Arbeitserlaubnis oder über besondere Fähigkeiten verfügten. Im Juli stattete das griechische Königspaar London einen Staatsbesuch ab. Manchen waren die beiden Monarchen zu rechtslastig, und so wurden sie mit Königin Elizabeth von Demonstranten ausgebuht. Nach Zusammenstößen mit der Polizei kam es zu Massenfestnahmen. Ein Polizist wurde für schuldig befunden, einen Demonstranten mit einem Stein traktiert zu haben. In Sheffield waren angeblich zwei Kriminalbeamte mit einer Nilpferdpeitsche auf Verdächtige losgegangen, um Geständnisse aus ihnen herauszuprügeln. Nun gehörte auch der britische Bobby zu den gefallenen Idolen.

Der Spekulationsschwindel mit Bürohäusern und Einkaufszentren flog auf. Einer der führenden Bauherren, Walter Flack, beging, finanziell ruiniert, Selbstmord, ein weiterer, der schillernde Jack Cotton, mußte den Chefsessel in seiner eigenen Firma räumen. Es erfolgte die offizielle Bestätigung, daß Kim Philby, der ehemalige Offizier der Gegenspionage, der im Januar seinen Posten als Auslandskorrespondent in Beirut im Stich gelassen hatte, zum Spionagetrio Burgess und Maclean gehörte. Sie wurden als Verräter aus der Oberschicht betrachtet, denen loyale

Freunde die Flucht ermöglicht hatten. Nun begann die Suche nach dem vierten Mann. Ein junger sozialdemokratischer Peer, Viscount Stansgate, gewann seinen Kampf, auf seinen Adel verzichten und sich ins Unterhaus wählen lassen zu dürfen. Dort erschien er dann als Anthony Wedgwood Benn. Es war eine verkehrte Welt – nicht lange zuvor hatten Männer ein Vermögen für den Erwerb eines Titels ausgegeben.

Der Prozeß gegen Ward wurde Ende Juli eröffnet. Vertreter der Anklage war Mervyn Griffith-Jones, der den »Lady-Chatterley«-Fall verloren hatte. Etliche Prostituierte traten im Gerichtssaal auf und erzählten schummrige Geschichten von Doppelspiegeln – eine Einrichtung, die auch schon kurz zuvor in der Lebensgeschichte der Schauspielerin Diana Dors kolportiert wurde – sowie von Kupplern und Drogenabhängigen. Griffith-Jones bezeichnete Ward als einen »durch und durch schmutzigen Menschen«, was der Angeklagte akzeptierte, und als einen Zuhälter, was er weit von sich wies. Zwei der Prostituierten gaben später zu, in der Sache Ward gelogen zu haben. Christine Keeler wurde des Meineids in einem anderen Verfahren, gegen einen Ex-Freund namens Lucky Gordon, für schuldig befunden. Hätte man von seiten der Justiz größere Besonnenheit bewiesen, wäre Wards Fall wahrscheinlich gar nicht erst bis vor den Richter gekommen. Er war einem gefährlichen Fluß von Lügen preisgegeben und nahm eine Überdosis Nembutal. Als sein Schuldspruch gefällt wurde, lag er bereits im Koma. Am 3. August starb er.

Fünf Tage später versorgte eine Bande mit einwandfreiem Sechziger-Jahre-Leumund – keine »Spießer«, sondern ein Rennfahrer, ein Friseur, ein Goldschmied und ein Antiquitätenhändler – die gierige Öffentlichkeit mit einer neuen Sensation. In der Nacht zum 8. August wurde ein Postzug mittels eines Haltesignals in der Grafschaft Buckinghamshire gestoppt. Der Lokomotivführer wurde zusammengeschlagen – er starb später – und die Lokomotive mit zwei Waggons zu einer Brücke gefahren. Dort schleppten die Räuber 120 Postsäcke in wartende Landrover und fuhren damit zu einem Bauernhaus. Die Ganoven brauchten fünf Stunden, um alle Säcke zu öffnen und die Banknoten zu zählen. »Als wir bei einer Million Pfund angekommen waren«, erinnerte sich Ronald Biggs, ein maßgebliches Mitglied der Bande, »haben wir uns den Berg angeschaut, damit wir endlich einmal wußten, wie eine Million aussieht.« Es handelte sich um ein Verbrechen des Pop-Zeitalters. Biggs erinnerte sich, daß ein Mitglied der Bande vor Freude einen Twist tanzte und ein anderer das Lied »I like it« von Gerry and the Pacemakers sang.

Ein hoher Gerichtsbeamter, Lord Denning, erhielt den Auftrag, die Profumo-Affäre zu untersuchen. Sein abschließender Bericht wurde so begierig erwartet, daß die Buchläden am Tag der Veröffentlichung bereits um Mitternacht öffneten. Denning ließ kein Gerücht ungeprüft. Doch was er herausfand, war weniger sensationell. Er widmete dem »Mann mit der Maske« einen eigenen Abschnitt. Er hatte ihn befragt und dabei festgestellt, daß er keineswegs ein Minister war. Auch hatte in der Sache »Mann ohne Kopf« im Scheidungsfall Argyll sich ein Minister einer medizinischen Untersuchung unterzogen und dadurch bewiesen, daß er nicht der Mann auf dem Foto war.

Der Bericht glättete die Wellen, und als wäre die Öffentlichkeit beschämt über all die Aufregung, wandte sie sich von der Satiresendung TW3 ab; auch die Auflage von *Private Eye* ging spürbar zurück. Das Zuschauerinteresse wandte sich einer neuen Agentenserie zu: »Mit Schirm, Charme und Melone«, mit besonderem Augenmerk auf das schwarze Leder-Outfit der Heldin, dargestellt von Diana Rigg. Der Held,

verkörpert durch Patrick MacNee, stellte als Eton-Absolvent mit Bowlerhut eine Verbindung zum alten England her, das trotz allem noch nicht ganz verschwunden war.

Der Sommer hatte bei dem nunmehr fast siebzigjährigen Macmillan seine Spuren hinterlassen. Es wurde bekanntgegeben, daß er sich einer Prostata-Operation zu unterziehen habe. Verschwiegen wurde jedoch, daß dieser an sich harmlose Eingriff seinen Rücktritt bedeuten könnte. Der alljährliche Parteitag der Konservativen fand im Herbst in Blackpool statt. Von seinem Krankenbett aus ließ Macmillan verkünden, daß sein Vorrat an politischem Temperament noch keineswegs erschöpft sei. Dennoch machten bereits Namen potentieller Kandidaten die Runde. Einer, der kaum erwähnt wurde, war Lord Home, den man für zu alt und zu bieder hielt, um in einer Zeit stetiger Umwälzungen überleben zu

Der Schauspieler Peter O'Toole, hier von seiner Frau nach der triumphalen Premiere von »Hamlet« begeistert umarmt, errang Weltruhm durch seine Darstellung des Soldaten, Arabisten und Schriftstellers T. E. Lawrence in dem epischen Film »Lawrence von Arabien«. Die Produzenten von Film- und TV-Dramen entdeckten die Nostalgie für die gute alte imperiale Zeit als lukratives

Geschäft, wie »Zulu«, mit dem Michael Caine berühmt wurde. Sie widmeten sich dieser Thematik mit der gleichen Begeisterung, mit der Rockgruppen wie The Who (rechts) auf der Bühne ihre Instrumente zerschmetterten. Im Hintergrund ist das Gesicht des Models Jean Shrimpton zu sehen.
[Foto links: Eve Arnold]
[Foto rechts: David Wedgebury]

können. Gleichwohl war es sein Name, den Macmillan zum Erstaunen aller aufgriff, da er ihn in maßgeblichen Parteikreisen vernommen habe.

Home hatte das Hindernis, das ihn einige Monate zuvor noch daran gehindert hätte, Premierminister zu werden, nämlich seine Peerswürde, inzwischen beseitigt. Er gab, dem Vorbild Tony Benns folgend, seinen Titel ab und trat dem Abgeordnetenhaus als Sir Alec Douglas-Home bei, nachdem er eine Nachwahl gewonnen hatte. Harold Wilson verspottete ihn als »eleganten Anachronismus«. In seiner eigenen »Botschaft an die Sechziger« stellte der Labour-Chef sich selbst dagegen als menschlichen Atomreaktor dar und versprach »eine sozialistisch geprägte wissenschaftliche und technologische Revolution, die ungeheure Energien freisetzt«. Es war der reinste Hokuspokus, ein Produkt des herrschenden Zeitgeistes.

Die letzten Wochen des Jahres gehörten den Beatles. »I Want To Hold Your Hand« verkaufte sich zehn Millionen mal. Die *Sunday Times* bezeichnete sie als »die größten Komponisten seit Beethoven«, und der Musikkritiker der *Times* schrieb über ihre »autokratische, aber keineswegs unkorrekte Haltung gegenüber der Tonalität ... die mitreißenden und manchmal fast instrumentalen Vokalduette«. Im November waren die Beatles die Stars in der Royal Variety Show. Ihr Weihnachtskonzert in Finsbury Park war mit 100 000 Besuchern ausverkauft. Der Profumo-Hysterie folgte nun unmittelbar die »Beatlemania«.

Es war ein Jahr voller überdrehter Verrücktheiten. Die Profumo-Affäre selbst hatte, abgesehen von den augenscheinlichen Fakten, nichts anderes erwiesen, als daß Menschen, die im Rampenlicht stehen, oftmals eine Leiche im privaten Keller haben. Der Heeresminister war wohl kaum, um im Jargon der Zeit zu bleiben, ein »überspannter Trendsetter«. Gladstone hatte sich erinnert, daß acht der elf viktorianischen Premierminister, die er gekannt hatte, Ehebrecher waren. Aber insgesamt waren die Folgen im Jahre 1963 weitaus ernster – die tragenden Säulen wie Kirche, Tory-Partei, Polizei und selbst das Gesetz zeigten Verfallserscheinungen. Zynismus und eine unstillbare Gier machten sich in der nationalen Psyche breit. »*I'm all right, Jack* – ich bin gut drauf, ey«, lautete das Mantra. Rumhängen, abhauen, abstauben hieß die Devise. Rechtschaffenheit war etwas für Dummköpfe.

Die kleinen Höflichkeiten des Lebens bröckelten ab, und die elegante Welt beförderte sie als erstes mit einem Tritt hinaus. Die Prominenz verdiente sich ihren Unterhalt durch Ausplaudern vertraulicher Mitteilungen ihrer Freunde an Klatschkolumnisten für 30 oder 40 Pfund die Woche. Das Verhökern von Halbwahrheiten war nicht mehr ehrenrührig, sondern ein florierender Geschäftszweig. »Beispielsweise kommt ein Kleiderfabrikant zu dir«, erläuterte ein Public-Relations-Fachmann. »Du verbreitest eine Geschichte über eine phantastische Party, die er gibt, erwähnst, daß er bei der Versteigerung eines Renoir gegen Niarchos bietet, und schon ist er im Geschäft.« Der *Observer* und der *Guardian*, eigentlich keine Skandalblätter, druckten als erste das Wort *fuck*. Der Oxford-Absolvent Kenneth Tynan sagte es als erster im Fernsehen. »Ich liebe Vulgarität«, begeisterte sich die Modemacherin Mary Quant. »Guter Geschmack ist Tod, Vulgarität ist Leben ... Nur Häßlichkeit ist obszön.« Die Briten hatten natürlich immer schon geflucht und ihre Eltern verspottet – aber noch nie mit solcher Selbstzufriedenheit.

Die Beatles landeten am 7. Februar 1964, dem *B-Day*, in New York. Der Autor Tom Wolfe beobachtete die »kleinen, schmächtigen Kerle mit ihren kurzen Jacken, Röhrenhosen und schwarzen Halbstiefeln mit eckigen Absätzen«. Er schätzte, daß etwa 4000 »hüpfende und kreischende Kids« am Kennedy Airport auf die Beatles warteten – die Beatlemania war über den Atlantik gesprungen. Den größten Teil des Jahrhunderts hatten Hollywood sowie amerikanische Musik und Tänze die Massenkultur der Welt im festen Griff gehabt. Die Briten waren die ersten – und sollten es auch bleiben –, die den Amerikanern in dieser Beziehung ernsthaft etwas entgegenzusetzen hatten.

Nach den Beatles kamen die Rolling Stones. In England gab es eine unerschöpfliche Menge an Gruppen mit dem verlangten Sound und drogengesättigten Lebensstil. »Sie waschen sich selten«, sagte der Stones-Manager, »und sie spielen keine gefällige Musik, sie ist rauh und maskulin.« Diese Erscheinung betraf nicht nur die Pop-Musik, sondern griff auch auf Mode und Graphikdesign über, auf die Gemälde von David Hockney und Peter Blake, auf die Boutiquen, das Kino und das Theater. Londoner Shows gingen nun an den Broadway. Stücke von erstaunlicher Vielfalt wurden gegeben, wie Robert Bolts Gewissensstudie »Thomas Morus«, Peter Shaffers Hinterfragung von Treue in »Die königliche Jagd auf die Sonne« und des ehemaligen Rugbyspielers David Storeys »Sportsleben«. Der Film »Lawrence von Arabien« gewann sechs Oscars, Hauptdarsteller Peter O'Toole wurde zum internationalen Star. Unter der Regie von Laurence Olivier spielte er die Hauptrolle in »Hamlet«, dem ersten Stück, das vom neuen National Theatre aufgeführt wurde.

Französische Modeeinkäufer kamen nun aus Paris über den Kanal. Paris war »out«, erklärte Mary Quant. Das »Gesicht der Sechziger«

gehörte einer Engländerin, dem Model Twiggy. Und London war die Kapitale dieser Zeit, was sogar die Amerikaner zugaben. *Time* brachte eine Titelgeschichte über »London – the Swinging City« heraus. *Esquire* behauptete, daß London »die einzig wahre moderne Stadt« sei, und das *Life*-Magazin pries die »Swinging Revolution«, in der »selbst die Peers zu Mods werden«. Diese »Mods«, schrill gekleidete Pillenschlucker auf Motorrollern, hatten jedoch auch eine finstere Seite: Sie lieferten sich mit Motorrad-Rockern in Lederjacken, deren Droge der Alkohol war, in den Badeorten gewalttätige Auseinandersetzungen. »Kleine Zirkus-Cäsars«, sagte ein Polizeirichter in Margate und sperrte vier von ihnen wegen

Körperverletzung ein; sie lachten nur. Im Geschäftsleben war der Held des Tages John Bloom, ein junger Waschmaschinen-Tycoon, der seinen Reichtum stolz zur Schau trug: eine mit einem Kino ausgestattete Yacht, eine Wohnung in der Park Lane samt Butler und Koch, goldene Manschettenknöpfe in Form von Waschmaschinen. Ein beeindruckter Reporter fragte ihn, ob er nicht in den Ritterstand erhoben werden wolle. »Nicht jetzt«, antwortete er. »Aber vielleicht, wenn ich vierzig bin.« Drei Monate später brach sein Reich der Phantasie zusammen.

Auch die von Harold Wilson anvisierte Welt der Technologie erwies sich als Phantasieprodukt. Bei der Wahl 1964 gewann Labour mit knap-

Anfang 1963 (oben) waren die Beatles – hier Paul McCartney, George Harrison und John Lennon – eine kaum bekannte Popgruppe, die im Cavern Club in ihrer Heimatstadt Liverpool auftrat. Nach 18 Monaten waren sie bereits so berühmt, daß selbst die ältere Generation (rechte Seite, oben) McCartney in einem Zug erkannte. Im folgenden Jahr zeichnete die Queen die »Fab Four« als Members of the British Empire aus. John Lennon war »ein bißchen stoned«, als der Fotograf Bryan Wharton diesen Schnappschuß von ihm beim Verlassen des Buckingham Palace mit seiner Auszeichnung machte (rechte Seite, unten). Die Beatlemania infizierte München (rechts) und eroberte Amerika. »Wir sind jetzt berühmter als Jesus«, sagte Lennon einem Reporter.
[Foto oben: Michael Ward]
[Foto rechts: Bill Orchard]
[Foto rechte Seite oben: David Hurn]
[Foto rechte Seite unten: Bryan Wharton]

Twiggy, elfenhaft, großäugig und weitaus weniger verletzlich, als sie aussieht (linke Seite), war eines der Gesichter der Sechziger. Ihr Manager Justin de Villeneuve, oben rechts mit ihr auf der Fahrt zum Abendessen, war für ihre Karriere vom Model bis zum Showbusiness verantwortlich. De Villeneuve war ein echtes Kind jener Dekade. Der Sohn eines Maurers arbeitete zunächst als Rummelplatzboxer und als Pornofilmverkäufer. Er war in Soho Rausschmeißer im Striplokal des Slumspekulanten Peter Rachman und vertrieb Antiquitäten, bevor er »dieses süße kleine Mädchen, so zart und so schön« traf.

Der Körper des Models Jean Shrimpton, »Shrimp« genannt, gehörte zu den bekanntesten des Jahrzehnts. Auf dem Foto oben wird sie von David Bailey für eine Pariser Kollektion fotografiert. Die modische Vorliebe für alles Britische hatte die französischen Mannequins vom Sockel gestoßen. Der Fotograf war selbst eine Ikone. »David Bailey«, hieß es, »makes love daily.«
[Foto linke Seite: Burt Glinn]
[Foto oben: David Hurn]
[Foto rechts: David Steen]

David Bailey, einer Fotoserie über glamouröse Gestalten, gehörten auch die Schutzgelderpresser Ronnie und Reggie Kray. »Ich schoß ihm in die Stirn«, so Ronnie Kray über seinen Mord an einem rivalisierenden Gangster in einem Londoner Pub. »Auf dem Tresen war etwas Blut ... Ich habe mich verdammt großartig und lebendig gefühlt.« War in einer Zeit, die das »Theatre of Cruelty« hervorbrachte und die schaurigen Moors-Morde, bei denen ein junges Paar Kinder zu Tode quälte, ein Psychopath ein so ungewöhnlicher Held? Sittenlosigkeit führte anscheinend zu einer Art Ersatzstolz.

Im Jahr 1967 trug das Parlament der neuen Moral Rechnung. Die Rechte der Frauen wurden maßgeblich erweitert, und der Staat übernahm teilweise die finanzielle Verpflichtung für unerwünschte Schwangerschaften und für Verhütungsmittel. Legale Abtreibung war bislang wirkungsvoll an einen Einkommensnachweis gebunden. Das gültige viktorianische Gesetz hatte sich als juristische Barriere erwiesen, die zu überwinden eine Frau die Hilfe privater Spezialisten und Psychologen benötigte, um in einer teuren Klinik aufgenommen zu werden. Für die Armen blieben nur die Engelmacher. Durch eine Gesetzesvorlage, die der liberale Abgeordnete David Steele einbrachte, wurde die Abtreibung legalisiert, unter der Voraussetzung, daß zwei Ärzte die medizinische oder psychologische Notwendigkeit bestätigten. Daraufhin entstanden unzählige Privatkliniken. Der staatliche Gesundheitsdienst ermöglichte zudem kostenlose Schwangerschaftsabbrüche. Ein Gesetz zur Familienplanung gestattete auf der lokalen Ebene den freien Zugang zu Verhütungsmitteln und zur Beratung. Ebenfalls auf Privatinitiative eines einzelnen Abgeordneten, Leo Abse, wurden homosexuelle Praktiken zwischen zwei einverständlichen Erwachsenen entkriminalisiert. Die Scheidung wurde erleichtert – die »unumkehrbare Zerrüttung einer Ehe« reichte schon aus. Die Todesstrafe wurde abgeschafft.

Wilson machte den Eindruck eines tatkräftigen Mannes, aber es war nichts als Geschäftigkeit. »Politik bedeutet weitgehend Präsentation«, hatte er einst gesagt, »und der Rest ist Timing.« Es war, so Bernard Levin, eine »meisterhafte Analyse seines eigenen Charakters«. Als er 1967 notgedrungen das Pfund um fast 15 Prozent abwerten mußte – von 2,80 auf 2,40 Dollar –, erklärte er der Öffentlichkeit, daß das kei-

per Mehrheit, die zwei Jahre später ausgebaut werden konnte. Die Wirtschaftslage verschlechterte sich. Die japanische Konkurrenz drückte die britischen Motorradhersteller und Schiffsbauer an die Wand. Die Matrosen der Handelsmarine traten in den Streik. Wilson erklärte den Notstand und murmelte etwas von kommunistischer Verschwörung. Das Einfrieren der Löhne und Dividenden spaltete das Kabinett. Frank Cousins, ein Gewerkschaftsführer, der Neuerungen fürchtete, trat als Technologieminister zurück, ein Posten, den Wilson kurioserweise für ihn geschaffen hatte.

Gewaltverbrechen nahmen über zehn Prozent pro Jahr zu. 1955 wurden weniger als 5000 gezählt, 1960 hatte sich die Zahl fast verdoppelt. Im Jahr 1964, als erstmals über eine Million Kriminalfälle verzeichnet wurden, wuchs die Anzahl der Gewaltdelikte auf 16 000. Die Zahl der Rauschgiftsüchtigen war in der ersten Hälfte des Jahrzehnts um das Zehnfache gestiegen, und sogenannte weiche Drogen gehörten zum Alltag. Allein im Jahr 1965 steigerte sich die Rate der Autodiebstähle um 45 Prozent. Die Postzugräuber waren nicht die einzigen Verbrecher, die gesellschaftsfähig wurden. Zu den »Box of Pin Ups« des Fotografen

Der englische Mannschaftskapitän Bobby Moore (linke Seite, oben) hält, von Geoff Hurst und Ray Wilson auf den Schultern getragen, die Trophäe für den Sieg im Endspiel um die Fußballweltmeisterschaft 1966 in die Höhe. Der Librettist Tim Rice und der Komponist Andrew Lloyd Webber (oben) stehen hier vor der Saint-Pauls-Kathedrale nach der ersten öffentlichen Aufführung von »Joseph

and the Amazing Technicolor Dreamcoat«. Weniger liebenswert, aber von manchen ebenso hofiert, waren die Brüder Ronnie und Reggie Kray, links mit ihrer Mutter Violet. Das Gangsterduo wurde Mitte des Jahrzehnts von der Schickeria gefeiert, doch 1969 wegen Mordes zu lebenslanger Haft verurteilt.
[Foto oben: Bryan Wharton]

wachen würden, wozu sie weder die geringste Absicht noch die Fähigkeit hatten.

Was das Empire und die Marine betraf, so waren die Aktivitäten des Premierministers eine lächerliche Imitation vergangener Größe. 1967, als der letzte große britische Ozeanriese, die *Queen Elizabeth II.*, fertiggestellt wurde, lief der Tanker *Torrey Canyon* zwischen Cornwall und den Scilly-Inseln auf ein Riff. Wilson kümmerte sich persönlich um den Havaristen und flog mit dem Hubschrauber zum Ort des Geschehens. Er befahl die Bombardierung des Wracks durch ein Buccaneer-Flugzeug der Royal Navy, was dazu führte, daß noch mehr Öl ins Meer floß. Daraufhin entsandte er Jagdflieger der RAF, die den Ölteppich mit unbrennbarem Flugzeugbrennstoff binden sollten. Dennoch wurde der größte Teil des Rohöls an die Strände gespült, für deren Säuberung auf Veranlassung Wilsons nun das Militär zuständig war. Im Empire zogen sich nach einer Präsenz von 128 Jahren die britischen Truppen aus Aden zurück. Gleichzeitig erklärten die 220 000 Weißen in Südrhodesien einseitig ihre Unabhängigkeit. Im Mutterland trieb die Einwanderungswelle die Bevölkerungszahl sprunghaft in die Höhe. Der Tory-Abgeordnete

neswegs bedeute, daß »das Pfund in Ihrem Portemonnaie oder auf Ihrem Konto abgewertet ist«. Diese Maßnahme war ein deutliches Zeichen nationalen Niedergangs. Wilson stellte es als Chance für den Export dar. Er arbeitete ein Gesetz über das Verhältnis zwischen Arbeitgebern und Arbeitnehmern aus, das die wilden Streiks eindämmen sollte. Als er damit im Kabinett und bei den Gewerkschaften auf Widerstand stieß, gab er nach. Statt dessen stimmte er einer Formulierung zu, die besagte, daß die Gewerkschaften selbst die Kontroversen über-

Sandie Shaw *(linke Seite, außen)* kombinierte zwei Traumkarrieren: Sie war Popsängerin und Boutiquenbesitzerin. Ihr barfüßiges Auftreten wurde zu ihrem Markenzeichen. Die Modedesignerin Mary Quant *(linke Seite, Mitte)* war mit ihrer Boutique »Bazaar« die ungekrönte Königin der King's Road in Chelsea. Sie glaubte, daß »die Jugend von heute weniger materialistisch und intelligenter als je zuvor ist. Und sie hat einen klaren Blick für Sex ... Entweder sie tun's oder sie tun es nicht.« Andere Boutiquen wie »Granny Takes a Trip«, »I Was Lord Kitchener's Valet« oder »Biba« *(linke Seite, unten)* schossen dank der Kaufkraft der Jugend und jungen Erwachsenen aus dem Boden. Die Moderedakteurin der Zeitschrift *Queen (linke Seite, oben)* fungierte als Schiedsrichterin. Bridget Riley *(rechte Seite)* war die führende Op-Art-Künstlerin, die Formen und Linien in ständiger Wiederholung zusammenstellte, um die Illusion der Bewegung zu schaffen. Das Ergebnis sollte die Betrachter verwirren. Sie war die erste englische Malerin, die den Hauptpreis für Malerei auf der Biennale 1969 in Venedig gewann.
[Fotos linke Seite Mitte links und rechte Seite: Jorge Lewinski]
[Foto linke Seite unten: F. J. Mortimer]

257

Enoch Powell meinte, daß England »verrückt, absolut verrückt« sein müsse zuzulassen, daß jährlich 50 000 Angehörige von Immigranten ins Land kamen. Powell wurde wegen seiner Äußerungen als Verteidigungsminister des Schattenkabinetts entlassen, doch die 74 Prozent, die er in einer Meinungsumfrage erhielt, redeten eine deutliche Sprache. Wilson zeigte keine Neigung, Truppen nach Rhodesien zu entsenden, und verabreichte den Rebellen lediglich eine Ohrfeige in Form von Sanktionen. Statt dessen ließ er ein Fallschirmjägerregiment in Alarmbereitschaft versetzen, das auf Anguilla intervenieren sollte. Die kleine Insel sollte im Rahmen der karibischen Dekolonisierung mit den Nachbarinseln Saint Kitts und Nevis zu einem Staat vereinigt werden. Die Inselbewohner fühlten sich jedoch von der Verwaltung auf Saint Kitts übervorteilt und erklärten sich zur Republik. Wilson entsandte zwei Fallschirmjägerkompanien und ein paar Londoner Polizisten zur Wiederherstellung der Ordnung. Sie landeten inmitten einer verwirrten Bevölkerung, zum Entzücken der Pressefotografen und zur weltweiten Erheiterung auf der Insel.

Derlei Eskapaden schienen nicht gerade dazu beizutragen, das Land nicht in den Abgrund zu stürzen. Die Jugend lieferte sich auf dem Grosvenor Square vor der amerikanischen Botschaft erbitterte Schlachten mit der Polizei, offensichtlich davon überzeugt, daß der Kampf fern der Schlachtfelder Vietnams diesem Land den Frieden bringen könne. Ein Pop-Festival auf der Isle of Wight zog 150 000 Haschisch rauchende, buntbemalte Hippies an, mehr als zu Englands Sieg im Endspiel der Fußballweltmeisterschaft ins Wembleystadion strömten. Mick Jagger wurde, obwohl kurz zuvor wegen Drogenbesitzes verurteilt, per Hubschrauber zu einer vertraulichen Diskussion über die Lage der Nation mit dem Herausgeber der *Times* und dem Bischof von Woolwich eingeflogen. »Wir sind populärer als Jesus«, behauptete John Lennon gegen-

1968 waren die »Kinder der Sechziger« so fanatisch geworden, daß sie sich einem weltweiten Trend anschlossen und gegen den Vietnamkrieg der Amerikaner protestierten (rechts). Manche trugen auch das »Kleine Rote Buch« des Vorsitzenden Mao bei sich, offensichtlich blind gegenüber der Tatsache, daß Millionen Chinesen während der Kulturrevolution gedemütigt und getötet wurden oder daß Maos »Großer Sprung nach vorn« 30 Millionen Opfer forderte. Auch der Tory-Abgeordnete Enoch Powell (links) gab sich Illusionen hin – von »Strömen von Blut«, falls weitere farbige Immigranten ins Land kämen.
[Foto oben: Paul Hill]
[Foto rechts: David Hurn]

über einem Reporter. »Keine Ahnung, was wichtiger ist, Rock and Roll oder Christentum.« Der Beatle gestand zu, daß »Jesus in Ordnung war, nur seine Jünger waren beschränkt und gewöhnlich«. Lennon widmete seine eigene spirituelle Ergebenheit dem indischen Guru Maharishi, dessen Zugriff auf das Geld der Beatles ihm verhalf, wie *Private Eye* betonte, ein *Veririshi* zu werden, ein sehr Reicher. Der Fernsehstar David Frost, der auf beiden Seiten des Atlantiks agierte, ein Chamäleon, das sich vom Satiriker zum Fürsprecher des neuen Establishments gewandelt hatte, veranstaltete ein Frühstück mit Kaviar und Champagner im Connaught-Hotel für die Berühmtheiten des Jahrzehnts: Paul McCartney sagte wegen Zeitmangels ab, doch der Premierminister nahm daran teil.

Es war ein Jahrzehnt, das, wie John Osborne später auch über seine eigene Einstellung schrieb, »leider sehr naiv« war. Seine »irregeführten Wahrnehmungen«, so meinte er, »entsprachen exakt der sentimentalen Orthodoxie, die zu jener Zeit ihr blutendes Herz von der atomaren Vernichtung ab- und der noch verträumteren Beschäftigung mit dem Regenwald zugewandt hat«. Gleichwohl gab es eine reale Welt, die weit näher als Anguilla quasi vor der Haustür lag. Im August 1969 wurde das Militär nach Nordirland entsandt, um die Protestanten daran zu hindern, die Katholiken aus Belfast zu vertreiben. »Wir marschierten in geschlossener Formation ein, als sollten wir eine Rebellion in einer Bananrepublik niederschlagen«, sagte ein Infanterieleutnant. »Eine

Tankstelle und eine Hemdenfabrik standen in Flammen, alle sechs oder sieben Stockwerke brannten lichterloh. Die Straßen waren übersät von Steinen und brennenden Autos. Es war ein Alptraum . . .« Das Jahrzehnt endete in einem schlechten Trip.

Margot Fonteyns Karriere (rechts) erreichte einen weiteren Höhepunkt, als sie 1962 erstmals mit Rudolf Nurejew in Covent Garden tanzte, nachdem er die Sowjetunion verlassen hatte. Die Schauspielerin Julie Christie (links), der Star von »Swinging London«, erhielt einen Oscar für ihre Rolle in dem Film »Darling«.
[Foto links: David Hurn]
[Foto rechts: Jane Brown]

9

DAS JAHRZEHNT DER AFFÄREN, KRISEN UND STREIKS

Das Jahrzehnt begann mit riesigen Müllhaufen wie diesem, welche die streikenden Müllmänner 1970 einfach liegenließen. Die Siedlung aus den sechziger Jahren verwandelt sich bereits in einen Slum. Die Dekade endete damit, daß Verstorbene nicht beerdigt wurden: Die Totengräber traten 1979 in den Ausstand. 1977 importierten die Briten mehr Pkw, als sie herstellten – obwohl das Land nach dem Zweiten Weltkrieg der größte europäische Autoproduzent war. Der wirtschaftliche Zusammenbruch war einzigartig und selbstverschuldet. Andere Länder sicherten sich große Anteile am Automarkt, während man in England ausgiebig darüber stritt, wer an der Misere schuld sei.
[Foto: Alden]

Wystan Hugh Auden war etwas voreilig, als er 1947 die Vers- und Prosadichtung »Zeitalter der Angst« verfaßte. Sein »niederschmetterndstes Jahrzehnt« begann erst in den siebziger Jahren, in denen fast alles von Düsternis umwölkt war. Die Vorkämpfer der Arbeiterklasse, Gewerkschaftsführer und Streikposten, schlugen gnadenlos zu: Dank ihres Einflusses wurden zwei Premierminister aus dem Amt gejagt. Die Verteidiger der Rechte der Katholiken in Nordirland gingen zu Bomben und Massenmord über. Stolze Unternehmen wurden in den Ruin getrieben oder baten den Staat demütig um Unterstützung. Die Jugend spürte, was im Gange war. Skinheads und Punks erschienen auf den Straßen. Sie fühlten sich hereingelegt. Von wegen »All You Need is Love« – jetzt versuchten sie es mit Haß.

Der Ausbruch der Gewalt in Nordirland erfolgte nicht aus heiterem Himmel. Die Provinz galt schon lange als »Englands politischer Slum«. Seit ihrer Bildung ein halbes Jahrhundert zuvor wurde sie von der protestantischen Bevölkerungsmehrheit beherrscht, die Arbeitsplätze und Wohnungen nur untereinander vergab. Die Protestanten stellten in Belfast 97,5 Prozent der Angestellten in öffentlichen Unternehmen, obwohl der Bevölkerungsanteil der Katholiken ein Viertel betrug. Ihre Privilegien hüteten sie eifersüchtig. Als Captain Terence O'Neill, der patrizierhafte Premierminister Nordirlands, zu einem ersten historischen Treffen mit seinem Amtskollegen nach Dublin fuhr, wurde er als »Erzverräter« beschimpft. Kontakte mit dem Süden wurden nicht toleriert, ebensowenig solche mit der Bürgerrechtsbewegung im Norden.

Diese veranstaltete Anfang 1969 einen Marsch von Belfast nach Derry – eigentlich Londonderry, doch die Katholiken hatten den ersten Teil des Ortsnamens gestrichen –, um gleiche Rechte bei der Vergabe von Arbeitsplätzen und öffentlichen Wohnungen zu fordern. Ein Mob von Protestanten erwartete sie an einem Damm an der Burntollet Bridge einige Kilometer vor Derry, von wo aus sie die Marschierer mit Beschimpfungen, Steinen und Knüppeln attackierten. Die fast ausschließlich protestantische Royal Ulster Constabulary (RUC) nahm 80 Personen fest – alles Demonstranten. Die Unruhen im April eskalierten im August zu schierer Gewalt. Häuser der Katholiken wurden in Brand gesteckt, und die B-Specials, eine Freiwilligentruppe der RUC, setzte gemeinsam mit dem protestantischen Mob Tränengas und scharfe Munition gegen Katholiken ein, die ihrerseits Molotowcocktails warfen. Am 14. August marschierten britische Truppen in Derry ein, um Ordnung zu schaffen, zwei Tage später auch in Belfast. Eine republikanische Trikolore wehte über dem katholischen Viertel Bogside in Derry; in der Republik sprach man davon, Waffen in den Norden zu schaffen, aber die Irisch Republikanische Armee, die sich schon seit langem der britischen Herrschaft widersetzt hatte, schien wie vom Erdboden verschwunden.

Zu ihrer Tradition gehörte das Gewehr, nicht die Demo oder ein Sit-in. *IRA: I Ran Away* – »ich rannte weg« – lauteten die Graffiti. Im folgenden Winter stritt die IRA darüber, wie sie aus der Situation, zu deren Entstehung sie wenig beigetragen hatte, Kapital schlagen könnte. Es kam zur Spaltung zwischen den marxistisch orientierten *Officials* und den *Provisionals*, die sich mit ihrem Namen auf die provisorische Regierung bezogen, die während des Osteraufstands 1916 im Dubliner Hauptpostamt von Patrick Pearse, dem späteren Märtyrer, ausgerufen worden war.

Der andere Themenschwerpunkt des neuen Jahrzehnts war die Macht der Gewerkschaften. Streiks, legale und illegale, sowie Kompetenzstreitereien machten die Wirtschaft mürbe. 18 Einzelgewerkschaften waren beim Bau eines Schiffs einbezogen, wohingegen in Deutschland eine einzige, nämlich die IG Metall, für die gesamte Automobilbranche zuständig war. Englands Führungskräfte, die sich mittlerweile jammernd fragten, wer den Krieg eigentlich gewonnen habe, mußten nun die Zeche zahlen. Im selben Monat, in dem sich der Vorfall an der Burntollet Bridge ereignete, stellte Arbeitsministerin Barbara Castle einen Gesetzesvorschlag mit dem Titel *In Place of Strife* – Alternativen zu arbeitsbedingten Auseinandersetzungen – vor. Darin regte sie eine »Schlichtungspause« von 28 Tagen an, während der sich die Gemüter beruhigen sowie Streikabstimmungen und interne Abmachungen zwischen den Gewerkschaften unter Strafe gestellt werden sollten.

Die Arbeitnehmervertreter waren empört, und auch das Kabinett geriet aneinander, als Innenminister James Callaghan sich allen Kontrollmaßnahmen widersetzte. Am 1. Mai schlug dem Castle-Gesetz massiver Widerstand entgegen. Der Gewerkschaftsverband TUC »stimmte« mit 7,9 Millionen zu 846 000 dagegen. In einer sogenannten Blockwahl machten die Gewerkschaftsführer die Unterstützung all ihrer Mitglieder geltend, ohne vorangegangene Befragung. Gewerkschaftsmitglieder waren bloßes Stimmvieh: Über Streikaufrufe wurde öffentlich per Hand abgestimmt – unter den argwöhnischen Augen eines gewerkschaftlichen Vertrauensmanns, der einen Riecher für Nichtmitglieder und Streikbrecher hatte.

Die Streiks waren ein klarer Affront gegen eine gewählte Regierung. Wilson sah das auch so – »verschwindet mit euren Panzern aus meinem Vorgarten«, sagte er einem Gewerkschaftsführer – und lenkte dann doch ein. Der TUC bot ihm gnädig eine Vereinbarung an, bei der er das Gesicht wahren konnte: nämlich die Arbeitskämpfe und Diskussionen persönlich zu beaufsichtigen sowie »ernsthaft mit Rat und Tat« einzugreifen. Das hieß letztlich den Bock zum Gärtner machen, doch Wilson bezeichnete das Abkommen als »ehrenhaft und bindend«. Der *Economist* zitierte säuerlich, daß der Gesetzesvorschlag *In Place of Strife* zum Gesetz *In Place of Government* – Alternativen zur Regierung – geführt habe. Innerhalb eines Monats traten die walisischen Hochofenarbeiter in den Ausstand. Sechs Millionen Arbeitstage gingen in den ersten sechs Monaten des Jahres 1970 durch Arbeitsniederlegungen verloren. Wilson zog sich in sein »Küchenkabinett« zurück, das aus engen Freunden und seiner Privatsekretärin Marcia Williams bestand und ihm angesichts der Machenschaften und Intrigen in der äußeren Welt treu zur Seite stand. Sein Kredit war aufgebraucht. Im Juni gewannen die Konservativen die Wahlen.

Der neue Premierminister Edward Heath war reserviert und unnahbar, freundlich, aber von sprödem Charme, der schnell in Gereiztheit

Es dauerte nicht mehr lange, bis Premierminister Edward Heath (links) das Lachen verging. Die Gewerkschaften ließen sich von ihrem unerbittlichen Widerstand gegenüber allen Reformversuchen nicht abbringen. Trotz einer Kehrtwende bei der Arbeitsgesetzgebung traten die Bergleute 1972 in Streik. Der Notstand wurde ausgerufen, Fabriken beschränkten sich auf Dreitageschichten, die Kunden des Londoner Hauptpostamts am Trafalgar Square wurden bei Kerzenlicht bedient, und zu Hause sollte man nur einen Raum heizen. Nach einer weiteren Demütigung durch die Bergleute dankte Heath 1974 ab. Es war unklar, ob die Gewerkschaften oder die Regierung das Land beherrschten.
[Foto links: Jean Gaumy]

umschlug. Der Sohn eines Bauarbeiters aus Kent hatte sich wie Wilson über Stipendien das Studium an der Universität Oxford gesichert. Als Junggeselle war er eine seltene Erscheinung auf dem politischen Parkett. Er war in einer Männerwelt aufgewachsen – Offizier während des Krieges, Beamter, Lordsiegelbewahrer, Mitglied des Unterhauses für die Konservativen –, aber der Kumpanei verfiel er nicht. Als *Chief Whip*, Geschäftsführer der Tory-Fraktion, bewies er Effizienz und Disziplin, doch zur Führungspersönlichkeit fehlten ihm zwei für die Politik der Konservativen bedeutsame Eigenschaften: schulterklopfende Anbiederung und Trinkfestigkeit. Seine Vorlieben und Leidenschaften gingen eher in Richtung Musik, Segeln und Arbeit. Er galt als Technokrat.

Heath versprach niedrigere Steuern, geringere Einflußnahme der Regierung auf Preise und Löhne, die Öffnung nach Europa, ein Quentchen Privatisierung und neue Gesetze, welche die Macht der Gewerkschaften beschneiden sollten. Von alledem erreichte er nichts – bis auf den Beitritt zur EWG. Sein bescheidener Ehrgeiz scheiterte an marodierenden Streikposten und Machtbeschneidungen, und er mußte häufiger den Notstand ausrufen als je ein anderer Premierminister zuvor.

Das Schicksal war von Anfang an gegen ihn. Ian Macleod, eine der potentiellen Säulen seines frischgebackenen Kabinetts, starb, bevor er seinen Posten im Schatzamt einnehmen konnte. Sein Nachfolger Tony Barber löste durch Steuersenkungen und billige Kredite einen unhaltbaren Boom aus. Die Wachstumsrate betrug 7,4 Prozent, zog Importe ins Land und ließ die Inflation steigen. Die Sparer waren die Angeschmierten, ihr Kapital verlor an Wert, während die Lebenshaltungskosten schneller stiegen als die Zinserträge. Wer sich Geld lieh, um ein Haus zu kaufen, machte einen guten Schnitt. Die Inflation reduzierte den Kreditwert, und durch die steigenden Einkommen konnten die Schulden leichter abgetragen werden. Die Briten, schon immer begeisterte Spieler, hatten keine Probleme, auf diese sichere Wette einzugehen. Doch die Immobilienpreise explodierten, als sich die Käufer um die Häuser rauften. Die Regierung förderte diesen Trend auch noch mittels großzügiger Steuererleichterungen bei der Aufnahme von Hypotheken.

Das Anwachsen von Inflation und Arbeitslosigkeit prägte einen Begriff für dieses britische Phänomen: Stagflation. Heath machte sich für eine

Politik stark, die Neutralität bei Tarifabkommen bewahren sollte. Innerhalb eines Jahres stiegen die Einkommen um 15 Prozent, wobei die Produktivität kaum Finanzierungsspielraum zuließ. 1971 wurde ein Gesetz erlassen, das die Bildung einer »Industrial Relations Commission« sowie eines »National-Industrial-Relations«-Gerichts vorsah, das zu Strafen bei Streikabstimmungen berechtigt war. Es erlitt das gleiche Schicksal wie der Castle-Entwurf. Der TUC drohte einfach jeder Gewerkschaft, die sich diesem Gesetz unterwarf, mit dem Ausschluß. Als einziges Ziel blieben somit bei illegalen Streikaktionen lediglich die gewerkschaftlichen Vertrauensleute und einfachen Mitglieder. Als einige Hafenarbeiter, die »Pentonville Five«, verhaftet wurden, stellte die Regierung peinlich berührt fest, daß sie die Festgenommenen zu Märtyrern gemacht hatte. Das Verfahren mußte eingestellt werden, weil es gegen Einzelpersonen nicht anwendbar war. Das Gesetz wurde umgehend außer Kraft gesetzt. Daraufhin entfaltete sich eine Vielfalt von Aktionen: offizielle und wilde Streiks, Nichtzusammenarbeit, mobile Streikposten, Überstundenverweigerung, Dienst nach Vorschrift und Work-ins – ein ganzes Waffenarsenal für Männer, welche dieses Nichtstun spitzfindigerweise als »Arbeitskampfmaßnahme« bezeichneten.

Anders als vorgesehen konnte Heath nicht privatisieren, sondern mußte im Gegenteil verstaatlichen. Die Gehaltsforderungen erreichten ein lähmendes Niveau: Die Postarbeiter forderten 19,5 Prozent Gehaltserhöhung und traten dafür in ihren ersten Streik seit Gründung des Postdienstes 1840. Ein schwaches Management, niedrige Produktivität sowie endlose Streitereien forderten zusätzliche Opfer. Rolls-Royce befand sich unter den ersten. Dort waren die Spitfires und die Limousinen der Königin gebaut worden. Der Staat konnte den Betrieb nicht seinem Schicksal überlassen, also übernahm er ihn.

Im eiskalten Januar 1972 war es bei den Bergleuten soweit: Mitte Februar wurden 14 Kohlekraftwerke abgeschaltet. Folge war die Ausrufung des Notstands. In den Betrieben wurde nur noch an drei Tagen gearbeitet, eine Million Beschäftigte mußten eine Zwangspause einlegen, Büros wurden mit Kerzen beleuchtet und die Familien angewiesen, nur ein Zimmer zu beheizen. Ein junger Gewerkschaftsführer aus Yorkshire, Arthur Scargill, setzte mobile Streikposten ein, die mit Lastwagen zu

Den gewalttätigen Ausschreitungen
zwischen Katholiken und Protestanten in Nordirland folgte eine Welle
von Bomben und gegenseitigen Mor-
den sowie die Intervention der Armee
in den betroffenen Stadtvierteln.
13 Zivilisten wurden im Januar 1972
in Londonderry von der britischen
Armee erschossen. Im selben Jahr
provozierten katholische Jugendliche
weiterhin Sicherheitskräfte und
flüchteten (Foto links) vor dem Einsatz von CS-Gas.
    Als Reaktion auf »Provokationen«
der IRA bildete sich die protestan-
tisch-loyalistische Ulster Defence
Force. Beiderseitige Mordanschläge
waren die Folge. Einer der protestantischen Anführer, »Gusty«
Spence, posiert im Gefängnis in
voller Montur für ein Foto (oben). Er
war aufgrund eines terroristischen
Vergehens verurteilt worden.
[Foto links: Don McCullin]
[Foto oben: Bobby Hanvey]

Kohle- und Kokslagern gebracht wurden, um zu verhindern, daß der Brennstoff in die Kraftwerke gelangte. Allein am Kokslager von Saltley in den Midlands wurden 15 000 Mann zusammengezogen. Die Bergleute lehnten die Zuschläge, die ihnen eine Untersuchungskommission anbot, ab. Nach sechs Wochen kehrten sie zur Arbeit zurück, mit 24 Prozent mehr Lohn, längerem Urlaub und Sonderzulagen. Die Niederlagen vom Schwarzen Freitag und von 1926 waren gerächt. Scargill wählte man zum Vorsitzenden der Bergarbeitergewerkschaft von Yorkshire.

In Nordirland verschärfte sich die Krise. Die Bürgerrechtsbewegung hatte ihren friedlichen Idealismus abgelegt. Bernadette Devlin, die Heldin der Bürgerrechtler, war wegen Anstiftung zum Aufruhr zu einer Gefängnisstrafe verurteilt worden, obwohl ihr Verteidiger angeführt hatte, sie habe gehandelt »wie die heilige Johanna und Florence Nightingale«. In der Lower Falls Road und in den anderen Katholikenvierteln von Belfast gab es für die britischen Soldaten kein Täßchen Tee mehr wie in den allerersten Tagen. Die Wände an den Hauptstraßen waren bis auf Mannshöhe weiß gekalkt, nicht weil es nett aussah, sondern damit sich die Konturen der Soldaten vor dem Hintergrund sichtbar abhoben und somit den Heckenschützen ein besseres Ziel boten. Drei Soldaten wurden von Mädchen in eine Bar gelockt und dort erschossen. Straßenweise Hausdurchsuchungen förderten Waffen, Sprengstoff, selbstgebastelte Bomben und 21 000 Schuß Munition zutage: Die »Provisional IRA« begann, die Provinz unregierbar zu machen.

Die Internierung von 324 angeblichen IRA-Leuten ohne jegliches Gerichtsverfahren brachte selbst moderate Katholiken und die neue Social Democratic and Labour Party, die SDLP, in Rage. Brian Faulkner, der Premierminister von Nordirland, behauptete, daß diese Maßnahme »Revolverhelden aufscheuchen« werde. Viele Internierte waren Männer mittleren Alters, die mit der IRA nicht mehr zu tun hatten, als daß sie ein republikanisches Lied gesungen oder ein Taschentuch in den Farben der Trikolore besessen hatten. Während sich in England der Streik der Bergleute ausbreitete, wurde in Nordirland eine Demonstration gegen die Internierung in Derry für den 30. Januar 1972, einen Sonntag, geplant. Trotz Verbots gingen 15 000 Menschen auf die Straße. Das katholische Viertel Bogside war für die Infanterieeinheiten zu einer *no-go area* geworden, die zu betreten Gefahr für Leib und Leben bedeutete. Zu der Zeit war ein Bataillon Fallschirmjäger in Derry stationiert, die aufgrund ihrer Erfahrungen von Belfast wußten, daß es bei Aufruhr zu gefährlichen Situationen kommen konnte, in denen Soldaten von Heckenschützen angegriffen wurden und die Attackierten zurückschossen. »Ich dachte, ich wäre zu einer normalen Demo gegangen«, berichtete ein Katholik, der damals als Junge dabeigewesen war, »bei der die Polizei wie üblich einige Gummigeschosse abfeuerte und vielleicht Tränengas einsetzte. Dann sagte jemand auf einem Balkon: ›Jesus, die haben richtige Gewehre und schießen mit scharfer Munition!‹ – Wir sahen, wie die Demo stockte und die Menschen zurückrannten.«

13 Zivilisten wurden erschossen und 29 verwundet. Die Armee behauptete, ihre Soldaten seien beschossen und mit Nagelbomben beworfen worden. Bei den Toten allerdings fanden sich weder Waffen noch Bomben.

In Dublin brannte eine Menschenmenge aus Protest gegen den *Bloody Sunday* die britische Botschaft nieder; in Belfast veranstaltete die IRA einen *Bloody Friday*, bei dem elf Soldaten 21 Bombenanschlägen zum Opfer fielen. In diesem einen Jahr kamen in Nordirland 321 Zivilisten und 146 Soldaten und Polizisten nur durch die Anwendung von Gewalt ums Leben. Premierminister Heath löste das nordirische Parlament in Stormont auf und ließ die Provinz direkt von London aus regieren.

Protestantische Werftarbeiter gingen wegen dieser Maßnahme auf die Straße. Die Katholiken demonstrierten gegen die Niederwalzung der Blockaden von Derry und die Einführung sogenannter *Diplock*-Gerichte, Sondergerichte für terroristische Straftaten, in denen nur ein einzelner Richter saß, um Einschüchterungen von Zeugen zu verhindern. Die *blanket-men*, inhaftierte IRA-Männer, die sich weigerten, Gefängniskleidung zu tragen, weil sie als politische Gefangene anerkannt werden wollten, schmierten ihren Kot an die Wände der Zellen, als ihre Toiletten nicht mehr geleert wurden. Bei einem Referendum stimmten 90 Prozent für den Verbleib Nordirlands im Vereinigten Königreich – die Katholiken allerdings boykottierten mehrheitlich die Abstimmung.

Am ersten Tag des Jahres 1973 traten England und Irland der EWG bei. Nur wenige feierten diesen historischen Moment der Verbindung mit dem Kontinent. Der Enthusiasmus für Europa hielt sich in Grenzen, und die Euro-Mehrheit im Unterhaus betrug bloß acht Stimmen. Die europäischen Institutionen – eine nicht gewählte Kommission, ein schwaches Parlament und eine Verwaltung ohne parlamentarische Kontrolle – widersprachen britischer Tradition zutiefst. Viele glaubten, es handle sich nur um eine Art Freihandelszone ohne politische Dimension.

Der Beitritt zur EWG bedeutete das Ende preiswerter Lebensmittel, was die Bauern natürlich erfreute. Dank staatlicher Subventionen waren sie seit 1947 zu den effizientesten Erzeugern Europas geworden. Jetzt profitierten sie von der europäischen Agrarordnung. Die Weizenpreise stiegen in wenigen Jahren um das Zweieinhalbfache. Die Bauern rissen die Hecken heraus, um ihren Ertrag zu steigern, und lösten dadurch Bodenerosionen aus, die East Anglia zu einer Prärie machten.

Die steigenden Lebensmittelpreise beschleunigten die Inflation. Heath sah sich zu einer erneuten Kehrtwende gezwungen. Der überzeugte Nichtinterventionist griff zum Mittel einer rigiden Lohn-Preis-Politik. Der Zeit der Gehaltseinfrierungen folgte eine jährliche Maximalanhebung bis zu 350 Pfund. Die Bergleute wollten fast doppelt soviel. Ihr Führer Joe Gormley warnte den Premierminister, daß seine »Jungs ein breites Kreuz haben und sich als Herren im Haus fühlen«. Sie hatten aufgrund ihrer jüngsten Erfolge Blut geleckt, und ihre Siegeszuversicht wurde angesichts des israelisch-ägyptischen Sechstagekriegs im Oktober 1973, des darauffolgenden Ölembargos, die um das Vierfache gestiegenen Ölpreise und der Energiekrise mit langen Schlangen vor den Tankstellen noch gesteigert. Die Kumpel beharrten auf ihren Forderungen und verweigerten Überstunden, um zu zeigen, daß es ihnen ernst war.

Der Notstand wurde am 13. November ausgerufen, einen Monat später gab es wieder die Dreitagewoche. Heath war ausgelaugt von der Öl- und Kohlekrise, der Inflation, einem drohenden Eisenbahnerstreik, dem schlimmsten Außenhandelsdefizit seit je sowie einem mühsam zustande gebrachten *Power-sharing*-Abkommen in Nordirland, das eine Machtteilung vorsah, jedoch von den Protestanten boykottiert wurde. Das Fernsehen beendete sein Programm um 22.30 Uhr, damit die Leute früher ins Bett gingen. 80 Stundenkilometer wurde als Tempolimit festgesetzt, und Benzin gab es nur auf Bezugschein. Man fühlte sich an Kriegszeiten erinnert – aber jetzt befand sich das Land im Krieg mit sich selbst.

Der nächste Streik begann am 9. Februar 1974. Heath setzte auf eine vorgezogene Wahl für den 28. Februar mit der Kernfrage, ob das Land von den Gewerkschaften oder vom Parlament regiert werden wolle. Sein Vorsprung bei den Meinungsumfragen schwand allmählich. Labour errang schließlich 301 Sitze gegenüber 296 der Torys, wobei die Libe-

Eine erschrockene Hausfrau sieht zu, wie britische Soldaten Steineschmeißern nachjagen. Die Soldaten tragen einen Knieschutz gegen Molotowcocktails und kugelsichere Westen gegen Heckenschützen der IRA. Einige von ihnen sind mit Gewehren für Gummigeschosse bewaffnet.
[Foto: Don McCullin]

In ihrem Buch »Der weibliche Eunuch« beschreibt Germaine Greer (rechts) die Ehe als legalisierte Versklavung von Frauen. Immer mehr Paare lebten ohne Trauschein zusammen. Die grelle Stimme der Frauenbefreiungsbewegung übertrug sich auf weitere Initiativen wie die Anti-Atombewegung, die Anti-Rassismusbewegung, die Grünen, die Tierschützer sowie auf die Homosexuellenbewegung.
[Foto: Anita Hoffmann]

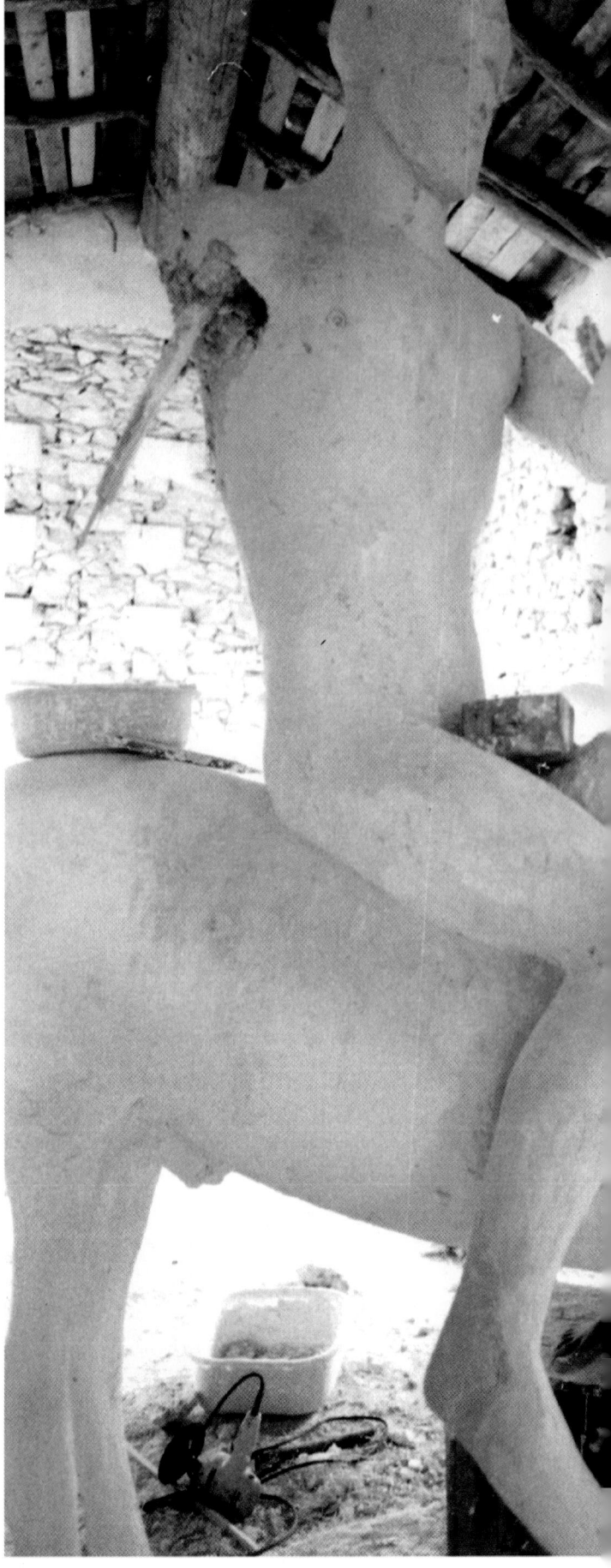

Frank Auerbach (linke Seite, unten) arbeitete über Monate oder gar Jahre an seinen Werken, die aus dicken Farbschichten bestanden.

Francis Bacons (linke Seite, oben) ausgepeitschte, schreiende und blutbefleckte Figuren gelten als Reflexio-

nen seines sadomasochistischen Privatlebens. Elisabeth Frinks rauhe und naturalistische Bronzeplastiken

(Mitte) spielten mit Variationen von menschlichen Köpfen und Pferden. David Hockney (rechte Seite, oben),

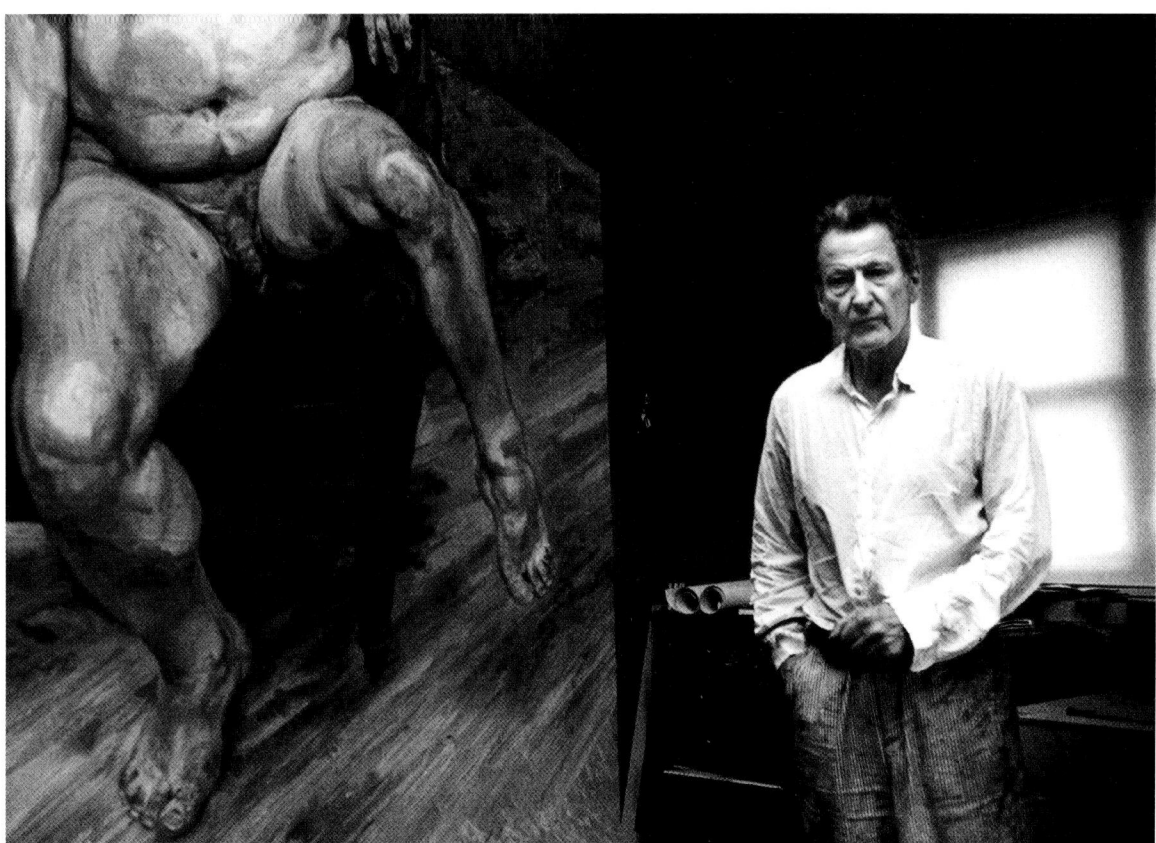

*ein Meister der Linie und des Por-
träts, war besessen von den klaren
Farben Kaliforniens. Lucian Freud*

*(rechte Seite, unten), ein Enkel Sig-
mund Freuds, entwickelte sich vom
Neoromantiker zu einem Realisten,*

*der Nacktheit häufig in einer nahezu
unerträglichen Intensität darstellte.*
[Fotos linke Seite oben, unten und

rechte Seite oben: Jorge Lewinski]
[Foto Mitte: Ian Berry]
[Foto rechte Seite unten: Bruce Bernard]

ralen, walisische und schottische Nationalisten das Zünglein an der Waage bildeten. Wilson war wieder an der Macht – zu seiner eigenen Überraschung. Zwei Tage später gaben sich die Bergleute mit 35 Prozent Lohnerhöhung zufrieden.

Die Frauenbefreiungsbewegung – eine Bezeichnung, die nach Guerillakrieg roch – schlug einen scharfen Ton an. Das Werk, das den Samen legte, falls man einen solch maskulinen Begriff verwenden darf, war die Schrift von Germaine Greer, »Der weibliche Eunuch«. Darin erklärte sie, daß nach der ersten feministischen Welle der wohlerzogenen Suffragetten, die Reformen verlangten, jetzt »weniger feine Damen der Mittelschicht nach Revolution riefen«. Die männliche Psyche sei durch den Abscheu vor allem Weiblichen geprägt. Sie fragte, warum eine Frau täglich darum kämpfen solle, ihre weibliche Schönheit für einen »unterentwickelten, häßlichen, furzenden, glatzköpfigen Gefährten mit Wanst, Bartstoppeln und Bierausdünstung« zu pflegen. Das feministische Magazin *Spare Rib* nahm darüber hinaus den Kampf gegen Ehe und Mutterschaft auf.

Die Blumenkinder wichen den Schlägertypen. Skinheads verunstalteten sich durch Stoppelhaare, Tätowierungen und Springerstiefel. Punks frisierten sich wie Mohikaner, trugen zerrissene Pullover und clowneske Gesichtsbemalung. Sie schmückten sich mit Folterzubehör, Ketten und Leinen, und durchbohrten sich mit Sicherheitsnadeln. In Stanley Kubricks Film »Uhrwerk Orange«, nach der Romanvorlage von Anthony Burgess, tobten die Jugendlichen wie Ballettänzer durch Gewaltaktionen.

Das Leben imitierte die Kunst. Die Sex Pistols waren die erste Punkrockgruppe, die ihr Publikum beschimpfte, auf die BBC fluchte und dieses grauenvolle Verhalten als »Anarchie« verkaufte. »Ich werde nie vergessen«, erzählte der Rockstar Adam Ant von seinem ersten Gig, »wie

John ausgebeulte Streifenhosen anhatte und ein zerrissenes T-Shirt mit dem Aufdruck: Ich hasse Pink Floyd. Matlock trug Hosen voller Farbspritzer und ein rosafarbenes Damen-Ledertop. Sie spielten »Substitute« und »Whatcha Gonna Do About It« und änderten dabei den Refrain in: »I want you to know that I hate you baby«.« Alles in allem »sahen sie aus, als würden sie einen Scheiß auf alles geben«. Mit ihren Gefühlen standen sie nicht allein. Große Teile der Bevölkerung nahmen die gleiche Haltung ein, wenn sie morgens zu ihrem Arbeitsplatz eilten. Gefährlich wurde es jedoch, wenn es ins Extrem ging. Der Bandleader nannte sich Johnny Rotten, »Johnny Verdorben«, der Bassist bezeichnete sich als Sid Vicious, »der Bösartige«. In New York brachte er im Drogenrausch seine Freundin um und starb selbst später an einer Überdosis.

Die Anzahl der Gewaltverbrechen stieg Mitte der siebziger Jahre auf fast 100 000 im Jahr. Sir Keith Joseph, ein einflußreicher und ernstzunehmender Vordenker der Torys, klagte darüber, die englischen Städte seien zum erstenmal unsicher geworden, seit Sir Robert Peel die Londoner Bobbys im Jahr 1830 reorganisiert habe. Mord kam jetzt selbst in aristokratischen Kreisen vor: Der Earl of Lucan brachte die Betreuerin seiner Kinder um, weil er sie für seine Frau hielt, die er ebenfalls angriff. Der Earl verschwand von der Bildfläche. Unbestätigten Gerüchten zufolge sollen ihn Freunde außer Landes gebracht haben.

Bei den Liberalen reichten die Skandale bis in die oberste Etage. Ihr Chef Jeremy Thorpe hatte angeblich 5000 Pfund für die Ermordung eines lästigen Liebhabers gezahlt. Auch ein Freispruch konnte seinen Untergang nicht verhindern. Bei den Konservativen mußten zwei Minister ihren Hut nehmen, weil sie mit Prostituierten in Verbindung gebracht wurden. Daß beide Peers waren, machte die Angelegenheit noch

Die Popmusik entwickelte sich zur gefährlichen Persiflage ihrer selbst. So waren die Sex Pistols weitgehend Ergebnis einer funktionierenden Publicitykampagne und wurden als unflätige, radikale Punks hingestellt. Sid Vicious (der Bösartige), der Baßgitarrist der Band, feiert (Bild links) eine Party mit seiner Freundin Nancy. Vicious machte seinem Namen alle Ehre: Er wurde wegen Mordes an seiner Freundin in einem New Yorker Hotel festgenommen und starb, während er auf seinen Prozeß wartete, an einer Überdosis.

Mit einer solchen Anklage mußte auch der dekadente Aristokrat Lord Lucan rechnen – auf dem Bild ganz rechts in einem Club. Er vergeudete sein Leben durch Trinken sowie erfolgloses Spiel und wurde des Mordes an der Erzieherin seiner Kinder beschuldigt, die er wahrscheinlich mit seiner Frau verwechselt hatte. 1974 verschwand er, und seine Spuren verwischten sich.
[Foto links: Jill Furmanovsky]

pikanter. Reginald Maudling, der Innenminister, ging ebenfalls, weil er sich auf Geschäfte mit einem korrupten Architekten eingelassen hatte.

Obwohl es sich nur um Einzelfälle handelte, brachte das Volk mit seinem kollektiven Gedächtnis einer prüden viktorianischen Vergangenheit kein Verständnis für die Eskapaden seiner Politiker auf. Es galt als Beweis für deren Degeneriertheit, daß Thorpe der Erbe eines moralisch gefestigten Mannes wie Gladstone sein sollte. Nur wenige zogen die Möglichkeit in Betracht, daß der große viktorianische Liberale, der eine Schwäche für die gefallenen Frauen auf Londons Straßen hatte und sich dafür selbst geißelte, im derzeitigen, von Lüsternheit beherrschten England aus dem Amt vertrieben worden wäre. »Die haben doch alle Dreck am Stecken«, urteilten die Leute über die Großen und Mächtigen.

Eine weitere Unwahrheit schwächte das Land. Die Kelten der Hauptinsel schienen sich aus der Union mit England, welche die Waliser seit 1536 und die Schotten seit 1707 eingebunden hatte, herauslösen zu wollen. Das Erstarken nationalistischer Parteien jenseits der Grenze Englands wurde als Vorzeichen künftiger Entwicklungen betrachtet. Dennoch ergab ein Referendum, daß nur 32 Prozent der wahlberechtigten Schotten und 12 Prozent der Waliser eine Loslösung befürworteten.

Ein Anti-Rassismus-Gesetz wurde verabschiedet, weil die Briten angeblich von »Rassismus« infiziert waren. IRA-Terroristen operierten nun auch auf englischem Boden. Bomben in Birminghamer Pubs töteten 17 junge Menschen, doch die vielen in England arbeitenden und lebenden Iren hatten kaum unter Gegenreaktionen zu leiden. Es hieß, die Briten seien dem Kontinent gegenüber ablehnend eingestellt. Aber in einem Referendum stimmten sie mit 17 zu 8 Millionen für den Verbleib in der EWG. Das angebliche Wiedererstarken der neofaschistischen National

Front sorgte für einigen Wirbel. Doch bei der nächsten Wahl vermochte sie kein nennenswertes Ergebnis zu erzielen. Als eine neue Welle von Immigranten ins Land schwappte – Asiaten, die infolge rassistischer Auswüchse der Schwarzen in Ostafrika vertrieben worden waren –, kamen neue Ressentiments auf. Aber die Diskriminierung von Immigranten durch die Briten war viel geringer als die gegenseitige Diskriminierung. Die Pakistanis, Inder und Westinder hielten sich voneinander fern. Ihre jeweiligen Oberhäupter zeigten wenig Gemeinsamkeiten – bis auf die Tatsache, daß sie ihre Gastgeber des Rassismus beschuldigten.

Die gemeinste Unwahrheit lag in der Behauptung, das Land gleite in die Armut ab. 1977 wurden zwar mehr Pkws importiert als produziert, ein fast unvorstellbarer Kollaps in einer Branche, die noch kurz zuvor zu den größten Exporteuren der Welt gehört und den Minicar und den Transmissionsantrieb erfunden hatte. Doch der Lebensstandard stieg auch weiterhin. Neun Millionen Menschen verbrachten jedes Jahr ihren Urlaub im Ausland. Über die Hälfte der Haushalte hatte Auto und Telefon, und die Zentralheizung wurde zum Standard. Dennoch wollten die Menschen mehr, als das Land zu leisten in der Lage war – ein Umstand, der die Labour-Regierung allmählich zu Fall brachte. Die *Militant Tendency* und andere marxistische Gruppen infiltrierten die Parteiorganisation auf lokaler Ebene. Auf Konferenzen der Labour-Partei erklärten sie sich solidarisch mit den Atomwaffengegnern, Black Power, den Forderungen von Homosexuellen beiderlei Geschlechts; sie befürworteten die Massenverstaatlichung und unterstützten die Sinn Féin, den politischen Flügel der IRA.

Die Wunden hatte sich das Land teilweise selbst zugefügt. Tony Benn blieb im Kabinett, obwohl er als die Galionsfigur von Trotzkisten, Dissidenten, Straßenkämpfern und anderen Mitläufern der außerparlamen-

Die Untertanen der Königin waren mit sich selbst nicht im reinen. Das Land galt als »kranker Mann von Europa«, und die Jugend bildete sich etwas auf ihr Erscheinen als Punks (links) oder Hooligans ein.
[Foto: Feri Lukas]

tarischen Opposition fungierte. Bedeutsamer aber war der Ölschock, der die Wirtschaft nahe an den Zusammenbruch brachte. Schuh-, Stahl- und Textilindustrie bluteten aus, ebenso der Schiffsbau und die Schwerindustrie, die Stützen der Wirtschaft. Nur staatliche Subventionen konnten den Fahrzeughersteller British Leyland retten. Die Inflation erreichte 28 Prozent. 1976 trat Wilson zurück – zu einem gut gewählten Zeitpunkt. Sein Nachfolger James Callaghan war mit einer derart akuten Krise des Pfund Sterling konfrontiert, daß Denis Healy, der Chef des Finanzministeriums, vom Londoner Flughafen Heathrow zurückgerufen werden mußte, um Stützungsreserven lockerzumachen.

Rührende Treue gegenüber dem Königshaus spricht aus den Vorbereitungen dieser Frau zum Silbernen Thronjubiläum Elizabeth II. Ein Straßenfest mit improvisierter Bühne wird vorbereitet.
[Foto: Ian Berry]

Es erwies sich als sehr kostspielig, den »kranken Mann Europas« am Leben zu halten. Healy nahm einen Kredit in Höhe von drei Milliarden Pfund bei der Weltbank auf. Dafür mußte er die öffentlichen Ausgaben einschneidend kürzen und Regierungsanteile an British Petroleum in Höhe von 500 Millionen Pfund verkaufen. Das Pfund schien sich ebenso wie die Regierung von »Sunny Jim« Callaghan zu stabilisieren, aber der Wahnsinn eskalierte. Die Arbeiter, darunter auch die Gewerkschaftsmitglieder, einer Fotoentwicklungsfirma in London wurden gefeuert. Über ein Jahr wurde der Betrieb von Streikposten besetzt, teilweise von 18 000 Menschen. Minister aus dem Labour-Kabinett beteiligten sich aus »Solidarität«, einem Reizwort der siebziger Jahre, an der Aktion.

Zwei Millionen Menschen waren Mitte des Jahres 1978 arbeitslos, seit den dreißiger Jahren hatte es das nicht mehr gegeben. Callaghan kündigte im Juli an, daß Lohnerhöhungen für zwölf Monate auf fünf Prozent begrenzt würden. Damit machte er sich die organisierte Arbeiterbewegung zum Feind: eine geheimnisvolle Welt der Banner, auf die ähnlich wie auf Regimentsstandarten geschworen wurde, der gewerkschaftlichen Vertrauensleute und Pfarrer sowie der Organisationen mit merkwürdigen Abkürzungen wie COHSE, NUPE, SOGAT, NATSOPA.

Als erste nahmen sich die Automobilarbeiter vor, die Fünfprozentgrenze zu kippen. Ende September lagen alle 23 Ford-Fabriken still. Nach zwei Monaten einigte man sich auf 17 Prozent. Damit war der Damm gebrochen. Feuerwehrleute folgten mit 22, Bäcker mit 14, Heizungsinstallateure mit sagenhaften 30 Prozent. Im Januar 1979 begann ein landesweiter Streik der Lastwagenfahrer. Callaghan kam von einem Treffen in Guadeloupe zurück, braungebrannt und lächelnd. »Ich glaube nicht«, sagte er, »daß Menschen anderswo in der Welt die Ansicht teilen, hier würde Chaos herrschen.« Die Zeitungen zitierten diesen Satz mit »Krise – welche Krise?« Die Lastwagenfahrer setzten sich mit bis zu 22 Prozent Lohnerhöhung wieder in ihre Trucks. Inzwischen beteiligten sich auch die öffentlichen Bediensteten am Prozentespiel. Nach sporadischen Arbeitsniederlegungen folgte ein vierundzwanzigstündiger Generalstreik. Schulen mußten schließen, weil die Hausmeister, Köche und das Reinigungspersonal die Arbeit verweigerten. Der Müll türmte sich auf den Straßen. In Liverpool blieben die Toten unbestattet, da auch die Totengräber streikten. Im Februar gab Callaghan nach und akzeptierte eine Lohnerhöhung von neun Prozent. Um ihm wenigstens ein Feigenblatt zu lassen, erklärten sich die Gewerkschaften bereit, nunmehr Richtlinien für Betriebsbesetzungen und für Unternehmen, in denen nur Gewerkschaftsmitglieder arbeiten durften, zu entwerfen.

Im März verlor die Regierung aufgrund schlechten Krisenmanagements ein Vertrauensvotum und stürzte als erste Regierung seit 1924 durch einen Mißtrauensantrag. Die Gewerkschaften, die inzwischen 13 Millionen Mitglieder zählten, hatten Callaghan ebenso geschafft wie seinerzeit Heath. Es war ein Moment des Triumphs, und sie taten gut daran, ihn noch lange in Erinnerung zu behalten. Durch die Wahl wurden die Trümmer dieses nutzlos verschwendeten Jahrzehnts beseitigt. Die Frau, die jetzt die Torys führte, hatte eine ganz andere Zukunft vor Augen.

10
AUFSTIEG UND FALL
DER »EISERNEN LADY«

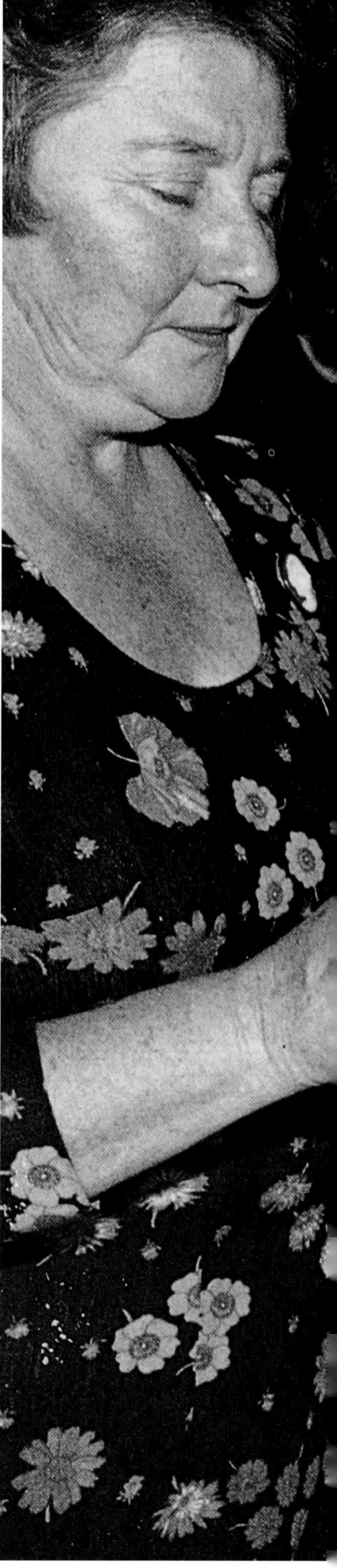

»Sie hat die Lippen von Marilyn Monroe und die Augen von Caligula« – so beschrieb der damalige französische Präsident François Mitterrand die neue Premierministerin. Die Briten nannten die Kaufmannstochter aus Grantham »Mrs. T«. Das hörte sich sehr persönlich, fast sogar liebevoll an, war aber gelegentlich mit Abscheu und immer mit einer gewissen Furcht gepaart. Der Minister, der es wagte, sie in Talk-Shows als »heilige Margaret« oder »die Führerin« zu titulieren, hielt sich nicht lange. Die Russen tauften sie die »Eiserne Lady«.

Hinter der Fassade eiskalter Entschlossenheit verbarg sich ein durchaus ungestümes und wechselhaftes Temperament. »In ihr steckt Leben, echtes Leben«, meinte der Tory-Abgeordnete Julian Amery. Margaret Thatcher war die erste Frau Englands, die aus eigener Kraft an die Spitze der Macht gelangt ist und nicht einer Dynastie angehörte. Glück hatte sie sicher auch, sowohl mit ihren Freunden – mit Ronald Reagan verstand sie sich prächtig – als auch mit ihren Feinden im Ausland und zu Hause: argentinischen Generälen, einer schwachen und uneinigen Labour-Führung sowie einem Gewerkschaftsboß, der für den entscheidenden Streik in jener Ära den falschen Zeitpunkt wählte. Sie nutzte ihr Glück mit Vehemenz, und die Aura der Macht und die Lust daran waren offensichtlich. Sie war eine fleischfressende Orchidee, parfümiert und hungrig.

Zunächst jedoch blieb sie aus gutem Grund vorsichtig und argwöhnisch. Das Land litt unter Zukunftsängsten und Stimmungsumschwüngen. Wenige Wochen vor ihrer Wahl im Mai 1979 ermordeten irische Terroristen in der Tiefgarage des Unterhauses ihren engen Freund und Berater Airey Neave; im Sommer brachten sie einen Cousin der Königin, Earl Mountbatten, auf seinem vor der irischen Küste liegenden Schiff um. 1980 wurde die iranische Botschaft in London besetzt – und die ganze Welt beobachtete am Fernsehschirm, wie die Spezialeinheit SAS die Geiseln mit Blendgranaten und automatischen Sturmgewehren befreite und dabei vier der fünf Terroristen tötete. Zehn IRA-Gefangene traten aus Protest gegen die Verweigerung ihres politischen Status in den Hungerstreik und starben. Der Tod des ersten, Bobby Sands, während des Hungerstreiks zum Abgeordneten gewählt, zog wiederum die Aufmerksamkeit der Welt auf Großbritannien.

Die Inflationsrate kletterte auf 21,8 Prozent – in Deutschland und Frankreich betrug sie weniger als vier Prozent –, und die Arbeitslosenzahl stieg auf drei Millionen an. Großbritannien schien sich allmählich aus der industrialisierten Welt zu verabschieden. Daß Streiks das Erscheinen der Zeitungen verhinderten, wurde allmählich so alltäglich, daß man die *Sunday Times* als *Sunday Sometimes* bezeichnete. Englische Fußballfans, einst ein Vorbild für faires Verhalten, liefen in Turin Amok: *Hooligans*. Der »Yorkshire Ripper« gestand den Mord an seinem dreizehnten Opfer. Man hatte bis dahin geglaubt, daß nur in Amerika Serienmörder ihr Unwesen trieben und es nur in New York möglich war, daß John Lennon ermordet wurde – bis Rassenkrawalle im Juli 1981

Margaret Thatcher beaufsichtigt 1983 nach ihrem zweiten Wahlsieg eine Fund-Raising-Aktion während des Parteitags der Torys in Blackpool. Die gemäßigten »Wets« waren inzwischen aus dem Kabinett entfernt. Eine lange Tradition des politischen Konsenses und des Kompromisses wurde über Bord geworfen. Thatcher setzte sich mit allem Nachdruck für ein radikales Privatisierungsprogramm ein, das schließlich von großen Teilen Europas und sogar darüber hinaus nachvollzogen wurde.

Sie war die erste Premierministerin, die drei Wahlen hintereinander gewann und auch die dominierendste Regierungschefin in Friedenszeiten. »Die Lady dreht sich nicht nach dem Wind«, sagte sie von sich selbst. So gehörten zu ihren Tugenden eine sture Beharrlichkeit in ihrer Zielsetzung, politischer und persönlicher Mut. Sie war ständig Attentatsversuchen seitens der IRA ausgesetzt. Ihre Geradlinigkeit geriet zum Triumphalismus, der viele Parteifreunde verletzte und schließlich dazu führte, ihr Gespür für Gefahren zu trüben. Sie verlängerte die Ambivalenz der Nation gegenüber Europa und wurde beschuldigt, amoralischen privaten Wohlstand zugunsten öffentlicher Verwahrlosung zu fördern. Trotzdem überlebten ihre großen Kampagnen – der Verkauf staatlicher Gesellschaften und öffentlicher Wohnhäuser, die Entmachtung der Gewerkschaften und das Konzept einer erschwinglichen Wohlfahrtspolitik – ihren Sturz.
[Foto: Mike Abrahams]

Liverpool, London, Hull, Wolverhampton, Birmingham und Chester unsicher machten. Daß schwarze und weiße Jugendliche die Polizei angriffen, hatte man bislang ebenfalls für ein amerikanisches Phänomen gehalten.

Die Fernsehkameras schwenkten Ende des Monats von den städtischen Gettos zur Saint Paul's Cathedral, wo Prinz Charles und Lady Diana Spencer heirateten, eine junge Adlige von bemerkenswerter Frische und Schönheit. 1,2 Milliarden Menschen sollen weltweit zugesehen haben. Die Briten gewöhnten sich daran, daß Aufstieg und Fall des Empire und der Aristokratie in brillanten historischen Filmen oder Fernsehserien wie »Gandhi«, »Die Reise nach Indien«, »Das Juwel der Krone« oder »Wiedersehen mit Brideshead« dargestellt wurden.

Margaret Thatcher glaubte an Selbsthilfe, persönliche Moral, niedrige Steuern, einen freien Markt, den Unternehmer und den Individualismus. Ihrer Meinung nach gab es »so etwas wie *die* Gesellschaft« nicht. Ihre Abneigungen standen ebenso fest: Mittelmaß, Sozialklempner, staatliche Industrie, Abhängigkeit vom Wohlfahrtsstaat, Gewerkschaftsmacht

und besonders die Wets: nämlich jene Torys, die an Konsenspolitik und Kompromisse aus der Heath-Ära glaubten. »Wenn Sie wollen, können Sie umkehren«, sagte sie 1980 auf dem Tory-Parteitag. »Doch die Lady hat nichts für Umkehr übrig.«

Sie unterzog ihre Mitmenschen einem intuitiven Lackmustest, jede Spur von Unentschlossenheit veranlaßte sie zu der schicksalhaften Bezeichnung »keiner von uns«. Die Wets bildeten in ihrem ersten Kabinett die Mehrzahl, und da sie pragmatisch dachte, kooperierte sie mit ihnen, solange es unumgänglich war. Man handelte eine ehrenhafte Lösung der seit langem schwelenden Rhodesienkrise aus. Robert Mugabe – ein Marxist, also absolut »keiner von uns« – wurde erster Präsident Simbabwes, nachdem die rebellierenden Weißen ihre Herrschaft und das Land dadurch seinen alten, imperialen Namen verloren hatte. Einige Jahre zuvor hatte Ian Smith, der Führer der Kolonialisten, den britischen Berater Lord Goodman nach nur einem einleuchtenden Grund gefragt, warum man den Schwarzen Platz machen sollte. »Arithmetik«, antwortete dieser. Die Gesetzgebung gegenüber den Gewerkschaften blieb zunächst gemäßigt. Gewerkschaftsmitglieder erhielten Geld vom Staat und gingen dafür zu Streikabstimmungen und Vorsitzendenwahlen; Solidaritätsstreiks wurden verboten. Thatcher wich der Konfrontation mit den Stahl- und Bergarbeitern aus. Die lahmen Enten wie Rolls-Royce, British Leyland und British Rail watschelten auf Staatskosten weiter.

Bei ihrem Sturmangriff gegen die Wirtschaft war sie jedoch kompromißlos. Im Haushaltsjahr 1981 strich sie die öffentlichen Ausgaben zusammen und quetschte den restlichen Bedarf aus der Erhöhung der indirekten Steuern. Die Industrieproduktion verringerte sich in diesem Jahr um zehn Prozent, die Inflation stieg auf über 20 Prozent, und die Arbeitslosenquote erreichte mit 13,3 Prozent den Höchststand in Europa. Die »große Elefantenkuh«, wie ein Hinterbänkler der Torys sie nannte, war angeschlagen. 364 Ökonomen unterschrieben einen veröffentlichten Brief in der *Times*, in dem sie ihre Politik als ruinös bezeichneten. Die Industrie sollte eigentlich zu Thatchers natürlichen Verbündeten zählen. Statt dessen sprach deren Führungsspitze offen von einem »Kampf bis aufs Messer« mit ihr. Bei Meinungsumfragen schnitt sie persönlich am schlechtesten seit Neville Chamberlain ab. Die Wets im Kabinett forderten die Erhöhung der öffentlichen Ausgaben, um die Arbeitslosigkeit zu reduzieren. Sie warf drei von ihnen aus dem Kabinett, von denen einer, Ian Gilmour, sie bezichtigte, das Schiff geradewegs auf einen Felsen zu steuern.

Überleben konnte sie nur, weil die Opposition sich selbst zerfleischte. Labour gab sich eine neue Satzung, nach der sich alle Kandidaten des Unterhauses, sogar gewählte Abgeordnete, in ihren Wahlbezirken der Neuwahl stellen mußten. Das war eine offene Einladung an Trotzkisten, Schwulenbefreier, Atomwaffengegner und den Rest des bunten Spektrums, sich einzumischen. Von der Thatcher gewogenen Presse wurde das genüßlich aufgegriffen, besonders von der *Sun*, einem Boulevardblatt, das die Stimmung und Skurrilität der Dekade traf. Die Partei erkor nicht den schwergewichtigen Hünen Denis Healy zum Chef, sondern den alternden Michael Foot, einen Atomwaffengegner, auf liebenswerte Weise schäbig und gebildet, dessen abschweifende Prophezeiungen und struppiges, weißes Haar ihn zum Jeremias der »verrückten Linken« machte. Anders als Healy hatte er für festes Zupacken keinen Sinn und als Idealist auch nicht für die Einheit der Partei.

Angesichts dieses Strandguts verließ die »Viererbande«, der einstige Arbeitsminister Roy Jenkins sowie David Owen, Shirley Williams und William Rodgers, die Partei und gründete die Social Democratic Party, SDP, der sich weitere 29 Labour-Abgeordnete anschlossen. Die Partei, die sie verlassen hatten, stellte einen jungen und schwulen australischen Marxisten bei Nachwahlen in Bermondsey auf, einem sicheren Wahlbezirk der Hafenarbeiter in London – und wunderte sich, als der Sitz an die Liberalen verlorenging. Die SDP schien das erstarrte Muster britischer Politik durchbrechen zu können, da eine straff geführte sozialliberale Partei für die Wähler, die das Hin und Her, Rechts und Links satt hatten, attraktiv war. Im März 1982 konnte Roy Jenkins bei einer Nachwahl einen wichtigen Wahlkreis gewinnen, was für Margaret Thatcher ziemlich bedrohlich schien. Sie hatte den Tiefpunkt ihrer Popularität erreicht.

Die Wende zeichnete sich im südlichen Atlantik ab. Am 2. April,

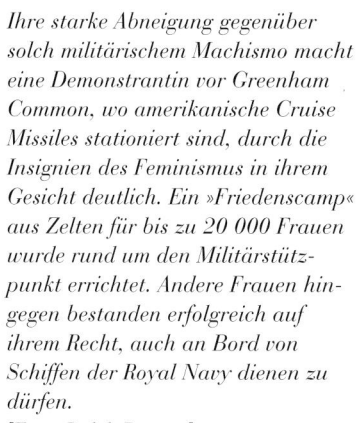

Wer wagt gewinnt: Ihrem Wahlspruch wird die militärische Spezialtruppe Special Air Service bei der Erstürmung der iranischen Botschaft in London im Mai 1980 gerecht. Die Soldaten tragen schwarze Uniformen und Gesichtsmasken. Vier Geiselnehmer wurden in dem Gebäude erschossen, als die SAS mit Blendgranaten und Maschinenpistolen durch die Fenster drang, ein fünfter lebend gefangengenommen.

Ihre starke Abneigung gegenüber solch militärischem Machismo macht eine Demonstrantin vor Greenham Common, wo amerikanische Cruise Missiles stationiert sind, durch die Insignien des Feminismus in ihrem Gesicht deutlich. Ein »Friedenscamp« aus Zelten für bis zu 20 000 Frauen wurde rund um den Militärstützpunkt errichtet. Andere Frauen hingegen bestanden erfolgreich auf ihrem Recht, auch an Bord von Schiffen der Royal Navy dienen zu dürfen.
[Foto: Judah Passow]

Als »überlaufene Hochzeit« bezeichnete Prinzessin Diana kurz vor der Scheidung reuevoll jenen Tag. Als Lady Diana Spencer traf sie (links) zu ihrer Vermählung mit Prinz Charles vor der Saint-Pauls-Kathedrale ein. Die königliche Romanze versetzte die ganze Welt in Zauber. Am Fernseher wohnten 1,2 Milliarden Menschen dem Treueschwur bei, der so bald gebrochen wurde.

Prinz Charles nahm seine langjährige Beziehung zu Camilla Parker-Bowles wieder auf, einer verheirateten Frau. Er war Pate des ältesten Kindes der Parker-Bowles. Lady Diana traf ihre spätere Rivalin 1980 beim Pferderennen in Ascot (oben). Arrangierte dynastische Ehen hatten solches Verhalten in Zeiten überstanden, die rücksichtsvoller waren. Bei »Lady Di« handelte es

sich aber um keinen langmütigen Import vom Kontinent. Sie entstammte direkt der Whig-Aristokratie. Ende der achtziger Jahre wurde Skandalen bis zur Hetzjagd nachgestellt. Die Ehe verlief sich als Strandgut des Lebens mit belauschten Telefonaten, Schnappschüssen und Fernsehinterviews. Der Prinzessin wurde der Titel »Königliche Hoheit« entzogen. In einem Gegenangriff, auf den ihr soldatischer Vorfahr, der Herzog von Marlborough, stolz gewesen wäre, bezeichnete sie sich als »Queen of Hearts«.

Die Royal Navy mußte im Krieg um die Falklandinseln, die von Argentinien besetzt worden waren, nur mit dürftiger Luftunterstützung operieren. Der Maschinenraum der Antelope wurde am 25. Mai 1982 durch eine Bombe getroffen. Ein Feuer brach aus, und das Schiff explodierte drei Stunden später (oben).

Sobald die Briten an Land waren, setzten sich ihre hohe Belastungsfähigkeit und Professionalität gegenüber der zahlenmäßigen Überlegenheit der wehrpflichtigen Argentinier durch. Zwei Argentinier, die sich ergeben haben, werden abgeführt (rechts).
[Foto oben: Martin Cleaver]
[Foto rechts: Tom Smith]

einem Karfreitag, besetzten argentinische Truppen innerhalb weniger Stunden die Falklandinseln. Am nächsten Tag trat das Unterhaus das erste Mal seit dem Zweiten Weltkrieg an einem Samstag zu einer Sitzung zusammen. Die meisten Briten mußten erst auf der Landkarte nach den Inseln suchen, die 40 Minuten Flugzeit von Argentinien und fast 13 000 Kilometer von Großbritannien entfernt lagen. Doch die beschämende Niederlage wurde unmittelbar deutlich, als erste Bilder von Royal Marines gezeigt wurden, die vom Gegner überwältigt auf dem Boden lagen. Man schloß daraus, daß die Inkompetenz der Regierung dafür verantwortlich war, denn die Argentinier hatten ihren Anspruch auf die Kronkolonie bereits seit langem geltend gemacht. Der angekündigte Rückzug des einzigen Schiffes der Royal Navy in jener Region, des Eispatrouillenschiffes *Endurance*, hatte den impulsiven General Galtieri und seine Militärjunta in Buenos Aires in ihrer Überzeugung bestärkt, daß die Briten für diese Inseln am Ende der Welt keinen Finger krumm machen würden.

Außenminister Lord Peter Alexander Carrington übernahm die Verantwortung für den nicht einkalkulierten Angriff der Argentinier und trat zurück. Mrs. Thatcher stand nun allein auf weiter Flur und wurde dadurch äußerst verletzlich. Jegliches militärische Manöver, die Invasoren aus dieser Entfernung zu vertreiben, war riskant. Die Royal Navy würde jenseits der Grenzen des Akzeptablen operieren müssen. Ganze zwei Flugzeugträger, einer davon schrottreif, blieben für diese Aufgabe

übrig. Es standen so wenige Schiffe zur Verfügung, daß man auf Kreuzfahrtschiffe wie die *Canberra* als luxuriöse Truppentransporter und auf Containerfrachter der Handelsmarine als Hubschrauberträger und Startrampen für die Harrier-Senkrechtstarter zurückgreifen mußte. Außer der begrenzten Zahl der Harrier gab es keine Luftunterstützung. Ginge ein Flugzeugträger verloren, wäre das Spiel aus, noch bevor es begonnen hätte. Auf den Falklands lebten 2000 Menschen, überwiegend Schafzüchter, und ein Gouverneur, auf dessen Bedeutung ein ausgedientes Londoner Taxi als Dienstfahrzeug hinwies.

Weder ein Bewohner der Falklandinseln noch ein Marinesoldat war bei der Invasion getötet worden. Außer verletztem Stolz gab es eigentlich keinen Grund, die Angelegenheit nicht der Diplomatie zu überlassen. Damit beschwichtigte sich die Militärjunta vernünftigerweise, aber auch für sie fatalerweise selbst. Tatsächlich aber führte die Invasion zu einem Minenfeld, auf dem die historischen Instinkte und der ungebrochene Patriotismus der Briten begraben wurden. Die Falkländer mochten zwar als »Schafscherer« verspottet werden, doch waren sie Blutsverwandte. Man glaubte nicht, daß die Junta ihre Rechte respektieren würde. Die Argentinier erließen einen kleinkarierten Befehl, demzufolge die Falkländer nicht mehr dort fahren sollten, wo jeder freigeborene Brite schon immer gefahren ist: auf der linken Straßenseite. Wenn das den Tory-Hinterbänklern schon Grund genug für den *casus belli* war, so war es für die Linke die Militärdiktatur. Seit 1947 hatten sich die Briten aus jedem Land zurückgezogen, dessen Bevölkerung mehrheitlich ihre Herrschaft nicht mehr akzeptierte. Immerhin konnte ein gewisses Maß an Würde dadurch aufrechterhalten werden, daß 48 Staaten freiwillig im Commonwealth, dem Nachfolger des Empire, blieben. Wo eine Mehrheit bri-

tisch bleiben wollte, sollte sie auch durch Waffengewalt nicht davon abgehalten werden. Das galt für Nordirland, und das gleiche Recht setzte das Land für diese abgelegene Inselgruppe voraus. Bei Meinungsumfragen unterstützten 80 Prozent ein militärisches Eingreifen. Man ging auch davon aus, daß die hastig zusammengestellte *Task Force* die Angelegenheit rasch bereinigen würde, obwohl es sich eher um einen zusammengewürfelten Haufen als um eine Armada handelte. Es waren hohe Erwartungen, die an Margaret Thatcher gerichtet wurden, über die sie stürzen würde, könnte sie ihnen nicht entsprechen.

Die Briten hätten sich nicht im Bewußtsein der gescheiterten Invasionsversuche des spanischen Königs Philipp, Napoleons oder Hitlers gelassen zurücklehnen sollen, denn damit waren ihnen die gewaltigen Schwierigkeiten einer amphibischen Landung vor Augen geführt worden, die sie jetzt selbst ins Auge faßten. Aber sie taten es dennoch und verspotteten Galtieri für dessen Anmaßung, die Nachfolge jener Dilettanten antreten zu wollen. Im Grunde ihres Herzens verurteilten sie jedoch den Verfall ihrer eigenen Standards – die Zivilgesellschaft hatte längst ihr Selbstvertrauen verloren –, nichtsdestotrotz glaubten sie zu Recht, daß die Armee frei von jener moralischen Freizügigkeit sei. Das Militär war eine Freiwilligentruppe, professionell, diszipliniert und ohne jede Frage loyal.

Die *Task Force* machte sich am 10. April auf den Weg. »Das Imperium schlägt zurück«, titelten amerikanische Zeitungen über das Ereignis, das nach den Krawallen und der königlichen Hochzeit nun die Aufmerksamkeit der Weltöffentlichkeit auf sich zog. Am 25. April wurde die vorgelagerte Insel South Georgia eingenommen. »Freut euch gefälligst!« schnauzte Margaret Thatcher die Journalisten in der Downing Street an. Eine diplomatische Lösung war nicht mehr vorstellbar. Der Stolz der Premierministerin war zu tief verletzt, als daß sie sich auf irgendeinen Kompromiß eingelassen hätte. Und die Junta hätte sich nicht von der Stelle gerührt. Eine Zeitung in Buenos Aires spöttelte mit sarkastischer Anspielung auf Prinz Andrew, der als Hubschrauberpilot mit an der Front war: »Schickt uns euren kleinen Prinzen!« Am 2. Mai versenkte das atomgetriebene U-Boot *Conqueror* das argentinische Schlachtschiff *General Belgrano*. 360 argentinische Soldaten ertranken. »ERWISCHT!« tönte die *Sun*.

Zwei Tage später wurden die Gefahren eines so weit von jeglicher Versorgungsbasis ausgetragenen Seekriegs offensichtlich. Ein argentinischer Bomber feuerte eine Exocet-Rakete ab, die mit fast 1200 Stundenkilometern den Radarschirm unterflog. Der Kapitän des britischen Zerstörers *Sheffield* konnte nur noch rufen: »In Deckung!« Das Schiff brannte aus und war das erste seit 37 Jahren, das der britischen Marine verlorenging. Weitere Schiffe erlitten das gleiche Schicksal: die *Coventry*, *Ardent* und *Antelope* sowie das Handelsschiff *Atlantic Conveyor*. Es wären mehr geworden, wenn die veralteten Bomben der Argentinier treffsicherer gewesen wären und die Amerikaner die britische Marine nicht mit Satellitendaten und Geheimdienstinformationen unterstützt

Colonel H. Jones wurde posthum mit dem Viktoriakreuz ausgezeichnet. Er fiel, als er mit seinen Fallschirmjägern Argentinier angriff, die sich in Goose Green eingegraben hatten. Dies (links) ist das letzte Bild von ihm, kurz vor seinem Tod aufgenom- *men. Der Film steckte noch in der Kamera, die man in seiner Tasche fand. Die Mannschaft der* Exeter *wird von einem wahren Wald aus Transparenten (rechts) willkommen geheißen.*

hätten. Gleichwohl landeten die Briten nach sechs Wochen bei San Carlos auf der östlichen Falklandinsel.

Zahlenmäßig waren sie unterlegen. Einer militärischen Regel zufolge braucht eine angreifende Streitmacht eine ausreichende Überlegenheit. Die Argentinier hatten 18 000 Mann aufgeboten, die Briten weniger als die Hälfte. Doch deren hervorragende Ausbildung sprach gegen die schlecht geführten argentinischen Wehrpflichtigen. Bei Goose Green machte ein Fallschirmjägerbataillon 1200 Gefangene, verlor aber seinen Kommandanten Oberst H. Jones. Als die Briten am 14. Juni die argentinischen Verteidigungslinien am Mount Tumbledown über Port Stanley durchbrachen, kam es zu einem Kampf Mann gegen Mann. Schließlich flohen die Argentinier in alle Richtungen. Der britische Journalist Max Hastings war als erster in der winzigen Hauptstadt. Er sah Tausende von Soldaten herumirren, »die, in Decken gehüllt, den Eindruck einer völlig geschlagenen Armee hinterließen«. Er ging in den örtlichen Pub, den *Upland Goose*. »Es war überhaupt nicht, als wäre man im Ausland«, schrieb er. »Man spricht zwar über die Falkländer, aber es war so, als hätte man ein Hotel mitten in Surrey oder Kent befreit . . .« Der argentinische Kommandant ergab sich, und der Union Jack wurde gehißt. »Die

Falklandinseln stehen wieder unter der Kontrolle jener Regierung, die sich ihre Einwohner wünschen«, lautete die Botschaft nach London. »God save the Queen!« Eine Woche später hatte die Königin einen neuen Enkel: William, Sohn des Prinzen und der Prinzessin von Wales und zukünftiger Erbe des britischen Throns.

Der Krieg kostete 255 Briten und fast 1000 Argentinier das Leben. Aber es war ein »guter Krieg«, der die argentinische Junta aus dem Sattel warf und die Ehre der Briten wiederherstellte. Und er tat auch der Premierministerin gut in ihrem Kampf mit der wirtschaftlichen Realität. Im April 1983 mußte Großbritannien, die frühere »Werkstatt der Welt«, zum erstenmal mehr Gebrauchsgüter einführen, als das Land exportierte. Es war ein schwindelerregender Abstieg. In den anderen europäischen Ländern hatten Stahlwerke, Autofabriken, Schiffswerften und Maschinenbau zwar ebenfalls mit ausländischer Konkurrenz zu kämpfen, aber nirgends war der Zusammenbruch so umfassend. Die Schuld wurde auf mehrere Faktoren geschoben: auf die Gewerkschaften, das schwache Management, die zwielichtigen Rollen von Wirtschaftsberatern und Anwälten und das geringe Ansehen der Ingenieure. Aber auch das Klassensystem und der Snobismus, der die gebildete Schicht von

THE STOCK EXCHANGE

Handel und Produktion fernhielt und sie ins Finanzwesen und die akademischen Berufe trieb, mußten herhalten sowie natürlich die verschiedenen Regierungen. Aber nichts von alledem konnte den Verfall des Landes wirklich erklären, dem die Beziehung zur Arbeitswelt verlorenging.

Die Labour-Partei war nicht in der Lage, diese Situation zu nutzen. Die Wahl im Juni 1983 wollte sie mit einem Programm gewinnen, das als »längste Selbstmorderklärung der Welt« in die Geschichte einging. Dieses Programm versprach Homosexuellen beiderlei Geschlechts und Grünen Unterstützung sowie – ein Jahr nach einem rühmlichen Sieg – einseitige Abrüstung. Falls diese Botschaft in Traditionalistenkreisen nicht richtig verstanden worden war – daß sich die Partei auch zur Abschaffung der Fuchsjagd und des Oberhauses verpflichtete, kapierte jeder. Thatcher sicherte sich eine überlegene Mehrheit von 142 Sitzen. Die wacklige Allianz zwischen SDP und den Liberalen kam Labour beim Stimmenanteil gefährlich nahe, wenn auch nicht bei den Sitzen. Die Torys schnitten in Schottland und dem Norden Englands, wo sich die 3,2 Millionen Arbeitslosen konzentrierten, miserabel ab, doch konnten sie das schlechte Ergebnis in den Midlands und im Süden wieder wettmachen.

Die letzten Wets wurden aus dem Kabinett gedrängt und durch so knochentrockene Männer wie Norman Tebbit ersetzt, der den Arbeitslosen riet, sich doch einfach aufs Fahrrad zu setzen und nach Arbeit zu suchen. Francis Pym, der scheidende Außenminister mit klassischem Tory-Hintergrund und einer Ausbildung in Eton und Cambridge, versuchte jetzt, von den Hinterbänken aus eine Anti-Thatcher-Gruppe namens »Centre Forward« auf die Beine zu stellen. Er erhielt die Peerswürde und gab sein Vorhaben auf – die »Wets« eigneten sich nicht für das Rebellentum. Tebbit dagegen war Sohn eines Ladenbesitzers, verließ mit 16 Jahren die Schule und ließ sich bei der RAF zum Piloten ausbilden. Später führte er den Verband britischer Piloten. Seine tiefe Abneigung gegenüber Gewerkschaften beruhte auf eigener Erfahrung. Der neue Chef des Finanzministeriums, Nigel Lawson, war früher Finanzjournalist. Wie einige der engsten Vertrauten von Margaret Thatcher, etwa ihr Mentor Sir Keith Joseph und der Innenminister Leon Brittan,

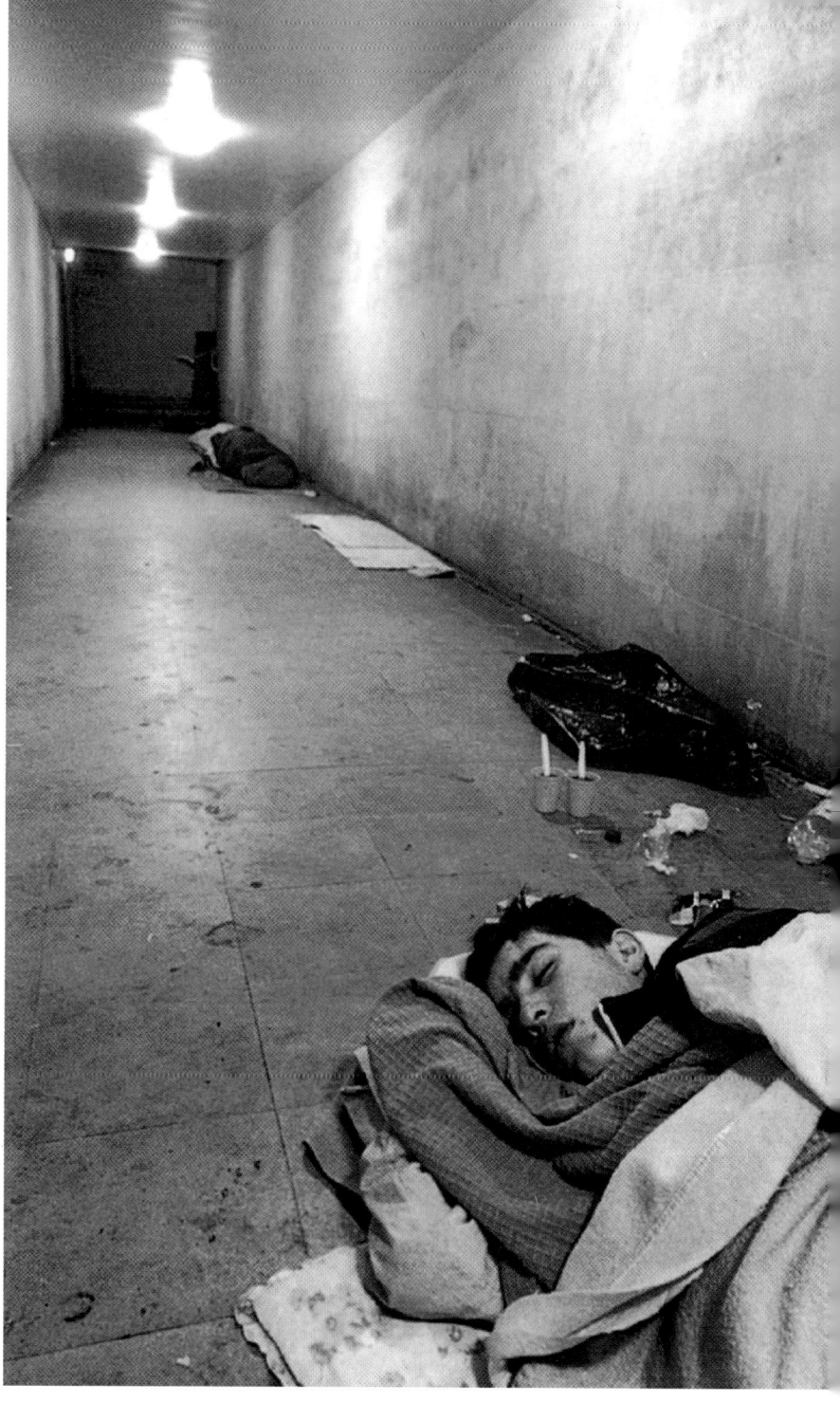

Seit Generationen wurde der Finanzplatz London von einer Seilschaft von Brokern und Glücksrittern kontrolliert. Das Kartell platzte infolge der Deregulation des Marktes, wozu auch die Börse gehörte, auseinander. Dieser Prozeß wurde nach dem hypothetischen Big Bang benannt, dem Urknall des expandierenden Universums. Ein solcher Vergleich mag anmaßend klingen, aber der Zustrom internationaler Banken und Broker, der das Geschehen begleitete, vervielfachte die globale Bedeutung Londons. Laien fanden die neuen Objekte, die von den Finanzingenieuren der Stadt angeboten wurden, mindestens ebenso geheimnisvoll wie die Theorie des Kosmos.
[Foto: Ian Berry]

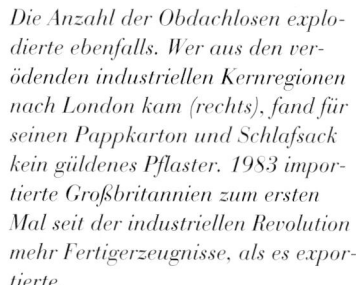

Die Anzahl der Obdachlosen explodierte ebenfalls. Wer aus den verödenden industriellen Kernregionen nach London kam (rechts), fand für seinen Pappkarton und Schlafsack kein güldenes Pflaster. 1983 importierte Großbritannien zum ersten Mal seit der industriellen Revolution mehr Fertigerzeugnisse, als es exportierte.
[Foto: Gideon Mendel]

war er Jude. Der alte Tory-Aristokrat Harold Macmillan witzelte, das Kabinett bestehe aus mehr *Estonians*, eine Bezeichnung für Juden aus dem Estland, als *Etonians*, Eton-Absolventen. In Thatchers konservativer Auffassung war Entgegenkommen ein Fremdwort, und so verschärften sich die Mahnungen an die Arbeiterklasse. Der Verkauf kommunaler Einfamilienhäuser wurde beschleunigt – 1984 gab es bereits nahezu 800 000 neue Hauseigentümer. Diese Politik stieß auf Begeisterung, ebenso die Bemühungen, Arbeiter nicht zum Streikvieh werden zu lassen. Die Maßnahmen gegen illegale Streiks und Solidaritätsstreiks in nicht betroffenen Betrieben wurden verschärft. Eine Druckergewerkschaft, die NGA, wurde mit einer empfindlichen Geldstrafe belegt, als sie versuchte, den Herausgeber eines Anzeigenblattes zu zwingen, ausschließlich Gewerkschaftsmitglieder einzustellen.

Zu den neuen Hauseigentümern gesellten sich auch mehr Aktienbesitzer, oft in Personalunion. Im Rahmen der Privatisierung der staatseigenen British Telecom im Jahr 1984 wurden für vier Milliarden Pfund Aktien verkauft. Solche Privatisierungen zeigten, daß Thatcher eine

Radikale reinsten Wassers war. Andere hatten sich für eine selbstregulierende Wirtschaft oder Deregulation eingesetzt, aber sie war die erste, die ein einschneidendes Programm zum Verkauf von Staatseigentum durchboxte – zu einer Zeit, in der Mitterand in Frankreich die Verstaatlichung von Betrieben veranlaßte. Später zogen die zunächst skeptischen Regierungen von Frankreich und Deutschland nach, sogar Argentinien. British Aerospace, Britoil, Rolls-Royce, British Airways und die Flughäfen kamen unter den Hammer. British Gas brachte 5,4 Milliarden Pfund, wodurch die Steuersenkungen abgefedert wurden und zugleich einen Boom auslöste, der neue soziale Stereotypen hervorbrachte: Yuppies, junge, mobile Aufsteiger mit einer Schwäche für Porsche und Champagner, und den »Essex Man«, einen biertrinkenden Gehaltsempfänger, der den Erwerb von »jeder Menge Kohle« mit Sauftouren an den spanischen Küsten und mit einem Ford Escort XRI mit Rallyestreifen feierte. Auch das nicht weniger schreckliche »Essex Girl« mit blondgefärbten Strähnchen und aufgeheizt von Piña Coladas in Karaoke-Bars gehörte zur einschlägigen Szene.

Massive Polizeieinheiten (rechts) gehen im Mai 1984 auf dem Höhepunkt des Bergarbeiterstreiks gegen Streikposten vor der Kokerei Orgreave bei Sheffield vor. Arthur Scargill, der Führer der Streikenden, hält den Polizisten hinter ihren Schutzschilden eine Strafpredigt, weil sie Süd-Yorkshire in einen »Polizeistaat« verwandelten. Er selbst hatte den Kumpeln allerdings eine Abstimmung über den Streik verweigert. Außerdem überschätzte er entschieden seine Fähigkeit, eine Wirtschaftsordnung zu zerschlagen, in der »König Kohle« gegenüber Öl und Erdgas an Macht verlor.
[Foto rechts: John Sturrock]

Harold Macmillan konnte nicht genug darüber klagen, daß Margaret Thatcher das »Familiensilber« verscherbelte. Außerdem hatte er davor gewarnt, daß keine konservative Regierung es mit der katholischen Kirche, der Brigade of Guards oder den Bergarbeitern aufnehmen dürfe. Sie hatte klein beigegeben, als Joe Gormley 1981 gedroht hatte, die Gewerkschaftsmitglieder der NUM gegen Zechenschließungen abstimmen zu lassen. Nun hatte der streitlustige Arthur Scargill das Kommando der Gewerkschaft übernommen. Die Bergarbeiter hatten Heath erledigt. Im Zuge ihres Klassenkampfs gegen den Kapitalismus würden sie es auch mit seinen Nachfolgern aufnehmen. Die Angst vor Arbeitslosigkeit hatte die Gewerkschaftsmitglieder argwöhnisch gegenüber Streiks gemacht. Automobilarbeiter hielten sich von den Agitatoren fern, und Scargill selbst mußte bei einer nationalen Streikabstimmung 1982 eine Niederlage einstecken. Da es unmöglich schien, die 55 Prozent zu erreichen, die jetzt notwendig waren, setzte er auf den Paragraphen 41 der Gewerkschaftssatzung, demzufolge in bestimmten Bergbaugegenden die Kumpel mit oder ohne vorherige Abstimmung zum Streik aufgerufen werden konnten.

Die Regierung wollte, daß sich der Kohlebergbau selbst finanzierte. Frankreich subventionierte jede Tonne mit 19 Pfund, Deutschland mit 12 Pfund, aber Thatcher wollte die vier Pfund für britische Kohle auslaufen lassen. Im März 1984 kündigte das *Coal Board* die Schließung der Zeche Corton Wood in South Yorkshire an, einem Bezirk, der Scargill unterstand. Scargill nannte weitere 20 Zechen, die seiner Meinung nach auf der Abschußliste des *Coal Board* standen. Schottische Bergarbeiter schlossen sich den Kollegen in Yorkshire an, und ohne eine Urabstimmung begann ein »rollender« Streik. Scargill ging leichtsinnigerweise davon aus, der Streik würde in wenigen Wochen zum Erfolg führen. Doch diesmal war in den Kraftwerken Kohle gebunkert worden, zudem setzten warme Temperaturen ein, und er unterschätzte die neue Regie-

rung. Solidaritätsstreiks waren jetzt verboten. Streikposten aus Yorkshire wurden nach Nottinghamshire verfrachtet, wo eine Mehrheit Arbeitsniederlegungen ablehnte, sowie nach Schottland, Südwales und Durham.

Vor den arbeitenden Zechen wurden Barrikaden errichtet. 8000 Streikposten erschienen vor der Zeche Harworth, aber ein neues Koordinationszentrum und ein verbessertes Informationssystem der Polizei ermöglichten es, sie abzudrängen. Die Kumpel in Nottingham waren verbittert, daß man sie nicht über den Streik hatte abstimmen lassen. 30 000 fuhren trotz Drohungen seitens der Gewerkschaft in die Gruben ein und gründeten eine eigene Gewerkschaft, die »Union of Democratic Mineworkers«. Die Lkw-Fahrer schützten ihre Scheiben durch festes Drahtgeflecht und lieferten weiterhin Koks aus. Die Polizei ging gegen die Streikposten vor und verfolgte sie zu Pferde quer über die Felder. Als Scargill am 29. Mai nach Orgreave fuhr, sagte er: »Was jetzt hier los ist, ähnelt den Verhältnissen in Polizeistaaten wie Chile oder Bolivien. Kommt zu Tausenden, damit klar wird, daß wir nicht gewillt sind, eine derartige Brutalität gegenüber arbeitenden Männern und Frauen zuzulassen!« Die 1700 Polizisten sahen das etwas anders. Sie berichteten von Bolzen, mit Nägeln gespickten Kartoffeln, Kugellagern und quer über die Straße gespannten Drähten, welche die Pferde zu Fall bringen sollten. »Zahlreiche unserer Beamten wurden verletzt«, erzählte ein Polizist.

Im Oktober zündete die IRA während des Tory-Parteitags im Grand Hotel von Brighton eine Bombe. Die Bombe war bereits Monate zuvor in dem Hotel deponiert worden. Margaret Thatcher und ein Großteil des Kabinetts hatten sich in dem Gebäude direkt an der Küste einquartiert. Vier Menschen wurden getötet, und die Frau von Norman Tebitt blieb gelähmt. Die IRA hatte ihr Ziel nur äußerst knapp verfehlt: Das Bad von Thatcher, in dem sie sich noch zwei Minuten zuvor aufgehalten hatte,

Die schlimmsten Unruhen des Jahrhunderts verunstalteten in den achtziger Jahren die Städte. Hier (oben) sehen Kinder zu, wie die Neubausiedlung Toxteth in Liverpool in Flammen steht. Geistliche, die bei Hastings für mehr Nächstenliebe durchs Wasser gehen (rechts), rügten Arbeitslosigkeit und die Untätigkeit der Regierung gegenüber der Armut. Aber ihre eigene Einflußlosigkeit auf moralischem Gebiet trug das ihre bei. Großbritannien hatte in Westeuropa die niedrigste Zahl an Kirchenmitgliedern.
[Foto oben: John Powell]
[Foto rechts: Jane Brown]

wurde zerstört. Die IRA ließ verlauten: »Heute haben wir Pech gehabt. Aber denkt immer daran: Wir müssen nur einmal Glück haben.« Salman Rushdie, der Autor, der mit seinem Buch »Satanische Verse« islamische Fundamentalisten zu Morddrohungen gegen ihn veranlaßt hatte, war zwar ein Gegner Thatchers – also »keiner von uns« –, aber die beiden galten in Europa als die am meisten gefährdeten Personen.

Der Winter war mild. Die einheimische Kohle hatte gegenüber Erdgas, Öl, Atomenergie und importierter Kohle bereits gewaltig an Boden verloren. Lastwagenfahrer durchbrachen eine Blockade der Streikposten in Dover. Die NUM erhielt wegen Mißachtung des Gerichts eine Geldstrafe in Höhe von 200 000 Pfund, außerdem wurde ihr Vermögen eingefroren. Es folgte die Ankündigung, daß es 1985 keine Veränderungen bei der Energieversorgung geben werde, was auch immer die Bergarbeiter unternehmen würden. Verschuldet und niedergeschlagen traten Männer in Schottland und Lancashire wieder zur Schicht an. Anfang Januar 1985

hatten 71 000 von 187 000 Kumpeln wieder die Arbeit aufgenommen. In Yorkshire wurden Autos von arbeitenden Bergleuten angezündet – auch das brachte nichts. Zwölf Monate nach Streikbeginn und nach einer außerordentlichen Konferenz kehrten alle »mit erhobenem Haupt« zur Arbeit zurück. Ihre Niederlage war endgültig. Thatchers Triumph kannte keinen Edelmut: Fünf Jahre später arbeiteten in den walisischen Zechen statt einer Viertelmillion Menschen nur noch 5000. Knapp 3000 waren es noch in Schottland und Lancashire, und die Kohlengruben im militanten Kent hatten zu existieren aufgehört.

Die Gewalttätigkeit der Streiks war zumindest erklärlich: Die Zahl der Arbeitsplätze in den alten Industrien schrumpfte zusehends, und die Gewerkschaften verloren innerhalb von zehn Jahren drei Millionen Mitglieder. Rupert Murdochs neues Pressezentrum in Wapping wurde zum nächsten Schwerpunkt der Auseinandersetzungen. Bezeichnenderweise lagen die Produktionsstätten in den einstigen Hafenanlagen von Lon-

don. Nacht für Nacht versuchten bis zu 7000 Streikposten, meist entlassene Drucker, die Auslieferungsfahrzeuge von *Times* und *Sun* zu blockieren – erfolglos. »Fort Wapping«, mit NATO-Draht abgesichert, um die ehemaligen Arbeiter am Eindringen zu hindern, erlangte als »vergessene Stadt der Schwarzfinger« Bekanntheit. Die Verarmung der Innenstädte sowie das Drogenproblem wurden für die sporadischen Unruhen verantwortlich gemacht, welche die Städte unbewohnbar machten. Besonders betroffen waren die Stadtteile Tottenham und Brixton in London, Handsworth in Birmingham und Saint Paul's in Bristol, wo Vandalismus überhand nahm und die Jugendlichen sich damit amüsierten, gestohlene Autos in Schaufensterscheiben zu fahren. Die Erklärungsversuche klangen unglaubwürdig, denn den Arbeitslosen ging es besser als je zuvor. Das Problem beruhte auf dem Verlust moralischer Werte und nicht auf den ökonomischen Verhältnissen.

Für die Fußball-Hooligans, die sich mit ihren Gewaltexzessen verhielten wie ihre Vorbilder in dem Film »Uhrwerk Orange«, gab es keine sozial gerechtfertigte Ausrede. Die italienische Mannschaft Juventus Turin hatte das Pech, 1985 im Endspiel des Europa-Cups der Landesmeister in Brüssel auf den FC Liverpool zu stoßen. Die rivalisierenden Fangemeinden stachelten sich gegenseitig auf, bis die Liverpooler mit Flaschen, Fahnen- und Eisenstangen auf die Italiener losgingen. Als Panik ausbrach, fiel eine Absperrmauer um. 39 italienische und belgische Fans kamen ums Leben. Die englischen Mannschaften wurden vom Europäischen Fußballverband bis zum Jahr 1990 für sämtliche internationale Wettbewerbe gesperrt. Margaret Thatcher bezeichnete die Katastrophe von Brüssel als »Scham und Unehre«, die über die Nation gebracht worden seien. Die Kriminalität in England und Wales verdoppelte sich während der Ära Thatcher. Das Vertrauen in die Justiz wurde durch eine Reihe von Fehlurteilen unterminiert, besonders gegen angebliche IRA-Bombenleger wie die »Guildford Four« und die »Birmingham Six«. Erst nach mehr als zehn Jahren wurde deren Unschuld bewiesen.

Großbritannien hatte den niedrigsten Anteil an Kirchenmitgliedern in Westeuropa. Zwar erklärten 70 Prozent der Bevölkerung, sie fühlten sich der Kirche zugehörig, aber lediglich jeder Zehnte ließ sich dort häufiger sehen als zu Hochzeiten und Begräbnissen. Zudem gab es mehr Alleinerziehende als im übrigen Europa, und bei unehelichen Geburten

lag nur Dänemark weiter vorn. Zur Zeit des Ersten Weltkriegs gab es in England drei Prozent uneheliche Kinder, gegen Ende des Zweiten Weltkriegs rund fünf Prozent, 1990 über 28 Prozent. Fast 20 Prozent der Mädchen unter 16 Jahren, dem Alter der Ehemündigkeit, hatten bereits Geschlechtsverkehr gehabt, während es in der Generation ihrer Großmütter ein Prozent war. Ebenso erhöhte sich die Scheidungsrate. Lag sie 1939 noch bei einem Prozent, so betrug sie 1989 bereits 50 Prozent.

Wer solche Zahlen als Beleg für eine schockierende Anklage gegenüber der Moral der Nation heranzog, wurde von Interessenverbänden und sogar von manchem Pfarrer als »Faschist« oder noch schlimmer als »Thatcherist« beschimpft. Die Interessenverbände waren ein wachsendes Phänomen. Zu jeder beliebigen Frage gab es anscheinend eine Gruppe, gut organisiert und die nationalen Schuldkomplexe virtuos beherrschend. Im besten Fall leisteten sie wirklich Großartiges. Das Live-Aid-Konzert von Bob Geldof im Londoner Wembley- und im JFK-Stadion in Philadelphia mobilisierte Rockmusiker wie Mick Jagger, David Bowie und Queen. Anderthalb Milliarden Menschen verfolgten die Fernsehübertragung und spendeten für die hungernde Bevölkerung in Äthiopien. Meist aber boten die zumeist extremen Interessenverbände nur Ausreden für individuelles Versagen – in der Regel war der Staat schuld.

Die Einkommensteuer wurde auf den niedrigsten Stand seit 50 Jahren

»Gegen den Markt kann man sich nicht sträuben«, hatte Margaret Thatcher gesagt. Viele verstanden das während des Booms Ende der achtziger Jahre so, daß man jetzt die schnelle Mark machen könne. An der Warenterminbörse (links) sackten die Broker hektisch Prämien ein. Yuppies und »Sloane Rangers«, die Jeunesse dorée aus Londons Nobelvierteln, ließen es sich bei Partys gutgehen. Durch den östlichen Teil der Hauptstadt raste der »Essex Man« mit seinem tiefergelegten Auto voller Rallystreifen, deren Farbe sich im Haar seiner Beifahrerin, des »Essex Girl«, wiederfand.

Man hatte dem Anschein nach sein Glück gemacht, wenn man bei einem Immobilienmakler, einem Finanzdienstleister oder einer Versicherung untergekommen war. Aber die Briten hatten die Angewohnheit, eine »gute Sache« zu Tode zu reiten. 1989 wurden 34218 Verträge bei Lloyds gezeichnet, ein Rekord. Man mußte zwar auch Verluste hinnehmen, aber in den fetten Jahren fuhren die Anlagen doppelte Rendite ein: Es gab Dividende und Zinsen, zugleich auch eine Gewinnausschüttung. In den fünf Jahren nach 1989 kamen allerdings aufgrund mehrerer Katastrophen wie ungeheurer Haftungsansprüche durch Vergleiche in Amerika und fahrlässige Überzeichnungen Verluste in Höhe von acht Milliarden Pfund zusammen. Viele Zeichner der Anlagen waren ruiniert. 1997 blieben weniger als 10 000 übrig.

[Foto links: Chris Laurens]
[Foto rechts: Chris Steele-Perkins]

gesenkt. Schottland und Nordengland litten zwar weiterhin unter hoher Arbeitslosigkeit, doch der Süden boomte. Londons Finanzmärkte waren außer Kontrolle. Alte Seilschaften und Kartelle, die teils seit 200 Jahren bestanden hatten, verschwanden während eines Prozesses, den man »Big Bang« nannte. Internationale Banken und Maklerfirmen kamen ins Land. Sie kauften altehrwürdige Institutionen auf, stellten jedoch recht schnell fest, daß diese relativ wertlos waren, sobald die dazugehörigen Schlüsselfiguren mit ihren Verbindungen sich gewinnträchtigen Pfründen zuwandten. Die Briten verkauften nahezu alles. Selbst die County Hall ging an die Japaner, jenes großartige Gebäude an der Themse, von dem aus London regiert wurde, bis Thatcher den Stadtrat von Groß-London auflöste, weil er ihr zu linkslastig war. Im Osten der City, wo sich Banker und Broker konzentrierten, wurde in den Docklands neben Apartmentblocks Europas größtes Bürogebäude errichtet: Canary Wharf. Die Wohnungspreise stiegen 1987 in London um über ein Viertel.

Der positive Einfluß dieses neuen Wohlstands verhalf Thatcher zu einem weiteren Wahlsieg im Jahr 1987. Es war ihr dritter hintereinander, ein Erfolg, der bislang noch keinem Premierminister dieses Jahrhunderts gelungen war. Ihre persönlichen Beziehungen zu Gorbatschow – »ein Mann, mit dem ich Geschäfte machen kann« – sowie ihre Freundschaft mit Ronald Reagan machten die »Eiserne Lady« zu einer Figur der Weltgeschichte. Ihre Beziehung zur Queen war unterkühlt, aber die jüngeren Leute am Hof, besonders Lady Sarah Ferguson, die Andrew geheiratet hatte und dadurch Herzogin von York wurde, teilten Thatchers Ansicht über den liberalen Ethos von Nebeneinnahmen. Das Haus, welches das frisch verheiratete Paar bauen ließ, erinnerte in seiner ausladenden Pracht so stark an die South Fork Ranch in der Seifenoper »Dallas«, daß der Volksmund es »South York« nannte.

Neue Arbeitsplätze wurden geschaffen, nicht nur im Süden. Schottland bekam durch Öl, Finanzdienstleistung und High-Tech wieder Ober-

Aufstieg und Fall individueller Unternehmer waren für die Jahre typisch. Der Australier Rupert Murdoch (links) kaufte die Times *und die* Sunday Times *zu Beginn des Jahrzehnts für einen lächerlichen Betrag. Nachdem die Macht der Gewerkschaften gebrochen war, verhalf der Gewinn aus der* Sunday Times, *ein expandierendes, weltweites Medienimperium aufzubauen. Robert Maxwell (rechte Seite, am Telefon), der Eigentümer des* Daily Mirror, *häufte Schulden in Höhe von 2,6 Milliarden Pfund an und plünderte den Pensionsfonds seiner Beschäftigten im vergeblichen Versuch, es mit Murdoch aufzuneh-*

men. Sein nackter Körper wurde 1991, neben seinem Boot im Meer treibend, gefunden. Anita Roddick (oben) schuf mit ihrer »Body·Shop«-Kette trotz ihrer Furcht, daß »Reichtum korrumpiert und einen des Menschseins beraubt«, ein Imperium, das auf über 400 Millionen Pfund geschätzt wird. Richard Branson, der (rechte Seite, außen) ein Bad nimmt, machte sein Glück mit dem Label Virgin Records und der gleichnamigen Fluggesellschaft.
[Foto linke Seite außen: Judah Passow]
[Foto oben: Charles Hopkinson]
[Fotos rechte Seite: Michael Ward]

wasser. Sein »Silicon Glen« entwickelte sich zu einem der Elektronikzentren Europas. Glasgow, bekannt für düstere Wohngegenden und Trunksucht, war wieder so aufgeblüht, daß es europäische Kulturhauptstadt des Jahres wurde. Unübersehbar war jedoch die zunehmende Verwahrlosung im öffentlichen Bereich. Die Briten gaben für die Eisenbahnen nur ein Sechstel beziehungsweise ein Fünftel dessen aus, was Frankreich oder Deutschland in öffentliche Verkehrsmittel investierte. Die Krankenhäuser fielen gegenüber dem kontinentaleuropäischen Standard massiv ab. Die Psychiatrien wurden aufgelöst und die Kranken der Versorgung auf Gemeindeebene überlassen. Wirkliche Gefahr drohte Margaret Thatcher aber durch ihre anmaßende Art.

Sie frönte vom frühen Morgen bis zu einem Gläschen Scotch am späten Abend der Arbeit. Ihre schroffe Art entnervte ihre Beamten. Die Hinterbänkler applaudierten jedem Minister, der sie verärgerte. Thatcher galt als unerschütterlich, aber in zwei Punkten, so stellte sich heraus, war sie verwundbar. Der erste, der europäische Föderalismus, hatte

sowohl Fürsprecher als auch strikte Gegner. Die meisten betrachteten die Frage lediglich mit Unbehagen, und auch Thatcher nahm hierzu keinen festen Standpunkt ein – weswegen sie ihren Finanzminister Nigel Lawson verlor, der sich als ersten Schritt in Richtung Währungsunion für die Anpassung des Pfund Sterling an die Deutsche Mark eingesetzt hatte. Er trat zurück und vermied dadurch einen sich anbahnenden Krach. Um gegen eine erneute Inflation anzugehen, stimmte Thatcher widerwillig zu, sich dem Europäischen Währungsverbund anzuschließen und dadurch das Pfund an die Deutsche Mark mit einem festen Wechselkurs zu binden. Schließlich verlor sie wegen der Diskussion um die Europafrage auch noch ihren Außenminister Sir Geoffrey Howe. Sie verschlimmerte die Situation dadurch, daß sie die lokal erhobene Vermögenssteuer, die sich nach dem Wert eines Hauses richtete, durch eine Art Kopfsteuer pro Wohneinheit ersetzte. Kopfsteuern mochten die Briten überhaupt nicht. Schon 1381 endete der Versuch, sie einzuführen, mit einem Bauernaufstand. Jetzt entlud sich der Widerstand gegen die neue Steuer in einer Revolte der Bauern auf Thatchers eigenen Tory-Hinterbänken.

Der Tagebuchschreiber, Schürzenjäger und Tory-Minister Alan Clark war »einer von uns«. Über Thatchers Reaktion auf eine Krisensituation im Unterhaus schrieb er: »Es war fast so, als wenn das ganze Unterhaus kuschte, halb aus Entsetzen, halb aus sprachloser Bewunderung. Einige Ratten kamen aus dem Gebälk hervor. Gelassen und hochnäsig verließ sie zum Schluß das Parlament.« Ein solches Verhalten könnte als großartig angesehen werden, aber es stumpfte Thatchers Wahrnehmungsvermögen für Gefahren ab. Viele Ratten waren hinter ihr her. »Die Partei ist praktisch außer Kontrolle geraten«, notierte Clark. »Die Dissidenten werden immer frecher . . .«

Michael Heseltine, der 1986 seinen Posten als Verteidigungsminister aufgegeben hatte, trat als Kandidat für den Parteivorsitz gegen die Pre-

mierministerin an. Er galt als ein verbitterter Mann, voll rachsüchtiger Schadenfreude, weil seine persönlichen Ambitionen vereitelt worden waren. Thatcher war in Paris und lehnte es ab, zur Wahl zurückzukehren, während ihre Anhänger zu Hause eine lustlose Wahlkampagne führten. Das Ergebnis des Votums fiel sehr überzeugend aus, und so kam es zu einem erniedrigenden zweiten Wahlgang – sie trat zurück.

Ihr Nachfolger wurde John Major aus dem kaum vorzeigbaren Londoner Stadtteil Brixton. Der Sohn eines Trapezkünstlers und Gartenzwergherstellers, ehemals ein kleiner Bankangestellter, schaffte innerhalb von zwei Jahren über die Hierarchie der Torys den Aufstieg zur Downing Street. Karikaturisten stellten ihn als graue Maus dar.

Der Golfkrieg, zu dem Thatcher britische Truppen abkommandiert hatte, war gewonnen. Die Wirtschaft taumelte in die längste Rezession seit dem Zweiten Weltkrieg. Die Immobilienpreise rutschten in den Keller. Wer zur Zeit des Booms gekauft hatte, fand sich jetzt mit »Negativwerten« – Schulden – konfrontiert. Der Verkauf von Häusern erreichte im Jahr 1991 seinen Höhepunkt. Nichtsdestotrotz gehörten inzwischen zwei Drittel aller Häuser in Großbritannien ihren Bewohnern, eine der höchsten Quoten in Europa, und 20 Prozent aller Erwachsenen waren Aktionäre, fünfmal mehr als vor der Ära Thatcher. Angesichts dieser Umstände brachte die Wahl von 1992 die Torys zur allgemeinen und sicher auch zu ihrer eigenen Überraschung wieder an die Regierung. Majors Mehrheit war jedoch dünn und wurde aufgrund von Nachwahlen noch minimiert, weswegen er gezwungen war, eine deutliche Ambivalenz gegenüber der Europäischen Union in seiner Partei zuzulassen. Das Pfund wurde im September 1992 aus dem Europäischen Währungsverbund ausgekoppelt. Panikartig hatte die Regierung den Zinssatz um 11 Uhr von zehn auf zwölf Prozent angehoben, um 14.15 Uhr auf fünfzehn Prozent, ihn dann wieder auf zwölf Prozent gesenkt und sich schließlich um 19.30 Uhr von den Vereinbarungen über feste Wechselkurse los-

gesagt. Die Briten wurden häufig als »verdammte Ignoranten« gegenüber Europa bezeichnet. Doch da sie sich vermutlich mit Brüssel und dem Föderalismus eingehender beschäftigt hatten als die Kontinentaleuropäer, war ihr Mißtrauen alles andere als unbegründet.

Ein Grund, dennoch in der EU zu bleiben, lag für Großbritannien darin, erfolgreich überseeische Investoren ins Land geholt zu haben, die ein Sprungbrett für Europa suchten. Obwohl immer noch die Hälfte der in Großbritannien verkauften Pkws aus ausländischer Produktion stammte, nahmen die Exporte japanischer Modelle, die beispielsweise in Sunderland vom Band rollten, sprunghaft zu. Die Engländer waren hervorragende Autobauer – ihre Konstruktionen dominieren die Formel-1-Rennen –, aber sie besaßen keine einzige nennenswerte Fahrzeugfabrik mehr: Der stolze Jaguar ging an Ford, und Rover, dessen legendärer Range Rover zu England gehörte wie Tweed und Tee, wurde von BMW gekauft. Auch die Computerhersteller – Sinclair, Acorn, Apricot, Amstrad – mußten ihre Firmen schließen. Statt in der Produktion glänzten die Briten auf dem Dienstleistungssektor, bei Beratung und Werbung, aber auch im Design und in der Architektur: James Stirling, Norman Foster und Richard Rogers sind herausragende Namen. Damit einher ging ein Aufschwung in der Unterhaltungs- und Freizeitindustrie. Der Pauschaltourismus war ein Wunderwerk der britischen Reisebranche. Die

Die jährliche Parade der Homosexuellen begann in den siebziger Jahren mit 200 Teilnehmern. 1995 wurde daraus mit 200 000 Aktivisten eines der größten Tagesfestivals Europas (rechts). Der Flaggenträger nahm den Aufruf der Veranstalter ernst, so zu kommen, »wie man ist, war

oder gern sein möchte«. Eher traditionelle Erscheinungen, die Fußballfans, wickelten sich für ein Spiel der Europameisterschaft 1996 im Wembleystadion in den Union Jack.
[Foto oben: Chris Steele-Perkins]
[Foto rechts: Steve Eason]

Musicals »Cats« oder »Phantom der Oper«, Maler wie Francis Bacon und Lucian Freund, Filme wie »Vier Hochzeiten und ein Todesfall« oder »Trainspotting«, sowie der Humor von *Monty Python*, John Cleese und Benny Hill fanden weltweite Zustimmung.

Man packte die kolossalen Fehlentwicklungen des Bildungssystems an, in dem Lehrer und Professoren mit ihren »kindzentrierten« Erziehungsidealen aus der Zeit der sechziger Jahre die Regierung und den gesunden Menschenverstand in Alarm versetzten. Ergebnis dieser Methode waren nämlich Rechen- und Rechtschreibschwäche sowie eine abgrundtiefe Ignoranz gegenüber der Geschichte des Landes und der übrigen Welt. Mittels strengerer Prüfungskriterien, größerer Befugnisse für die Schulleiter sowie erweiterter Wahlmöglichkeiten für die Eltern wurde der Verfall allmählich aufgehalten. Majors Bemühungen, das moralische Gleichgewicht wiederherzustellen, scheiterten jedoch. Die

Boulevardpresse enthüllte das Abenteuer eines Tory-Ministers mit einer Schauspielerin. Er gelobte, zu seiner Frau zurückzukehren, verließ sie dann aber doch. Anderen Tory-Parlamentariern wurde vorgehalten, für parlamentarische Anfragen Geld genommen zu haben. Das war eigentlich nicht ungesetzlich, aber die mangelnde Aufrichtigkeit führte zum Vorwurf der Kungelei. Die Direktoren privatisierter Unternehmen belohnten sich selbst mit enormen Gehältern und saftigen Pensionen, während sie gleichzeitig Arbeiter vor die Tür setzten. Das jährliche Einkommen des Aufsichtsratsvorsitzenden eines Wasserbetriebs stieg binnen vier Jahren von 41 000 auf 136 000 Pfund.

Dabei handelte es sich noch um rechtmäßige Praktiken, aber in der Geschäftswelt gab es auch zahlreiche illegale Transaktionen. Der Verleger Robert Maxwell setzte einen neuen Maßstab für Betrug und Habgier, indem er den Pensionsfonds seiner Mirror-Gruppe um 500 Millionen Pfund plünderte. Man fand seinen Leichnam später auf hoher See neben seiner Yacht. Keiner seiner Mitstreiter oder Verwandten wurde aufgrund einer Tatbeteiligung an diesem Verbrechen verurteilt. Ein junger britischer Devisenhändler verursachte an der Börse von Singapur Verluste in Höhe von 800 Millionen Pfund und brachte damit die 200 Jahre alte Barings-Bank zu Fall. Die ehrwürdige Versicherungsagentur Lloyds büßte Milliarden durch amateurhafte Investoren ein, die »bis zu den

Manschettenknöpfen« für die Verluste haftbar gemacht wurden. Es stand außer Zweifel, wer den Schwarzen Peter hatte.

Von den Regulativen des Europäischen Währungsverbunds befreit, überholte die Wirtschaft erstmals seit dem Zweiten Weltkrieg die kontinentaleuropäische. Die Inflationsrate lag bei weniger als drei Prozent und die Arbeitslosenzahl 1997 unter 1,7 Millionen, während sie in Deutschland mehr als vier Millionen betrug. Jetzt streikten in Deutschland die Metallarbeiter und Bergleute, und in Frankreich wurden auf den Straßen Barrikaden gebaut. Eine neue Rollenumkehrung in England verweigerte jedoch Major die Früchte seiner Leistungen. Diesmal waren die Torys, und nicht Labour, zerstritten, bersonders wegen der Europafrage. Die »verrückten Rechten« erschienen auf der Bildfläche. Selbst die *Sun*, einst strikt auf seiten der Torys, freundete sich nun mit dem Führer der Labour-Partei, Tony Blair, an. Dieser sprach zwar von einer Erneuerung des Labour-Programms, aber die Ingredenzien waren altbekannt: ein besserer Gesundheitsdienst, keine erneute Verstaatlichung, keine Rücknahme der Gewerkschaftsreformen, alles schön gemäßigt. Der Mann, der die Torys am 1. Mai 1997 mit einem erdrutschartigen Wahlsieg bezwang, ist im Grunde nichts anderes als ein geklonter Tory-Wet. Nach 18 Jahren an der Macht waren die Torys einfach implodiert.

Es blieb nur eine britische Institution übrig, welche die moralischen Tugenden aufrechtzuerhalten schien: die Monarchie. Die Kinder der Königin hatten sich mit Bürgerlichen verheiratet, mit dem Reiter Mark Phillips, mit »Fergie« und »Lady Di«. Die Windsors schienen damit näher an den Mann von der Straße herangerückt zu sein. Doch der Preis dafür war hoch. Die Prinzen früherer Zeiten waren aus Gründen der Staatsräson Ehebündnisse eingegangen. Amouren waren eine selbstverständliche Begleiterscheinung, und die Presse verhielt sich diskret. Die neuen Royals hatten aus Liebe geheiratet – so sagten sie zumindest. Die Illusion zerbrach auf schäbige Weise: durch belauschte Telefongespräche, zufällige Schnappschüsse, Bücher, die nicht dementiert wurden, und schließlich durch Fernsehinterviews, in denen die königlichen Protagonisten den lüsternen Zuschauern ihre Untreue bekannten. Aus dem viktorianischen Königshaus war ein Bordell geworden.

Was blieb, war das Volk. Im Lauf des Jahrhunderts sind zahlreiche Völker aus dem Empire ausgetreten. Kipling hat dessen Ende 1897 bereits erahnt, ein Jahrhundert vor der Übergabe Hongkongs, des letzten kolonialen Besitzes von Bedeutung und des ersten, der einer bereits vorhandenen Diktatur überlassen wird:

Far-called, our navies melt away; / On dune and headland sinks the fire; / Lo, all our pomp of yesterday / Is one with Niniveh and Tyre! (Es wird der Tag kommen, da unsere Flotte dahinschmelzen wird; und auf Dünen und Felsen legt sich Feuer: Sehet, all unsere Pracht vergangener Zeit gleicht Ninive und Tyrus!)

Seit Juli 1997 ist nur noch der einsame Gouverneur einer verbliebenen Insel – Bermuda, Saint Helena – beim Appell zur Stelle, wenn die Geister von Vizekönigen und Offizieren der Kolonialregimenter, der Kautschukpflanzer und Taipane, der Handelsburschen und kolonialen Müßiggänger aufgerufen werden. Die Briten hatten einen ausgeprägten Kolonialcharakter, den sie jedoch nicht auf Europa übertrugen. Dennoch wurden Politiker aus England, die in der Europäischen Kommission in Brüssel arbeiteten, bezeichnenderweise kritisiert, daß sie »wie die Eingeborenen« in ihren einstigen Kolonien gelebt hätten. Zu Hause gehörten die beiden anscheinend unausrottbaren sozialen Gegensätze – die vererbliche Peerswürde und der Bergarbeiter – zu den gefährdeten Spezies. Die Labour-Partei drängte darauf, die Peers aus dem Oberhaus abzuschaffen, und Öl und Gas machen dem Bergarbeiter den Garaus.

Die Briten haben im Laufe des Jahrhunderts gleichwohl unauslöschliche Zeichen gesetzt. Die Hälfte der Zeit, von 1939 bis 1989, haben sie damit verbracht, den Nazis und den Sowjets Einhalt zu gebieten, und sie haben sich zugleich von ihrem eigenen Empire verabschiedet. Die Nachkommen britischer Emigranten in den Dominions, die Zwischendeckpassagiere nach Kanada und Australien gehen in die Millionen. Britische Kreativität, Musik, Mode, Snobismen und Skandale tragen einiges zur Unterhaltung der übrigen Welt bei. Das Jahrhundert begann mit einem solchen Höhenflug, daß der Abstieg absehbar war. Die Briten verstehen sich auf den schmerzhaften Prozeß des Rückzugs.

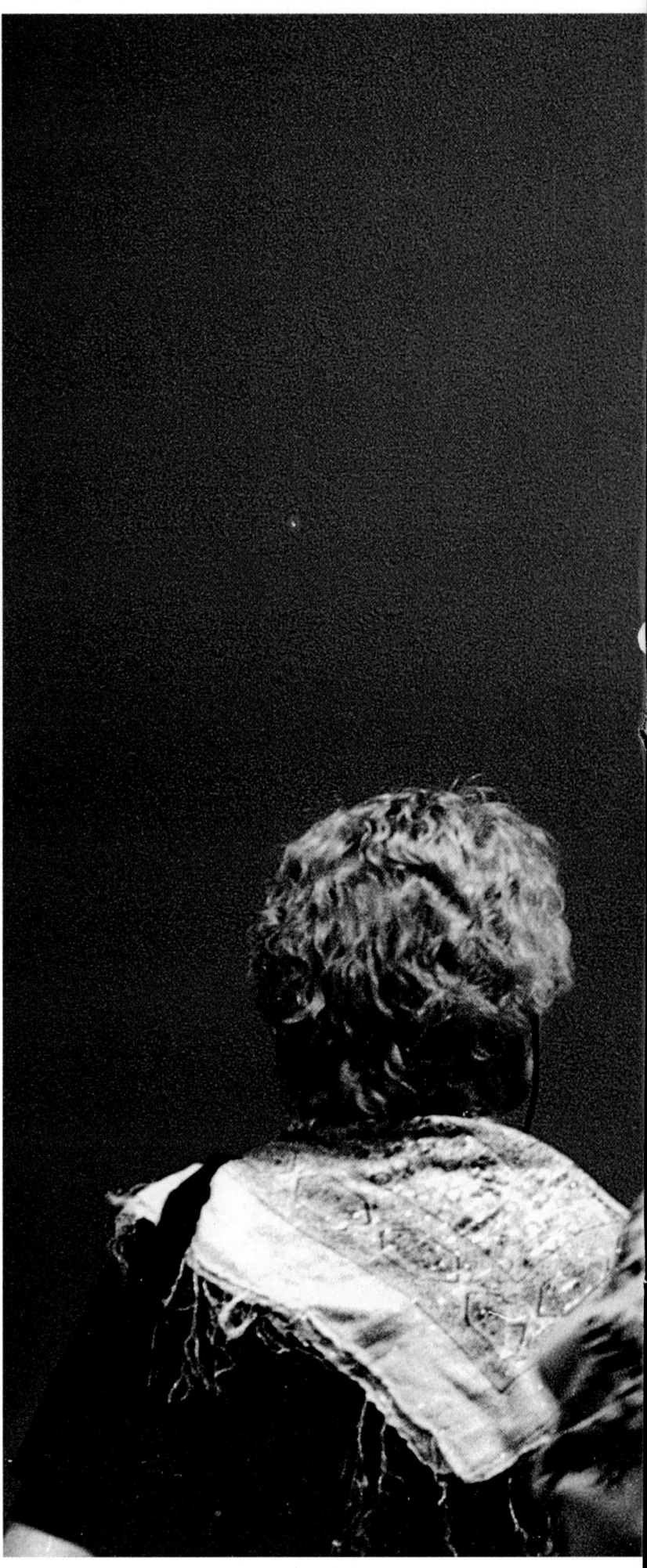

»New Britain« und »New Labour«, ein in Amerika abgekupferter Slogan von Tony Blair, klang eher nach einer der »kleinen Städte in Connecticut«. Nach all den dazwischenliegenden Dramen und den gegenwärtigen großen politischen Werbesprüchen zeigen diese Frauen, die das Porträt der Königin betrachten, daß das Land in seinem Innersten das geblieben ist, was es seit Beginn des Jahrhunderts war: eine demokratische, hundenärrische Monarchie.
[Foto: Elliot Erwitt]

ABBILDUNGS-NACHWEIS

Londoner Burschen beim wage-mutigen Sprung in die Themse nahe der Westminster Bridge, Mai 1934.